ars digitalis

Die Reihe ars digitalis wird herausgegeben von Prof. Dr. Dr. Peter Klimczak.

Sollen technische und kulturelle Dispositionen des Digitalen nicht aus dem Blickfeld der sie Erforschenden, Entwickelnden und Nutzenden geraten, verlangt dies einen Dialog zwischen den IT- und den Kulturwissenschaften. Ausgewählte Themen werden daher jeweils gleichberechtigt aus beiden Blickrichtungen diskutiert. Dieser interdisziplinäre Austausch soll einerseits die Kulturwissenschaften für technische Grundlagen, andererseits Entwickler derselben für kulturwissenschaftliche Perspektiven auf ihre Arbeit sensibilisieren und den Fokus auf gemeinsame Problemfelder schärfen sowie eine gemeinsame ‚Sprache' jenseits der Fachbereichsgrenzen fördern. Notwendig ist eine solche interdisziplinäre Auseinandersetzung nicht zuletzt deshalb, um den vielfältigen technischen Herausforderungen an Mensch, Kultur und Gesellschaft ebenso informiert wie reflektiert zu begegnen.

In dieser Reihe finden nicht nur Akteure aus Wissenschaft, Forschung und Studierende aktuelle Themen der Digitalisierung fundiert aufbereitet und begutachtet, auch interessierte Personen aus der Praxis werden durch die interdisziplinäre Herangehensweise angesprochen.

Peter Klimczak, Dr. phil. et Dr. rer. nat. habil., ist außerplanmäßiger Professor an der Brandenburgischen Technischen Universität und IT-Verfahrensverantwortlicher und IT-Infrastrukturverantwortlicher für das Berliner Schulwesen.

Thomas Zoglauer

Konstruierte Wahrheiten

Wahrheit und Wissen im postfaktischen Zeitalter

2. Auflage

Thomas Zoglauer
Institut für Philosophie und
Sozialwissenschaften
Brandenburgische Technische Universität
Cottbus, Brandenburg, Deutschland

ISSN 2662-5970   ISSN 2662-5989 (electronic)
ars digitalis
ISBN 978-3-658-48312-8   ISBN 978-3-658-48313-5 (eBook)
https://doi.org/10.1007/978-3-658-48313-5

Die Deutsche Nationalbibliothek verzeichnet diese Publikation in der Deutschen Nationalbibliografie; detaillierte bibliografische Daten sind im Internet über https://portal.dnb.de abrufbar.

© Der/die Herausgeber bzw. der/die Autor(en), exklusiv lizenziert an Springer Fachmedien Wiesbaden GmbH, ein Teil von Springer Nature 2021, 2025

Das Werk einschließlich aller seiner Teile ist urheberrechtlich geschützt. Jede Verwertung, die nicht ausdrücklich vom Urheberrechtsgesetz zugelassen ist, bedarf der vorherigen Zustimmung des Verlags. Das gilt insbesondere für Vervielfältigungen, Bearbeitungen, Übersetzungen, Mikroverfilmungen und die Einspeicherung und Verarbeitung in elektronischen Systemen.
Die Wiedergabe von allgemein beschreibenden Bezeichnungen, Marken, Unternehmensnamen etc. in diesem Werk bedeutet nicht, dass diese frei durch jede Person benutzt werden dürfen. Die Berechtigung zur Benutzung unterliegt, auch ohne gesonderten Hinweis hierzu, den Regeln des Markenrechts. Die Rechte des/der jeweiligen Zeicheninhaber*in sind zu beachten.
Der Verlag, die Autor*innen und die Herausgeber*innen gehen davon aus, dass die Angaben und Informationen in diesem Werk zum Zeitpunkt der Veröffentlichung vollständig und korrekt sind. Weder der Verlag noch die Autor*innen oder die Herausgeber*innen übernehmen, ausdrücklich oder implizit, Gewähr für den Inhalt des Werkes, etwaige Fehler oder Äußerungen. Der Verlag bleibt im Hinblick auf geografische Zuordnungen und Gebietsbezeichnungen in veröffentlichten Karten und Institutionsadressen neutral.

Springer Vieweg ist ein Imprint der eingetragenen Gesellschaft Springer Fachmedien Wiesbaden GmbH und ist ein Teil von Springer Nature.
Die Anschrift der Gesellschaft ist: Abraham-Lincoln-Str. 46, 65189 Wiesbaden, Germany

Wenn Sie dieses Produkt entsorgen, geben Sie das Papier bitte zum Recycling.

Vorwort zur ersten Auflage

Bücher sind ein Spiegel ihrer Zeit, in der sie geschrieben wurden. Philosophie ist „ihre Zeit in Gedanken erfasst", wie Hegel in der Vorrede zur Rechtsphilosophie schrieb. Aber wie Hegel richtig erkannte, kommt die Philosophie immer zu spät, um zu belehren, wie die Welt sein soll. Sie kann nur darüber reflektieren, was bereits geschehen ist. Die Erkenntnistheorie kann Aufklärungsarbeit leisten, sie kann falsche Denkweisen entlarven, aber sie kann die Entstehung von Irrtümern nicht verhindern.

Dieses Buch entstand während der Corona-Krise zwischen März 2020 und Mai 2021, in einer Zeit, in der die Welt von einer Flut von Fake News, Verschwörungstheorien und Lügen überschwemmt wurde, die von Trump-Anhängern und Corona-Leugnern verbreitet wurden. Leider ist dieser Wahrheitszerfall kein singuläres Ereignis, sondern ein Krisensymptom unserer Zeit. Die Krise rief Politiker, Medienexperten und IT-Spezialisten auf den Plan, die überlegten, wie man Fake News besser erkennen und ihre Verbreitung verhindern kann. Aber die Wahrheitskrise ist auch ein philosophisches und medienepistemologisches Problem, bedroht sie doch die Grundlagen menschlicher Weltorientierung, nämlich den Glauben an eine objektive Wahrheit, die unabhängig von Meinungen und kollektivem Fürwahrhalten existiert. Ich will mit diesem Buch einen Beitrag zur Rehabilitierung der Wahrheit leisten, indem ich die Ursachen postfaktischen Denkens aufzeige und über erkenntnistheoretische Irrtümer aufkläre.

Wesentliche Anregungen erhielt ich von der interdisziplinären Konferenz „Post-Truth: Perspectives, Strategies, Prospects", die im Januar 2020 an der Katholischen Universität Leuven stattfand. Ende Februar 2020 organisierte ich zusammen mit Peter Klimczak in der Gedenkstätte Berlin-Hohenschönhausen die Tagung „Wahrheit und Fake im postfaktisch-digitalen Zeitalter", aus der der gleichnamige Sammelband (Klimczak und Zoglauer 2021) hervorging. Auf beiden Tagungen konnte ich meine Überlegungen zum Phänomen des „Postfaktualismus" vorstellen. Den Tagungsteilnehmern danke ich für die anregenden Diskussionen. Mein besonderer Dank gilt Peter Klimczak, der sich für die Ideen zu diesem Buch begeistern ließ und es in seine Reihe „ars digitalis" aufnahm. Einige zentrale Thesen meiner Arbeit waren auch Gesprächsthema im „Stuttgarter Philosophenkreis", in dessen Diskussionsrunden, die trotz des Lockdowns unter Beachtung der geltenden Corona-Beschränkungen stattfanden, mein Buchkonzept langsam Gestalt annahm. Wertvolle Anregungen und Hinweise erhielt ich dabei von Rüdiger Vaas, Harald Lorenz und Klaus Erlach, die durch ihre kritischen Nachfragen und Kommentare zur Schärfung meiner Argumente beigetragen haben.

Remseck
im Mai 2021

Thomas Zoglauer

Vorwort zur zweiten Auflage

Bücher können nicht altern. Zwar kann das Papier, auf dem sie gedruckt wurden, grau werden. Aber die Gedanken, die in ihnen zum Ausdruck kommen, bleiben bestehen. Ein Buch reflektiert den Stand der Wissenschaft, wie er zum Zeitpunkt des Schreibens galt, es kann freilich keine zukünftigen Entwicklungen vorwegnehmen. Daher müssen Bücher von Zeit zu Zeit aktualisiert und auf den neusten Stand gebracht werden.

Die Themen Fake News und Postfaktualismus sind drei Jahre nach der Erstauflage dieses Buchs immer noch hochaktuell, was sich an der großen Menge an Zeitschriftenartikeln und Büchern niederschlägt, die seitdem erschienen sind. Es war daher an der Zeit, diese Entwicklungen in einer neuen Auflage zu berücksichtigen. Aus diesem Anlass habe ich das Buch um ein fünftes Kapitel ergänzt, in dem ich untersuche, warum so viele Menschen an Fake News glauben und wie wir Desinformationen effektiv bekämpfen können. Dabei werde ich auf einige neuere Publikationen eingehen, die sich kritisch mit dem Thema auseinandersetzen.

Während ich dieses Vorwort schreibe, strebt Donald Trump im Präsidentschaftswahlkampf 2024 seine Wiederwahl an und trägt mit seinen verbalen Attacken und der Verleumdung politischer Gegner zu einer Spaltung der Gesellschaft bei. Seine Strategie einer postfaktischen Politik, in der die Grenzen zwischen Wahrheit und Falschheit verschwimmen und Emotionen das Tagesgeschehen bestimmen, scheint aufzugehen. Es ist daher wichtig, diese Strategie zu entlarven und sich kritisch mit dem Postfaktualismus auseinanderzusetzen. Dazu will dieses Buch einen Beitrag leisten.

Remseck
im Oktober 2024

Thomas Zoglauer

Interessenkonflikt Der/die Autor*in hat keine für den Inhalt dieses Manuskripts relevanten Interessenkonflikte.

Einleitung

Donald Trump hat als amerikanischer Präsident einen unrühmlichen Rekord aufgestellt. Die Faktenchecker der Washington Post (Kessler 2021) zählten 30.573 falsche oder irreführende Behauptungen während seiner ersten Amtszeit. Das sind durchschnittlich ca. 20 Fake News pro Tag, die er in die Welt hinaustwitterte. Er verharmloste den Klimawandel und die Corona-Pandemie, kriminalisierte Migranten, die über die mexikanische Grenze in die USA gelangten, er leugnete die russische Einmischung in die Präsidentschaftswahl 2016 und behauptete, ohne Beweise zu nennen, dass die Präsidentschaftswahl 2020 gefälscht worden sei und er um eine zweite Amtszeit betrogen worden sei (Kessler et al. 2020). Trump log nicht nur gelegentlich, um Tatsachen zu verschleiern oder in einem besseren Licht dazustehen. Trumps systematische Lügen stellen einen breit angelegten Angriff auf die Wahrheit dar und trugen zu einer Polarisierung der amerikanischen Gesellschaft bei. Es sollte eine alternative Wirklichkeit konstruiert werden, in der es keinen Klimawandel gibt, in der es der amerikanischen Wirtschaft besser denn je geht und in der Covid-19 eine harmlose Erkältungskrankheit ist. Medien, die Trumps Lügen aufdeckten, wurden als „Fake-News-Medien" verunglimpft. In fast schon orwellesker Weise wurden aus Lügen Wahrheiten und aus Wahrheiten Lügen (Orwell 1976).

Trumps respektloser Umgang mit der Wahrheit und die Ignorierung von Tatsachen wird im angelsächsischen Sprachraum mit dem Begriff „*post-truth*" charakterisiert, was man mit „*postfaktisch*" übersetzen kann. Manche Kommentatoren sprechen gar vom Beginn eines postfaktischen Zeitalters, in dem Wahrheit keine Rolle mehr spielt, Wissen durch Meinung und Wahrheit durch Narrative ersetzt werden. Der Postfaktualismus ist kein neues Phänomen, aber er gewann durch Trump eine neue Dimension. Im Gegensatz zu politischen Desinformationskampagnen im Nationalsozialismus und in der Stalin-Zeit verbreiten sich Fake News heutzutage schneller und effektiver über Social-Media-Plattformen und werden durch Bot-Programme automatisch generiert und personalisiert. Sie können Wahlen und die politische Einstellung der Wähler beeinflussen. Der Postfaktualismus verändert die Wirklichkeitswahrnehmung. Wenn Tatsachen ignoriert werden oder keine

Rolle mehr spielen und Emotionen an ihre Stelle treten, dann gibt es nur noch gefühlte Wahrheiten.

Im gleichen Maße wie sich das Corona-Virus über die Welt ausbreitete, verbreiteten sich auch die Lügen und Fake News über das Virus. Vor Viren kann man sich mit Masken und durch Abstand halten schützen, aber vor Fake News schützt kein Spam-Filter. Lügen und Verschwörungsnarrative wirken ansteckend. Sie nisten sich im Bewusstsein der Bürger ein, verändern ihr Denken, werden weitererzählt und in sozialen Medien geteilt. Das Post-Truth-Phänomen ist dafür verantwortlich, dass den seriösen Medien immer weniger Vertrauen und Respekt entgegengebracht wird. Es ist oft pauschalisierend und despektierlich von „Lügenpresse" die Rede. Die Wahrheitskrise ist somit auch eine Medienkrise. Man vertraut nur noch solchen Medien, die die eigene Meinung widerspiegeln. Andere Meinungen werden nicht mehr geduldet.

Schnell wurde daher der Ruf nach einer Regulierung der großen Internetkonzerne laut, die ihrer Pflicht zur Löschung von Fake News und Hassbotschaften nur unzureichend nachkommen. Aber das Problem betrifft nicht nur Google, Twitter/X, Facebook und Co. Das Problem wurde mit dem neuen Medium Internet geschaffen – einem Medium, in dem jeder seine eigene Meinung verbreiten kann und wo es keine Gatekeeper mehr gibt, die Nachrichten auf ihren Wahrheitsgehalt überprüfen. Dank des Internets haben wir heute Zugang zu einer Fülle an Informationen, aber die Informationsüberflutung hat auch ihre Schattenseiten. Mit der Erfindung des Internets wurde eine Informationsbombe gezündet, deren Fallout sich in Form von Lügen, Bullshit und Halbwahrheiten verbreitet und das Denken der Menschen kontaminiert. Wie die Stürmung des Kapitols durch aufgebrachte Trump-Anhänger im Januar 2021 zeigt, kann die Verbreitung von Fake News auch zu einer Gefahr für die Demokratie werden.

In diesem Buch soll der Postfaktualismus aus erkenntnistheoretischer und medienepistemologischer Sicht untersucht werden. Angesichts der Bedrohung der Wahrheit müssen wir uns auf die Fundamente unseres Wissens besinnen und uns fragen: Was ist Wahrheit überhaupt? Wie können wir sie erkennen? Sagt Wahrheit etwas über die Wirklichkeit aus oder ist sie lediglich eine soziale Konstruktion? Gibt es objektives Wissen oder ist Wissen stets subjektiv? Diese ungeklärten philosophischen Fragen schaffen eine Verunsicherung in unserem Umgang mit der Wahrheit. Wenn es nämlich keine objektiven Tatsachen gibt und Wahrheit immer relativ zum Beurteilungsstandpunkt ist, müssen wir dann nicht alternative Sichtweisen der Wirklichkeit akzeptieren? Wer meint, dass Wahrheit relativ und sozial konstruiert ist, kann sich nicht darüber beklagen, wenn Postfaktualisten wie Trump eine andere Auffassung von Wahrheit vertreten. Wenn wir den Postfaktualismus effektiv bekämpfen wollen, genügt es nicht nur, Faktenprüfung zu betreiben und Lügner an den Pranger zu stellen, sondern wir müssen vor allem die Institution der Wahrheit verteidigen. Wir müssen zeigen, dass Wahrheit nicht beliebig und keine Frage der Interpretation ist, sondern dass es eine objektive Wahrheit gibt.

Im 1. Kapitel des Buches werden verschiedene Erscheinungsformen des Postfaktualismus analysiert und es wird zu erklären versucht, warum Menschen die eigene Meinung für die Wahrheit halten. Das Erstarken des Postfaktualismus wird durch die Digitalisierung und psychologische Mechanismen begünstigt. Bei der Informationssuche nehmen wir vorzugsweise solche Inhalte zur Kenntnis, die uns interessieren und die in unser eigenes Weltbild passen. Dieser Selbstbestätigungseffekt (confirmation bias) wird durch die Personalisierung von Suchmaschinen und Newsfeeds noch verstärkt. Auf diese Weise entstehen Filterblasen (Pariser 2011), die kritische Inhalte ausblenden und Mediennutzer in ihren eigenen Meinungen bestärken. Die Menschen tendieren dazu, nur noch mit Gleichgesinnten zu kommunizieren. Wird eine Gruppe durch eine ideologische Gesinnung zusammengehalten, wirkt ein Gruppenzwang, der kritische Stimmen unterdrückt und abweichende Meinungen sanktioniert. Querdenker, Fanatiker, Fundamentalisten, Verschwörungstheoretiker und Anhänger esoterischer Lehren sind dann für Kritik nicht mehr empfänglich, weil sie sich vom Rest der Gesellschaft ideologisch isoliert haben. Sie ignorieren wissenschaftliche Fakten und Argumente, legen sich ihre eigene Weltdeutung zurecht und schotten sich so gegen die als feindlich empfundene Außenwelt ab. Eine solche soziale Dynamik führt zur Entstehung von Echokammern, die, wie Cass Sunstein (2017) gezeigt hat, zu einer Polarisierung der Gesellschaft beitragen und die Demokratie gefährden können. In einer Gesellschaft, in der jede Gruppe in ihrer eigenen Echokammer lebt, ist ein konstruktiver politischer Diskurs nicht mehr möglich. Jede Gruppe definiert ihre eigenen Wahrheiten. Wahrheit wird zur kollektiven Gruppenmeinung. Wer diese Meinung nicht teilt, gehört nicht zur Gruppe. Hannah Arendt (2019, S. 61) hält dem entgegen: „Tatsachen stehen außerhalb aller Übereinkunft und aller freiwilliger Zustimmung." Die Überzeugungskraft einer Behauptung nimmt nicht mit der Anzahl der Menschen zu, die ihr zustimmen. Es ist ja gerade das Charakteristikum von Wahrheit, dass sie unabhängig von Menschen und ihren Meinungen gilt. Wenn die Gesellschaft in rivalisierende Gruppen zerfällt, die in ihren eigenen Echokammern leben, ihre eigenen Wahrheiten vertreten und die unwillig oder unfähig sind, miteinander zu kommunizieren und Argumente auszutauschen, dann hat der Postfaktualismus gesiegt und kann zu einer Destabilisierung der Gesellschaft führen.

Leider trägt auch die Philosophie eine gewisse Mitschuld an der Akzeptanz postfaktischer Ideen unter Intellektuellen. Im 2. Kapitel werden verschiedene philosophische Strömungen wie der Relativismus, der soziale Konstruktivismus und der Wissenschaftskonstruktivismus vorgestellt, die zu einer Relativierung des Wahrheitsbegriffs beigetragen haben. Diese Theorien gehen davon aus, dass Wahrheit ein Produkt diskursiver Praktiken darstellt und Diskursregeln darüber bestimmen, was wahr und was falsch ist. Dabei wird ein enger Zusammenhang zwischen Wahrheit und Macht postuliert: Denn wer die Diskursmacht hat, kann auch Wahrheitsansprüche durchsetzen. Wahrheit existiert dieser Auffassung zufolge nicht außerhalb von Diskursen und sozialen Praktiken. Andere Diskurse generieren daher andere Wahrheiten. Ein solcher Wahrheitsrelativismus hat jedoch desaströse praktische Konsequenzen, die Greg Weiner (2017, S. 91) auf die sarkastische Frage zuspitzte: „If there is no objective truth, how is it possible to say Trump lied?" Trump definierte neue Regeln des politischen Diskurses und konnte seine Anhänger von seiner Version der Wahrheit überzeugen. Die Kritik seiner Gegner perlt an ihm einfach ab, weil er stets behaupten kann: Wer meine Diskursregeln nicht akzeptiert, hat auch nicht das Recht, mich zu kritisieren. Das ist aus relativistischer Sicht konsequent, weil ja auch Kritik nur diskursimmanent formuliert werden kann. Wer leugnet, dass es objektive Tatsachen gibt, spielt damit Demagogen wie Trump in die Hände.

Aber was ist Wahrheit? Wie können wir feststellen, ob ein Satz wahr ist? Mit diesen Fragen wollen wir uns im 3. Kapitel beschäftigen. In der Philosophie wurden verschiedene Wahrheitstheorien entwickelt, wie die Korrespondenztheorie, die Kohärenztheorie, die pragmatische Wahrheitstheorie und die deflationäre Wahrheitstheorie. Die Korrespondenztheorie hält an einem metaphysischen Wahrheitsbegriff fest: Wahrheit besteht in der Übereinstimmung von Aussage und Wirklichkeit. Die anderen Wahrheitstheorien leugnen diesen Zusammenhang. Nach den drei letztgenannten Theorien lässt sich Wahrheit nicht von ihrem sprachlichen, sozialen und lebensweltlichen Kontext lösen. Für die Kohärenztheorie ist Wahrheit eine holistische Eigenschaft eines Glaubenssystems: Aussagen sind wahr, wenn sie in idealer Weise ein kohärentes System bilden. Für die pragmatische Wahrheitstheorie ist etwas wahr, wenn es nützlich und erfolgreich ist. Und in der deflationären Wahrheitstheorie besteht Wahrheit lediglich in einer zustimmenden Haltung eines Sprechers zu einer Aussage. Die Aussage „p ist wahr" besagt demnach dasselbe wie die Aussage p.

Unser Alltagsverständnis von Wahrheit geht von einer Korrespondenztheorie aus. Wir überprüfen eine Aussage, indem wir sie mit der Wirklichkeit vergleichen. Stellen wir eine Übereinstimmung fest, dann ist sie wahr, wenn nicht, dann ist sie falsch. Auch Faktenchecker gehen so vor. Jedoch ist die Korrespondenztheorie in der Philosophie nicht unumstritten, denn es gibt einige gewichtige Einwände gegen die Theorie. Insofern stehen wir vor dem Dilemma, zwischen einer externalistischen, wirklichkeitsbezogenen Wahrheitskonzeption und einem kontextualistischen, diskursiven Wahrheitsbegriff wählen zu müssen. Ich werde mit dem *perspektivischen Realismus* eine Kompromisslösung vorstellen, in der das Beste aus beiden konkurrierenden Ansätzen vereinigt wird. Nach dieser Theorie hängt Wahrheit vom aktuellen Forschungsstand ab und ist historisch veränderlich. Was früher für wahr gehalten wurde, kann heute falsch sein. Aber nicht alle epistemischen Perspektiven sind gleichberechtigt. Dank des wissenschaftlichen Fortschritts können wir heute die Welt besser verstehen und erklären als früher. Wahrheit ist stets eine theorie- und perspektivenimmanente Wahrheit, ist aber dennoch auf eine theorieunabhängige Realität bezogen, die eine Korrekturinstanz für unsere Vermutungen und Hypothesen darstellt. Wenn wir wissen wollen, warum das Corona-Virus so gefährlich ist, fragen wir Virologen und nicht Corona-Leugner. Wenn wir wissen wollen, ob es einen Klimawandel gibt, fragen wir Klimaforscher und vertrauen auf ihre Auskünfte. Wissenschaftliche Wahrheiten, auch wenn sie immer nur vorläufig und revidierbar sind, bilden einen unverzichtbaren Orientierungsrahmen, der uns befähigt, Gefahren zu erkennen, Krankheiten zu bekämpfen und neue Technologien zu entwickeln.

Das 4. Kapitel geht der Frage nach, wie aus Information Wissen wird. Auch hier gibt es im Wesentlichen zwei Schulen, die unterschiedliche Auffassungen von Information und Wissen haben. Für die einen ist Wissen das Ergebnis eines durch einen zuverlässigen, informationserhaltenden Prozess verursachten wahren Glaubens, der Tatsachen in mentale Repräsentationen abbildet. Um dies an einem Beispiel zu erläutern: Wenn ich eine rote Rose sehe, wird die visuelle Information über meine Augen und meine Nervenbahnen an mein Gehirn weitergeleitet, sodass ich daraus das Wissen gewinne, dass die Rose rot ist. Sofern ich keiner Sinnestäuschung oder einer Halluzination zum Opfer falle, erlange ich ein wahres Bild der Wirklichkeit. Die soziale Erkenntnistheorie vertritt dagegen ein anderes Modell: Wissen ist stets ein kollektives Wissen und hat einen sozialen Status (Kusch 2002, S. 109). Individuen können nur als Teil einer Gemeinschaft etwas wissen (Kusch 2002, S. 10). Wissen ist demnach ein institutionalisierter Glaube und wird sozial konstruiert (Goldman 2002, S. 186 f.). Dieser Auffassung zufolge ist eine Meinung erst dann ein Wissen, wenn sie diskursiv gerechtfertigt ist und konsensuell anerkannt wird. Eine für die soziale Erkenntnistheorie typische Definition von Wissen ist die folgende: „any and every set of ideas and acts accepted by one or another social group or society of people – ideas and acts pertaining to what they accept as real for them and for others" (McCarthy 1996, S. 24).

Gegen das Wahrnehmungsmodell des Wissens lässt sich einwenden, dass Information nicht einfach von einem wahrgenommenen Gegenstand zum Gehirn übertragen wird. Denn das menschliche Gehirn ist, wie uns Hirnforscher versichern, informationell und operativ geschlossen. Wahrnehmung ist keine Eins-zu-Eins-Abbildung der Wirklichkeit durch das Gehirn. Was unser Gehirn erreicht, sind keine bedeutungsvollen Informationen, sondern neuronale Signale, die interpretiert werden müssen und erst dadurch eine Bedeutung erhalten (Roth 1997, S. 108). Das Gehirn *konstruiert* Bedeutungen (Roth 1992a, S. 127). Zudem lässt sich das naturalistische Wissensmodell nicht von der Wahrnehmung auf andere Formen des Wissens übertragen. Die soziale Umwelt hat einen großen Einfluss auf die Meinungsbildung. Wissen, das wir aus den Medien beziehen, ist ein Wissen aus zweiter Hand. Medien sind nicht einfach nur technische Verlängerungen unserer Sinnesorgane. Medien selektieren, aggregieren und verarbeiten Informationen und vermitteln daher nicht immer ein objektives Bild der Wirklichkeit.

Andererseits hat auch das soziale Wissensmodell seine Schwächen. Wenn Wahrheit und Wissen nämlich nur auf Akzeptanz und konsensueller Zustimmung beruhen, führt dies zu einem Relativismus. Denn wenn es keine gruppenunabhängigen Wahrheitskriterien gibt, wird jede Gruppe ihre eigenen Wahrheiten haben und wird in ihrer eigenen Wirklichkeit leben. Dies würde zu einer Tribalisierung und Spaltung der Gesellschaft führen.

Ich werde einen epistemischen Kontextualismus verteidigen, der einen Mittelweg zwischen dem kausalen und sozialen Wissensmodell aufzeigt. Da Wissen nach dieser Theorie stets kontextsensitiv ist, können soziale Einflüsse bei der Wissensgewinnung und Wissenszuschreibung berücksichtigt werden. Der Kontextualismus führt nicht zu einem Relativismus. Denn es gibt nicht unterschiedliche Wahrheiten, sondern lediglich unterschiedliche Grade des Wissens von diesen Wahrheiten. Zwar ist ein Alltagswissen von einem wissenschaftlichen Wissen verschieden und kann zu unterschiedlichen Überzeugungen führen. Aber daraus entsteht kein Widerspruch, da die Wissenschaft unser Alltagswissen lediglich erweitert, verfeinert und präzisiert.

Nach Auffassung der sozialen Erkenntnistheorie beziehen wir unser Wissen in den meisten Fällen von anderen: von unseren Mitmenschen oder aus den Medien. Das Vertrauen in diese Wissensquellen ist aber nicht immer gerechtfertigt und kann gefährliche Folgen haben. Ein Grund, weshalb viele Menschen an Verschwörungstheorien glauben oder Fake News für wahr halten, ist, dass sie ohne kritische Distanz ihren Informationsquellen vertrauen. Informationen aufgrund von Hörensagen sind so lange kein Wissen, solange sie nicht geprüft und bestätigt wurden. Es macht einen Unterschied, ob wir die Informationen aus dubiosen Internetquellen oder aus seriösen wissenschaftlichen Quellen beziehen. Was Querdenker über das Corona-Virus erzählen, ist nicht so zuverlässig wie das, was Virologen und Epidemiologen aufgrund neuster Forschungsergebnisse wissen. Dabei vertrauen wir weniger den Experten als den Erkenntnismethoden, die Experten zur Wissensgewinnung verwenden. Menschen urteilen nicht immer objektiv, wohl aber kann eine Methode der kritischen Prüfung (Albert 1991, S. 42 ff.) am ehesten die Gewähr bieten, ein objektives Wissen zu erlangen.

Zu einer kritischen Medienrezeption gehört ein aufgeklärtes Bewusstsein und ein Selbstdenken, das nicht blind auf die Meinung anderer vertraut. Wissen auf der Basis vom bloßen Hörensagen ist ein schlechtes Wissen. Nur solche Informationen, von denen wir gute Gründe haben zu glauben, dass sie wahr sind, stellen ein Wissen dar. Immanuel Kant sieht im blinden Vertrauen auf andere eine große Gefahr: Viele sind einfach zu träge oder zu faul, selbst zu denken und glauben das, was andere sagen. Kant gibt daher den Rat: „Habe Mut, dich deines *eigenen* Verstandes zu bedienen!" (Kant 1983, Bd. 9, S. 53) Diesem Motto der Aufklärung zu folgen ist heute wichtiger denn je.

Da wir unsere Informationen über die Welt hauptsächlich aus den Medien gewinnen, wird unser Bild der Wirklichkeit in hohem Maße von den Medien geprägt. Im 5. Kapitel werde ich erläutern wie Medien eine Wirklichkeit konstruieren und welche Rolle Fake News dabei spielen. Dabei grenze ich mich von Medienkonstruktivisten wie Siegfried J. Schmidt ab, indem ich darlege, wie wichtig die Unterscheidung zwischen einer epistemischen und einer ontologischen Wirklichkeit ist. Was medial konstruiert wird, ist nämlich eine *epistemische* Wirklichkeit und nicht die ontologische Wirklichkeit (Realität), die unabhängig von uns existiert. Medien beeinflussen, wie wir die Welt wahrnehmen und interpretieren. Menschen übernehmen oftmals unkritisch das, was sie im Internet lesen oder von anderen Menschen hören. Fake News führen zu Fehlwahrnehmungen, weil sie ein falsches Bild der Wirklichkeit vermitteln. In der Psychologie spricht man von kognitiven Verzerrungen, wenn Informationen falsch interpretiert werden und zu Fehlurteilen führen.

Viele Menschen glauben an Fake News, weil ihr Urteil voreingenommen ist und sie ihre Überzeugungen nicht kritisch hinterfragen. Den Medien obliegt daher eine besondere Verantwortung, die Verbreitung von Falschmeldungen zu verhindern. Zu diesem Zweck überprüfen Nachrichtenagenturen und große Medienanstalten bei Verdacht den Wahrheitsgehalt einer Meldung. Faktenchecks sind in jüngster Zeit allerdings in die Kritik geraten. Es wird behauptet, dass es keine objektiven Tatsachen gibt. Hinter dieser Kritik verbirgt sich eine alternative Epistemologie, nach der Tatsachen sozial konstruiert sind und Wahrheitsansprüche auf Macht beruhen. Offensichtlich gibt es in den Sozialwissenschaften eine Uneinigkeit darüber, wie Fake News zu bewerten sind. Auf der einen Seite befürchtet man, dass die Verbreitung von Fake News die Demokratie gefährdet, auf der anderen Seite sieht man in Fake News einen Ausdruck freier Meinungsäußerung und im Postfaktualismus eine Demokratisierung der Wahrheit. Während diejenigen, die dem Postfaktualismus kritisch gegenüberstehen, Fake News durch Faktenchecks und kritisches Denken bekämpfen wollen, verorten Autoren wie Farkas und Schou (2024) die Ursachen der Wahrheitskrise im neoliberalen Wirtschaftssystem.

Diese unterschiedliche Bewertung von Fake News macht deutlich, dass der Postfaktualismus nicht nur zu einer Polarisierung der Gesellschaft beiträgt, sondern mittlerweile auch die akademische Welt in zwei Lager spaltet. Es ist ein alarmierendes Zeichen, wenn sich Philosophen nicht einmal darüber einig sind, was eine Tatsache ist. Die einen verstehen darunter einen wirklichen Sachverhalt, während sie für andere lediglich eine soziale Konstruktion ist. Wenn wir die Wahrheitskrise überwinden wollen, müssen wir uns darauf verständigen, was Wahrheit ist und welchen ontologischen Status Tatsachen haben. Ziel dieses Buches ist es daher, eine Medienepistemologie zu entwerfen, die einerseits die Perspektivität menschlichen Wissens berücksichtigt, andererseits zwischen Wahrheit und Falschheit unterscheiden kann. Denn wenn wir die Wahrheit nicht mehr erkennen können und Tatsachen ignorieren, tragen wir zu einer Entwicklung bei, die zu einer postfaktischen Gesellschaft führt und zu einer Gefahr für die Demokratie wird.

Inhaltsverzeichnis

1	**Phänomenologie des Postfaktischen**	1
1.1	Die schöne neue Welt des Internets	1
1.2	Das Google-Universum	4
1.3	Die Blogosphäre	7
1.4	Polarisierung	8
1.5	Framing und Narrative	9
1.6	Filterblasen und Echokammern	12
1.7	Verschwörungstheorien	13
1.8	Wissenschaftsskeptizismus und Pseudowissenschaft	20
1.9	Fake News	23
1.10	Demokratie und Wahrheit	25
1.11	Postfaktualismus	30
2	**Epistemologie des Postfaktischen**	41
2.1	Friedrich Nietzsche: Perspektivismus als Postfaktualismus	41
2.2	Relativismus und Inkommensurabilität	47
2.3	Kulturrelativismus	57
2.4	Der soziale Konstruktivismus	61
2.5	Der Wissenschaftskonstruktivismus	69
2.6	Objektivität in der Wissenschaft	76
2.7	Objektivität im Journalismus	86
3	**Faktizität und Wahrheit**	93
3.1	Die Korrespondenztheorie der Wahrheit	94
3.2	Approximative Wahrheit	99
3.3	Die pragmatische Wahrheitstheorie	104
3.4	Die deflationäre Wahrheitstheorie	107
3.5	Die Kohärenztheorie der Wahrheit	110
3.6	Perspektivischer Realismus	117

4 Information und Wissen 131
    4.1   Informationsökologie 131
    4.2   Semantische Information 133
    4.3   Falschinformation und Desinformation 138
    4.4   Wissen im Kontext 140
    4.5   Grade des Wissens 143
    4.6   Wissen aus zweiter Hand 145
    4.7   Wissen aus dem Internet: Ist Google ein guter Informant? 153
    4.8   Das Ende der Aufklärung? 156

5 Fake News und die Folgen 159
    5.1   Die mediale Konstruktion von Wirklichkeit 159
    5.2   Kognitive Verzerrungen 166
    5.3   Wie man Fake News bekämpfen kann 170
    5.4   Kritisches Denken und kritische Theorie 177
    5.5   Wahrheit und Macht 182
    5.6   Epistemische Demokratie 187

Literatur 191

Stichwortverzeichnis 207

Phänomenologie des Postfaktischen 1

1.1 Die schöne neue Welt des Internets

Stellen Sie sich eine Welt vor, in der Informationen aller Art frei zugänglich sind, in der Nachrichten, aber auch Falschmeldungen verbreitet werden und in der jeder frei von Zensur seine eigene Meinung kundtun kann. Auf diesem freien Informationsmarkt kursieren Gerüchte, Klatsch, Lügen, Propaganda, Verschwörungsmythen oder einfach nur Unsinn. Sie sind von einer Flut an Informationen umgeben und können nun nach Belieben auswählen und lesen, was Sie interessiert. Sie werden leicht die Orientierung verlieren. Zu jeder Meinung gibt es eine Gegenmeinung, zu jeder Sichtweise eine andere Darstellung und zu jeder Wahrheit eine alternative Wahrheit. Wie können wir da noch zwischen wahren und falschen Meldungen unterscheiden? Welchen Quellen sollen wir vertrauen? Wie können wir ein objektives Bild der Wirklichkeit gewinnen?

Diese postfaktische Welt ist teilweise bereits Realität. Im Internet und in den sozialen Medien findet man jede Menge Nachrichten, bei denen man nicht immer klar erkennen kann, ob sie wahr oder falsch sind. Falschmeldungen, Fake News und Desinformationskampagnen gab es schon immer, aber erst mit dem Internet wurde ein Medium geschaffen, wo jeder seine eigene Meinung herausschreien kann und wo sich Nachrichten und Gerüchte blitzschnell weltweit verbreiten. Das Internet ist ein Erkenntnisorgan, das uns einen Zugang zur Welt vermittelt, aber das die Welt nicht einfach nur abbildet, sondern unendlich viele Perspektiven zeigt, aus denen der Betrachter sich eine auswählen kann. Wenn wir wissen wollen, warum es heute so viele Fake News gibt und warum so viele Menschen an Verschwörungstheorien glauben, müssen wir verstehen, worin sich das Internet und die sozialen Medien von den traditionellen Nachrichtenmedien (Zeitungen, Radio, Fernsehen) unterscheiden.

Die traditionellen Medien zeichnen sich dadurch aus, dass Gatekeeper (Torwächter) eine Filterfunktion erfüllen und Nachrichten nach bestimmten journalistischen Kriterien auswählen und an den Empfänger weiterleiten. Die Selektionskriterien sind Wahrheitsgehalt, Aktualität, Bedeutung, Relevanz, Emotionalität und Unterhaltungswert. Im Idealfall arbeiten die Gatekeeper als Faktenchecker und schließen Falschmeldungen aus. Die Verbreitung des Internets wurde von vielen Menschen als mediale Revolution gefeiert, weil es dort keine Gatekeeper mehr gibt und Nachrichten ungefiltert vom Produzenten zum Rezipienten gelangen. Das World Wide Web versprach eine Demokratisierung des Wissens, in der Informationen frei und kostenlos abgerufen werden können. Das Internet, so wurde gesagt, werde eine neue Kultur schaffen, die Demokratie stärken und zu einer interkulturellen Verständigung beitragen (Curran 2012, S. 13). Jeder Bürger könne selbst zum Nachrichtenproduzenten werden, Blogs schreiben oder eine eigene Internetzeitung herausgeben. Anfang der 1990er Jahre, in der Frühzeit des Internets, wurde eine Reihe von Manifesten verfasst, die vom Anbruch einer neuen Zeit kündeten und grenzenlosen Optimismus verbreiteten. Der Netzaktivist John Perry Barlow veröffentlichte eine „Unabhängigkeitserklärung des Cyberspace", in der er die Freiheit des Internets von jeder staatlichen Einmischung, Überwachung und Zensur forderte:

> Wir erschaffen eine Welt, die alle betreten können ohne Bevorzugung oder Vorurteil bezüglich Rasse, Wohlstand, militärischer Macht und Herkunft. Wir erschaffen eine Welt, in der jeder Einzelne an jedem Ort seine oder ihre Überzeugung ausdrücken darf, wie individuell sie auch sind, ohne Angst davor, im Schweigen der Konformität aufgehen zu müssen. Eure Rechtsvorstellungen von Eigentum, Redefreiheit, Persönlichkeit, Freizügigkeit und Kontext treffen auf uns nicht zu. Sie alle basieren auf der Gegenständlichkeit der materiellen Welt. Es gibt im Cyberspace keine Materie. (Barlow 2017, S. 68)

Das Internet sollte wie die athenische Agora ein freier Marktplatz der Ideen sein, in der eine direkte Demokratie verwirklicht werden könne (Brin 2001, S. 35; Barbrook und Cameron 2001, S. 369). In der virtuellen Gemeinschaft sei jeder frei und gleich, unabhängig von Hautfarbe, Geschlecht oder Religion. Andere entwerfen die Vision einer kollektiven Intelligenz, die wie ein globales Gehirn die ganze Welt umspannt (Levy 2017, S. 99 f.; Halpin et al. 2014, S. 28). Die „Weisheit der Vielen" (Surowiecki 2007) sei mehr als die Summe aller Einzelintelligenzen und würde daher ein neues Wissen von allen für alle schaffen.

Nach der anfänglichen Euphorie wurden schnell die Schattenseiten des Internets sichtbar: die digitale Spaltung (digital divide), mangelnder Datenschutz, Cyberkriminalität und eine Flut von Spam, Hassmails und Fake News. Trolle und Hassprediger missbrauchen die Freiheit des Internets, um das Denken der Menschen zu beeinflussen und zu manipulieren. Mit dem Wegfall von Gatekeepern war der Damm gebrochen, der bisher den gröbsten Schmutz aufgehalten hatte. Im Grunde genommen sind die Probleme des Internets bereits in der libertären und egalitären Ideologie der Internet-Aktivisten angelegt. In dieser Utopie offenbart sich nämlich ein Dilemma: Einerseits wird Informationsfreiheit für alle gefordert (Hughes 2001, S. 82; Chaos Computer Club 2017, S. 60), andererseits sollten private Daten geschützt werden. Hacker wollen Informationen ausspähen, andererseits wollen sie selbst nicht ausgespäht werden und pochen auf ihr Recht auf Anonymität (May 2001, S. 61 f.). Wer andere hackt, darf sich nicht wundern, wenn er selbst gehackt wird. Die Forderung von Hackern „Alle Informationen müssen frei sein" (Chaos Computer Club 2017, S. 60) kann auch als Aufforderung an den Staat verstanden werden, das Leben seiner Bürger auszuforschen und zu überwachen.

Im Internet wird der Nutzer mit einer Unmenge ungefilterter Informationen konfrontiert und muss sich selbst einen Weg durch den Informationsdschungel bahnen. Es ist nicht immer auf den ersten Blick ersichtlich, welche Nachrichten wahr und welche falsch sind und welche Quellen vertrauenswürdig sind. Der Internetnutzer ist gezwungen, eine Auswahl zu treffen und wird so zu seinem eigenen Gatekeeper. Wie soll er zwischen Wahrheit, Gerücht und Falschmeldung unterscheiden? Der Rezipient muss eigene Selektionskriterien anwenden, die sich von den Kriterien traditioneller Nachrichtenmedien unterscheiden. Seine Aufmerksamkeit wird sich auf solche Nachrichten konzentrieren, die ihn am meisten interessieren.

Die Menschen wollen unterhalten werden. Gerüchte, Sensationsmeldungen und erfundene Geschichten sind allemal spannender und unterhaltsamer als Alltagspolitik. Sie erfüllen die Erwartungshaltung der Hörer bzw. Leser (Bernal 2018, S. 239 f.). Fake News appellieren an Gefühle und Instinkte. Verschwörungstheorien teilen die Welt in Gut und Böse ein und entlarven die angeblich Schuldigen für die Übel dieser Welt. Gerüchte werden gerne weitererzählt und verbreiten sich über soziale Medien rasend schnell in der Welt. Internetnutzer wollen Meinungen hören, die ihr eigenes Weltbild bestätigen (Tewksbury und Rittenberg 2012, S. 86). Dies führt dazu, dass die Mediennutzer nicht mehr das ganze Nachrichten- und Meinungsspektrum rezipieren, sondern sich auf bestimmte Seiten und Themen fokussieren oder sich auf spezialisierte Themen- und Nachrichtenportale beschränken, die ihre Interessen bedienen. Das Blickfeld verengt sich. Es ist daher zu erwarten, dass eine Fragmentierung und Spezialisierung des Wissens zu einem geringeren Allgemeinwissen führen (Tewksbury und Rittenberg 2012, S. 127). Gemeinsamkeiten schwinden, Unterschiede nehmen zu, Meinungsgegensätze verstärken sich. Ein allgemeiner Konsens in sozialen und politischen Fragen geht verloren. Jede Gruppe zieht sich in ihre eigene mediale Nische zurück.

Das Phänomen der Fragmentierung und selektiven Rezeption von Nachrichten beschränkt sich nicht nur auf das Internet. Kaum jemand liest eine Tageszeitung von der ersten bis zur letzten Seite, sondern pickt sich solche Meldungen heraus, die sie oder ihn interessieren. Fußballfans überschlagen den Politikteil und lesen als erstes die Sportseiten. Wenn jemand hauptsächlich an Promi-News interessiert ist, wird sie oder er weniger Nachrichten aus dem Politikressort lesen (Tewksbury und Rittenberg 2012, S. 123, 126). Dennoch gibt es einen qualitativen und quantitativen Unterschied zwischen traditionellen Nachrichtenmedien und Nachrichtenportalen im Internet. Bei personalisierten Nachrichtenportalen werden bestimmte Themen von vornherein aussortiert. Der Leser hat nicht mehr die Chance, andere Meinungen wahrzunehmen und andere Sichtweisen kennenzulernen. Viele Nutzer bewegen sich fast ausschließlich in solchen Blogs und Diskussionsforen, die ihren eigenen politischen Ansichten und Interessen entsprechen. Es tritt ein Effekt der Kritikabschirmung und Immunisierung ein. Personalisierung führt zu einer selektiven und subjektiven Wahrnehmung: Man sieht nur noch das, was man sehen will, und ignoriert Tatsachen, die nicht in das eigene Weltbild passen.

Mediennutzer neigen dazu, hauptsächlich solche Medien zu konsumieren, die im Einklang mit ihren eigenen Überzeugungen stehen und meiden Medien, die eine andere Weltsicht verbreiten. Dieses Phänomen wird in der Medienpsychologie als „*selective exposure*" bezeichnet (Spohr 2017, S. 153; Schweiger 2017, S. 96). Menschen wollen Widersprüche und Dissonanzen vermeiden und ihr eigenes Weltbild kohärent gestalten. Sie bevorzugen daher solche Medien, die ihnen ideologisch nahestehen. Michael Oswald erklärt dies wie folgt:

> Daher reagieren Menschen unterschiedlich auf Botschaften und behandeln sie selektiv, indem eben konträr zu den eigenen *Beliefs* stehende Aussagen ignoriert oder zurückgewiesen werden. Die Ablehnung erfolgt, da eine kognitive Dissonanz auftritt, wenn Informationen oder Aussagen die eigene Ideologie kontrastieren oder sie zentralen Werten entgegenstehen. (...) Je besser ein Kommunikationsframe mit der Weltanschauung von Rezipienten zusammenpasst, desto eher wird er von ihnen akzeptiert. (Oswald 2019, S. 16)

Empirische Untersuchungen bestätigen diesen Effekt (Flaxman et al. 2016, S. 317; Lewandowski et al. 2017, S. 358; Kavanagh und Rich 2018, S. 154). In den USA schauen Anhänger der Republikaner bevorzugt Fox News, während die meisten Demokraten auf CNN abonniert sind (Spohr 2017, S. 152).

1.2 Das Google-Universum

Nachrichtenportale sammeln und sortieren Nachrichten. Berichte werden bearbeitet, zusammengefasst, in kleine, schnell konsumierbare Informationshäppchen gestückelt, mit Bildern versehen und in einen narrativen Kontext gestellt, damit sie per Mausklick abgerufen werden und mit anderen geteilt werden können (Coddington 2019, S. 4 ff.). Meistens verfügen die Sammler und Bearbeiter von Nachrichten, die sogenannten Aggregatoren, nur über ein Wissen aus zweiter Hand, das sie von anderen Nachrichtenquellen beziehen (Coddington 2019, S. 45). Die Selektion von Nachrichten wird von Redakteuren vorgenommen und zusätzlich aktiv durch die Leser betrieben, die ihre Aufmerksamkeit auf bestimmte Themen richten. Es gibt aber auch algorithmische Gatekeeper. Suchmaschinen wählen die Inhalte nach vorbestimmten Kriterien aus und passen sie an die Interessen der Nutzer an. Eli Pariser beschreibt die Wirkung der Personalisierung wie folgt: „Ultimately, the proponents of personalization offer a vision of a custom-tailored world, every facet of which fits us perfectly. It's a cozy place, populated by our favorite people and things and ideas." (Pariser 2011, S. 12)

1.2 Das Google-Universum

Google hat die algorithmische Personalisierung perfektioniert (vgl. Hartmann 2020, Zoglauer 2020). Gibt man bei Google einen Suchbegriff ein, erscheint eine Liste von Webseiten, die Informationen zu diesem Begriff liefern. Die Reihenfolge der Suchergebnisse soll die Relevanz und Wichtigkeit der Seiten widerspiegeln. Wie wichtig eine Information ist, hängt von den Interessen des Nutzers ab. Aber woher weiß Google, welchen Wert ein Nutzer einer Information beimisst? Die Google-Gründer Sergey Brin und Larry Page entwickelten den sogenannten *PageRank-Algorithmus,* der die Reihenfolge der Suchergebnisse u. a. danach festlegt, wie oft eine bestimmte Seite angeklickt wird und wie häufig eine Seite verlinkt ist. Aus dem individuellen Nutzerverhalten, z. B. welche Seite besonders häufig besucht wird, kann auf die persönlichen Vorlieben und Interessen des Nutzers geschlossen werden. Die Anzahl der Klicks wird so zum Maß aller Dinge. Der PageRank setzt sich aus den individuellen und kollektiven Präferenzen zusammen. Je häufiger eine Webseite verlinkt ist, d. h. je mehr andere Webseiten auf sie verweisen, desto populärer ist sie. Roboter-Programme durchsuchen das Internet und Cookies spähen das individuelle Nutzerverhalten aus. Das führt dazu, dass jeder Nutzer ein spezielles, auf ihn zugeschnittenes Listing von Suchergebnissen erhält. Google bietet jedem Nutzer ein anderes Bild dieser Welt, ausgedrückt in der Reihenfolge der Suchergebnisse. Da die Relevanz eines Links durch die subjektive Einschätzung seiner Wichtigkeit definiert ist, bekommt jeder das zu sehen, was er sehen will.

Das Google-Ranking wird durch das eigene und das Surfverhalten anderer Menschen bestimmt. Internetseiten, die von anderen Nutzern besonders häufig aufgerufen werden, erhalten eine bessere Platzierung. Und je höher der PageRank, desto populärer ist die Seite und umso wahrscheinlicher wird sie besucht. Das unsichtbare Wirken von Algorithmen führt nicht zu einer Demokratisierung des Wissens. Im Gegenteil: Das Google-Universum ist eher plutokratisch organisiert. Der PageRank stellt ein symbolisches Kapital dar, das in ökonomische Macht umgewandelt werden kann. Ein höheres Ranking kann man durch eine Suchmaschinenoptimierung oder durch ein simples „Google-Bombing" erzielen, indem man viele Links setzt, die auf eine bestimmte Webseite verweisen. Auf diese Weise lassen sich Algorithmen überlisten und man kann sich Aufmerksamkeit erkaufen.

Bei der Listung der Suchergebnisse unterscheidet Google nicht, ob die Informationen, die geliefert werden, wahr oder falsch sind oder ob die Seiten vertrauenswürdig sind oder nicht. Wenn man Google leichtfertig vertraut und auf einen Link klickt, besteht die Gefahr, dass man auf einer Fake-News-Seite landet oder auf eine Seite von Verschwörungstheoretikern oder pseudowissenschaftlicher Theorien weitergeleitet wird. Gérald Bronner (2016) führte ein Experiment durch und gab bei Google fünf Begriffe ein: Astrologie, Loch-Ness-Monster, Aspartam, Kornkreise und Psychokinese. Diese Begriffe bezeichnen pseudowissenschaftliche Theorien, die von der scientific community einhellig abgelehnt werden. Kornkreise sind angeblich das Werk von Außerirdischen. Psychokinese bezeichnet die Fähigkeit von Menschen, durch Gedankenkraft Gegenstände zu bewegen. Aspartam ist ein Süßstoff, dem nachgesagt wird, Krebs zu verursachen. Der

Verdacht gründet sich auf eine umstrittene Untersuchung, die von Experten jedoch als unwissenschaftlich zurückgewiesen wird. Der Verdacht konnte nicht bestätigt werden.

Bronner wertete jeweils die ersten 30 Suchergebnisse aus und kam zu folgendem Ergebnis: 97 % der Webseiten äußern sich positiv zur Astrologie, 78 % suggerieren die Existenz des Loch-Ness-Monsters, 70 % berichten von der Gefährlichkeit von Aspartam, 87 % der Webseiten reden dem Leser ein, dass die Kornkreise außerirdischen Ursprungs seien und 84 % stellen Psychokinese als ein reales Phänomen dar (Bronner 2016, S. 24–30). Bei dem Suchbegriff „Astrologie" verweisen die meisten Links auf Seiten mit Horoskopen. Gibt man das Stichwort „Loch Ness Monster" ein, landet man entweder auf touristischen Seiten, die mit dem Loch-Ness-Mythos werben oder man wird auf obskure You-Tube-Videos mit Nessie-Filmchen verlinkt. Und beim Suchbegriff „Aspartam" schlägt Google die automatische Wortergänzung „Gift", „Krebs" oder „Nervengift" vor und gibt damit ein vorgefertigtes Urteil ab, das wissenschaftlich nicht haltbar ist. Die Ergebnisse zeigen, dass pseudowissenschaftliche Theorien im Internet weit verbreitet sind und von Google gegenüber seriösen wissenschaftlichen Seiten manchmal bevorzugt werden.

Die Untersuchung wurde 2010 durchgeführt. Mittlerweile hat Google ein Faktencheck-Label eingeführt, das angibt, ob ein Artikel als wahr, falsch oder teilweise wahr eingestuft wird. Der Faktencheck wird jedoch nicht von Google selbst, sondern von vertrauenswürdigen Dritten durchgeführt. Dazu heißt es bei Google (2020): „Der Publisher des Faktenchecks muss eine vertrauenswürdige Informationsquelle sein. Das wird von einem Algorithmus ermittelt. Folgende Angaben müssen klar ersichtlich sein: überprüfte Behauptungen, Ergebnis des Faktenchecks, Methode zur Ermittlung des Ergebnisses, Zitate und Verweise auf Primärquellen." Wiederholt man die Suche mit den fünf angegebenen Begriffen,[1] erhält man bei den Suchergebnissen nur in einem Fall eine Warnung: Bei Kornkreisen wird bei einem Link „Faktencheck: falsch" angezeigt. Die anderen Suchergebnisse verweisen meistens auf pseudowissenschaftliche Seiten, bei denen kein Faktencheck durchgeführt wurde. Ein Faktencheck mit den Kategorien wahr, falsch oder teilweise wahr erscheint in diesen Fällen unpassend, weil pseudowissenschaftliche Theorien nicht falsifizierbar sind. Daher müsste man solche Seiten eigentlich als „unseriös" oder „nicht vertrauenswürdig" kennzeichnen.

Die Reihenfolge der Suchergebnisse kann Meinungen, Präferenzen und Kaufentscheidungen beeinflussen, weil Internetnutzer den ersten Suchergebnissen eine größere Bedeutung und Relevanz zuschreiben als den weiter unten stehenden Links. Psychologische Experimente belegen, dass sich durch eine Manipulation von Suchmaschinen Wahlen beeinflussen lassen, indem unentschlossene Wähler bei ihrer Suche nach Informationen auf bestimmte Webseiten gelenkt werden, die eine bestimmte Partei oder einen bestimmten Kandidaten präferieren (Epstein und Robertson 2015).

Zusammenfassend kann man feststellen: Google liefert kein neutrales, objektives Bild der Welt, sondern bestenfalls eine perspektivisch verzerrte Sichtweise der Wirklichkeit,

---

[1] Die neue Suche wurde am 03.06.2020 durchgeführt.

die durch den PageRank-Algorithmus bestimmt wird. Unsere Wahrnehmung wird von unsichtbaren algorithmischen Gatekeepern dirigiert, indem sie unsere Aufmerksamkeit auf höher platzierte Suchmaschinenergebnisse richten und uns so unbewusst manipulieren.

1.3 Die Blogosphäre

Eine andere Nachrichtenquelle stellen Blogs dar. Ein Blog ist eine Internetpublikation, bei der ein Autor (Blogger) einen Beitrag ins Netz stellt und zu Kommentaren und einer offenen Diskussion anregt. Blogger übernehmen selbst die Rolle von Journalisten, posten Nachrichten, Kommentare oder subjektive Meinungen und tragen so zur Meinungsvielfalt im Internet bei. Weblogs stehen somit in Konkurrenz zum traditionellen Journalismus. Kritiker bemängeln die Vernachlässigung journalistischer Standards wie Objektivität, Seriosität, Unparteilichkeit und Vertrauenswürdigkeit. Im Gegensatz dazu schätzen die Befürworter von Diskussionsforen die Möglichkeit eines freien Informationsaustauschs frei von Gatekeepern und Filtern (Coady 2011; Coady 2012, S. 144; Munn 2012). David Coady sieht im Blogging eine Demokratisierung des Wissens, durch die jeder zum Journalisten werden könne: „It is a mark of a genuine democracy that anyone can call himself or herself ‚a journalist', and anyone who succeeds in informing the public of things they have a right to know is a journalist." (Coady 2012, S. 162)

Hinter dem Ruf nach einer Demokratisierung des Wissens steht die Vorstellung, dass es keiner Wissenschaftler und Experten bedürfe, um zur Wahrheit zu gelangen. Jeder sei eine epistemische Autorität und jede Meinung sei es wert, gehört zu werden. Aber, und das ist das Problem einer postfaktischen Gesellschaft, nicht jede Meinung kann Autorität beanspruchen. Es gibt wahre und falsche Meinungen. Falsche Meinungen können nicht gleichberechtigt neben wahren Meinungen stehen und den gleichen Anspruch erheben, gehört zu werden. Nicola Mößner und Philip Kitcher (2017, S. 4) kommen daher zu dem Schluss: „The idea of equal epistemic status, across people and internet sites alike, is a myth."

Alvin Goldman (2008, S. 117) schätzt konventionelle Nachrichtenmedien als zuverlässigere und vertrauenswürdigere Informationsquellen ein als Blogs, weil bei ihnen durch das fact checking Fehler und Falschmeldungen minimiert würden. In Blogs und Internetforen bleiben Gleichgesinnte zumeist unter sich und haben eine vorgefasste Meinung, die nicht kritisch hinterfragt wird. Sie entwickeln eine monoperspektivische Sichtweise, bei der eine kritische Gegeninstanz fehlt. Gegenargumente werden entweder gar nicht zur Kenntnis genommen oder als unglaubwürdig abgetan (Goldman 2008, S. 119 f.). Goldman hält daher einen kritischen, fehlerkorrigierenden Reflexionsprozess für unverzichtbar, bei dem Argumente und Gegenargumente ausgetauscht und abgewogen werden. Wie wichtig Kritik und Korrekturmechanismen für den Erkenntnisprozess sind, darauf hat der Philosoph Karl Popper immer wieder hingewiesen:

> Was ich meine, wenn ich von der Vernunft spreche oder vom Rationalismus, ist nichts weiter als die Überzeugung, daß wir durch die Kritik unserer Fehler und Irrtümer *lernen* können und insbesondere durch die Kritik anderer und schließlich auch durch Selbstkritik. Ein Rationalist ist einfach ein Mensch, dem mehr daran liegt zu lernen, als recht zu behalten; der bereit ist, von anderen zu lernen, nicht etwa dadurch, daß er die fremde Meinung einfach annimmt, sondern dadurch, daß er gerne seine Ideen von anderen kritisieren lässt und gerne die Ideen anderer kritisiert. (Popper 2005, S. 199)

Offen für Kritik zu sein heißt auch, andere Meinungen zu hören und nicht in abgeschotteten epistemischen Blasen ausschließlich mit Gleichgesinnten zu kommunizieren. Man muss Zugang zu verlässlichen Informationen haben, um sich unabhängig von anderen eine begründete eigene Meinung bilden zu können. Nachrichtenmedien wie Blogs, die keine Faktenprüfung betreiben, sind keine zuverlässigen Informationsquellen.

1.4 Polarisierung

Empirische Untersuchungen belegen, dass Blogs und personalisierte Nachrichtenportale zu einer politischen *Polarisierung* der Gesellschaft beitragen. In den USA bewegten sich die Anhänger der republikanischen Partei in den letzten Jahren immer weiter nach rechts, während die Demokraten weiter nach links drifteten (Tewksbury und Rittenberg 2012, S. 141; Schweiger 2017, S. 152 f.). Cass Sunstein erklärt das Phänomen der Gruppenpolarisierung wie folgt:

> The term ‚group polarization' refers to something simple: after deliberation, people are likely to move toward a more extreme point in the direction to which the group's members were originally inclined. With respect to the internet and social media, the implication is that groups of like-minded people, engaged in discussion with one another, will typically end up thinking the same thing that they thought before – but in a more extreme form. (Sunstein 2017, S. 68)

Polarisierung bewirkt ein ideologisches „social distancing": Jeder diskutiert nur noch mit Gleichgesinnten und nicht mehr mit Menschen, die eine andere Meinung vertreten. Man verkehrt bevorzugt in solchen Zirkeln, in denen man Anerkennung findet und in denen die eigene Meinung akzeptiert wird. Man fühlt sich als Teil einer Gruppe oder sozialen Bewegung, teilt eine Gruppenidentität und hat so die Chance, Gehör zu finden und sich bestätigt zu fühlen. Gruppen grenzen sich verstärkt voneinander ab, driften auseinander und diskreditieren die jeweils andere Seite.

Polarisierung führt zu einem selbstbestätigenden und selbstverstärkenden Effekt. Klimaskeptiker glauben nicht, dass es einen menschengemachten Klimawandel gibt. Wenn man am Anfang noch nicht von den Argumenten der Klimaskeptiker überzeugt ist und nur aus Neugier einer ihrer Diskussionsgruppen beitritt, um mehr zu erfahren, bewegt man sich innerhalb einer isolierten Meinungsnische, in der eine einseitige, perspektivisch beschränkte Weltsicht vertreten wird. In solchen Foren findet keine kritische Auseinandersetzung statt und es wird keine Gegenmeinung geduldet, vielmehr soll die bereits vorgefasste Meinung immer wieder bestätigt und gestärkt werden. Man schützt sich vor Kritik, indem man Einwände ignoriert (Spohr 2017, S. 151). Wo kritische Stimmen unterdrückt werden und kein offener Diskurs stattfindet, ist die Wahrscheinlichkeit groß, dass Unentschlossene überzeugt werden und schließlich selbst zu Klimaskeptikern werden: „Once they hear what others believe, they adjust their positions in the direction of the dominant position", so beschreibt Sunstein (2008, S. 101) das Phänomen. Viele Menschen übernehmen einfach die Meinung anderer und schließen sich der Gruppenmeinung an.

Das Dominanzstreben einzelner Mitglieder innerhalb einer ideologisch homogenen Gruppe führt zu einer schleichenden Radikalisierung. Wer am lautesten agitiert und die radikalsten Ansichten vertritt, wird am ehesten gehört. Sunstein spricht von einem Kaskadeneffekt, wenn eine bestimmte Theorie oder Sichtweise immer mehr Anhänger anzieht und sich Minderheitenmeinungen viral über das Netz verbreiten (Sunstein 2008, S. 103 f.). Er erläutert die Entstehung einer Informationskaskade am Beispiel der Verbreitung eines Gerüchts (Sunstein 2010). Setzt jemand in einer Diskussionsgruppe ein Gerücht in die Welt, ist die Wahrscheinlichkeit hoch, dass andere Gruppenmitglieder aus Solidarität oder aufgrund des Gruppendrucks an die Wahrheit des Gerüchts glauben und nicht nur innerhalb, sondern auch außerhalb der Gruppe weiterverbreiten. Je sensationeller, emotionaler und reißerischer die Meldung ist, desto höher ist die Aufmerksamkeit und desto mehr Menschen werden dadurch angezogen. Wegen des Fehlens moderierender Gatekeeper sind im Internet extreme und radikale politische Ansichten häufiger anzutreffen als in den traditionellen Medien. Polarisierung führt zu einem Konsensverlust und einer Stärkung der politischen Ränder.

1.5 Framing und Narrative

Es gibt subtile psychologische Mechanismen der Meinungsbeeinflussung. Hier sollen zwei dieser Mechanismen vorgestellt werden: das Framing und die Verwendung von Narrativen. *Framing* ist ein alltägliches Phänomen. Viele Begriffe, die wir in einem Gespräch verwenden, sind wertgeladen, drücken Werthaltungen aus, wecken Emotionen, lenken das Denken unseres Gesprächspartners unbewusst in eine bestimmte Richtung und legen ein bestimmtes Urteil nahe. Der Medienwissenschaftler Robert Entman spricht von einem kulturellen Framing (Entman 1993, S. 53). Ein Frame gibt einen Interpretationsrahmen vor, in den Informationen eingeordnet werden und der mit einer Wertung verbunden ist. Damit wird ein Sinnhorizont konstruiert, der Nachrichten und Ereignissen eine Bedeutung verleiht. Ein Frame bestimmt, wie etwas wahrgenommen und gedeutet wird. Je nachdem ob ein bestimmter Sachverhalt positiv oder negativ formuliert wird, können unterschiedliche Wertungen und Emotionen erzeugt werden (Kahneman 2011, S. 368). Frames werden daher in der politische Rhetorik gerne verwendet, um das Wahlverhalten der Bürger zu beeinflussen (Oswald 2019, S. 18). Entman beschreibt die psychologische Wirkungsweise des Framings wie folgt:

> Framing essentially involves selection and salience. To frame is to select some aspects of a perceived reality and make them more salient in a communicating text, in such a way as to promote a particular problem definition, causal interpretation, moral evaluation, and/or treatment recommendation for the item described. (Entman 1993, S. 52)

Eine andere Technik zur Konstruktion von Sinnhorizonten ist die Verwendung von *Narrativen*. Katrin Götz-Votteler und Simone Hespers (2019, S. 108) erwähnen die oft erzählte und fast schon sprichwörtlich gewordene Geschichte des Tellerwäschers, der sich in den USA durch eigenen Fleiß zum Millionär emporarbeitet, als Beispiel für ein Narrativ, das den American Dream verherrlicht. Dabei kommt es nicht darauf an, ob die Geschichte wahr ist oder nicht. Entscheidend ist, dass sie überzeugend und glaubhaft wirkt und der Hörer sie als wahr akzeptiert. Erfundene Geschichten sind oftmals spannender und interessanter als wahre Berichte. Sie wirken glaubhafter, weil sie die Erwartungshaltung der Hörer bzw. Leser befriedigen. Wichtige Kriterien für die Überzeugungskraft eines Narrativs sind seine Plausibilität, Kohärenz, Präzision und Wahrscheinlichkeit (Oswald 2019, S. 126). Eine Geschichte wirkt um so wahrscheinlicher, je stimmiger und kohärenter sie ist. Sie muss sich nahtlos in die Erlebniswelt des Hörers einordnen, um akzeptiert zu werden. Es dürfen keine Widersprüche auftreten und es darf keine kognitive Dissonanz erzeugt werden. Wie eine hohe narrative Präzision erzeugt wird, wird von Michael Oswald (2019, S. 127) so erklärt:

> Insbesondere wird eine hohe narrative Präzision erreicht, wenn sich Ideologie und Erfahrungen der Rezipienten, kulturelle Werte sowie aktuelle Ereignisse zu einem Ganzen verwoben finden. Im Verbund mit kulturgeschichtlichen Erzählungen, Anschlüssen an Mythen oder Ereignissen der Vergangenheit kann somit Resonanz erzeugt werden. (...) Die narrative Präzision ist letztlich nicht nur ein Maß für die ‚Wahrheitsqualität' einer Geschichte, sondern auch dafür, inwieweit sie der Logik der ‚guten Gründe' entspricht.

Viele Narrative haben einen moralisierenden Gehalt. Verschwörungstheorien bedienen sich gerne solcher Wertungen (Götz-Votteler und Hespers 2019, S. 112). Da gibt es dunkle Mächte, die sich gegen die Bevölkerung verschworen haben. Um nicht erkannt zu werden bedienen sie sich der Tarnung und Täuschung und agieren im Hintergrund. Das Ziel eines Narrativs ist erreicht, wenn es geglaubt und weitererzählt wird. Auch Mythen, Fake News und erfundene Geschichten können so ihren Zweck erfüllen.

Narrative appellieren an das Gefühl, nicht an den Verstand. Sie wollen emotionalisieren. Sie dienen dazu, bestimmte Wertungen, Sichtweisen und Wirklichkeitsdeutungen durchzusetzen. In Narrativen wird eine Wirklichkeit konstruiert – oftmals handelt es sich dabei um eine alternative Wirklichkeit, die den Hörer dazu verleitet, sie als Realität anzuerkennen: „As far as the social media system is concerned, it does not matter whether

1.5 Framing und Narrative

the news is ‚real' or ‚fake', it matters whether it fits the narrative – which fits the wishes and desires of the people concerned." (Bernal 2018, S. 240) Einem Text sieht man nicht an, ob er wahr oder falsch ist. Dazu muss man ihn mit der Wirklichkeit vergleichen. Ein Narrativ kann kohärent, in sich stimmig und widerspruchsfrei, aber dennoch falsch sein.

Narrative und Framings hängen eng zusammen (Oswald 2019, S. 125). Ein plausibles Narrativ erzeugt ein Framing, weil es einen Orientierungsrahmen bietet, in den Ereignisse eingeordnet werden können. Eine Geschichte lässt sich wie ein Fortsetzungsroman beliebig erweitern und ausschmücken. Der Frame bildet gleichsam eine äußere Hülle, einen Rahmen, der mit einem Narrativ ausgefüllt werden kann.

Unter Medienwissenschaftlern wird gelegentlich die These vertreten, dass sich Fakten und Fiktionen im Journalismus nicht so leicht trennen lassen, da Nachrichten narrativ aufbereitet und präsentiert werden (Hickethier 2008; Klaus 2008). Dies wird von Elisabeth Klaus (2008) mit der Kontextualität von Fakten begründet. Dass Fakten stets in einen Kontext eingebunden sind und auf dem Hintergrund dieses Wissenskontextes interpretiert werden müssen, ist unbestritten. Journalisten beziehen die Fakten von ihren Nachrichtenquellen und bereiten sie redaktionell auf. Zum besseren Verständnis und zur richtigen Einordnung der Nachricht werden in der Regel Hintergrundinformationen mitgeliefert oder die Nachricht wird in Form einer Reportage gesendet. Fakten sind sozusagen das Rohmaterial und Narrative die mediale Verpackung. Knut Hickethier (2008, S. 362) schreibt: „Jeder Bericht von der Welt und ihren Geschehen (wenn er sich nicht als eine Tabelle von Daten darstellt) ist deshalb immer auch eine Erzählung, jede Nachricht ist – auch in ihren streng konventionellen Formen der journalistischen Sprechweise – eine Erzählung der Welt."

Diese Verquickung von Fakten und Fiktionen ist aus medienethischer Sicht problematisch, da Journalisten an das Objektivitätsideal gebunden sind und subjektive Deutungen und Wertungen vermeiden sollen.[2] Über narrative Rahmungen sickern jedoch subjektive Perspektiven in die Darstellung ein. Narrative wirken suggestiv. Es werden fiktionale Vorstellungen geweckt, die nicht immer mit der Wirklichkeit übereinstimmen. Fiktionen erweitern den Wirklichkeitsraum um zusätzliche Deutungsmöglichkeiten und Interpretationsspielräume. In der Medientheorie werden Fiktionen daher oft als mögliche Welten modelliert (Predelli 2020).

Natürlich können Fakten immer nur perspektivisch aus einer bestimmten Sichtweise dargestellt werden. Ereignisse müssen interpretiert und in einen Sinnzusammenhang gebracht werden. Aber Journalisten müssen so objektiv wie möglich berichten, Tatsachen und Wertungen dürfen nicht vermischt werden. Narrative dürfen faktuale Darstellungen nicht ersetzen. Es besteht sonst die Gefahr, dass aus Fakten „alternative Fakten" werden. Gerade Donald Trump versteht es meisterhaft, Fakten in einem anderen Licht erscheinen zu lassen und manipuliert dadurch seine Hörer. Seine Rhetorik polarisiert die Menschen und führt dazu, dass seine Anhänger immer radikalere Ansichten vertreten und

---

[2] Das journalistische Objektivitätsideal wird in Abschn. 2.7 ausführlicher behandelt. Zum Unterschied zwischen Fakt, Fiktion und Fake siehe Klimczak (2021).

die Welt aus einem ideologischen Blickwinkel wahrnehmen. Dies kann die Entstehung von Filterblasen und Echokammern zur Folge haben, wie im nächsten Kapitel gezeigt wird.

1.6 Filterblasen und Echokammern

Als *Filterblase* bezeichnet man eine epistemische Struktur, bei der störende Einflüsse und Meinungen systematisch ausgeblendet werden und der Mediennutzer in seiner eigenen Weltsicht gefangen bleibt. Filterblasen können dadurch entstehen, dass Menschen nur noch mit Gleichgesinnten kommunizieren und diskutieren. Sie werden durch eine personalisierte Informationsarchitektur begünstigt, die unerwünschte Informationen aussondert (Pariser 2011; Schweiger 2017, S. 88 f.; Nguyen 2020). Auf diese Weise entsteht eine perspektivische Wahrnehmung, die die eigene Auffassung bestärkt und kritische Stimmen ignoriert.

Während die epistemische Isolierung des Subjekts bei Filterblasen überwiegend *passiv* durch algorithmische Filter erfolgt, wird der Informationsfluss bei Echokammern *aktiv* durch soziale Interaktionen beeinflusst und manipuliert, indem störende Einflüsse ferngehalten werden (Messingschlager und Holtz 2020, S. 94). Thi Nguyen definiert eine *Echokammer* wie folgt:

> I use ‚echo chamber' to mean an epistemic community which creates a significant disparity in trust between members and non-members. This disparity is created by excluding non-members through epistemic discrediting, while simultaneously amplifying members' epistemic credentials. Finally, echo chambers are such that general agreement with some core set of beliefs is a prerequisite for membership, where those core beliefs include beliefs that support that disparity in trust. (Nguyen 2020, S. 146)

In gewisser Weise lebt jeder von uns, wenn auch in einer abgeschwächten Form, in einer Echokammer. Manchmal sind wir von unserer eigenen Meinung so fest überzeugt, dass wir jede Kritik und jegliche Gegenargumente leichtfertig beiseiteschieben und ignorieren. Jeder von uns hat eine subjektzentrierte Weltsicht und besitzt uneingestandenermaßen Vorurteile. Wir scharen in unserem Freundeskreis bevorzugt Gleichgesinnte um uns, die unsere Weltanschauung teilen. Francis Bacon beschreibt in seiner Idolenlehre, wie Vorurteile uns an der Erlangung objektiver Erkenntnis hindern. Was Bacon als die „Idole der Höhle" bezeichnet, sind subjektiv verzerrte Sichtweisen, so als ob jeder von uns in einer Höhle lebt und sich nicht für die Welt außerhalb der Höhle interessiert:

> Denn jeder Einzelne hat neben den Verirrungen der menschlichen Natur im Allgemeinen eine besondere Höhle oder Grotte, welche das natürliche Licht bricht und verdirbt; theils in Folge der eigenthümlichen und besonderen Natur eines Jeden, theils in Folge der Erziehung und des Verkehrs mit Andern, theils in Folge der Bücher, die er gelesen hat, und der Autoritäten, die

er verehrt und bewundert, theils in Folge des Unterschiedes der Eindrücke bei einer voreingenommenen und vorurtheilsvollen Sinnesart gegen eine ruhige und gleichmässige Stimmung, und dergleichen mehr. (Bacon 1870, S. 94 f.)

Echokammern sind stabiler und schwerer zu durchdringen als Filterblasen, weil sie über Immunisierungsstrategien verfügen, um Kritik abzuwehren (Nguyen 2020, S. 153). Echokammern teilen die Menschen in Insider und Outsider ein. Die Insider sehen sich im Besitz der Wahrheit. Sie durchschauen die wahren Zusammenhänge, während die Outsider ein falsches Bewusstsein besitzen und einer systematischen Täuschung zum Opfer fallen. Outsider werden daher diskreditiert und nicht ernst genommen.

Durch gruppendynamische Prozesse werden abweichende Meinungen gezielt ferngehalten und vom Diskurs ausgeschlossen. Konformität wird gestärkt und Widerspruch unterdrückt. Echokammern findet man besonders häufig bei extremen politischen Gruppierungen, Terrorzellen und Verschwörungstheoretikern (Sunstein 2009, S. 120 f.; Nguyen 2020, S. 148). Manche politischen Beobachter glauben sogar, dass Donald Trump und seine Anhänger in einer kognitiv geschlossenen Echokammer leben (Hampton 2018, S. 163). Ihre Mitglieder bleiben in einer monoperspektivischen manichäischen Weltsicht gefangen und üben eine unbewusste Selbstzensur aus, die nur solche Inhalte zur Kenntnis nimmt, die ins eigene Weltbild passen und alle störenden, nicht-kompatiblen Inhalte ausblendet. Trump-Anhänger lassen sich durch Fakten nicht überzeugen. Selbst wenn die Falschheit einer Trump-Behauptung aufgedeckt wird und Trump der Lüge überführt wird, kümmert dies seine Anhänger nicht. Sie halten fest zu ihm, auch wenn er noch so viele Fake News verbreitet (Lewandowsky et al. 2017, S. 354).

Innerhalb einer Echokammer können sich Gerüchte und Fake News leicht ausbreiten und werden von den Insidern geglaubt, wenn sie ihrem (inter-)subjektiven Weltbild entsprechen. Echokammern haben ihre eigene Logik und Epistemologie, in der empirische Evidenzen keine Rolle spielen, wissenschaftliche Erkenntnisse ignoriert werden, Tatsachen durch Narrative ersetzt werden und das eigene Weltbild vor Widerlegung geschützt ist (Lewandowsky et al. 2017, S. 362).

1.7 Verschwörungstheorien

Verschwörungstheorien eignen sich besonders gut, um die Struktur und Wirkungsweise von Echokammern zu demonstrieren. Betrachten wir hierzu eine fiktive Person namens Oliver, die sich Quassim Cassam (2016, S. 162) ausgedacht hat: Oliver glaubt nicht an die offizielle Version von den Terroranschlägen des 11. September 2001. Er hat im Internet von der 9/11-Verschwörung gelesen und ist zu der Überzeugung gelangt, dass der Einsturz des World Trade Centers durch Bombenexplosionen verursacht wurde und nicht durch den Aufprall zweier Passagierflugzeuge. Alles sei ein Werk der CIA gewesen, in das höchste

Regierungskreise verwickelt seien, um den späteren Einmarsch in Afghanistan und den Irak-Krieg zu rechtfertigen.

Cassam erklärt Olivers falschen Glauben durch seine Charaktereigenschaften: Oliver ist leichtgläubig, zynisch und voreingenommen (Cassam 2016, S. 163). Aber das ist nur ein Teil der Erklärung. Cassam übersieht dabei, dass auch leichtgläubige Menschen die Wahrheit erkennen können, wenn sie sich in einem offenen kommunikativen Umfeld bewegen und nicht in einer Echokammer leben. Entscheidend ist die epistemische Situation, in der sich Oliver befindet. Betrachten wir daher wie er zu seiner Überzeugung gelangt. Cassam (2016, S. 163) erklärt dies wie folgt: „In forming his views about 9/11, the AIDS epidemic and the moon landing he relies on dodgy websites, paranoid talk radio stations, and a narrow circle of eccentric, conspiracist friends and acquaintances." Es sind also das Internet, die sozialen Medien und seine obskuren Freunde, die Oliver dazu verleiten, an die 9/11-Verschwörung zu glauben. Es genügt, einmal auf einer Webseite zu landen, auf der Zweifel an der offiziellen Version der Ereignisse gesät werden: Wie konnten die Attentäter unbehelligt in die USA einreisen, die Kontrollen passieren und die Passagierflugzeuge besteigen? Wie konnten zwei Flugzeuge die Zwillingstürme zum Einsturz bringen? Und warum wurde Osama Bin Laden schon kurz nach den Terroranschlägen als Hauptschuldiger präsentiert? Oliver wird neugierig und gibt bei Google „9/11" ein, um mehr zu erfahren. Dabei wird er auf Verschwörungsseiten weitergeleitet. In Diskussionsforen lernt er andere Leute kennen, die fest davon überzeugt sind, dass die US-Regierung dahinter steckt. Schon bald verkehrt er in diesen Zirkeln und gewinnt einen Tunnelblick, der jeden Zweifel beiseite wischt. Seine Freunde bestärken ihn in seinem Glauben. Beweise, die gegen die Verschwörungstheorie sprechen, werden als Teil der Verschwörung gedeutet. Nach Olivers Meinung haben nicht nur die Regierung und die Geheimdienste an der großen Vertuschungsaktion mitgewirkt, sondern auch die Medien seien involviert und verbreiteten Lügen. So wird Oliver langsam in eine Echokammer hineingezogen, in der es nur diese eine Wahrheit gibt und alle anderen Menschen Opfer eines groß angelegten Täuschungsmanövers sind oder selbst an der Verschwörung beteiligt sind.

Echokammern sind ein soziales Phänomen. Niemand wird als Verschwörungsideologe geboren. Es ist nicht allein Olivers intellektueller Charakter oder ein „epistemisches Laster" (Cassam 2016), das diese 9/11-Echokammer erzeugt, sondern die kommunikative Interaktion zwischen ihm, seinen Freunden und den Medien, von denen er seine Informationen bezieht. Seine Leichtgläubigkeit, politische Einstellung und Voreingenommenheit mögen ihn zu seinem Glauben prädisponieren, aber erst das Internet und die sozialen Medien machten aus ihm einen „Gläubigen".

Die Entstehung von Echokammern ist ein typisches Symptom für eine postfaktische Gesellschaft: „An obvious hallmark of a post-truth world is that it empowers people to choose their own reality, where facts and objective evidence are trumped by existing beliefs and prejudices." (Lewandowsky et al. 2017, S. 361) In einer Echokammer wird eine alternative Wirklichkeit konstruiert, in der es keine menschengemachte Klimaerwärmung gibt, in der Bill Gates das Corona-Virus in die Welt gesetzt hat oder in der Barack

Obama ein Muslim ist. Es ist daher sinnvoll, zwischen einer subjektiven, intersubjektiven und objektiven Wirklichkeit zu unterscheiden. Die subjektive Wirklichkeit ist die Welt wie sie uns erscheint. Wir können einer Täuschung unterliegen oder Opfer einer Halluzination sein. Die subjektive Wirklichkeit muss daher nicht mit der objektiven Wirklichkeit übereinstimmen. Die objektive Wirklichkeit ist die Welt wie sie die Naturwissenschaft beschreibt: Es ist eine Welt, die aus Atomen und Elementarteilchen besteht, in der es einen anthropogenen Klimawandel und das Corona-Virus gibt. Die intersubjektive Wirklichkeit ist dagegen eine sozial konstruierte Welt (vgl. Berger und Luckmann 1980, S. 25). Es ist die Welt, von der eine Gruppe von Menschen glaubt, dass sie real sei. Echokammern erzeugen eine intersubjektive Wirklichkeit. Dass sie nicht mit der objektiven Wirklichkeit übereinstimmen muss, zeigen die Beispiele der Klimaskeptiker und Corona-Leugner.

Echokammern erzeugen eine gerichtete Wahrnehmung. Sie geben einen Interpretationsrahmen vor, in den alle Ereignisse eingeordnet werden und durch den ihnen ein Sinn verliehen wird. Verschwörungen haben einen doppelten Boden, der durch die Leitdifferenz Sein – Schein bestimmt ist. Der Einsturz des World Trade Centers *scheint* durch den Einschlag der Flugzeuge verursacht worden zu sein, aber *in Wirklichkeit* war es ein Resultat von Bombenexplosionen. Konspirologen misstrauen wissenschaftlichen Experten, den Mainstream-Medien und Regierungsinstitutionen. Geheimdiensten oder einem verdeckt agierenden „deep state" werden allerlei dunkle Machenschaften und Komplotte zugetraut. Es wird argumentiert, dass westliche Regierungen und große Konzerne schon immer konspirativ agierten und in schmutzige Geschäfte verwickelt gewesen seien und zu erwarten sei, dass dies auch gegenwärtig der Fall sei.

Verschwörungsmythen folgen stets demselben narrativen Muster: Da gibt es die Verschwörer, die ein niederträchtiges Ziel verfolgen, einen finsteren Plan aushecken und die Macht haben, durch Manipulation der Medien ihre Aktionen zu vertuschen, damit die Öffentlichkeit nicht die Wahrheit erfährt. Mit der Entlarvung der Verschwörung wird der konspirative Schleier gelüftet und alle Indizien fügen sich wie Puzzlesteine zu einem einheitlichen Bild zusammen. Die Tatsachen müssen nur entsprechend interpretiert werden. Die Verschwörungstheoretiker bedienen sich einer Epistemologie, die Hans Albert (1991, S. 18 ff.) das „Offenbarungsmodell der Erkenntnis" nennt: Die Erleuchteten errichten ein Interpretationsmonopol, das sie „zur Deutung der Offenbarung legitimiert" und ihnen einen gewissen Unfehlbarkeitsanspruch verleiht, mit dem sie ihr Wissen mit ihren Anhängern teilen.

Dieser sektiererische, quasi-religiöse Charakter von Verschwörungstheorien wird besonders bei der QAnon-Bewegung deutlich, die in den USA in konservativen Kreisen weit verbreitet ist. Da gibt es einen Propheten, der anonym bleiben will, von seinen Anhängern nur „Q" genannt wird und angeblich ein hochrangiger Regierungsbeamter oder Militärangehöriger mit Zugang zu Geheimdienstinformationen ist und der über soziale Medien kryptische Botschaften (drops) an seine Anhänger sendet, die begierig aufgesogen und entschlüsselt werden (LaFrance 2020). Angeblich gibt es in den USA ein weit verzweigtes Pädophilennetzwerk, zu dem auch demokratische Politiker gehören, die Kinder misshandeln und gefangen halten, ihr Blut trinken und andere satanische Praktiken betreiben. Donald Trump wird als Erlöser gefeiert, der sein Volk aus der Knechtschaft des „deep state" befreien und wieder groß machen will („Make America Great Again"). Von manchen QAnon-Anhängern wird Trump mit Q identifiziert. Die Mainstream-Medien werden als Feind gesehen, der permanent Lügen verbreitet und die Verschwörung vertuschen will. Es wird ein „großes Erwachen" („The Great Awakening") prophezeit, das nichts aufhalten kann („Nothing can stop what is coming"), was der Bewegung apokalyptische Züge verleiht. Die religiöse Erkenntnislehre besteht nach Albert (1991, S. 18) in der Vorstellung, „daß die Wahrheit offenbar ist, daß sie offen zutage liegt, und daß man nur die ‚Augen' aufzumachen braucht, um sie zu ‚schauen'". Dazu müsse man die Tatsachen „richtig" interpretieren. Nur die Gläubigen sind in der Lage, die Verschwörung zu durchschauen, während die Ungläubigen in Unwissenheit leben oder die Wahrheit nicht erkennen wollen. Allerdings werden nur solche Tatsachen berücksichtigt, die in das konspirologische Weltbild passen.

Verschwörungstheoretiker haben ihre eigenen Kriterien, um zwischen Wahrheit und Fake zu unterscheiden: Alles, was ihrer Theorie widerspricht, ist Fake und nur das Verschwörungsnarrativ selbst ist wahr. Die Wahrheit kann daher nicht ermittelt werden, indem man prüft, ob eine Behauptung mit den Tatsachen übereinstimmt, weil ja die Tatsachen oder die scheinbaren Beweise selbst gefaked sein können. Widersprechende Evidenzen falsifizieren somit nicht die Existenz von Konspirationen, sondern zeigen nur, wie mächtig die Verschwörer sind, dass sie sogar Beweise fälschen können. Alles, was gegen die Verschwörung spricht, wird so zum Beweis ihrer Realität.

Ich möchte diese Immunisierungsstrategie am Beispiel des „Moon-Hoax" erläutern. Manche Menschen glauben, dass amerikanische Astronauten nie auf dem Mond gelandet seien und die Mondlandung nur eine große Inszenierung gewesen sei, die in Hollywood-Studios gedreht und den Zuschauern als Reality-TV verkauft wurde. Die Amerikaner seien technisch gar nicht in der Lage gewesen, Astronauten zum Mond zu schicken. Um den Mythos der technologischen und militärischen Überlegenheit der USA gegenüber der Sowjetunion aufrechtzuerhalten, habe man die Fernsehbilder produziert. Als angebliche Beweise für die Apollo-Verschwörung werden folgende Indizien angeführt (siehe Wisnewski 2005):

- Auf den Bildern vom Mond seien am Himmel keine Sterne zu sehen, was zeige, dass man diese bei den Filmkulissen schlicht vergessen habe.
- Die amerikanische Flagge, die von den Astronauten auf dem Mond gehisst wurde, flattere im Wind, obwohl es auf dem Mond keine Atmosphäre gibt.
- Die Schatten von Gegenständen und der Astronauten weise Fehler auf.
- Und die Luke der Mondlandefähre sei viel zu klein, als dass Astronauten in ihren Raumanzügen hindurchgehen könnten.

1.7 Verschwörungstheorien

Verschwörungstheorien bedienen sich der Strategie des Verdachts: Es werden Zweifel gesät und dadurch wird Verunsicherung erzeugt. Dabei gibt es genügend Beweise, dass Astronauten tatsächlich auf dem Mond waren (Eversberg 2013): Sie haben Steine auf die Erde gebracht, die zweifelsfrei vom Mond stammen. Auf dem Mond wurden Spiegel aufgestellt, mit denen Laserstrahlen, die von der Erde gesendet wurden, reflektiert wurden und so die genaue Entfernung des Mondes von der Erde gemessen werden konnte. Die Filmaufnahmen von den Mondspaziergängen der Astronauten zeigen eindeutig, dass dort eine sechsmal geringere Schwerkraft als auf der Erde herrscht. Und vor allen Dingen: Wenn es denn eine so groß angelegte Verschwörung gegeben hätte, bei der Tausende von Menschen involviert sind, wie hätte sie jemals geheim gehalten werden können ohne dass ein Whistleblower sie ausgeplaudert hätte?

Gerhard Wisnewski, der ein vermeintliches „Enthüllungsbuch" über „Lügen im Weltraum" (2005) schrieb, präsentiert überraschend einfache Gegenargumente gegen die angeblichen Beweise: Um die geringere Schwerkraft auf dem Mond zu simulieren, seien die Filmaufnahmen in Zeitlupe gesendet worden. Die zur Identifikation des Mondgesteins benötigten Vergleichsproben sollen von der sowjetischen Sonde Luna 15 stammen, die entgegen offiziellen Berichten gar nicht auf dem Mond abstürzte, sondern erfolgreich zur Erde zurückkehrte. Und die Laserreflektoren seien ebenfalls von den Sowjets mithilfe unbemannter Sonden auf dem Mond abgesetzt worden. Doch warum sollten ausgerechnet die Sowjets ihrem ärgsten Feind helfen, seine technologische Überlegenheit zu demonstrieren? Und was ist mit den Wissenschaftlern, die die Echtheit der Mondsteine bestätigten? Waren sie alle Teil der Verschwörung? Zur Frage, warum die Verschwörung nie aufgeflogen ist, gibt Wisnewski die entwaffnende Antwort: weil sie eben doch umfassender war als angenommen und man die geheimdienstlichen Fähigkeiten der Amerikaner nicht unterschätzen sollte, weil sie auch in viele andere Verschwörungen verwickelt seien.

Die Verteidigungsstrategie bedient sich eines einfachen Prinzips: Gegenargumente werden mit der Postulierung weiterer Verschwörungen gekontert. Alles, was gegen die Verschwörung spricht, wird in einen Beleg für die Verschwörung umgemünzt. Mit anderen Worten: Keine Tatsache kann die Theorie widerlegen. Verschwörungstheorien sind grundsätzlich nicht falsifizierbar.

Es mag überraschen, dass selbst in der Wissenschaft solche irrational erscheinende Immunisierungsstrategien zur Rettung von Theorien vor drohender Widerlegung verwendet werden. Der Wissenschaftstheoretiker Imre Lakatos (1970, S. 116) stellt fest: „no experimental result can ever kill a theory; any theory can be saved from counterinstances either by some auxiliary hypothesis or by a suitable reinterpretation of its terms". Man führt sogenannte ad-hoc-Hypothesen, d. h. Zusatz-Annahmen, ein oder interpretiert die Tatsachen einfach neu, sodass sie der Theorie nicht mehr widersprechen. Sind Verschwörungstheorien also gar nicht so irrational wie dies auf den ersten Blick erscheint oder bedient sich die seriöse Wissenschaft einer konspirologischen Methodologie, um sich vor Widerlegung zu schützen? Es kommt in der Wissenschaft nämlich immer wieder vor, dass unerklärliche Phänomene auftreten, die im Widerspruch zu einer anerkannten Theorie stehen. Thomas Kuhn (1979) nennt solche Phänomene *Anomalien*. Manchmal kann eine Anomalie durch die Hinzufügung einer ad-hoc-Hypothese beseitigt werden. Lakatos (1970, S. 100 f.) erläutert dieses Vorgehen an einem Beispiel:

Mithilfe der Gesetze der Newton'schen Mechanik und des Gravitationsgesetzes lassen sich die Bewegungen der Planeten mit höchster Präzision berechnen. Manchmal werden aber Bahnanomalien entdeckt wie im 19. Jahrhundert beim Planeten Uranus, dessen beobachtete Positionen auf unerklärliche Weise von der vorausberechneten Bahn abwichen. Beobachtung und Theorie standen somit im Widerspruch. Daraus folgt: Entweder ist die Theorie falsch oder es wurde bei der Beobachtung und Messung ein Fehler begangen. Die Anomalie ließ sich durch eine einfache Zusatzannahme beseitigen: Man nahm die Existenz eines weiteren Planeten jenseits des Uranus an, der durch seine Gravitationskraft die Uranusbahn störte und so die Abweichungen verursachte. Aufgrund der Bahnabweichungen konnte man die Masse und die Bahnelemente des neuen Planeten berechnen. Tatsächlich wurde der neue Planet, der später Neptun genannt wurde, 1846 von dem Astronomen Johann Gottfried Galle entdeckt. Aber was wäre geschehen, wenn an der vorausberechneten Stelle kein Planet gesehen worden wäre? Lakatos spekuliert, wie die Geschichte dann weiter verlaufen wäre. Hätte man wegen des Nichteintreffens der Prognose die Gesetze der Himmelsmechanik verworfen? Wohl kaum. Man hätte vielleicht vermutet, dass der Planet durch eine Wolke kosmischen Staubs verdeckt worden sei und man ihn deshalb nicht beobachten konnte. Aber auch diese Hypothese ließe sich überprüfen, indem man eine Raumsonde zu der vermuteten Staubwolke schickt, die dann durch die Sonde registriert würde. Nehmen wir weiter an, ein solcher Nachweis schlüge fehl. Wären dann die Gesetze der Newton'schen Mechanik falsifiziert? Nein! Denn man könnte weitere Hilfshypothesen ersinnen, um die Theorie gegen eine Widerlegung zu immunisieren. Zum Beispiel könnte ein magnetisches Feld die Messinstrumente der Sonde gestört haben. Die Kette der Hilfshypothesen ließe sich beliebig fortsetzen.

Diese Immunisierungsstrategie wurde in der Astronomie jahrhundertelang erfolgreich angewendet: Durch die Einführung immer neuer Hilfskonstruktionen konnte das geozentrische Weltbild von der Antike bis zum Mittelalter aufrechterhalten und vor Widerlegung bewahrt werden. Thomas Kuhn (1979, S. 76 f.) schreibt wissenschaftlichen Paradigmen eine Beharrungstendenz zu, die vor einem Paradigmenwechsel schützt: Begriffskategorien werden umgemodelt „bis das anfänglich Anomale zum Erwarteten geworden ist".

Dieser wissenschaftstheoretische Exkurs zeigt: Verschwörungstheorien scheinen einiges mit wissenschaftlichen Theorien gemeinsam zu haben. Sie bedienen sich derselben Methode, um ihre Theorie gegen Einwände zu verteidigen. Jedoch darf dies nicht als Rechtfertigung oder Ritterschlag für Verschwörungstheorien missverstanden werden. Denn die Immunisierung durch Einführung von ad-hoc-Hypothesen, besonders wenn sie wiederholt angewendet wird, ist ein pathologisches Symptom für eine degenerierende Theorieentwicklung. Die Hilfshypothesen, die im Planetenbeispiel eingeführt wurden, sind wenigstens noch empirisch überprüfbar, während sie sich im Fall der Apollo-Verschwörung jeder Überprüfung entziehen und selbstbestätigend sind: Jeder Beweis gegen die Verschwörung wird selbst wiederum als Teil einer noch größeren Verschwörung gesehen. Das paranoide Weltbild kann nur durch eine Vielzahl von Annahmen und Hypothesen aufrechterhalten werden, von denen jede einzelne von ihnen recht unwahrscheinlich ist. Selbst wenn wir diesen Annahmen, die jeweils unabhängig voneinander gelten, eine gewisse Wahrscheinlichkeit zubilligen, sagt uns die Mathematik, dass die Wahrscheinlichkeit einer Konjunktion von sehr vielen statistisch unabhängigen Hypothesen gegen Null strebt (Zoglauer 1993, S. 209). Und selbst wenn jeder, der an der Verschwörung beteiligt ist, das Geheimnis mit hoher Wahrscheinlichkeit nicht ausplaudert, ist die Wahrscheinlichkeit, dass die Verschwörung geheim bleibt, umso geringer, je mehr Menschen involviert sind.

Es ist erstaunlich, dass selbst akademisch gebildete Intellektuelle, und darunter befinden sich angesehene Philosophen und Sozialwissenschaftler, Sympathien für Verschwörungstheorien hegen und sie nicht als irrational abstempeln wollen. Sie beklagen sich darüber, dass Verschwörungstheorien in der Öffentlichkeit und in den Medien stigmatisiert, dämonisiert und als paranoides Denken diskreditiert würden (Dentith 2019; Hagen 2020; Meyer 2018; Thalmann 2019). Hinter dieser erstaunlichen Toleranz gegenüber konspirologischem Denken verbirgt sich ein postmoderner Relativismus und ein generelles Misstrauen gegenüber offiziellen regierungsamtlichen Darstellungen. Kim Meyer zitiert ausgerechnet den Verschwörungsideologen Mathias Bröckers als Gewährsmann für die erkenntnistheoretische Rechtfertigung einer „kritischen Konspirologie". Denn nur durch eine „angemessene Verschwörungstheorie" lasse sich unsere hochgradig komplexe und konspirative Welt verstehen (Meyer 2018, S. 49). Thalmann (2019, S. 5 f.) und Meyer (2018, S. 184 f.) berufen sich auf Foucaults Theorie des Wissens als sozialem Konstrukt, nach der diskursive Praktiken und Machtverhältnisse bestimmen, was wahr und was falsch ist. Wahr ist demnach das, was gesellschaftlich anerkannt und diskursiv durchgesetzt werden kann: „Nichts unterscheidet den Konspirologen vom Sozialkritiker, den Verschwörungstheoretiker vom Intellektuellen. Es ist eine Frage der Anerkennung." (Meyer 2018, S. 34) Man darf daraus schließen, dass Verschwörungstheorien nur allgemein akzeptiert werden müssten, dann seien sie auch wahr. Verschwörungstheorien seien daher nicht irrational, sondern legitimierten sich als „alternative symbolische Sinnwelten" (Walter 2014, S. 183), „competing interpretations of reality" (Fallon 2019, S. 165), oder als alternative epistemische Sichtweisen (Jane und Fleming 2014, S. 128). Konspirologen werden so als Widerstandskämpfer gegen hegemoniale Wahrheitsdiskurse gefeiert. Diese Verweise auf die akademische Verschwörungsliteratur zeigt eindrücklich, wie weit ein postfaktisches Denken inzwischen unter Intellektuellen und Wissenschaftlern verbreitet ist.

1.8 Wissenschaftsskeptizismus und Pseudowissenschaft

Unter Verschwörungstheoretikern, aber auch unter Querdenkern und Klimawandelskeptikern wird wissenschaftliches Expertentum sehr kritisch gesehen. Stephen Turner schreibt: „expert knowledge masquerades as neutral fact, accessible to all sides of a debate; but it is merely another ideology" (Turner 2014, S. 20). Nun ist Turner kein Querdenker oder Verschwörungsfreund, sondern ein anerkannter Wissenschaftssoziologe, was zeigt, dass der Wissenschaftsskeptizismus auch in der akademischen Welt anzutreffen ist (siehe Zoglauer 2021). Steve Fuller, ein anderer Wissenschaftssoziologe, sieht im Expertenwissen eine Form von Macht: „expertise is the most potent non-violent form of power available" (Fuller 2018, S. 161). Eine kritische Haltung gegenüber Expertenmeinungen mag in manchen Fällen durchaus berechtigt sein, da Experten grundsätzlich fehlbar sind und manchmal auch interessegeleitet urteilen. Naomi Oreskes und Erik Conway (2010) zeigen, wie in den USA die Zigarettenindustrie von den 1970er Jahren bis zu den 1990er Jahren Wissenschaftler bezahlte und Gefälligkeitsgutachten bestellte, um zu belegen, dass vom Passivrauchen keine Gesundheitsgefahren ausgehen. Nun kann man solche Einzelfälle nicht verallgemeinern und Experten generell Voreingenommenheit und Bestechlichkeit vorwerfen. Wenn aber Wissenschaft unter Generalverdacht gestellt und wissenschaftlichen Erkenntnissen prinzipiell misstraut wird, spricht man von *Wissenschaftsleugnung* (science denial), die nicht nur wissenschaftsfeindlich, sondern auch irrational ist.

In der Corona-Krise bildete sich mit den Querdenkern und Impfgegnern eine Bewegung heraus, die den wissenschaftlichen Konsens in Sachen Corona infrage stellte und in Demonstrationen zum Widerstand gegen die offizielle Politik aufrief. Neben den Corona-Leugnern gibt es noch die Klimawandel-Leugner, Evolutions-Leugner, AIDS-Leugner und Holocaust-Leugner, die sich in Internet-Foren organisieren und pseudowissenschaftliche Theorien vertreten. Für Hansson (2017) ist Wissenschaftsleugnung eine spezielle Form von Pseudowissenschaft, da sie in Opposition zur vorherrschenden wissenschaftlichen Meinung steht. Kreationisten lehnen die Darwin'sche Evolutionstheorie ab, Impfgegner sind häufig Anhänger esoterischer Naturheillehren und Gegner von Einsteins Relativitätstheorie verharren im Newton'schen Weltbild und glauben, dass Raum und Zeit absolut seien. Tatsachenleugnung ist mehr als nur eine skeptische Hinterfragung wissenschaftlicher Resultate: es ist die Weigerung, empirische Daten überhaupt zur Kenntnis zu nehmen (Washington und Cook 2011, S. 1 ff.).

John Cook charakterisiert science denial durch fünf Merkmale, die er am Beispiel der Klimawandel-Leugnung erläutert (Cook 2017; Farmer und Cook 2013; Washington, und Cook 2011):

1. *Selektive Wahrnehmung:* Klimawandel-Leugner greifen aus den zahlreichen statistischen Daten der globalen Temperaturentwicklung nur diejenigen Werte und Trends heraus, die ihre Vermutung, dass es keinen anthropogenen Klimawandel gibt, bestätigen und ignorieren gegenläufige Tendenzen oder reden sie klein.

2. *Umkehrung der Beweislast:* Eine andere Strategie besteht darin, die Beweislast den Klimaforschern zuzuschieben und überzogen strenge Maßstäbe für Exaktheit und Prognosefähigkeit an die Modelle anzulegen. Solange es keinen sicheren Beweis für den Klimawandel gebe, könne man ihn nicht ernst nehmen, so wird behauptet. Farmer und Cook (2013, S. 454) sehen darin ein falsches Verständnis von Wissenschaft, da Klimamodelle stets mit Unsicherheiten verbunden sind: „This strategy misrepresents the nature of science, arguing that we should wait for 100 % proof before acting. This is not how science operates and is especially not how we operate in real life when managing risks. To wait for 100 % certainty is to never act."
3. *Falsche Experten:* Um dem breiten Konsens unter Klimaforschern etwas entgegenzusetzen, werden Pseudo-Experten zitiert, die eine andere Meinung vertreten und die Auffassung stützen, dass es keinen menschengemachten Klimawandel gebe. Die vermeintlichen Experten erweisen sich in der Regel als Hobby-Wissenschaftler oder fachfremde Wissenschaftler, die auf dem Gebiet der Klimaforschung nicht kompetent sind.
4. *Logische Fehlschlüsse:* Ein Argument der Klimawandel-Leugner besagt, dass es schon immer einen natürlichen Klimawandel gegeben habe, die gegenwärtige globale Temperaturerhöhung natürliche Ursachen habe und lediglich eine statistische Schwankung darstelle. Dies ist ein falscher Schluss von einer Wirkung auf eine bestimmte Ursache. Farmer und Cook (2013, S. 452 ff.) weisen in den Argumenten der Klimawandel-Leugner viele solcher Fehlschlüsse nach.
5. *Verschwörungstheorien:* Wissenschaftsleugner sehen sich gerne als Opfer einer Verschwörung und behaupten, die Wahrheit werde unterdrückt und die Experten seien korrupt oder folgten politischen Vorgaben.

Gute Wissenschaft zeichnet sich durch Objektivität, empirische Adäquatheit, Falsifizierbarkeit, Reproduzierbarkeit, Erklärungskraft, Genauigkeit, Kohärenz und Systematizität aus. Für Popper (1976) gibt es eine klare Trennlinie zwischen Wissenschaft und Pseudowissenschaft: Wissenschaftliche Theorien sind falsifizierbar, pseudowissenschaftliche Theorien sind nicht falsifizierbar. Falsifizierbar ist eine Theorie dann, wenn es im Prinzip möglich ist, Beobachtungssätze zu finden, die mit der Theorie im Widerspruch stehen. Theorien müssen an der Erfahrung scheitern können. Popper (1962, S. 37) nennt drei Beispiele von Theorien, die seiner Meinung nach nicht falsifizierbar sind: Astrologie, die marxistische Geschichtstheorie sowie die Psychoanalyse. Astrologische Voraussagen, wie sie in Horoskopen zu finden sind, sind in der Regel so vage und unpräzise formuliert, dass man sie mit etwas gutem Willen stets bestätigt sehen kann. Ähnliches gilt für die Theorie des historischen Materialismus: Marx und Engels sagen eine sozialistische Revolution voraus, in deren Folge der Kapitalismus durch eine Diktatur des Proletariats und danach durch eine klassenfreie Gesellschaft abgelöst werde. Da kein konkretes Datum für die angekündigte Revolution genannt wird, lässt sich dieses Ereignis immer weiter in die Zukunft verschieben, sodass die Prognose nicht widerlegt werden kann.

Auch der Freud'schen Psychoanalyse wirft Popper vor, einer empirischen Überprüfung aus dem Weg zu gehen. Freuds Theorie vom Ich, Es und Über-Ich vergleicht Popper mit Homerischen Mythen, die nur wenig mit Wissenschaft gemein haben. Als weitere Beispiele für pseudowissenschaftliche Theorien können genannt werden: Alchemie, Ufologie, Parapsychologie, Phrenologie, Homöopathie, Lyssenkoismus, Esoterik, Okkultismus und Intelligent Design.

Poppers Abgrenzungskriterium ist in die Kritik geraten, weil die Wissenschaftsgeschichte gezeigt hat, dass Widersprüche zwischen Theorie und Erfahrung nicht immer zur Verwerfung der Theorie führen, vielmehr können sich Theorien, wie wir gesehen haben, vor Widerlegung schützen und sich selbst in einem „Ozean von Anomalien" weiterentwickeln (Lakatos 1978, S. 95). Falsifizierbarkeit ist zwar ein wichtiges, aber nicht allein ausschlaggebendes Kriterium, um Wissenschaft von Pseudowissenschaft abzugrenzen. Besser ist es daher, nicht Kriterien für Wissenschaftlichkeit, sondern Merkmale von Pseudowissenschaftlichkeit zur Unterscheidung heranzuziehen. Neben der Nicht-Falsifizierbarkeit zeichnen sich Pseudowissenschaften durch folgende Merkmale aus: ausbleibender Fortschritt, anekdotische Begründungen, Vereinfachungen sowie mangelnde Überprüfbarkeit, Kritisierbarkeit und Reproduzierbarkeit (Lack und Rousseau 2016; Mahner 2007; Vollmer 1993). Häufig lässt sich unter Anhängern pseudowissenschaftlicher Theorien auch eine selektive Wahrnehmung diagnostizieren, die nur solche Phänomene berücksichtigt, die in das eigene Weltbild passen, während widersprechende Evidenzen ignoriert werden. Gerhard Vollmer (1993, S. 22) sieht in der mangelnden Kritikfähigkeit den Hauptgrund für Nichtwissenschaftlichkeit:

> Ein Merkmal, das man bei Pseudowissenschaften besonders häufig findet, ist der Versuch, die eigene Theorie vor Kritik zu schützen. Das kann durch dogmatisches Festhalten an Behauptungen, durch Abschwächung der Ansprüche („meistens"), durch Neudefinition der Begriffe, durch Herunterspielen der Probleme erfolgen. Eine Theorie kann aber auch von vornherein so raffiniert gebaut sein, daß sie gar nicht prüfbar und vor allem nicht widerlegbar ist.

Woran es Pseudowissenschaften nicht mangelt, ist ihre erstaunliche Fähigkeit, Phänomene zu erklären: Manche esoterischen Theorien erheben sogar den Anspruch *alles* erklären zu können. Gerade in dieser fehlenden Selbstbeschränkung und Bescheidenheit unterscheiden sie sich von seriösen wissenschaftlichen Theorien.

Wissenschaftssoziologen stellen dagegen ein anderes Abgrenzungskriterium in den Vordergrund: Pseudowissenschaften würden von Mainstream-Wissenschaftlern als unwissenschaftlich abgelehnt und diskreditiert (Hecht 2018, S. 8). Es wird darauf verwiesen, dass sich die Kriterien für Wissenschaftlichkeit im Laufe der Zeit immer wieder geändert hätten, daher hätten die oben genannten Abgrenzungskriterien keinen objektiven Status, sondern seien lediglich das Resultat einer sozialen Praxis. Daraus ist implizit der Vorwurf herauszuhören, dass die Wissenschaftler aufgrund ihrer Machtstellung unliebsame Konkurrenz ausschlössen und dadurch diskriminierten. Häufig wird diese Wissenschaftskritik auch mit der Aufforderung verbunden, sich für alternative Sichtweisen und indigenes Wissen zu öffnen, um so den latenten Eurozentrismus zu überwinden. Wenn jedoch objektive methodische Standards nicht mehr zählen und subjektive Überzeugungen, Gefühle und anekdotische Schilderungen als „erweiterte Tatsachen" anerkannt werden sollen, wie dies Silvio Funtowicz und Jerome Ravetz (1993, S. 115 f.) in ihrem Entwurf einer „post-normalen Wissenschaft" fordern, oder wenn ein „anything goes" (Feyerabend 1976) propagiert wird, erzeugt man eine wissenschaftsfeindliche Stimmung, die einem Postfaktualismus in die Hände spielt.

1.9 Fake News

Menschen, die der Wissenschaft und den Mainstream-Medien skeptisch gegenüberstehen, sind für Verschwörungserzählungen und Fake News besonders empfänglich. Gerade in Krisenzeiten wie der Corona-Pandemie, wenn die Bevölkerung verunsichert ist und nach Schuldigen für die Krise sucht, fallen pseudowissenschaftliche Erklärungen auf einen fruchtbaren Boden. Komplexe Zusammenhänge überfordern das Denken und man sucht nach einfachen Erklärungen. Wer weiß schon, was ein Spike-Protein und was ein R-Wert ist und wie ein Virus menschliche Zellen schädigt? Es machen Gerüchte die Runde: Corona-Viren wurden angeblich in einem chinesischen Labor gezüchtet. Oder war es nicht doch ein amerikanisches Geheimlabor, das von Bill Gates finanziert wurde? Gibt es das Corona-Virus überhaupt oder ist es nur eine Erfindung unserer Politiker und der „Lügenpresse", um im Namen der Pandemie-Bekämpfung unsere Grundfreiheiten einzuschränken? Oder es wird behauptet, die Impfstoffe könnten Genveränderungen auslösen und krank machen. Wenn solche Fake News für wahr gehalten werden und sich in den Köpfen der Menschen festsetzen, können sich alternative Deutungsmuster etablieren und die Wirklichkeit wird anders wahrgenommen.

Unter Fake News versteht man falsche Nachrichten, die mit der Absicht der Täuschung oder Meinungsbeeinflussung verbreitet werden (Götz-Votteler und Hespers 2019, S. 19; Hendricks und Vestergaard 2018, S. 109; Schmid et al. 2018, S. 74, 77). Sie zeichnen sich folglich durch die Merkmale der Falschheit und Täuschungsabsicht aus.[3] Oftmals vermischen sie Wahres und Falsches, mit der Absicht der Verwirrung und Desinformation. Im Unterschied zu einer Lüge richten sich Fake News nicht nur an den unmittelbaren Hörer oder Leser, sondern wollen geteilt und weitererzählt werden (Rini 2017, S. E44). Dieses virale Element ist das dritte kennzeichnende Merkmal von Fake News. Sie werden wie ein Virus in die Welt gesetzt, hauptsächlich in den sozialen Medien, in der Hoffnung, dass sich die Falschmeldung rasch verbreitet und mehr Menschen sie für bare Münze nehmen. Axel Gelfert (2018, S. 94) grenzt Fake News von anderen Typen falscher Nachrichten wie Gerüchten, Klatsch, scherzhaften Schwindeleien (Hoaxes) und urban legends ab. Er definiert Fake News wie folgt: „Fake News is the deliberate presentation of (typically) false

---

[3] In der Literatur kursieren verschiedene Definitionen von Fake News. Zur Frage, welche dieser Definitionen adäquat sind siehe: Zimmermann und Kohring (2018).

or misleading claims as *news,* where the claims are misleading *by design.*" (Gelfert 2018, S. 108) Ein Charakteristikum von Fake News, das sie von anderen Arten der Falsch- und Desinformation unterscheidet, ist ihr Design. Fake News sind wie ein trojanisches Pferd: Sie bedienen sich des Nachrichtenformats, geben sich einen seriösen Anstrich, gewinnen damit das Vertrauen der Rezipienten und werden dankbar aufgenommen und weiterverbreitet (Rini 2017, S. E45).

Fake News sind kein neues Phänomen. Es gab sie schon vor der Erfindung des Internets (Frank R 2018; Gelfert 2018, S. 90 f.; Gorbach 2018; McIntyre 2018, S. 97–104; Schmid et al. 2018, S. 72 f.). Soziale Medien wirken aufgrund ihrer kommunikativen Struktur wie ein Multiplikator und Brandbeschleuniger für Falschinformationen (Bernal 2018, S. 241, 244 f.). An der Verbreitung von Fake News sind häufig *Trolle* beteiligt, die Fake News gezielt als Köder auslegen und darauf warten, dass leichtgläubige Menschen anbeißen und die Meldung weiterverbreiten (Bernal 2018, S. 228). *Fake People* können Fake Accounts eröffnen, ein gefälschtes Profil anlegen und sich so unerkannt in ein soziales Netzwerk einschleusen, um das Denken und Handeln von Menschen zu beeinflussen. Bekanntlich arbeiteten ganze Troll-Netzwerke und Troll-Farmen an der Manipulation des Brexit-Referendums in Großbritannien und der Präsidentschaftswahl in den USA im Jahr 2016 (Bernal 2018, S. 241).

Fake News bedienen sich dabei der Mittel der postfaktischen Epistemologie: Sie werden in einen narrativen Kontext und ein Frame eingebettet, um glaubwürdiger zu wirken, sodass Wahrheit und Falschheit verschmelzen und ununterscheidbar werden. Fake News fühlen sich wahr an. Man spricht daher auch von *Fake Narrativen.* Paul Bernal erklärt die Wirkungsweise von Fake News und Fake Narrativen wie folgt:

> Creation of a fake narrative is subtler and can be both more dangerous and more damaging. It might start with a real story and take it out of context, or show only some parts of it and use this to create a narrative that is in essence false, though that falsity is hard to pin down, let alone conclusively prove. (...) Fake news can be more ‚believable' than the real thing: the aphorism that truth is stranger than fiction has some logic behind it. When a story is created – whether an individual piece of fake news or a fake narrative – it can be worked upon to ensure that it is logical, coherent and easily followed. Holes in the plot can be filled. Twists in that plot can be signposted and counter arguments predicted and opposed. A carefully crafted story is not as messy as reality. It does not have so many seemingly inexplicable warts – so it can make ‚sense' where reality or the real explanation seem counterintuitive. (Bernal 2018, S. 235, 239)

Die Bereitschaft, Fake News zu glauben, beruht auf einem Wissen aus zweiter Hand. Regina Rini (2017, E46) spricht daher von einer „epistemology of testimony": „A person counts as believing a proposition on the basis of testimony when she believes it *because* the proposition was presented to her by another person." Manche Menschen vertrauen dem, was sie im Internet lesen oder was ihnen gute Freunde erzählen, und hinterfragen einen Bericht nicht kritisch. Eine Fälschung wird nicht erkannt, weil nicht genau genug hingeschaut wird. Ein Bericht wird als glaubwürdig eingestuft, wenn er sich kohärent in ein vorhandenes Meinungssystem einfügt. Wenn z. B. ein Anhänger der Republikaner, dem Barack Obama schon immer suspekt war und der mit seiner Politik nie einverstanden war, das Gerücht hört, dass Obama in Wahrheit ein Muslim ist, in Kenia geboren wurde, folglich kein amerikanischer Staatsbürger ist und somit nie rechtmäßig Präsident war, wird er diesem Gerücht leichter Glauben schenken als ein Anhänger der Demokraten. Die Saat des Zweifels gedeiht am besten bei Menschen, die bereits eine einseitige ideologische Werthaltung besitzen. Rini nennt dies eine „epistemische Parteilichkeit" (Rini 2017, E50). Man schätzt Freunde, die ähnliche Auffassungen haben wie man selbst, eher als vertrauenswürdige Wissensquellen ein als fremde Menschen, die andere Überzeugungen haben, was wiederum ein konformes Denken innerhalb einer Echokammer bestärkt.

Fake News und Fake Narrative haben eine wahrheitszersetzende Wirkung. Sie führen dazu, dass Rezipienten eine falsche Nachricht für wahr halten. Eine vermehrte und systematische Verbreitung von Fake News kann aber auch weiter reichende Folgen haben: Menschen oder soziale Gruppen können Fakten und Ereignisse anders interpretieren und nicht mehr zwischen wahr und falsch unterscheiden, was eine epistemische Desorientierung zur Folge hat. Fake News haben den langfristigen Effekt, dass Nachrichten generell misstraut wird (Mathiesen 2019, S. 168).

1.10 Demokratie und Wahrheit

Erstaunlicherweise sehen manche Menschen in Fake News keine Gefahr für die Demokratie, sondern einen legitimen Ausdruck freier Meinungsäußerung. So schreibt Joshua Habgood-Coote (2019, S. 1054): „It is a familiar liberal idea that people have a right to believe what they want to, which generates a correlate duty for individuals and states not to interfere with other's beliefs." Wollte man die Verbreitung von Fake News verhindern, würde man seiner Meinung nach den freien Informationsaustausch unterbinden. Habgood-Coote sieht daher in der Bekämpfung von Fake News eine Gedankenpolizei am Werk und spricht von einem „epistemic policing". Allein schon der Begriff „Fake News" stigmatisiere und diskriminiere Menschen, die einfach nur ihre eigene Meinung und Sichtweise kundtun wollen. Daher auch der Titel seines Aufsatzes: „Stop talking about fake news!" Er gibt den Rat, den Begriff tunlichst zu vermeiden: „If you use weaponized terms, you run the risk of hurting people." (Habgood-Coote 2019, S. 1054)

Ebenso wie Habgood-Coote glaubt auch David Coady (2019), dass die eigentliche Gefahr nicht von Fake News, sondern von der pejorativen Verwendung des Begriffs „Fake News" ausgeht und wir diesen Begriff daher nicht mehr verwenden sollten. Beide sehen darin einen diskriminierenden Sprachgebrauch, der oppositionelle Meinungsäußerungen diskreditieren und unterdrücken wolle. Coady bewertet Fake News sogar positiv: Die Mediennutzer hätten heutzutage Zugang zu mehr Informationen als jemals zuvor. Und mehr Informationen bedeuten: mehr wahre und mehr falsche Informationen (Coady 2019, S. 51). Daher, so Coady, sollten wir über diesen Informationsgewinn froh sein. Die

Zunahme von Falschinformationen sei ein geringer Preis, den wir für den Vorteil eines freien Zugangs zu Wissen bezahlen müssten: „That's part of the price we pay, and it seems to me that it's been a price worth paying." (Coady 2019, S. 51)

Gegen Coadys Argument ist Folgendes einzuwenden: Ein freier Zugang zu mehr Informationen bedeutet nicht automatisch einen Zuwachs an Wissen. Denn Information ist nicht dasselbe wie Wissen (Zoglauer 2020, S. 78). Wissen setzt die Fähigkeit voraus, zwischen wahren und falschen Informationen zu unterscheiden und diese in einen Gesamtkontext richtig einordnen zu können (Zoglauer 2020, S. 80). Durch den Wegfall von Gatekeepern hat sich die epistemische Situation der Mediennutzer grundlegend verändert. Wir bekommen nicht nur mehr Falschmeldungen, in einer postfaktischen Welt wird es uns aufgrund von Filtereffekten und Echokammern zunehmend schwerer gemacht, den Unterschied zwischen Wahrheit und Falschheit zu erkennen. Coady und Hobgood-Coote argumentieren zudem selbstwidersprüchlich, wenn sie einerseits im Begriff „Fake News" eine „policing device" (Coady 2019, S. 40) sehen, andererseits aber selbst als Sprachpolizisten auftreten und die Verwendung dieses Begriffs verbieten wollen.

Fake News können nicht unter Berufung auf die Informationsfreiheit gerechtfertigt werden. Denn jeder, der Informationen sucht, will *wahre* und keine falschen Informationen erhalten. Fake News sind auch nicht durch das Recht auf die freie Meinungsäußerung gedeckt. Denn ihre Produzenten wollen ja nicht zu einer offenen und unvoreingenommenen Auseinandersetzung über kontroverse Themen oder unorthodoxe Meinungen beitragen. Vielmehr wollen sie eine freie Debatte verhindern, indem sie nicht mit den Mitteln des sachlichen Arguments, sondern mit den Mitteln der Täuschung agieren. Hier soll nicht unterdrückten Gruppen eine Stimme gegeben werden, sondern die Stimme der Wahrheit unterdrückt werden (Mathiesen 2019, S. 174 f.).

Stellen Fake News eine Gefahr für die Demokratie dar? Man könnte meinen, dass dies nicht so ist. Denn demokratische Wahlen beruhen auf Mehrheitsentscheidungen. Selbst wenn einige Bürger falsch informiert sind, kann eine Minderheit keine Wahlen entscheiden. Dieses Argument beruht auf dem sogenannten *Condorcet-Jury-Theorem.* Der französische Philosoph, Mathematiker und Politiker Antoine Condorcet (1743–1794) war ein begeisterter Revolutionsanhänger und Kämpfer für die Demokratie. Er stellte folgendes Gedankenexperiment auf (Ottmann 2008, S. 96): Eine Jury bestehend aus n Personen soll ein Urteil fällen. Es wird angenommen, dass die Personen unabhängig voneinander entscheiden und es nur zwei Möglichkeiten der Entscheidung gibt, nämlich wahr oder falsch zu urteilen. Wenn jedes Jury-Mitglied mit einer Wahrscheinlichkeit von mehr als 50 % ein wahres Einzelurteil abgibt, dann wächst die Wahrscheinlichkeit einer richtigen Gesamtentscheidung mit der Zahl der Jury-Mitglieder an. Bei zwei Personen besteht immer die Gefahr, dass einer oder alle beide eine falsche Entscheidung treffen. Aber bei drei oder mehr Personen sinkt die Gefahr eines kollektiven Fehlurteils. Demokratische Wahlen haben daher eine ausgleichende Tendenz.

Allerdings kann das Ergebnis leicht umkippen, sobald die Wahrscheinlichkeit, dass ein einzelner Wähler die richtige Entscheidung trifft, unter 50 % sinkt. Dann tendiert die

1.10 Demokratie und Wahrheit

Wahrscheinlichkeit eines Fehlurteils der gesamten Jury bei großer Stimmenzahl gegen 1. Daher können Fake News, wenn sie massiv auftreten und die Meinung einer großen Zahl von Wählern beeinflussen, durchaus einen schädlichen Einfluss auf die Demokratie ausüben. Tatsächlich wurde die Brexit-Abstimmung in Großbritannien und die Präsidentschaftswahl in den USA 2016 durch eine massive Desinformationskampagne beeinflusst. Robert Goodin und Kai Spiekermann (2018, S. 331) ziehen daraus den Schluss:

> False information designed to alter political attitudes is likely to undermine the reasoning of otherwise competent reasoners, leading them to incorrect conclusions and to vote in incorrect ways. Political lies, after all, attempt to change the way people behave in the voting booth. If those people are ‚otherwise competent reasoners' (i.e. voters who would otherwise be likely to vote correctly), the lies changing their votes would most often change them for the worse, epistemically speaking.

Fake News erhöhen die Wahrscheinlichkeit, dass einzelne Bürger falsch urteilen. Je mehr Fake News verbreitet werden und je mehr Bürger daran glauben, desto größer ist die Gefahr. Vielleicht mag der Umschlagpunkt, an dem die kollektive Meinung kippt, noch nicht erreicht sein. Aber diese Überlegung zeigt, wie gefährlich Fake News sind. Cass Sunstein (2008, S. 100) sieht in der zunehmenden Polarisierung und Balkanisierung der Öffentlichkeit eine Bedrohung der Demokratie:

> If the public is balkanized, and if different groups design their own preferred communications packages, the consequence will be further balkanization, as group members move one another toward more extreme points in line with their initial tendencies. At the same time, different deliberating groups, each consisting of like-minded people, will be driven increasingly far apart, simply because most of their discussions are with one another. Extremist groups will often become more extreme.

Ein Meinungspluralismus ist wichtig für die Demokratie. Eine gesunde Streitkultur lebt vom Dissens und der sachlichen Auseinandersetzung, aber auch von der Fähigkeit rationaler Argumentation und Kommunikation. Wenn Menschen in epistemischen Blasen leben, sind sie zu einem rationalen Diskurs nicht mehr willens und fähig. In einer Welt, in der jede Gruppe in ihrer eigenen Echokammer lebt, wird jeder glauben, im Besitz der Wahrheit zu sein. Dies führt zu einem epistemischen Relativismus, in dem es nur gruppenspezifische Sichtweisen, aber keinen übergreifenden Konsens gibt. John Rawls sieht in einem übergreifenden Konsens (overlapping consensus) eine Grundbedingung für eine funktionierende Demokratie (Rawls 2006, S. 64 f.). Dazu gehören nach Rawls die Anerkennung von Grund- und Freiheitsrechten, das Toleranzprinzip, eine Gerechtigkeitskonzeption, die von allen geteilt wird, sowie Loyalität gegenüber staatlichen Institutionen. Wenn es diesen übergreifenden Konsens nicht mehr gibt, weil jeder in einer anderen Wirklichkeit lebt, gerät die Demokratie in Gefahr.

Jennifer Kavanagh und Michael Rich (2018, S. 21–40) nennen vier Alarmzeichen für einen drohenden Wahrheitszerfall: der zunehmende Dissens über die Interpretation von

Tatsachen und empirischen Daten, eine unscharfe Trennung zwischen Meinung und Tatsachenbehauptung, der Vorrang subjektiver Meinungen gegenüber objektiven Fakten, und ein schwindendes Vertrauen in und ein mangelnder Respekt vor einst allgemein anerkannten zuverlässigen Informationsquellen. Vincent Hendricks und Mats Vestergaard (2018, S. 158) sprechen von einer „postfaktischen Demokratie", „wenn politisch opportune, aber faktisch irreführende Narrative statt Fakten als Grundlage für die politische Debatte, Meinungsbildung und Gesetzgebung dienen". In einer postfaktischen Gesellschaft können die Bürger die Wahrheit nicht erkennen, entweder weil sie in einer Echokammer gefangen sind oder weil sie von Fake News überschwemmt werden und die Wahrheit darin untergeht. Noch leben wir nicht in einer postfaktischen Gesellschaft. Aber es gibt gefährliche soziale und politische Tendenzen, die in diese Richtung zeigen, in den USA vielleicht stärker als in Deutschland. Zu diesen Symptomen gehören die zunehmende Akzeptanz von Verschwörungstheorien und pseudowissenschaftlichen Theorien, der verbreitete Wissenschaftsskeptizismus unter Impfgegnern, Corona-Leugnern und Klimawandelskeptikern, sowie die Stärkung extremistischer Gruppierungen sowohl im rechten als auch im linken politischen Spektrum.

Wie wir gesehen haben verteidigen Coady (2019) und Habgood-Coote (2019) Fake News mit dem Argument, dass Demokratie vom Meinungspluralismus lebe und es bei demokratischen Wahlen kein richtig oder falsch geben könne, vielmehr müsse jeder Bürger selbst entscheiden, was er für richtig halte. Der österreichische Rechtsphilosoph Hans Kelsen (2018, S. 132) vertrat bereits in den 1920er Jahren die These, dass Demokratie einen Relativismus und Wahrheitspluralismus voraussetze. Ein Wahrheitsabsolutismus, d. h. die Auffassung, dass es eine universell gültige Wahrheit gebe, sei autokratisch. Diktatoren glauben, im Besitz einer glückselig machenden Wahrheit zu sein und daher immer richtig zu entscheiden, und rechtfertigen damit ihre Herrschaft. Menschliches Wissen ist jedoch stets fehlbar. Daher kann es keine absolut gültigen Wahrheiten geben. Menschen, insbesondere Politiker und Regierungen, können irren. Wenn in einer Demokratie jede Stimme gleiches Gewicht hat, so Kelsen, müsse daher auch jede Wählermeinung gleich wahr sein.

Kelsens Relativismusargument beruht auf einem Fehlschluss. Denn er verwechselt Meinungen mit Wahrheiten und Meinungspluralismus mit einem Relativismus. Demokratie setzt lediglich einen Meinungspluralismus, aber keinen Wahrheitsrelativismus voraus. Kelsen geht ja selbst davon aus, dass wir niemals im Besitz endgültiger Wahrheiten sein können, sondern nur mehr oder weniger gut begründete Meinungen haben, die sich jederzeit als falsch herausstellen können. Aus der Existenz von Meinungsverschiedenheiten folgt aber noch kein Relativismus, zumindest kein Relativismus im starken Sinn.[4] Das demokratische Ideal besteht ja gerade in der sachlichen Auseinandersetzung zwischen unterschiedlichen Meinungen und einer gemeinsamen Suche nach einem Konsens.

Deliberative Demokratietheorien sehen im rationalen Diskurs die Quelle demokratischer Legitimität. Habermas formuliert den diskurstheoretischen Grundsatz, „daß genau

---

[4] Zum Unterschied zwischen einem starken und schwachen Relativismus siehe Abschn. 2.2.

1.10 Demokratie und Wahrheit

die Regelungen Legitimität beanspruchen dürfen, denen alle möglicherweise Betroffenen als Teilnehmer an rationalen Diskursen zustimmen könnten" (Habermas 1999, S. 299 f.). Eine demokratisch verfasste Gesellschaft beruht auf der Fähigkeit und Bereitschaft ihrer Bürger, Streitfragen und Konflikte friedlich durch Austausch von Argumenten und durch Konsens zu lösen. Ein Relativismus schließt einen freien, undogmatischen Diskurs aus, weil sich jeder im Besitz der Wahrheit sieht. Wahrheit kann immer nur das Ziel des Diskurses sein, aber nicht dessen Ausgangspunkt.

Jürgen Habermas (1983, S. 68 ff.; 1988, S. 149) zählt Wahrheit, Wahrhaftigkeit und Richtigkeit zu den Grundvoraussetzungen eines Diskurses. Fake News verletzen diese Bedingungen eines freien Meinungsaustauschs und gefährden damit die Konsensbildung. In einem 2006 veröffentlichten Aufsatz beschreibt Habermas (2006, S. 18) fast schon prophetisch die Spaltung der amerikanischen Gesellschaft, wie sie später unter der Trump-Präsidentschaft Realität wurde: „The polarization of world views in a community that splits into fundamentalist and secular camps, shows, for example, that an insufficient number of citizens matches up to the yardstick of the public use of reason and thereby endanger political integration." Habermas schließt daraus: „A ‚post-truth democracy' (…) would no longer be a democracy." List und Goodin (2001, S. 277) sehen das Ziel der Demokratie in der Wahrheitssuche. Die Aufdeckung der Wahrheit ist ein wirkungsvolles Instrument im Kampf gegen Machtmissbrauch, Korruption und Vertuschung. Stirbt die Wahrheit, stirbt die Demokratie. Nicht umsonst zeichnen sich Diktaturen durch Zensur und staatliche Medienkontrolle aus. Denn Diktatoren wollen das Denken der Menschen kontrollieren und die Wahrheit unterdrücken.

Im Gegensatz zu dem Habermas'schen Modell einer deliberativen Demokratie entwirft Chantal Mouffe (2000) eine agonistische Demokratietheorie. Das Ziel eines politischen Diskurses könne nicht die Herstellung eines allgemeinen Konsenses sein, vielmehr müsse in einer pluralistischen Gesellschaft auch marginalisierten Gruppen eine Stimme gegeben werden. Ein Konsens schließe Alternativen aus und diene nur dazu, hegemoniale Machtstrukturen zu stabilisieren:

> It is for that reason that the ideal of a pluralist democracy cannot be to reach a rational consensus in the public sphere. Such a consensus cannot exist. We have to accept that every consensus exists as a temporary result of a provisional hegemony, as a stabilization of power, and that it always entails some form of exclusion. The ideas that power could be dissolved through a rational debate and that legitimacy could be based on pure rationality are illusions which can endanger democratic institutions. (Mouffe 2000, S. 104)

Während für Habermas Demokratie nur auf der Grundlage eines rationalen Diskurses unter Respektierung der Wahrheit funktionieren kann, stellen Johan Farkas und Jannick Schou (2020, S. 155) Rationalität und Wahrheit unter Ideologieverdacht: „They are not mere descriptions of a world that is already assembled and created ‚out there', but discursive weapons used to intervene and shape both the state and future of democracy."

An anderer Stelle heißt es: „Democracy (…) is not just about facts, reason and evidence. (…) It is about affect, emotions and feelings." (Farkas und Schou 2020, S. 7) Damit werden Gefühle gleichrangig neben Wahrheiten gestellt. Die subjektive Erfahrung benachteiligter Gruppen sei in Diskursen ebenso zu berücksichtigen wie objektive Tatsachen. Wenn subjektive Gefühle rationale Argumente aufwiegen, neutralisieren oder sogar übertrumpfen können, dann ist ein Konsens nicht mehr möglich, dann wird die Polarisierung der Gesellschaft eher noch verstärkt. Anstelle an Gemeinsamkeiten zu appellieren, werden Unterschiede und divergierende Meinungen betont. Mouffe mag den politischen Widerstreit quietistisch akzeptieren oder gar als basisdemokratische Auseinandersetzung begrüßen, aber sie liefert keine Vorschläge zu einer Befriedung der Gesellschaft. Die Flucht ins Utopische ist zugleich eine Flucht vor der Realität. Ein Streit kann nur dann eine positive demokratische Funktion entfalten, wenn um Lösungen gerungen wird und ein vernünftiger, für alle Seiten tragfähiger Konsens gefunden wird. Wenn Gefühl gegen Gefühl steht oder alternative Fakten gegen empirische Tatsachen in Stellung gebracht werden, dann bleiben konkurrierende Machtansprüche bestehen, die mit anderen Mitteln als guten Argumenten ausgefochten werden. Eine agonistische Demokratie wird so zu einer postfaktischen Demokratie, in der objektive Wahrheiten nicht mehr anerkannt werden und jede Gruppe in ihrer eigenen sozial konstruierten Wirklichkeit lebt.

1.11 Postfaktualismus

2016 erklärte das Oxford English Dictionary den Begriff „Post-Truth" zum Wort des Jahres. Die Wahl wurde damit begründet, dass mit dem Brexit-Referendum in Großbritannien und dem Präsidentschafts-Wahlkampf Donald Trumps das bislang selten verwendete Wort schlagartig zu einem politischen Schlüsselbegriff wurde. Der Begriff kennzeichnet einen Zustand, in dem „objektive Tatsachen einen geringeren Einfluss auf die öffentliche Meinungsbildung haben als Appelle an Gefühle und subjektive Meinungen".[5] „Post-Truth" lässt sich mit „postfaktisch" übersetzen, das 2016 von der Gesellschaft für deutsche Sprache ebenfalls zum Wort des Jahres gekürt wurde. In diesem Jahr wurde der Begriff hauptsächlich mit der politischen Wahlkampfrhetorik Donald Trumps und seiner Verdrehung der Tatsachen assoziiert. Aber Trump ist nicht der Erfinder einer postfaktischen Politik. Lügen und einen lockeren Umgang mit der Wahrheit gab es in der Politik schon immer. Dennoch gewinnt der Postfaktualismus mit Trump eine neue Qualität. Denn Trump ist nicht einfach nur ein Lügner oder Wahrheitsverdreher. Ein Lügner will, dass der Adressat seine Behauptung für die Wahrheit hält. Aber die Strategie postfaktischer Politik geht darüber hinaus. Sie hat das Ziel, dass die Bürger irgendwann nicht mehr zwischen Wahrheit und Falschheit unterscheiden können, Meinungen einfach unhinterfragt akzeptieren und Glauben das Wissen ersetzt. Eine postfaktische Gesellschaft ist eine Welt, in der Wahrheit keine Rolle mehr spielt und nur noch eine rhetorische Funktion erfüllt.

---

[5] https://languages.oup.com/word-of-the-year/2016/ (letzter Zugriff 13.07.2020).

1.11 Postfaktualismus

Der Postfaktualismus betreibt die Strategie einer Abschottung des Diskurses gegen die Wirklichkeit. Tatsachen werden ignoriert und empirische Evidenzen nicht zur Kenntnis genommen. Wenn Fakten nicht mehr zählen, können Behauptungen nicht mehr auf ihren Wahrheitsgehalt überprüft werden. Der Postfaktualismus macht damit einen kritischen Diskurs unmöglich. Vittorio Bufacchi (2021, S. 350) definiert Post-Truth wie folgt:

> Post-truth is a deliberate strategy aimed at creating an environment where objective facts are less influential in shaping public opinion, where theoretical frameworks are undermined in order to make it impossible for someone to make sense of a certain event, phenomenon, or experience, and where scientific truth is delegitimized.

Einige Jahre bevor Post-Truth zum Wort des Jahres gewählt wurde machte der amerikanische Philosoph Harry G. Frankfurt (2005) auf das Phänomen des „Bullshittings" (Dummschwätzen) aufmerksam. Ein Dummschwätzer ist nach Frankfurt jemand, dessen Rede substanzlos und ohne Informationswert ist: ein leeres Gerede ohne Inhalt. Frankfurt vergleicht das, was beim Bullshitting aus dem Mund des Dummschwätzers herauskommt, mit menschlichen Exkrementen.[6] Dem Dummschwätzer ist es egal, ob das, was er sagt, wahr oder falsch ist, er will nur, dass der Hörer glaubt, was er sagt (Frankfurt 2005, S. 55; Stokke 2019, S. 265). Daher sieht Frankfurt im Bullshitting eine größere Gefahr als im Lügen. Ein Lügner erkennt den Unterschied zwischen Wahrheit und Falschheit an, weil er die Wahrheit kennt, aber dennoch die Unwahrheit sagt. Der Dummschwätzer denkt in anderen Kategorien. Ihm kommt es nicht auf den Inhalt, sondern auf die Wirkung an. Bufacchi (2021, S. 349) macht auf einen wichtigen Unterschied zwischen dem Bullshitting und dem Postfaktualismus aufmerksam:

> While bullshitters choose to ignore the truth, advocates of Post-Truth (henceforth, post-truthers) are more devious: they are in the business of subverting truth. Also, while bullshitters are disrespectful towards the truth, post-truthers feel threatened by truth, therefore they want to undermine or emasculate truth. Bullshitters find truth inconvenient, so they circumvent it, although they would have no problem with embracing truth again, the moment truth serves them well. Post-truthers are different: their aim is to delegitimize truth, since this is the best way to disarm the threat truth poses to them.

Um die Auswirkungen und Konsequenzen des Postfaktualismus auf unser Wahrheitsverständnis besser verstehen zu können, müssen wir ihn mit dem *Faktualismus,* unserer Alltagstheorie der Wahrheit, vergleichen. Nach allgemeiner Auffassung gibt es eine reale Welt und objektive Tatsachen. Wahre Aussagen sind solche, die mit den Tatsachen übereinstimmen. Eine Alltagstheorie der Wahrheit mag zwar philosophisch naiv sein, aber sie findet allgemeine Akzeptanz, weil wir uns mit ihrer Hilfe in der Welt orientieren

---

[6] „There are similarities between hot air and excrement, incidentally, which make *hot air* seem an especially suitable equivalent for *bullshit.* Just as hot air is speech that has been emptied of all informative content, so excrement is matter from which everything nutritive has been removed." (Frankfurt 2005, S. 43)

und Behauptungen auf ihren Wahrheitsgehalt überprüfen können. In einer postfaktischen Welt können wir dagegen nicht mehr zwischen wahren und falschen Aussagen unterscheiden, weil Tatsachen nicht mehr anerkannt werden. Damit wird das Universum der Rede von der Welt entkoppelt. Es ist sogar möglich, alternative Fakten zu schaffen und alternative Wirklichkeiten zu konstruieren. Im Faktualismus kann man eine Lüge noch als solche erkennen, wenn man sie mit der Wirklichkeit vergleicht. In einer postfaktischen Welt ist ein solcher Vergleich nicht mehr möglich, weil Tatsachen und empirische Evidenzen nicht mehr zählen. Der Postfaktualismus untergräbt systematisch das Vertrauen in wissenschaftliche Experten, in die Medien und politische Institutionen (Cosentino 2020, S. 139).

Es gibt verschiedene Erklärungen für die Entstehung des Postfaktualismus (MacMullen 2020): Man kann die Wahrheit wider besseren Wissens, aus purer Naivität oder ideologischer Verblendung ignorieren. Man kann auch eine skeptische Haltung einnehmen und sagen: Wir kennen die Wahrheit nicht und halten uns an Glauben und Meinung. Oder aber man kennt die Wahrheit, lügt und instrumentalisiert Wahrheit und Lüge für politische Zwecke. Eine vierte Möglichkeit besteht darin, sich auf den Standpunkt zurückzuziehen: Es gibt keine objektiven Tatsachen und daher auch keine eindeutigen Wahrheiten, stattdessen gibt es viele verschiedene gleichwertige Wahrheiten. Ich will diese vier Einstellungen als Wahrheitsignoranz, Wahrheitsskeptizismus, Wahrheitszynismus und Wahrheitsrelativismus bezeichnen.

Wahrheitsignoranz liegt vor, wenn Menschen einem Irrtum unterliegen, Dinge oder Ereignisse falsch interpretieren oder ein komplett falsches Wirklichkeitsverständnis haben. Ein typisches Beispiel für einen Wahrheitsignoranten stellt Cassams Oliver dar (vgl. Abschn. 1.7), der Anhänger einer Verschwörungstheorie ist. Aus purer Leichtgläubigkeit glaubt Oliver das, was er in obskuren Internetblogs liest oder was ihm seine Freunde einreden. Tatsachen, die seine Verschwörungstheorie erschüttern könnten, ignoriert er oder hält sie für Fakes. Damit ist er epistemisch voreingenommen und missachtet die Regeln und Methoden, auf deren Grundlage wir normalerweise Erkenntnisse gewinnen.

Wahrheitsignoranten halten zwar an einem Faktualismus fest, verkennen aber die Wahrheit und unterliegen einer systematisch verzerrten Wirklichkeitswahrnehmung. MacMullen (2020) spricht von einem „unbewussten Postfaktualismus". Ignoranten folgen ihrem Bauchgefühl anstatt ihrer Vernunft und sind unempfänglich für die Wahrheit. Gruppenloyalität führt zu einer selektiven Weltwahrnehmung. All diese psychologischen Faktoren erzeugen Echokammern und alternative Weltdeutungen, die von einer postfaktischen Politik gefördert werden und letztlich dazu führen, dass Wahrheit an Bedeutung verliert. Gegen die Wahrheitsignoranz helfen nur die Förderung kritischen Denkens und die Orientierung an wissenschaftlichen Methoden der Erkenntnisgewinnung.

Eine andere Einstellung zur Wahrheit bezeichnet MacMullen als „epistemischen Postfaktualismus". Der epistemische Postfaktualist ist ein *Wahrheitsskeptiker*, der sagt: „Es gibt zwar Tatsachen, aber es gibt keine Möglichkeit, sie zu erkennen." (MacMullen 2020,

S. 100) Wenn ein Skeptiker nach seiner Meinung gefragt wird, wird er sich nicht festlegen lassen wollen und wahrscheinlich herumeiern und Bullshit reden. Harry G. Frankfurt (2005, S. 64 f.) hält daher den Skeptizismus für die Ursache des Dummschwätzens:

> The contemporary proliferation of bullshit also has deeper sources, in various forms of skepticism which deny that we can have any reliable access to an objective reality, and which therefore reject the possibility of knowing how things truly are. These „antirealist" doctrines undermine confidence in the value of disinterested efforts to determine what is true and what is false, and even in the intelligibility of the notion of objective inquiry.

Der Skeptiker misstraut wissenschaftlichen Experten. Dieses Misstrauen untergräbt die Autorität der Wissenschaft und führt zu einem Wissenschaftsskeptizismus oder „science denial". Viele Wahrheitsskeptiker verweisen darauf, dass selbst Experten sich in manchen Fragen nicht einig seien, z. B. ob es einen menschengemachten Klimawandel gibt oder nicht. Und selbst wenn sie sich einig sind, so sagen sie, seien sie interessegeleitet und daher nicht vertrauenswürdig. Wenn man sie mit den neusten wissenschaftlichen Erkenntnissen konfrontiert, zucken sie nur mit den Schultern und sagen: „Who knows? No source can really be trusted, not even the ones that we like." (MacMullen 2020, S. 110) Der Wahrheitsskeptiker kapituliert vor der ihn heillos überfordernden Komplexität der Welt. Er enthält sich eines Urteils oder entscheidet nach Gefühl und Gruppenzugehörigkeit: „For them, politics is fundamentally about identity and group loyalty (and perhaps also ideology), not factual accuracy, and there is nothing regrettable or second-best about this state of affairs." (MacMullen 2020, S. 111).

Der Skeptiker vertraut lieber Freunden und guten Bekannten. Sein Wissen beruht auf Hörensagen. Fakten spielen für ihn keine Rolle. Er urteilt nach Gefühl. Durch seine indifferente Haltung und leichte Beeinflussbarkeit wird er zu einem willfährigen Opfer postfaktischer Politik. Der Protoyp des Wahrheitsskeptikers ist der unentschlossene Wähler, der nicht weiß, welchen Politikern er vertrauen und seine Stimme geben soll, aber sich dann doch von populistischen Stimmungen einfangen lässt und aus Protest gegen das politische Establishment stimmt. Donald Trump konnte bei seiner Wahl 2016 mit seiner Anti-Establishment-Politik gerade bei Protestwählern punkten, die ihm schließlich zum Sieg verhalfen.

Ist Donald Trump ein Postfaktualist? Man könnte meinen, dass Trump einfach nur ein Dummschwätzer ist. Kristiansen und Kaussler (2018, S. 18) bezeichnen Trump als „bullshitter-in-chief". Aber im Gegensatz zum Dummschwätzer, Wahrheitsignoranten und Skeptiker kennt er die Wahrheit sehr wohl und ordnet sie seinen politischen Zielen unter. Trump befördert den Postfaktualismus, macht ihn zu einer medialen Strategie und zu einem politischen Programm. Wahrheit und Unwahrheit sind für ihn austauschbare Begriffe, die je nach Situation und Opportunität neu justiert werden können. Seine Strategie ist mehr als eine bloße Desinformationskampagne. Er will eine andere Wirklichkeit sozial konstruieren. In seiner Welt gibt es keinen Klimawandel, das Corona-Virus wurde in einem chinesischen Labor gezüchtet und die Präsidentschaftswahl 2020 hat nicht

Joe Biden, sondern er selbst, „the real Donald", gewonnen. Laut Washington Post vom 19.01.2021 glauben inzwischen ein Drittel der Amerikaner trotz fehlender Belege daran, dass die US-Präsidentschaftswahl 2020 gefälscht worden sei (DelReal 2021).

Trump hat ein orwellsches Wahrheitsverständnis: Wer die Macht hat, bestimmt was wahr ist. Ian MacMullen (2020, S. 105 ff.) bezeichnet diese Haltung als „motivational post-factualism". Man kann auch von einem *Wahrheitszynismus* sprechen. Typische Charakterzüge Trumps sind sein Anti-Intellektualismus, seine Wissenschaftsfeindlichkeit sowie sein mangelnder Respekt vor der Wahrheit. Stewart Lockie (2017, S. 1) beschreibt dieses zynische Spiel mit der Wahrheit wie folgt: „The post-truth politician manufactures his or her own facts. The post-truth politician asserts whatever they believe to be in their own interest and they continue to press those claims, regardless of the evidence amassed against them." Dadurch werden alternative Fakten geschaffen. Die Tatsachen werden einfach den jeweiligen politischen Zielen angepasst. Der Wahrheitszyniker muss nicht unbedingt lügen. Es gibt zahlreiche Abstufungen der Wahrheit, von einer tendenziösen Berichterstattung, einem lockeren Umgang mit der Wahrheit, dem Erwecken eines falschen Anscheins und dem Verschweigen wichtiger Fakten bis zur offenen Lüge, der er sich bedienen kann, um seine Zuhörer zu manipulieren (Haack 2019).

In George Orwells „1984" erhalten Wörter eine neue Bedeutung: „Krieg bedeutet Frieden, Freiheit ist Sklaverei, Unwissenheit ist Stärke." (Orwell 1976, S. 7) So gibt es in der „Neusprache" den Begriff der Freiheit nicht mehr, oppositionelle Gedanken werden ausgemerzt oder können nicht mehr gedacht werden. Der Wahrheitszyniker muss keine neue Sprache oder eine neue Grammatik erfinden. Er erschafft sich einfach eine neue Realität, indem er alternative Fakten konstruiert. Wenn eine Lüge nur oft genug wiederholt wird und in politikhörigen Medien verbreitet wird, wird sie irgendwann auch geglaubt. Es wird eine mediale Echokammer geschaffen, die mehr und mehr Bürger erfasst.

Im Fall von Trump kann man sich fragen, ob er selbst an das glaubt, was er sagt. Zahlreiche politische Beobachter und Kommentatoren sehen in Trump einen machtbesessenen, prahlerischen Narzissten, der Widerspruch und Kritik nicht ertragen kann (Frank J 2018). Regierungsmitglieder, die andere Meinungen äußern, werden gefeuert. Trump umgibt sich auf diese Weise in seinem Umfeld mit lauter Ja-Sagern, die ihn in seiner Auffassung immer wieder bestärken. Wer in einer solchen Echokammer lebt, in der die eigene Meinung stets bestätigt wird, fällt irgendwann einer Selbsttäuschung zum Opfer.

Aber es wäre falsch, den Wahrheitszynismus nur auf Trump zu beschränken. Einen motivationalen Postfaktualismus findet man sowohl in rechten wie auch in linken politischen Strömungen, die sich die Wirklichkeit nach ihrer Ideologie zurechtbiegen. Colin Wight (2018) und Ian MacMullen (2020) machen vor allem die Identitätspolitik für die gegenwärtige Verbreitung des Postfaktualismus verantwortlich: „Identity politics is a plea for us to give up on any notion of objectivity in the sense of trying to remain unbiased. This is because identity politics privileges social location over facts. Identity politics demands that we see group loyalty as taking priority over facts. Loyalty under identity politics is to the group, not the facts." (Wight 2018, S. 20)

1.11 Postfaktualismus

In der Identitätspolitik spielt die Gruppenzugehörigkeit eine entscheidende Rolle. Nur den Mitgliedern der eigenen sozialen Gruppe wird eine objektive Sicht auf die Wirklichkeit zugetraut. Die Standpunkttheorie vertritt die Auffassung, dass bestimmte soziale Standpunkte und ihre Sichtweisen, vorzugsweise diejenigen einer unterdrückten sozialen Minderheit, epistemisch privilegiert seien (Ashton 2020a; Crasnow 2014). Andere Sichtweisen werden als biased oder interessegeleitet zurückgewiesen oder es wird ihnen ein falsches Bewusstsein unterstellt. Der Wahrheitsgehalt einer Aussage hängt demzufolge nicht nur vom Inhalt der Aussage, sondern auch davon ab, *wer* etwas sagt. Wenn aber die Gruppenzugehörigkeit bestimmt, was wahr und was falsch ist, dann gibt es keine universelle, für alle verbindlichen Wahrheiten mehr, vielmehr wird Wahrheit zu einer Frage der Gruppenloyalität.

Im Postfaktualismus haben Werte Vorrang vor Tatsachen, Solidarität ersetzt Objektivität. Tatsachen werden stets unter einer wertenden Perspektive betrachtet und interpretiert. Wenn Donald Trump beispielsweise Medien, die negativ über ihn berichten, als Fake-News-Medien beschimpft, so ist „fake" für ihn kein Synonym für Falschheit, sondern steht für alles, was er ablehnt. Die Demarkationslinie verläuft nicht zwischen Wahrheit und Falschheit, sondern zwischen dem Eigenen und dem Anderen, zwischen Freund und Feind. So ist auch Trumps Twitterbotschaft zu verstehen:

> The Fake News is working overtime. Just reported that, despite the tremendous success we are having with the economy & all things else. 91 % of the Network News about me is negative (Fake). Why do we work so hard in working with the media when it is corrupt? Take away credentials? (@realDonaldTrump, May 09, 2018)[7]

Wir müssen zwischen einem deskriptiven und normativen Postfaktualismus unterscheiden. Der *deskriptive Postfaktualismus* beschreibt einen Zustand oder zumindest eine gefährliche Tendenz in Politik und Gesellschaft:

- die Verbreitung von Fake News und Verschwörungstheorien,
- die Diskreditierung von Tatsachen und empirischen Evidenzen,
- ein fehlendes Vertrauen in die Mainstream-Medien und wissenschaftliche Experten,
- Wissenschaftsleugnung und Wissenschaftsskeptizismus,
- die Entstehung von Echokammern.

Die wachsende Zahl von Wahrheitsignoranten, Wahrheitsskeptikern und Wahrheitszynikern ist ein alarmierendes Symptom für diese Entwicklung.

Der *normative Postfaktualismus* verhilft dem deskriptiven Postfaktualismus zu einer philosophischen Legitimierung. Er besagt: Es gibt keine objektiven Tatsachen, sondern nur verschiedene Interpretationen. Wahrheit ist relativ und sozial konstruiert. MacMullen

---

[7] Zitiert nach Schubert (2020, S. 196).

(2020) bezeichnet den normativen Postfaktualismus auch als „metaphysischen Postfaktualismus" und macht die postmoderne Philosophie für das Aufkommen postfaktischer Politik verantwortlich. Dieser Vorwurf ist nicht neu und wird auch von anderen Kritikern des Postfaktualismus erhoben. Lee McIntyre (2018, S. 150) bezeichnet den Postmodernismus als „godfather of post-truth". Matthew D'Ancona (2017, S. 96) erhebt denselben Vorwurf: „post-modernist texts paved the way for Post-Truth". Jedoch muss man mit solchen pauschalen Vorwürfen vorsichtig sein. Denn die Postmoderne ist keine homogene philosophische Strömung. Ihre Vertreter haben unterschiedliche Auffassungen von Wahrheit und Objektivität entwickelt und nehmen auch gegenüber Politik und Wissenschaft teilweise divergierende Positionen ein. Unter den Vertretern postmoderner Philosophie gibt es viele, die sich sehr kritisch über den Postfaktualismus und Trumps Politik geäußert haben. Auch Ian MacMullen will die postmoderne Philosophie nicht mit Postfaktualismus gleichsetzen, sondern schränkt in einer Fußnote seine Kritik an der Postmoderne ein, wenn er schreibt, dass er lediglich einen Denkstil beschreiben will, der mit postfaktischer Politik in Verbindung gebracht wird.[8]

Gleichwohl finden sich unter den verschiedenen Strömungen und Vertretern postmoderner Philosophie immer wiederkehrende Thesen und Haltungen, die einem Postfaktualismus zumindest sehr nahe kommen. Man könnte sogar behaupten, dass der Postfaktualismus nicht erst mit Donald Trump in die Welt kam, sondern in der postmodernen Philosophie latent immer schon vorhanden war. Zu den typisch postmodernen Thesen gehören der *Wahrheitsrelativismus,* der Zweifel an der Existenz objektiver Tatsachen, der soziale Konstruktivismus, der Anti-Realismus sowie eine kritische Einstellung zur Wissenschaft.

Die postmoderne Wahrheitstheorie wird von C.G. Prado (2018, S. 4 f.) wie folgt charakterisiert:

> Postmodern relativistically conceived truth essentially has it that propositions are true when they are sanctioned by established discursive practices and are generally accepted as true. Being true is held to be a function of the communal construals and practices of the members of a society or culture, construals and practices sanctioned by those individuals respected as authoritative figures in those cultures and societies. (..) ‚True', then, is a description that applies only to propositions articulated in a rule-bound, communicative context. This essential point precludes conception of truth as wholly subjective. That is, it rules out propositions being true when held or voiced only by individuals and regardless of others' responses or indifference.

Prado beruft sich auf Foucault (1980), der einen engen Zusammenhang von Wahrheit und Macht sieht: Jede Gesellschaft repräsentiere ein „Wahrheitsregime", das durch diskursive Macht bestimmt, was wahr und was falsch ist. Nach diesem Modell gibt es keine

---

[8] „I make no claims about how best to understand the variety of theories and philosophies that are sometimes called postmodern. I mean only to describe a certain way of thinking that has some affinity to those views and that has been linked with post-factual politics." (MacMullen 2020, S. 203, Fn. 20)

1.11 Postfaktualismus

objektive Wahrheit, stattdessen gibt es einen „Wahrheitskrieg" (Lee 2015), bei dem jede Gruppe ihre Auffassung von Wahrheit durchsetzen will. Nimmt man diese Theorie ernst, dann ist der deskriptive Postfaktualismus eine konsequente Folge des normativen Postfaktualismus. Denn Echokammern funktionieren nach den von Prado postulierten Prinzipien: Wahrheit hat demnach nichts mit Wirklichkeit zu tun. Das, was Wahrheitsignoranten für wahr halten, ist das Produkt sozialer Praktiken einer Gruppe und diese Gruppe sorgt dafür, dass ihre Mitglieder an die konstruierte Wahrheit glauben. Abweichler werden sanktioniert. Individuelle Meinungen zählen nicht, nur die Gruppenmeinung ist verbindlich. Nach diesen Prinzipien wird auch die Gemeinschaft der Trump-Anhänger zusammengehalten. Und Trump versteht es meisterhaft, diese Gruppendynamik für sich zu nutzen. Die Trump-Fans, QAnon-Anhänger und andere Verschwörungstheoretiker denken als Kollektiv, nicht als Individuen. Denn ein Individualismus gefährdet die Stabilität des postfaktischen Wahrheitsregimes. Gäbe es nämlich so etwas wie eine objektive Wahrheit, die individuell erkennbar ist und unabhängig von der Gruppenmeinung existiert, würde das die Autorität der Gruppe infrage stellen.

Colin Wight (2018) glaubt, dass der unter vielen Geisteswissenschaftlern und Soziologen verbreitete Postmodernismus ein intellektuelles Klima geschaffen habe, in dem der Postfaktualismus blühen und gedeihen konnte: „Of course, academics are not the only source of post-truth. But in a significant way, they have contributed to it." (Wight 2018, S. 25) Gabriele Cosentino (2020, S. 19) wird noch deutlicher: „In my reading, postmodern epistemic relativism and the trust crisis of mediating authorities are inherently related, and the deterioration of objective truth in public discourses is linked to both factors."[9]

Die postmoderne Philosophie muss sich den Vorwurf gefallen lassen, dass sie die metaphysischen und erkenntnistheoretischen Grundlagen für eine postfaktische Politik lieferte, selbst wenn sie sich von einer solchen Politik distanzieren mag. Dass dieser Vorwurf nicht ganz unberechtigt ist, lässt sich daran ablesen, dass einige Philosophen und Philosophinnen den Postfaktualismus ganz offen verteidigen. Mit dem Ende der großen Erzählungen wird zugleich ein Ende der Wahrheit verkündet: „Truth is old, outdated, battered by lies with no eyes to see, suffering the tragedy of never being heard." (Koro-Ljunberg et al. 2019, S. 587) Giovanni Maddalena und Guido Gili (2020, S. 50) sehen Wahrheit als ein antiquiertes Relikt einer vergangenen Zeit an, das einem Pluralismus der Meinungen und einem offenen Diskurs im Wege steht: „Twentieth-century philosophy reached the conclusion that truth always leads, unfortunately, to authoritarianism and violence." Einige postmoderne Denker lehnen die binäre wahr-falsch-Dichotomie ab, weil sie angeblich Machtstrukturen widerspiegele (Susen 2015, S. 42). Wahrheitsbehauptungen werden als ein Akt diskursiver Gewalt gedeutet, der eine offene Auseinandersetzung behindere: „truth talk enacts a kind of discursive violence" (Alcoff 2005, S. 339). Anstatt den Postfaktualismus zu kritisieren und zu bekämpfen, so heißt es, sollten wir ihn als eine befreiende Kraft willkommen heißen, die Widerstand gegen hegemoniale Machtstrukturen leiste: „a post-truth world could enable individuals to resist inflexible realities" (Koro-Ljunberg

---

[9] Ähnlich äußert sich auch Susana Salgado (2018, S. 321 ff.).

et al. 2019, S. 588). Allein die Warnung vor den Gefahren des Postfaktualismus wird als Panikmache und „maskuline Hysterie" empfunden (Coady 2019, S. 50; Myres 2018). Post-Truth-Kritiker werden eines heimlichen Rassismus verdächtigt: „post-truth criticism runs the risk of absolving whiteness of its social status by positioning it as just another victim of the post-truth era" (Mejia et al. 2018, S. 112).

Steve Fuller, ein führender Vertreter der Science and Technology Studies und der sozialen Erkenntnistheorie, begrüßt den Postfaktualismus als Beitrag zu einer freieren und demokratischeren Gesellschaft: „I believe that a post-truth world is the inevitable outcome of greater epistemic democracy." (Fuller 2018, S. 61) Wie der Untertitel seines Buches „Post-Truth. Knowledge as a Power Game" (2018) verrät, betrachtet er Wissenschaft als ein Machtspiel, bei dem Machtverhältnisse und Diskursregeln darüber entscheiden, was als wahr und was als falsch angesehen wird (siehe Zoglauer 2021). Ein Konsens unter Wissenschaftlern wirke als Ausschlussprinzip, das andere Meinungen unterdrücke (Fuller 2018, S. 49 ff.). Es mag daher nicht überraschen, dass Fuller Sympathien für die Intelligent-Design-Bewegung hegt und einen radikalen Wahrheitsrelativismus vertritt: Wahrheit ist für ihn stets diskursrelativ. Das Ziel der „post-truthers" sei es daher, die Diskursregeln zu ändern:

> Unlike the truthers, who play by the current rules, the post-truthers want to change the rules. They believe that what passes for truth is relative to the knowledge game one is playing, which means that depending on the game being played, certain parties are advantaged over others. (Fuller 2018, S. 53)

Der Postfaktualismus trage dazu bei, die Macht der Experten zu brechen und die Wissenschaft zu demokratisieren: „In a post-truth utopia, both truth and falsehood are themselves democratized." (Fuller 2018, S. 182) Nicht die Experten, sondern die Bürger sollten selbst entscheiden, was wahr ist. Was seine Wissenschaftskritik and Wahrheitsauffassung angeht, hat Fuller in Trump einen politischen Verbündeten. Denn Trump hat eine extrem wissenschaftsfeindliche Haltung: In seiner Amtszeit hat er gezielt den Einfluss von Expertengremien beschnitten, Forschungsgelder gekürzt und bei der Bekämpfung der Corona-Krise und des Klimawandels den Rat von Fachleuten ignoriert. Trump hat – ganz im Sinne von Fuller – die politischen Diskursregeln geändert und Wahrheit „demokratisiert": Wahr ist, was er und seine Anhänger für wahr halten. Wer die Macht hat, kann seine eigene Wahrheitsauffassung durchsetzen.

Diese kurze Auswahl von Zitaten zeigt, dass einige Philosophen durchaus Sympathien für den Postfaktualismus erkennen lassen oder ihn sogar offen verteidigen. Ich werde im folgenden Kapitel verschiedene philosophische Theorien und Strömungen vorstellen, die einen Postfaktualismus vertreten oder zumindest eine gewisse Nähe zu ihm aufweisen. Wahrheitsignoranz, Wahrheitsskeptizismus und der Wahrheitszynismus lassen sich leicht bekämpfen. Wahrheitsignoranz lässt sich am besten durch kritisches Denken therapieren. Dem Wahrheits- und Wissenschaftsskeptiker muss klargemacht werden, dass wissenschaftliche Wahrheiten, auch wenn sie fallibel und nur vorläufig sind, einen verlässlichen Orientierungsrahmen bieten, der alternativen Weltdeutungen überlegen ist. Und Wahrheitszyniker in Regierungsämtern lassen sich in Demokratien einfach abwählen. Aber die größte Herausforderung stellt der Wahrheitsrelativismus dar. Gegen ihn helfen nur gute philosophische Argumente.

Epistemologie des Postfaktischen

2.1 Friedrich Nietzsche: Perspektivismus als Postfaktualismus

Der Postfaktualismus ist nicht nur ein mediales und politisches Phänomen. Die Philosophie hat mit dem Wahrheitsrelativismus wesentlich zur Delegitimierung des Faktualismus beigetragen und damit dem Postfaktualismus Vorschub geleistet. Friedrich Nietzsche ist vermutlich der erste Philosoph, der eine dezidiert postfaktualistische Position vertrat und er beeinflusste damit viele Denker nach ihm.

Wie bereits im vorangegangenen Kapitel erläutert stellt der Wahrheitsrelativismus eine Form des Postfaktualismus dar. Der Wahrheitsrelativismus behauptet, dass Wahrheit relativ zu einer Perspektive, Weltsicht oder Interpretation ist. Ein Satz kann demnach in einer Perspektive wahr, in einer anderen Perspektive falsch sein (Hales 2006, S. 1). Für Nietzsche gibt es keine Tatsachen, nur Interpretationen (KSA 12, S. 315).[1] So wie es für einen Text verschiedene Interpretationen gibt, so gibt es unendlich viele verschiedene Sichtweisen auf die Welt (KSA 12, S. 39). Nietzsche erklärt dies wie folgt:

> Aber ich denke, wir sind heute zum Mindesten ferne von der lächerlichen Unbescheidenheit, von unsrer Ecke aus zu dekretiren, dass man nur von dieser Ecke aus Perspektiven haben *dürfe*. Die Welt ist uns vielmehr noch einmal „unendlich" geworden: insofern wir die Möglichkeit nicht abweisen können, dass sie *unendliche Interpretationen in sich schliesst*. (FW § 374; KSA 3, S. 627)

> Es giebt vielerlei Augen. Auch die Sphinx hat Augen: und folglich giebt es vielerlei „Wahrheiten", und folglich giebt es keine Wahrheit. (KSA 11, S. 498)

---

[1] Die Schriften Nietzsches werden im Folgenden nach der Kritischen Studienausgabe (KSA) unter Angabe der Band-Nr. (z. B. KSA 12) zitiert. Zusätzlich werden die in der Nietzsche-Literatur gebräuchlichen Siglen zur Kennzeichnung seiner Werke verwendet: FW = Die fröhliche Wissenschaft, GM = Zur Genealogie der Moral, JGB = Jenseits von Gut und Böse, MA = Menschliches, Allzumenschliches.

© Der/die Autor(en), exklusiv lizenziert an Springer Fachmedien Wiesbaden GmbH, ein Teil von Springer Nature 2025
T. Zoglauer, *Konstruierte Wahrheiten*, ars digitalis,
https://doi.org/10.1007/978-3-658-48313-5_2

Selbst die Physik ist für Nietzsche nur eine Weltdeutung neben anderen (KSA 13, S. 373). So schreibt er, „dass Physik auch nur eine Welt-Ausdeutung und -Zurechtlegung (nach uns! mit Verlaub gesagt) und *nicht* eine Welt-Erklärung ist" (JGB § 14; KSA 5, S. 28). Auch die Logik ist dieser Auffassung zufolge lediglich ein Instrument zur „*Fälschung des Geschehens*", indem sie Identitäten postuliert, wo es lauter Unterschiede gibt (KSA 11, S. 505, 633 f.). Nietzsche geht davon aus, dass es keinen privilegierten Gottesstandpunkt gibt, von dem aus wir die Welt so sehen können, wie sie in Wirklichkeit ist. Wir sehen immer nur, wie uns die Welt *erscheint*. Unsere Sichtweise ist stets subjektiv gefärbt, voreingenommen und von Annahmen abhängig, mit deren Hilfe wir uns die Welt zurechtmachen, vereinfachen und begreifbar machen. In einer frühen Schrift „Über Wahrheit und Lüge im außermoralischen Sinn" (KSA 1, S. 873–890) beschreibt Nietzsche, wie der Mensch Begriffe und Abstraktionen verwendet, um in der Welt erfolgreich zurechtzukommen und zu überleben. Dabei spiele es keine Rolle, ob sein Bild von der Welt wahr oder falsch sei. Denn auch Illusionen könnten ihren Zweck erfüllen. Wichtig sei nur, dass die Vorstellungen *nützlich* sind und unser Leben erleichtern: „*Wahrheit ist die Art von Irrthum, ohne welche eine bestimmte Art von lebendigen Wesen nicht leben könnte. Der Werth für das Leben entscheidet zuletzt.*" (KSA 11, S. 506)

Wahrheit ist für Nietzsche „ein bewegliches Heer von Metaphern, Metonymien, Anthropomorphismen (…): die Wahrheiten sind Illusionen, von denen man vergessen hat, dass sie welche sind" (KSA 1, S. 880 f.). Die Begriffe Wahrheit und Illusion, Fakt und Fiktion sind daher austauschbar, sie haben nichts mit der Wirklichkeit zu tun. Wahrheit suggeriert eine Wirklichkeitsnähe, die es nach Nietzsche nicht gibt. In der Götzendämmerung brüstet sich Nietzsche damit, die Vorstellung einer „wahren Welt" abgeschafft zu haben (KSA 6, S. 81). Das Streben nach Wahrheit entspringe vielmehr dem Wunsch, der Welt Herr zu werden. Maudemarie Clark (1990, S. 236) beschreibt dieses Wahrheitsstreben wie folgt: „What the knower wants is not truth, but the feeling of intellectual appropriation or command over the world." Da die Welt immer nur perspektivisch wahrgenommen werden kann, können auch Wahrheit und Falschheit nur perspektivenabhängig gedacht werden. Die Vorstellung, dass es eine absolute, perspektivenübergreifende Wahrheit geben könnte, erweist sich als Täuschung.

Unter einer Perspektive versteht Nietzsche eine Art, die Welt zu interpretieren. Sie bestimmt, ob ein Satz wahr oder falsch ist (Hales und Welshon 2000, S. 21). Man könnte meinen, dass man eine Sache nur unter vielen verschiedenen Perspektiven betrachten müsse, sozusagen mit „mehr Augen" sehen, um zu einer objektiven Sichtweise zu gelangen:

> Es giebt *nur* ein perspektivisches Sehen, *nur* ein perspektivisches „Erkennen"; und *je mehr* Affekte wir über eine Sache zu Wort kommen lassen, *je mehr* Augen, verschiedene Augen wir uns für dieselbe Sache einzusetzen wissen, um so vollständiger wird unser „Begriff" dieser Sache, unsere „Objektivität" sein. (GM III, § 12; KSA 5, S. 365)

„Objektivität" ist in dem obigen Zitat in Anführungszeichen gesetzt. Denn Objektivität ist für Nietzsche immer nur eine relative Objektivität. Selbst wenn man die Perspektive wechseln könnte und gleichsam mit mehreren Augen sehen könnte, wäre nichts gewonnen. Eine multiperspektivische, angeblich objektive Sichtweise ist auch nur *eine* Perspektive neben anderen und muss sich gegen andere Perspektiven behaupten. Die Frage, welche von zwei Weltperspektiven richtiger ist, ist sinnlos, „da hierzu bereits mit dem Maßstabe der richtigen Perception d. h. mit einem nicht vorhandenen Maßstabe gemessen werden müsste" (KSA 1, S. 884). Da es für Nietzsche kein Kriterium für Wahrheit und Objektivität gibt, entscheidet letztlich der Erfolg, welcher Perspektive der Vorzug gegeben wird.

Robert Fogelin (2003, S. 73) charakterisiert den *Perspektivismus* durch folgende Aussagen:

- Es gibt eine Vielzahl verschiedener Perspektiven.
- Jedes Urteil wird innerhalb einer bestimmten Perspektive gefällt und ist daher auch nur innerhalb bzw. relativ zu dieser Perspektive wahr.
- Alle Perspektiven sind gleichwertig, keine ist der anderen überlegen.
- Das System der Perspektiven enthält keinen archimedischen Punkt oder „God's eye view", von dem aus alle Perspektiven überblickt und verglichen werden können.

Jedoch würde Nietzsche der dritten These, dass alle Perspektiven gleichwertig sind, nicht zustimmen. Denn die Nützlichkeit entscheidet darüber, welche Perspektive wir annehmen. Dabei kommt es nicht auf Wahrheit oder Falschheit an. Auch falsche Annahmen können nützlich sein: „Nicht die Wahrheit, sondern die Nützlichkeit und Erhaltefähigkeit von Meinungen hat sich im Verlauf der Empirie beweisen müssen; es ist ein Wahn, dem auch unsere jetzige Erfahrung widerspricht, daß die möglichste Anpassung an den *wirklichen* Sachverhalt die lebengünstigste Bedingung sei." (KSA 9, S. 565)

Steven Hales und Rex Welshon (2000, S. 31) glauben, dass Nietzsche lediglich einen *schwachen Perspektivismus* vertritt, demzufolge es mindestens eine Aussage gibt, die in einer Perspektive wahr und in einer anderen Perspektive falsch ist. Der schwache Perspektivismus ist somit ein *lokaler* Relativismus, der nur wenige Perspektiven betrifft und nicht ausschließt, dass es Aussagen gibt, die in *allen* Perspektiven wahr sind. Der *starke Perspektivismus* behauptet dagegen, dass es zu *jeder* Aussage, eine Perspektive gibt, in der sie wahr ist und eine andere Perspektive, in der sie falsch ist (Hales und Welshon 2000, S. 31).

Alexander Nehamas (2012) wirft Nietzsche vor, einen solchen starken Perspektivismus zu vertreten und wendet dagegen ein, dass er selbstwidersprüchlich sei. Denn wenn jede Aussage perspektivenrelativ wäre, gelte dies auch für die These des starken Perspektivismus. Dann könne Nietzsches Theorie keine absolute Gültigkeit beanspruchen, sondern wäre nur eine relative Wahrheit:

> Bekanntlich bestand Nietzsche darauf, dass jede Ansicht, seine eigenen Ansichten und insbesondere der Perspektivismus miteingeschlossen, nur eine von vielen möglichen Interpretationen sei. Wenn aber die Auffassung, es gebe nur Interpretationen, selbst nur eine Interpretation und deshalb möglicherweise falsch ist, so scheint zu folgen, dass letztlich nicht jede Auffassung eine Interpretation ist und dass Nietzsches Position sich selbst untergräbt. (Nehamas 2012, S. 15)

Aber weshalb wäre es eigentlich so schlimm, wenn es keine absoluten Wahrheiten gäbe? Dann wäre der starke Perspektivismus lediglich eine Hypothese, eine Art Gedankenexperiment, das man betreibt, um zu sehen, ob es sich für die Erkenntnistheorie als nützlich erweist. Ein starker Perspektivismus ist nicht selbstwidersprüchlich, solange man nicht behauptet, dass es perspektivenunabhängige Wahrheiten gibt. Nach Nietzsches Auffassung soll die Philosophie spielerischen Charakter haben, in der man auch gewagte Thesen ausprobieren kann. Nietzsche schränkt seine Thesen oft ein, versieht sie mit Vorbehalten oder stellt sie als Hypothesen hin. Ein Widerspruch ergibt sich erst dann, wenn man den starken Perspektivismus als absolute Wahrheit darstellt. Man kann Nietzsches Perspektivismus als Hypothese verstehen, die gar nicht den Anspruch erhebt, absolut wahr zu sein, nach dem Motto: Wir nehmen einmal an, alles sei relativ und sehen dann, wie weit wir mit dieser Annahme kommen.

Allerdings erscheint es paradox, wenn man behauptet, dass es keine absolute Wahrheit gibt und diese Behauptung selbst wiederum als relative Wahrheit und bloße Meinung hinstellt. Damit nährt Nietzsche skeptische Zweifel und schwächt seine eigene Position. Kai-Michael Hingst (1998, S. 328) zieht daraus die Schlussfolgerung: „Er behauptet etwas, das er gar nicht wissen kann, wenn er recht hat." Nietzsche ist sich des Problems der Selbstbezüglichkeit seines Perspektivismus durchaus bewusst: „Gesetzt, dass auch dies nur Interpretation ist – und ihr werdet eifrig genug sein, das einzuwenden? – nun, um so besser." (JGB § 22; KSA 5, S. 37) Aber würde Nietzsche dadurch nicht seine eigene Position schwächen, wenn er sie als bloße Vermutung und Hypothese hinstellt? Erhebt er mit seiner Philosophie nicht auch einen Wahrheitsanspruch? (vgl. Hingst 1998, S. 29)

Problematisch wäre es, wenn wir alle Perspektiven als gleichwertig betrachten würden, wenn also jeder behaupten kann, was er will. Ein solcher Relativismus wäre selbstzerstörerisch. Jeder Mensch könnte dann auf seiner eigenen, persönlichen Wahrheit beharren ohne andere Perspektiven überhaupt zur Kenntnis zu nehmen. Ein Dissens wäre nicht lösbar, weil es keinen perspektivenunabhängigen Maßstab gibt, mit dem wir Perspektiven vergleichen und feststellen könnten, welche Wahrheit „wahrer" ist. Jeder Mensch wäre in seiner eigenen Sichtweise gefangen. Um diesem Relativismus zu entgehen, führt Nietzsche die Nützlichkeit als Vergleichs- und Entscheidungskriterium ein. Die Nützlichkeit stellt einen perspektivenübergreifenden Wertmaßstab dar, mit dem verschiedene Perspektiven verglichen werden können. Stehen zwei Perspektiven im Widerspruch, ist diejenige zu bevorzugen, die nützlicher ist: ihre Nützlichkeit ist ihre Wahrheit (KSA 13, S. 283).

2.1 Friedrich Nietzsche: Perspektivismus als Postfaktualismus

> Als ‚Wahrheit' wird sich immer das durchsetzen, was nothwendigen Lebensbedingungen der Zeit, der Gruppe entspricht: auf die Dauer wird *die Summe von Meinungen* der Menschheit *einverleibt* sein, bei welchen sie ihren größten Nutzen d. h. die Möglichkeit der längsten Dauer hat. (KSA 9, S. 541)

Nietzsche will zeigen, dass Wahrheit im Sinne von Wirklichkeitsadäquatheit und Nützlichkeit nichts miteinander zu tun haben. Oft sind es gerade die falschen Vorstellungen, die besonders erfolgreich sind:

> Die Falschheit eines Begriffs ist mir noch kein *Einwand* gegen ihn. Darin klingt unsere neue Sprache vielleicht am fremdesten: die Frage ist, wie weit er lebenfördernd, lebenerhaltend, arterhaltend ist. Ich bin sogar grundsätzlich des Glaubens, *daß die falschesten Annahmen uns gerade die unentbehrlichsten sind,* daß ohne ein Geltenlassen der logischen Fiktion, ohne ein Messen der Wirklichkeit an der *erfundenen* Welt des Unbedingten, Sich-selber-Gleichen der Mensch nicht leben kann und daß ein Verneinen dieser Fiktion, ein praktisches Verzichtleisten auf sie, so viel wie eine Verneinung des Lebens bedeuten würde. (KSA 11, S. 527; vgl. auch JGB § 4, KSA 5, S. 18)

Es geht Nietzsche nicht darum, Wahrheit mithilfe des Begriffs der Nützlichkeit zu definieren. Nützlichkeit ist kein Kriterium oder Anzeichen für Wirklichkeitsnähe. Nietzsche stellt nicht die Gleichung Wahrheit = Nützlichkeit auf, weil ja auch Falschheit nützlich sein kann. Vielmehr ist Nützlichkeit für ihn die grundlegendere Kategorie, während Wahrheit im korrespondenztheoretischen Sinn eine Illusion ist. In diesem Sinne erklärt auch Georg Simmel (1895) wie Wahrheit lebensfördernd sein kann: Bestimmte Vorstellungen erweisen sich für das Handeln als zweckmäßig und nützlich. Das Nützlichkeitsprinzip wirkt als Selektionsprinzip. Die lebenstauglichen Vorstellungen werden wahr genannt und Vorstellungen, die sich als unzweckmäßig erweisen, werden falsch genannt. Diese pragmatische Auffassung von Wahrheit deckt sich mit dem radikal-konstruktivistischen Begriff der *Viabilität* (von Glasersfeld 1987, S. 140 f.): Viabilität heißt so viel wie Nützlichkeit, Lebenstauglichkeit, Zweckmäßigkeit. Das Individuum entwirft Ideen, Hypothesen und Theorien und so lange sie sich als erfolgreich erweisen, sind sie viabel. Viabilität hat nichts mit Wahrheit im korrespondenztheoretischen Sinn zu tun. Ernst von Glasersfeld (1985, S. 20) erläutert dies am Beispiel eines Schlüssels, der in ein Schloss passt: Man könnte meinen, der Grund dafür, dass man mit dem Schlüssel ein Schloss aufschließen kann, liege darin, dass die Form des Schlüssels mit der Form des Schlosses übereinstimmt, dass also eine strukturelle Korrespondenz vorliegen müsse, damit wir erfolgreich die verschlossene Tür öffnen können. Ein Einbrecher braucht aber keinen „passenden" Schlüssel, um das Schloss zu knacken. Für einen erfolgreichen Einbruch genügt auch ein entsprechend geformter Draht.

Der umgangssprachliche Wahrheitsbegriff ist ein korrespondenztheoretischer Begriff. Wie wir gesehen haben, setzt Viabilität keinen korrespondenztheoretischen Wahrheitsbegriff voraus. Umgekehrt kann sich aber auch eine Falschheit als nützlich, d. h. viabel, erweisen. Dies gilt besonders im moralischen Bereich. Nietzsche fordert uns auf, „die

Nothwendigkeit der Lüge" einzugestehen (KSA 12, S. 354): „*Wir haben Lüge nöthig,* um über diese Realität, diese „Wahrheit" zum Sieg zu kommen das heißt, um zu *leben* ... Daß die Lüge nöthig ist, um zu leben, das gehört selbst noch mit zu diesem furchtbaren und fragwürdigen Charakter des Daseins ..." (KSA 13, S. 193).

Wenn aber das Streben nach Wahrheit allein auf das Ziel der Nützlichkeit zurückgeführt wird, stellt sich die Frage: Was heißt „nützlich"? Und vor allem: nützlich *für wen*? Gibt es einen absoluten Wertmaßstab der Nützlichkeit oder ist die Beurteilung der Nützlichkeit einer Idee oder Vorstellung auch nur perspektivenrelativ?

Was nützlich ist, kann nur innerhalb einer Perspektive beurteilt werden. Nietzsche gibt zu, dass Nützlichkeit „auch nur ein Glaube, eine Einbildung" ist (FW § 354; KSA 3, S. 593). Damit relativiert er den Nützlichkeitsbegriff und zieht die Existenz eines perspektivenübergreifenden Maßstabs in Zweifel. Wenn zwei Personen unterschiedliche Sichtweisen vertreten und sich darüber streiten, welche Sichtweise die bessere, nützlichere sei, kann jeder auf seiner Perspektive beharren. Eine Einigung wird nicht möglich sein. Zum anderen besitzen Erfolgs- und Nützlichkeitskriterien nur eine temporäre Gültigkeit: Eine Perspektive kann in einem Moment erfolgreich sein und sich durchsetzen, kann im nächsten Moment aber scheitern. Wenn jedoch ein perspektivenübergreifender Maßstab fehlt, läuft Nietzsches Perspektivismus doch auf einen radikalen Relativismus hinaus, nach dem es unterschiedliche Sichtweisen gibt, bei denen man nicht sagen kann, welche die bessere ist. Jede Perspektive mag für sich in Anspruch nehmen, nützlich und erfolgreich zu sein. Und wenn man von einem Konkurrenzkampf der Perspektiven ausgeht, mag manchmal die eine, ein anderes Mal die andere Perspektive die Oberhand gewinnen. Ein solcher Relativismus ist anarchisch und destruktiv, weil jeder sich im Recht sehen und für sich die Wahrheit beanspruchen wird und es keine Instanz gibt, die eine Entscheidung herbeiführen kann. Nietzsche entwirft das Bild eines agonalen Kampfes um die Wahrheit, der in Wirklichkeit ein Kampf um die Macht darstellt. Der scheinbare Wille zur Wahrheit entpuppt sich als ein verborgener *Wille zur Macht* (KSA 13, S. 282):

> die Methodik der Wahrheit ist nicht aus Motiven der Wahrheit gefunden worden, sondern aus Motiven der Macht, des Überlegen-sein-wollens (KSA 13, S. 446)

> Die Erkenntniß arbeitet als Werkzeug der Macht. So liegt es auf der Hand, daß sie wächst mit jedem Mehr von Macht ... (KSA 13, S. 302)

> so kommt man zu dieser Lösung: der „Wille zur Wahrheit" entwickelt sich im Dienste des „Willens zur Macht": genau gesehen ist seine eigentliche Aufgabe, einer bestimmten Art von Unwahrheit zum Siege und zur Dauer zu verhelfen, ein zusammenhängendes Ganze von Fälschungen als Basis für die Erhaltung einer bestimmten Art des Lebendigen zu nehmen. (KSA 11, S. 699)

Dieses Streben nach Macht wird nicht einfach nur nüchtern konstatiert, sondern ausdrücklich begrüßt: „Was ist gut? – Alles, was das Gefühl der Macht, den Willen zur Macht, die Macht selbst im Menschen steigert." (KSA 13, S. 480) Individuen werden als Machtzentren betrachtet, die um Dominanz und Vorherrschaft kämpfen. Sie handeln affektgetrieben, wobei auch Affekte nur Epiphänomene und Ausgestaltungen des Willens zur Macht sind (KSA 13, S. 300). Lust vermittelt ein „Gefühl der Macht" (KSA 13, S. 291). Letztlich wirkt der Wille zur Macht als die treibende Kraft, die sich der Affekte als Mittel bedient.

Das Bild, das Nietzsche vermittelt, ist desillusionierend: Wir können die Wirklichkeit nicht erkennen. Wahrheit im Sinne einer Übereinstimmung von Satz und Tatsache ist eine Illusion. Tatsachen gibt es nicht, nur Interpretationen. Jeder Mensch hat seine eigenen „Wahrheiten". Und die Behauptung, im Besitz der Wahrheit zu sein, ist letztlich nur ein rhetorisches Mittel, um Meinungsmacht zu erlangen. Nietzsches Perspektivismus ist daher der Prototyp eines *Postfaktualismus*.

Auch die Moral steht in den Diensten des Willens zur Macht. Wenn es dem Erhalt oder der Steigerung der Macht dient, ist für Nietzsche eine Lüge gerechtfertigt. Er bezeichnet das Lügen und die Verschlagenheit als eine Charaktereigenschaft „großer Menschen" (KSA 12, S. 202): „die Verschlagenheit gehört ins *Wesen* der Erhöhung des Menschen" (KSA 12, S. 550). Denn „Unmoralität gehört zur Größe" (KSA 12, S. 428). Der große Mensch muss sich „außerhalb der Moral stellen" (KSA 12, S. 225). Für ihn gilt, dass der Zweck die Mittel heiligt: „er *will* das große Ziel und darum auch dessen Mittel" (KSA 12, S. 406). Politiker stehen daher über der Moral, jenseits von Gut und Böse, denn: „Der Staat und der Politiker hat schon eine mehr *übermoralische* Denkweise nöthig" (KSA 12, S. 532). Nietzsche vertritt einen Machiavellismus der Macht und bewundert „große Menschen" mit starker Willenskraft, die den Bürgern Versprechungen machen und dadurch Popularität genießen. Das Charakterprofil eines „großen Menschen" wird von Nietzsche wie folgt beschrieben: Er muss „gewaltthätig, neidisch, ausbeuterisch, intrigant, schmeichlerisch, kriechend, aufgeblasen, je nach Umständen alles" sein, um erfolgreich zu sein (MA I, § 460; KSA 2, S. 298). Selbst wenn ein Politiker ein Verbrechen begeht, könne das entschuldigt werden, denn Nietzsche sagt, „daß das Verbrechen zur Größe gehört" und *„alle großen Menschen Verbrecher waren"* (KSA 12, S. 406). Die Charaktereigenschaften, die Nietzsche „großen Menschen" zuschreibt – der Gebrauch der Lüge, die Verschlagenheit, die Machtbesessenheit sowie die Bereitschaft, sich „außerhalb der Moral zu stellen" –, treffen in besonderer Weise auf Donald Trump zu. Nietzsche wird damit zum Vordenker und Apologeten postfaktischer Politik.

2.2 Relativismus und Inkommensurabilität

Nietzsches Philosophie wirkte zu Beginn des 20. Jahrhunderts wie eine Initialzündung, die den Relativismus maßgeblich beeinflusste und nicht nur in der Erkenntnistheorie, sondern auch in der Ästhetik und Kulturphilosophie tiefe Spuren hinterlassen hat. Vielleicht wird man, wenn eines Tages eine rückblickende Ideengeschichte des 20. Jahrhunderts geschrieben wird, von einem Jahrhundert des Relativismus sprechen. Gerade an der Wende vom 19. zum 20. Jahrhundert wurde vielen Menschen der Zerfall und die Auflösung traditioneller Werte schmerzhaft bewusst. Die Denkweisen der Vergangenheit wurden zertrümmert und aus diesen Trümmern gingen eine Vielzahl divergierender Stilrichtungen und neuer Paradigmen hervor. Während viele Menschen diesen Orientierungsverlust als schwindelerregend und beängstigend empfanden, begrüßten andere wiederum den Gewinn neuer Freiheiten und feierten den Relativismus als Ausdruck von Pluralismus, Vielfalt, Diversität und Toleranz. Nicht zufällig entwickelte Einstein zur gleichen Zeit die Relativitätstheorie, in der es kein absolutes und universell gültiges Bezugssystem mehr gibt. Es gibt unendlich viele gleichberechtigte Koordinatensysteme, mit denen sich die Welt gleichermaßen gut beschreiben lässt.

Die amerikanischen Linguisten Edward Sapir und Benjamin Lee Whorf (1963) formulierten in Analogie zu Einsteins Relativitätstheorie ein linguistisches Relativitätsprinzip – auch *Sapir-Whorf-Hypothese* genannt –, demzufolge jede Sprache eine eigene Weltansicht ausdrückt und jeder Mensch durch das Erlernen einer Sprache und das Denken in grammatischen Kategorien auf eine bestimmte Ontologie festgelegt wird. Whorf studierte die Sprache der Hopi-Indianer und stellte dabei fest, dass sich die Grammatik dieser Sprache grundlegend von allen indoeuropäischen Sprachen unterscheidet und die Hopi-Indianer ihre Welt durch andere ontologische Kategorien beschreiben. Die Welt der Hopi ist somit eine andere als die Welt, in der wir Europäer leben. Aus der Sapir-Whorf-Hypothese folgt die *Unübersetzbarkeitsthese*: Wörter oder Sätze der Hopi-Sprache lassen sich nicht vollständig und adäquat ins Deutsche übersetzen, weil deren Bedeutung durch die Kultur und Weltansicht der Hopi-Indianer bestimmt ist, zu denen es keine Entsprechung in unserer Welt gibt.

In der Erkenntnis- und Wissenschaftstheorie lässt sich eine ähnliche Tendenz zur Relativierung feststellen. Da die Bedeutung von Begriffen stets kontextabhängig ist, geht mit jeder Kontextverschiebung ein Bedeutungswandel einher. Dies gilt nicht nur für die Begriffe unserer Alltagssprache, sondern auch für grundlegende physikalische Begriffe wie Raum, Zeit, Bewegung etc. Nach einer wissenschaftlichen Revolution ändert sich die Bedeutung der Begriffe. Wenn Isaac Newton und Albert Einstein von Raum und Zeit sprechen, meinen sie damit Verschiedenes.

Es gibt keinen Gottesstandpunkt, von dem aus man die Welt objektiv und wahrheitsgetreu beschreiben könnte, vielmehr gibt es für den Relativisten eine Vielzahl verschiedener Perspektiven, Beschreibungsweisen und Weltanschauungen, von denen man nicht behaupten kann, dass eine besser als eine andere ist. Im Relativismus gibt es keine perspektivenübergreifende Wahrheit, sondern nur Wahrheiten im Plural, die ausschließlich in bzw. relativ zu einer Perspektive gelten. Die Frage, welche von zwei Weltperspektiven die richtige oder besser als die andere ist, ist sinnlos, da es keinen absoluten Vergleichsmaßstab gibt, mit dem man beide Perspektiven vergleichen könnte. Jedes Urteil wird innerhalb einer Perspektive gefällt und ist daher auch nur innerhalb bzw. relativ zu dieser Perspektive gültig.

Der Relativismus lässt sich durch ein einfaches Schema beschreiben. Relativität stellt eine zweistellige Relation dar und bedeutet, dass etwas relativ in Bezug auf etwas anderes ist: X ist relativ zu Y. Im *Begriffsrelativismus* bezeichnet X die Wahrheit von Urteilen oder

2.2 Relativismus und Inkommensurabilität

die Bedeutung von Begriffen. Y kann ein Begriffsschema, eine Perspektive, eine Sprache, Theorie oder ein Paradigma sein. Im *ethischen Relativismus* ist mit X die Gültigkeit einer Norm, eines Gesetzes oder Moralurteils gemeint und gilt relativ zu einer Gesellschaft, einer Gruppe von Menschen oder einer einzelnen Person. Der *Kulturrelativismus* ist eine spezielle Form des ethischen Relativismus, wobei Y hier eine Lebensform oder Kultur darstellt. Die Kultur wird als das letzte, nicht mehr weiter hinterfragbare Bezugssystem betrachtet, auf das sich die Moral- und Wertvorstellungen beziehen. Eine moralische Norm kann in einer Kultur gelten, in einer anderen nicht. Es macht daher keinen Sinn von einer absoluten Normgeltung unabhängig von einem kulturellen Bezugssystem zu sprechen.

Ich will auf den *Begriffsrelativismus* näher eingehen, weil er sowohl in der analytischen als auch in der postmodernen Philosophie eine wichtige Rolle spielt und die erkenntnistheoretische Grundlage für andere Formen des Relativismus liefert. Michael Krausz und Jack Meiland (1982, S. 8) erklären den Begriffsrelativismus wie folgt:

> In one of its most common modern forms cognitive relativism holds that truth and knowledge are relative, not to individual persons or even whole societies, but instead to factors variously called conceptual schemes, conceptual frameworks, linguistic frameworks, forms of life, modes of discourse, systems of thought, Weltanschauungen, disciplinary matrices, paradigms, constellations of absolute presuppositions, points of view, perspectives, or worlds. What counts as truth and knowledge is thought to depend on which conceptual scheme or point of view is being employed rather than being determinable in a way which transcends all schemes or points of view.

Begriffe und ihre Bedeutung werden relativ zu einem *Begriffsschema* betrachtet. Ein Begriffsschema ist ein Ordnungsschema, mit dem Wahrnehmungen und Erfahrungen strukturiert und interpretiert werden. Hierzu ein Zitat von Donald Davidson (1984, S. 183):

> Conceptual schemes, we are told, are ways of organizing experience; they are systems of categories that give form to the data of sensation; they are points of view from which individuals, cultures, or periods survey the passing scene. There may be no translating from one scheme to another, in which case the beliefs, desires, hopes, and bits of knowledge that characterize one person have no true counterparts for the subscriber to another scheme. Reality is itself relative to a scheme: what counts as real in one system may not in another.

Damit ist Folgendes gemeint: Ein Begriffsschema ist wie eine Brille, durch die wir die Welt wahrnehmen, die wir aber nicht ablegen können, um die Dinge so zu sehen wie sie an sich sind. „Unabhängig von unserem Begriffsschema existieren keine Gegenstände", wie Hilary Putnam (1990, S. 78) sagt. Nur mithilfe unserer Begriffe können wir Gegenstände bezeichnen, unterscheiden, klassifizieren, zählen, Eigenschaften zuschreiben oder Beziehungen zwischen ihnen feststellen. William James (1994, S. 53) vergleicht ein Begriffsschema mit einem „Geschäftsbuch, in welches die Sinneseindrücke, die sich darbieten, eingetragen werden. Wenn jeder Sinneseindruck seiner bestimmten Stelle im

Begriffssystem zugeordnet ist, dann ist er damit eben verstanden." Begriffsrelativismus heißt: Würden wir ein anderes Begriffsschema zugrunde legen, würde die Welt für uns anders aussehen, sie wäre eine gänzlich *andere* Welt. James deutet erstmals die Möglichkeit alternativer Begriffssysteme an. Es sind nämlich verschiedene begriffliche Systeme denkbar, mit denen wir die Sinneseindrücke mit den Begriffen in Deckung bringen und somit rationalisieren können. James (1994, S. 52) schreibt: Wenn wir Hummer oder Bienen wären, würden wir die Welt anders wahrnehmen und unsere Erfahrung anders organisieren. Er schließt daraus, dass andere Begriffskategorien, auch wenn wir sie uns nicht vorstellen können, genauso nützlich und erfolgreich sein können wie diejenigen, die wir tatsächlich anwenden.

Die Frage, welches der verschiedenen Begriffssysteme das wahre oder das richtige ist, verliert ihren Sinn, weil Wahrheit selbst relativ zu dem zugrunde liegenden Begriffssystem ist. Auch wissenschaftliche Theorien sind in diesem Sinne nichts anderes als begriffliche Ordnungsschemata, mit deren Hilfe wir die Welt interpretieren. Thomas Kuhn (1979) nennt ein solches Interpretationsschema zur Weltauslegung ein *Paradigma*. Bei einer wissenschaftlichen Revolution wird ein Paradigma durch ein anderes ersetzt.

Nach Kuhn lassen sich verschiedene Paradigmen nicht direkt vergleichen, weil jedes Paradigma ein eigenes Begriffsschema darstellt, mit dem die Welt beschrieben, geordnet und quantifiziert wird. Selbst Raum und Zeit sind Teil dieses Begriffsschemas. Bei einem Paradigmenwechsel ändert sich nicht nur der Inhalt einer Theorie, sondern auch die Bedeutung der darin enthaltenen Terme. Kuhn spricht von einer „Verschiebung des Begriffsnetzes, durch welches die Wissenschaftler die Welt betrachten" (Kuhn 1979, S. 115). So ist z. B. die Bedeutung der Begriffe Raum, Zeit und Masse in der Speziellen Relativitätstheorie eine andere als in der Newton'schen Mechanik (Kuhn 1979, S. 114). Ähnlich wie bei der Sapir-Whorf-Hypothese kann man von einer Unübersetzbarkeit der Begriffe sprechen. Die Vertreter zweier konkurrierender Paradigmen können sich über wissenschaftliche Sachfragen nicht einig werden, weil sie verschiedene inkompatible Begriffsapparate verwenden. Die Paradigmen sind nach Kuhn daher *inkommensurabel*, das heißt: „there is no language, neutral or otherwise, into which both theories, conceived as sets of sentences, can be translated without residue or loss." (Kuhn 1982, S. 670) Die Inkommensurabilitätsthese ist ein wichtiges Merkmal des Begriffsrelativismus. Er lässt sich durch drei Thesen charakterisieren:

1. *Pluralitätsthese:* Es gibt eine Vielzahl verschiedener Begriffsschemata. Es gibt kein absolut gültiges Begriffsschema.
2. *Relativitätsthese:* Wahrheit ist relativ zu einem Begriffsschema.
3. *Inkommensurabilitätsthese:* Begriffsschemata sind inkommensurabel (unvergleichbar, unübersetzbar).

Die Inkommensurabilitätsthese ist stärker als die Pluralitäts- und Relativitätsthese. Denn es wäre denkbar, dass sich verschiedene Begriffssysteme überlappen und sich Begriffe des einen Systems und das andere System übersetzen lassen und so die Wahrheit gewisser Sätze in beiden Systemen anerkannt werden kann. Die Inkommensurabilitätsthese schließt eine solche Möglichkeit aus. Begriffe sind demnach unübersetzbar. Wenn ein Satz p in einem Begriffssystem oder in einer epistemischen Perspektive wahr ist, heißt das nicht, dass er auch in einer anderen Perspektive wahr ist. Und selbst wenn dem so wäre, so könnten die Sätze unterschiedliche Bedeutungen haben und somit genau genommen zwei verschiedene Wahrheiten vorliegen. Man muss daher – ähnlich wie im Perspektivismus – zwischen einem starken und einem schwachen Relativismus unterscheiden. Die Pluralitäts- und Relativitätsthese ergeben einen schwachen Relativismus. Mit der Inkommensurabilitätsthese wird daraus ein starker Relativismus.

Die Inkommensurabilitätsthese schließt eine Vergleichbarkeit von Begriffsschemata oder Paradigmen aus. Man kann also nicht sagen, dass ein System wahrer ist oder die Welt besser als ein anderes System beschreibt. Auf den Kulturrelativismus angewendet könnte man die Wert- und Moralvorstellungen verschiedener Kulturen nicht vergleichen und auch nicht von höheren oder niederen Kulturen sprechen. Man könnte nicht einmal behaupten, dass zwei Begriffssysteme oder Kulturen *gleichwertig* sind, weil auch die Feststellung einer Gleichwertigkeit eine Vergleichbarkeit und einen gemeinsamen Wertmaßstab voraussetzt. Vertreter unterschiedlicher Paradigmen könnten sich nicht verständigen, sie würden permanent aneinander vorbeireden. Es ist so, als ob sie in unterschiedlichen Welten lebten.

Der schwache Relativismus, die harmlose Variante des Begriffsrelativismus, behauptet lediglich eine lokale Relativität, schließt aber die Möglichkeit einer Überlappung von Perspektiven und eine partielle Übersetzbarkeit von Begriffen nicht aus. Steven Hales (2006, S. 1) definiert seine Auffassung von Relativismus wie folgt: „Philosophical propositions are true in *some* perspectives and false in others." (Hervorhebung von mir) Das heißt: Es gibt Sätze, die in *einigen* Perspektiven wahr sind, in anderen dagegen falsch. Dies muss nicht für *alle* Perspektiven gelten. Es kann Wahrheiten geben, die in sehr vielen Perspektiven anerkannt werden und es nur in wenigen Perspektiven Unstimmigkeiten hinsichtlich der Beurteilung der Sätze gibt. Damit würde der Kulturrelativismus an Schärfe verlieren und einer interkulturellen Verständigung und Einigung in grundsätzlichen Fragen nicht im Wege stehen, weil nur in wenigen Punkten ein unüberbrückbarer Dissens bestehen bliebe. Der schwache Relativismus ist somit das Gegenteil des Absolutismus, nach dem *alle* wahren Urteile absolut wahr sind.

John MacFarlane (2010, S. 129) erklärt relative Wahrheit als eine Wahrheit, die vom Beurteilungskontext abhängt: „Relativism about truth is the view that there is at least one assessment-sensitive sentence." Nach MacFarlane genügt *ein* Beispiel, um die Beurteilungssensitivität von Sätzen zu bestätigen. Als Standardbeispiel verwendet er den Satz „Licorice is tasty" (Lakritze schmeckt gut) (MacFarlane 2014, S. 72). Über Geschmack lässt sich bekanntlich nicht streiten. Denn die Geschmäcker sind verschieden. Nicht jeder mag Lakritze. MacFarlanes Satz werden die Lakritzliebhaber zustimmen, andere werden ihn verneinen. Dasselbe gilt für ästhetische Wahrheiten. Nicht jeder wird „Les Demoiselles d'Avignon" von Picasso schön finden. Dennoch wird niemand bestreiten, dass das Bild von Picasso gemalt wurde. Ersteres ist ein subjektives Geschmacksurteil, letzteres eine objektive Wahrheit. Aber allein mit dem Eingeständnis der Subjektabhängigkeit ästhetischer Urteile wird man noch nicht zu einem Relativisten. Auch Kant (1983, Bd. 8, S. 279) erkannte die Subjektivität von Geschmacksurteilen an. Ein solcher schwacher Relativismus, wie ihn Hales und MacFarlane vertreten, ist daher nicht nur harmlos, er ist trivial.

Neben einem starken und schwachen Relativismus können wir einen lokalen und globalen Relativismus unterscheiden. Im globalen Relativismus ist *jede* Aussage nur relativ wahr und keine absolut wahr, während der lokale Relativismus auch Wahrheiten zulässt, die in mehreren Perspektiven gelten. Lokal wäre es möglich, dass Personen, soziale Gruppen oder Kulturen, die aus unterschiedlichen Perspektiven und auf der Grundlage unterschiedlicher Begriffsschemata urteilen, sich auf gemeinsame Wahrheiten einigen, weil sich ihre Perspektiven lokal überschneiden. So könnten Angehörige zweier Kulturen die Wahrheit von einfachen empirischen Sätzen anerkennen wie z. B. dass die Sonne im Osten aufgeht, dass ein Tag 24 h hat und dass ca. alle 29,5 Tage Vollmond ist. Dies setzt freilich voraus, dass die Begriffe Osten, Stunde, Tag und Vollmond bedeutungsgleiche Entsprechungen in den jeweils anderen Sprachen haben. Die Inkommensurabilitätsthese geht darüber hinaus und hält eine solche Übersetzbarkeit von Begriffen oder eine Verständigung über die Grenzen des Geltungsbereichs von Begriffsschemata hinweg für unmöglich. Inkommensurabilität führt daher zwangsläufig zu einer globalen Relativität.

Die Inkommensurabilitätsthese wurde Anfang der 1960er Jahre von Thomas Kuhn und Paul Feyerabend unabhängig voneinander entwickelt. Sie hat zur Konsequenz, dass sich bei einem Theoriewandel nicht nur der Inhalt der Theorie ändert, sondern auch der gesamte begriffliche Rahmen. Die Begriffe, die in der Theorie vorkommen, erhalten eine neue Bedeutung. Folglich sind die Theorien, die Vorläufer- und die Nachfolgertheorie, nicht vergleichbar, sie sind inkommensurabel, weil sich ein tiefgreifender Bedeutungswandel vollzogen hat, der neben dem wissenschaftlichen Weltbild auch die Wahrnehmung und die theoretische Beschreibung der Welt verändert. Eine Kommunikation zwischen den Vertretern der beiden Theorien bzw. Paradigmen ist nicht mehr möglich, da sich die Semantik geändert hat. Das Vokabular mag zwar noch aus denselben Begriffen bestehen, sie werden aber unterschiedlich verwendet bzw. unterschiedlich operational definiert. Bestimmte Phänomene und Experimente werden anders interpretiert und die beiden Parteien reden aneinander vorbei. Inkommensurabilität bedeutet für Kuhn daher die Unübersetzbarkeit von Begriffen und Theorien:

> Most readers of my text have supposed that when I spoke of theories as incommensurable, I meant that they could not be compared. But ‚incommensurability' is a term borrowed from mathematics, and it there has no such implication. The hypothenuse of an isosceles right triangle is incommensurable with its side, but the two can be compared to any required degree of precision. What is lacking is not comparability but a unit of length in terms of which both

can be measured directly and exactly. In applying the term ‚incommensurability' to theories, I had intended only to insist that there was no common language within which both could be fully expressed and which could therefore be used in a point-by-point comparison between them. (Kuhn 1976, S. 190 f.)

Wir können uns einen extremen Fall von Inkommensurabilität vorstellen, wenn wir uns überlegen, wie wir mit Außerirdischen kommunizieren könnten, sofern es sie denn gäbe und eine Kommunikation technisch überhaupt möglich wäre (Zoglauer 2016). Nicholas Rescher (1985, S. 292) bezweifelt, dass eine Verständigung mit Aliens zustande kommen kann, denn sie würden wahrscheinlich mit uns völlig fremden Begriffsschemata operieren und „der taxonomische und explanatorische Apparat, mittels dessen sie ihre Erkenntnisaufgaben bewältigen, könnte sich von unserem so radikal unterscheiden, dass ein intellektueller Austausch mit ihnen schwierig oder gar unmöglich werden könnte". In gewisser Weise gilt dies auch für irdische Kulturen. Feyerabend (1976, S. 310 f.) weist bei seiner Darstellung der Inkommensurabilitätsthese auf die Sapir-Whorf-Hypothese hin, die besagt, dass verschiedene Sprachen eine unvergleichbare Weltauffassung und eine andere Kosmologie implizieren. Bedeutungsinkommensurabilität führt nach Feyerabend zu einer ontologischen Inkommensurabilität. Unübersetzbarkeit bedeutet, dass unterschiedliche Kulturen unterschiedliche Tatsachen anerkennen: Was im System A eine Tatsache ist, muss nicht im System B gelten und umgekehrt (Feyerabend 1976, S. 370 f.). Die Begriffssysteme beschreiben somit verschiedene Welten:

Denn man kann sicher nicht annehmen, daß zwei inkommensurable Theorien es mit ein und demselben objektiven Sachverhalt zu tun haben (...). Wenn man also nicht annehmen will, daß sie es mit überhaupt nichts zu tun haben, so muß man zugeben, daß sie von verschiedenen Welten handeln, und daß die Veränderung durch den Übergang von der einen Theorie zur anderen zustandegekommen ist. (Feyerabend 1976, S. 386)

In inkommensurablen Systemen kann man nicht über die Grenzen des eigenen Begriffshorizonts hinausdenken. Kulturelle Inkommensurabilität führt so zu einer Dialogunfähigkeit über Kulturgrenzen hinweg. Wenn man die Inkommensurabilitätsthese ernst nimmt, müssten wir die Angehörigen fremder Kulturen gleichsam als Außerirdische betrachten, mit denen wir nicht kommunizieren können und die wir auch nicht verstehen können. Um zu behaupten, dass eine echte Inkommensurabilität vorliegt und eine fremde Sprache sich aufgrund von kontextuellen Bedeutungsverschiedenheiten nicht übersetzen lässt, müssten wir allerdings die Bedeutung fremder Begriffe kennen und mit den Begriffen unserer Sprache vergleichen können. Dann können die Sprachen jedoch nicht inkommensurabel sein wie Feyerabend behauptet. „Im Gegenteil, wären Übersetzungen unmöglich, könnten wir nicht sagen, dass und inwiefern sich die Auffassungen voneinander unterscheiden", wie Putnam (1990, S. 159) spöttisch anmerkt.

Wenn Feyerabend (1976, S. 357 ff.) beispielsweise ausführlich darlegt, dass die archaische Kosmologie und die neuere Kosmologie inkommensurabel seien, zeigt dies, dass er ein profundes Wissen der archaischen Naturphilosophie besitzt und es offenbar doch möglich ist, ein vertieftes Verständnis der anderen Kultur zu gewinnen. Folglich müssen die Sprachen, in denen diese Weltbilder beschrieben werden, zumindest partiell übersetzbar sein. Auch Donald Davidson (1984, S. 184) weist auf diesen inhärenten Widerspruch der Inkommensurabilitätsthese hin: „Different points of view make sense, but only if there is a common coordinate system on which to plot them; yet the existence of a common system belies the claim of dramatic incomparability." Gäbe es tatsächlich inkommensurable Begriffsschemata, müssten wir in der Lage sein, diese Schemata zu vergleichen. Aber jede Distinktion setzt ein gemeinsames Schema voraus, auf dessen Grundlage der Vergleich vorgenommen wird.

Feyerabend versteht Inkommensurabilität als einen Alles-oder-Nichts-Begriff: Entweder sind zwei Begriffssysteme inkommensurabel oder nicht. Wenn man unter Inkommensurabilität jedoch Unübersetzbarkeit versteht, dann müssen wir berücksichtigen, dass es Grade der Übersetzbarkeit und des Verstehens gibt. Damit wird auch Inkommensurabilität zu einem graduierbaren Begriff. Inkommensurabilität im Sinne einer radikalen Unvergleichbarkeit und Verschiedenheit von Begriffssystemen oder Kulturen stellt dann nur einen seltenen Extremfall dar. Beispielsweise mag sich die Kultur einer außerirdischen Lebensform aufgrund der biologischen Verschiedenheit von der unseren tatsächlich so radikal unterscheiden, dass eine Verständigung unmöglich wird (Zoglauer 2016). Bei irdischen Kulturen kann man allerdings nicht von einer Inkommensurabilität sprechen, da sie sehr viele Ähnlichkeiten und Gemeinsamkeiten aufweisen und ein interkulturelles Verstehen möglich ist.

In seinen späteren Schriften, insbesondere in „Erkenntnis für freie Menschen" (1980), vertritt Feyerabend einen „demokratischen Relativismus". Hier spricht er nicht von Kulturen, oder Weltanschauungen, sondern von einer Pluralität verschiedener „Traditionen", die unterschiedliche Werte und Wissensformen repräsentieren. Er entwirft die Vision einer freien Gesellschaft, „in der alle Traditionen gleiche Rechte und gleichen Zugang zu den Zentren der Erziehung und andren Machtzentren haben" (Feyerabend 1980, S. 72). Wissenschaft ist für Feyerabend nur eine von vielen Traditionen neben Naturheillehren, Kreationismus, Astrologie und Hexenglauben. Jede Tradition hat ihre eigenen Werte, die nur für sie gelten. Es gibt keinen traditionsübergreifenden Maßstab, nach dem man den Wert einer Tradition beurteilen könnte (Feyerabend 1980, S. 148). Man kann sich leicht ausmalen, wie eine libertäre Gesellschaft im Sinne Feyerabends aussehen würde: Eltern könnten darüber bestimmen, ob ihre Kinder an der Schule in der Evolutionstheorie oder im Kreationismus unterrichtet werden (Feyerabend 1980, S. 168). Querdenker, Fundamentalisten und Verschwörungstheoretiker hätten einen gleichberechtigten Zugang zu den Medien. Hier stößt der Relativismus mit dem Anspruch, tolerant gegenüber anderen Denkformen und Traditionen zu sein, an seine Grenzen. Denn um die Traditionen zu schützen und Konflikte zu vermeiden, bedarf es einer „starken Polizei" (Feyerabend 1980, S. 151). Die Polizisten sind wie Zoowärter, die dafür sorgen, dass die Traditionen nicht aus ihren Gehegen ausbrechen und über andere Traditionen herfallen.

2.2 Relativismus und Inkommensurabilität

Ähnlich wie Feyerabend vertritt auch Carol Rovane (2013, 2016) einen starken Relativismus. Bereits Feyerabend (1976, S. 371) wies darauf hin, dass es zwischen inkommensurablen Theorien oder Weltanschauungen keine logischen Beziehungen geben könne. Rovane (2016, S. 268) pflichtet dem bei und drückt dies so aus: „To say that claims are neither consistent nor inconsistent is to say that they do not stand in *any* logical relations – they are, as I shall put it, *normatively insulated* from one another." Nehmen wir einmal an, A behauptet, dass in ihrer Perspektive (oder relativ zu ihrer Perspektive) p wahr ist. B behauptet, dass in ihrer Perspektive, die zu A's Perspektive inkommensurabel ist, p falsch ist. Normalerweise würden wir, wenn wir einen Absolutismus vertreten, daraus schließen, dass entweder A's oder B's Behauptung falsch ist, denn von zwei konträren Aussagen kann höchstens eine richtig sein. Damit würden die beiden Aussagen jedoch in eine logische Beziehung gesetzt. Nun gibt es aber gemäß der These des Relativismus keinen perspektivenübergreifenden Maßstab, mit dem die Wahrheitsansprüche inkommensurabler Aussagen verglichen werden können. Wahrheit ist immer relativ zu einer Perspektive und Behauptungen können immer nur innerhalb dieser Perspektive beurteilt, überprüft und kritisiert werden. Es gibt keine grenzüberschreitenden logischen Relationen.

Ich will dies an einem Beispiel von Baghramian und Coliva (2020, S. 71) erläutern: Angenommen, es gehe darum festzustellen, wie viele Schafe sich in einem Gehege befinden. Mary zählt 28 Schafe, Jane kommt auf 30 Schafe. Wir sind geneigt zu glauben, dass mindestens eine von beiden falsch gezählt hat und sich die wahre Zahl objektiv feststellen lasse. Aber nehmen wir einmal an, Mary und Jane gehören unterschiedlichen Kulturen und Traditionen an, die jeweils eine andere Mathematik und eine andere Zählweise besitzen. Nach der Inkommensurabilitätsthese haben beide relativ zu ihrer eigenen Sichtweise recht. Rovane (2016, S. 266) spricht von einem „metaphysically irresolvable disagreement". Zwischen diesen inkommensurablen Perspektiven gibt es eine „epistemische Barriere": „the truths on the other side of it would not be truths-for-me even though they would be truths-for-others" (Rovane 2016, S. 269). Rovane schließt daraus, dass Menschen, die an unterschiedliche Wahrheiten glauben, in anderen Welten leben und bezeichnet ihre Philosophie als „*Multimundialismus*", also als eine „Vielweltentheorie". Wenn Mary und Jane aber in verschiedenen Welten leben, muss man sich die Frage stellen, ob sie tatsächlich dasselbe Gehege sehen und dieselben Schafe zählen. Mary und Jane wären dann epistemisch und ontologisch isoliert und würden jeweils in ihrer eigenen solipsistischen Welt vor sich hin träumen und Schafe zählen.

Nimmt man den Relativismus ernst, nach dem alles perspektivenrelativ ist, dann folgt daraus, dass die Inkommensurabilitätsthese keine absolute Gültigkeit beanspruchen kann. Es ist eine These von Relativisten für Relativisten, die von Nicht-Relativisten nicht akzeptiert werden muss. Relativisten können nicht erwarten, damit ihre philosophischen Gegner zu überzeugen. Denn auch Diskursregeln und Argumentationsprinzpien gelten nur für Mitglieder einer sozialen Community, die eine epistemische Perspektive teilen. Was ein Relativist als ein gültiges Argument betrachtet, muss ein Anti-Relativist nicht akzeptieren.

Der Relativist bleibt somit in seiner epistemischen Perspektive gefangen, aus der er nicht ausbrechen kann.

Mir scheint, dass sich Relativisten der Konsequenzen ihrer Theorie selbst nicht bewusst sind. Denn wie sollten Bewohner unterschiedlicher Welten miteinander kommunizieren können, wenn sie weder über ein gemeinsames Begriffssystem noch über eine gemeinsame Logik verfügen? Man könnte auch niemanden kritisieren, der eine andere Meinung vertritt. Trump-Anhänger könnten nicht mehr mit Demokraten diskutieren, weil sie jeweils an andere Wahrheiten glauben. Für die Trump-Wähler hat Trump die Präsidentschaftswahl 2020 gewonnen, während für die Demokraten Biden die Wahl gewonnen hat, und so lebt jeder in seiner eigenen Wirklichkeit. Ein Relativist wird sich in seine epistemische Nische zurückziehen und die Meinungen anderer Menschen, insbesondere der Nicht-Relativisten, tolerieren ohne sie bekehren oder überzeugen zu wollen: „Instead he may simply be presenting his position in a logically ordered manner" (Meiland 1980, S. 125), wobei der Relativist seine eigene Logik hat. Es ist nur die Frage, ob ihm in seinem Selbstgespräch überhaupt jemand zuhört und ihn ernst nimmt.

Martin Kusch vertritt einen *sozialen Relativismus*. Seiner Meinung nach ist die soziale Gemeinschaft die oberste Instanz und Richterin über Wahrheitsfragen und bestimmt, ob jemand den Wahrheitsbegriff richtig anwendet: „The accepted beliefs of a community cannot be false if by ‚being false' we mean something like ‚false independently of what anyone says or thinks'." (Kusch 2002, S. 249) Das heißt: Die Gemeinschaft kann nicht irren. Was sie für wahr hält, ist wahr. Dies verleiht der Gruppe einen Unfehlbarkeitsanspruch mit der Konsequenz: Individuen können irren, die Gemeinschaft ist unfehlbar. Der soziale Relativismus stellt das Kollektiv über den einzelnen Menschen und erniedrigt das Individuum. Wenn Kusch sagt, dass Wissen stets eine kollektive Wahrheit ist, heißt das für das Individuum: Du weißt nichts, vertraue daher der Gemeinschaft! Das Urteil der Gemeinschaft kann allenfalls aus einer externen Perspektive kritisiert werden. Eine andere Gruppe B kann zu dem Schluss kommen, dass das Urteil der Gruppe A falsch ist (Kusch 2002, S. 250, 259). Aber auch dieses Urteil gilt nur relativ zur sozialen Beurteilungsperspektive und besitzt nur innerhalb der Gruppe B Gültigkeit. Es gibt keinen neutralen Schiedsrichter, der zwischen den konkurrierenden Wahrheitsansprüchen zu entscheiden vermag. Im Endeffekt gibt es so viele Wahrheiten wie es Gruppen gibt, die durch ihre diskursiven Praktiken ein Wahrheitsregime errichten. Diese Gruppen werden sich in einem endlosen ideologischen Kampf streiten, wer recht hat und die Deutungshoheit über Wahrheitsfragen beanspruchen kann.

Der finnische Philosoph Antti Hautamäki (2020, S. 172) nimmt den Relativismus gegen den Vorwurf in Schutz, eine postfaktische Politik zu begünstigen oder zu unterstützen: „There are no causal links from epistemological relativism to the maxims of the post-truth era." Der Relativismus nehme Wahrheit durchaus sehr ernst: „Truth is taken seriously in relativism." Auch ein Relativist respektiere das Wahrheitsgebot: „tell the truth, look for evidence for all you believe and say" (ebd., S. 173). Aber welche Wahrheit ist damit gemeint?

> According to relativism, there is no absolute answer about whether a belief is true because truth-value is relative to points of view. But every statement has a definite truth-value in each point of view. Therefore, to evaluate the truth of a statement, one has to identify a point of view behind it. (Hautamäki 2020, S. 172)

Zu welcher Wahrheit ein Relativist verpflichtet ist, hängt von seiner epistemischen Perspektive ab. „Sage stets die Wahrheit" heißt für einen Relativisten: „Ich sage stets *meine* Wahrheit, egal was andere Menschen für wahr halten". Das heißt: Auch Donald Trump darf *seine* Wahrheit in die Welt hinaustwittern. Ein Relativist kann eigentlich nichts dagegen haben. Der Relativismus liefert damit die philosophische Begründung und Legitimation für eine postfaktische Politik.

2.3 Kulturrelativismus

Etwa zur gleichen Zeit als Kuhn und Feyerabend ihre Inkommensurabilitätsthese präsentierten entwarf Peter Winch (1964) seine Konzeption eines Kulturrelativismus, der den Überlegenheitsanspruch wissenschaftlicher Rationalität radikal infrage stellt. Demnach hat jede Kultur ihr eigenes Rationalitätsverständnis, das nicht mit dem anderer Kulturen vergleichbar ist. Als Beispiel für ein uns fremdes Verständnis von Rationalität führt Winch den Hexenglauben und die magischen Rituale der Azande an, einem Volk, das in Zentralafrika lebt. Hexenglaube und Dämonenbeschwörung werden von wissenschaftlich gebildeten Menschen als irrational und kulturell rückständig betrachtet. Wir glauben nicht, dass Krankheiten durch magische Beschwörungsrituale und die Austreibung von Dämonen geheilt werden können, weil wir das Denken in naturgesetzlichen Ursache-Wirkungs-Zusammenhängen gewohnt sind. Eine Dämonenbeschwörung kann nicht die Ursache einer Wunderheilung sein, da wir keinen kausalen Zusammenhang zwischen dem Aussprechen einer Beschwörungsformel und physiologischen Prozessen sehen. Wir glauben auch nicht, dass Regentänze Regen herbeizaubern können. Geister und Dämonen haben keinen Platz in unserer materialistischen Welt. Unser wissenschaftlicher Maßstab ist die empirische Überprüfbarkeit von Hypothesen und überprüfbar ist für uns nur das, was beobachtbar, messbar und quantifizierbar ist. Dass Geister und Dämonen nicht existieren, ist für Peter Winch kein Argument gegen die Weltauffassung der Azande, da das Realitätsverständnis, wie Sapir und Whorf gezeigt haben, durch Kultur und Sprache bestimmt wird. Die Azande haben eine andere Sprache und Kultur, und daher auch ein anderes Wirklichkeitsverständnis.

Nach Winch haben wir kein Recht, die angebliche Irrationalität des Azande-Glaubens zu kritisieren, denn eine Kritik am Rationalitätsverständnis der Azande setze ein vertieftes Verständnis der fremden Kultur dieses Volkes voraus. Eine Kultur könnten wir erst dann verstehen, wenn wir ihre Lebensform teilen: „the concepts used by primitive peoples can only be interpreted in the context of the way of life of those peoples" (Winch 1964, S. 315). Daher dürften wir aus unserer eurozentrischen Sicht die Rituale der Azande nicht als irrational verurteilen: „Something can appear rational to someone only in terms of *his* understanding of what is and is not rational. If *our* concept of rationality is a different one from his, then it makes no sense to say anything either does or does not appear rational to *him* in *our* sense." (Winch 1964, S. 316)

Rationalität sei ebenso wie Moralvorstellungen an eine wertende Perspektive gebunden. Die magischen Rituale der Azande mögen *für uns* irrational erscheinen, für die Azande dagegen seien sie völlig normal. Wir dürften nicht *unsere* Wertmaßstäbe an fremde Kulturen anlegen, sondern müssten sie aus *ihrer* Sicht beurteilen. Wir müssten uns auf andere Lebensweisen einlassen und unser Verständnis für andere Sichtweisen und Rationalitäten öffnen: „Since it is we who want to understand the Zande category, it appears that the onus is on us to extend our understanding so as to make room for the Zande category, rather than to insist on seeing it in terms of our own ready-made distinction between science and non-science." (Winch 1964, S. 319)

Gegen den Kulturrelativismus wird häufig der Vorwurf der Selbstwidersprüchlichkeit erhoben. Bereits die antiken Skeptiker waren sich dieses Problems bewusst. Der pyrrhonische Skeptiker wendet sich gegen jede dogmatische Behauptung, die mit Wahrheits- und Absolutheitsanspruch auftritt, und bestreitet ihre Gültigkeit, indem er Gegenargumente aufstellt oder die Relativität des Standpunkts nachweist. Aber auch der Skeptiker stellt damit eine Behauptung mit Geltungsanspruch auf, von deren Wahrheit er überzeugt ist. Wenn man behauptet, dass alles relativ und bezweifelbar ist, muss dies die eigene Behauptung einschließen. Denn auch der Relativist hat eine perspektivische Sichtweise. Damit schwächt er seine eigene Position. Sextus Empiricus antwortet auf die Frage, ob der Skeptiker eine dogmatische Lehrmeinung vertritt, wie folgt:

> Wenn man nämlich ‚Lehrmeinung' das Hängen an vielen Dogmen nennt, die untereinander und mit den Erscheinungen in logischem Zusammenhang stehen, und wenn man unter ‚Dogma' die Zustimmung zu einer verborgenen Sache versteht, dann behaupten wir, keine Lehrmeinung zu haben. (Sextus 1993, S. 97)

Der pyrrhonische Skeptiker lehrt die *Urteilsenthaltung* (epoché). Denn nur wenn man sich konsequent einer Meinung enthalte, könne man Seelenruhe erlangen. Wer nämlich nach Erkenntnis strebe und dem Wissen nachjage, lebe in permanenter Unruhe. Erst wenn man jede Lehrmeinung aufgebe, könne man zu innerer Ruhe gelangen. Aber vertritt der Skeptizismus nicht selbst eine Lehre? Der Skeptiker versteht seine Lehre als Praxis und Lebenshaltung. Die Skepsis und der Zweifel stellen eine Therapie dar zur Reinigung der Seele von jeder Art von Dogmatismus.

Leider sind die Kulturrelativisten dieser Urteilsenthaltung nicht gefolgt. Wer nämlich behauptet, dass es keine universell gültigen Normen gebe, stellt selbst eine Behauptung mit universellem Geltungsanspruch auf. Handelt es sich dagegen nur um eine Behauptung mit eingeschränkter Gültigkeit, die von anderen nicht geteilt werden muss, dann kann der Relativist jedenfalls keine Normen annehmen, die für alle Kulturkreise gelten oder die uns vorschreiben könnten, wie wir uns gegenüber Vertretern anderer Kulturen zu

2.3 Kulturrelativismus

verhalten hätten. Kulturrelativisten sprechen vom Recht auf kulturelle Selbstbestimmung und der Pflicht zur Bewahrung des kulturellen Erbes und postulieren damit universelle Werte, die es nach dem Kulturrelativismus eigentlich gar nicht geben dürfte (Rippe 1993, S. 61 f.). Einerseits werden die Relativität und Kulturgebundenheit aller Normen und Werte behauptet und andererseits wird die Toleranz gegenüber anderen Kulturen zu einer universellen, transkulturellen Forderung erhoben. Das passt nicht zusammen.

Um die Werte und Rationalitätsauffassungen anderer Kulturen vergleichen zu können, bedarf es einer kulturübergreifenden Perspektive, die wiederum den Grundsätzen des Kulturrelativismus widerspricht. Vermutlich kommt der Begriff der Rationalität oder ein unserem abendländischen Rationalitätsverständnis vergleichbarer Begriff in der Sprache der Azande gar nicht vor. Die Behauptung, die Azande besäßen eine *andere* Rationalitätsauffassung als wir, beruht auf reiner Spekulation oder kulturanthropologischem Wunschdenken. Es macht daher keinen Sinn, die magischen Praktiken der Azande als rational oder irrational zu bezeichnen. Nicholas Rescher (2006, S. 6 f.) bringt dies sehr prägnant zum Ausdruck, wenn er schreibt:

> If their conception is not close to a conception of what *we* call rationality, then it is just not a conception of *rationality* – it does not address the topic that *we* are discussing when we put the theme of rationality on the agenda. (…) So it is literally nonsense to say ‚The X's have a different conception of rationality from the one we have.' For, if they do not have ours, they do not have any.

Peter Winch beschreibt sehr einfühlsam und verständnisvoll die magischen Rituale der Azande. Er spricht von der „Zande category of magic". Aber auch hier gilt: „Magie" ist ebenso wie „Rationalität" ein Begriff unserer Sprache, es sind daher in Wirklichkeit *unsere* Kategorien, die Winch ungerechtfertigterweise auf die Azande-Kultur überträgt. Hier wird wieder das Hauptproblem des Kulturrelativismus deutlich: Auf der einen Seite behauptet der Relativist, dass die Vertreter fremder Kulturen in anderen Begriffsschemata denken, die mit unseren Begriffskategorien nichts gemeinsam haben. Auf der anderen Seite suggerieren die Erklärungen der Ethnologen und Anthropologen ein tiefes Verständnis anderer Kulturen, so als ob sie die Welt mit den Augen der Azande sehen könnten. Der Kulturrelativismus kann diesem Dilemma nicht aus dem Weg gehen: Entweder sind die kulturellen Sichtweisen tatsächlich inkommensurabel und unvergleichbar, dann können wir andere Kulturen nicht einmal näherungsweise verstehen. Oder es gibt doch Gemeinsamkeiten bzw. kulturelle Universalien, dann kann der Kulturrelativismus im starken Sinn, wie ihn Winch vertritt, nicht richtig sein. Auch wenn die Azande die Welt anders wahrnehmen und in anderen Begriffen beschreiben als wir, leben wir doch alle in *derselben* Welt und teilen gemeinsame Hoffnungen, Wünsche und Werte.

Der Kulturrelativist beschreibt die Welt aus einer „Adlerperspektive", da er die ethnozentrische „Froschperspektive" überwinden will und glaubt, von seinem universellen Standpunkt aus die Bedeutung fremder Kulturen kompetent beurteilen zu können (Stagl

1992, S. 150 ff.). Aber diese ethnologische Adlerperspektive ist nicht unvoreingenommen und wertneutral. Obwohl der Relativist die Gleichwertigkeit aller Kulturen predigt, kritisiert er die Überheblichkeit westlicher Kultur und lehnt den „Eurozentrismus" als „postkoloniale" Denkweise ab.

In dem von der American Anthropological Association herausgegebenen „Statement on Human Rights" (1947, S. 543) heißt es: „man is free only when he lives as his society defines freedom". Das heißt: Freiheit wird von der Gesellschaft, letztlich von der Regierung des jeweiligen Landes, definiert. In Nordkorea und in China wird man unter Freiheit etwas anderes verstehen als in den USA. Für einen in einem nordkoreanischen Gefängnis dahinvegetierenden Regimekritiker mag eine solche Auffassung zynisch und wie blanker Hohn klingen. Auch Sklaverei wäre demnach nur Ausdruck eines anderen Freiheitsverständnisses. Jedoch wäre es absurd, wenn wir alle kulturellen Praktiken, auch wenn sie noch so grausam sind, tolerieren müssten. Michael Ignatieff weist die Kritik der Kulturrelativisten am angeblich westlich ausgerichteten Menschenrechtsdiskurs zurück, indem er sagt: „Der Relativismus ist stets das Alibi der Tyrannei." (Ignatieff 2002, S. 94). Es ist bezeichnend, dass der Hinweis auf das kulturelle Selbstbestimmungsrecht immer wieder von Diktatoren ins Feld geführt wird, um damit die brutale Unterdrückung von Oppositionellen zu rechtfertigen.

Die moderne Auffassung von Menschenrechten ist in Europa zur Zeit der Aufklärung entstanden und ist insofern durchaus eurozentrisch. Aber Genese darf nicht mit Geltung verwechselt werden. Aus der Tatsache ihrer historischen und politisch-regionalen Herkunft darf nicht geschlossen werden, dass sie auch nur für die europäische Kultur Geltung besitzen. Menschenrechte stellen ein Mittel im Kampf gegen Tyrannei und Unterdrückung dar. Sie wurden aus dem Wunsch geboren, menschenwürdig zu leben. Dieser Wunsch wird von allen Menschen auf der Welt geteilt.

Wenn – wie behauptet – Menschen nur in der eigenen Kultur glücklich werden können, dann wäre Migration auf die Dauer schädlich für die kulturelle Identität. Kulturrelativismus ist daher das Gegenteil von Kosmopolitismus. Anstatt kulturelle Grenzen zu überwinden, werden geistige Mauern zwischen den Kulturen errichtet. Indigene, die ihre Heimat verlassen, wären nicht mehr „authentisch". Justin Stagl (1992, S. 152) vergleicht die Welt des Kulturrelativisten mit einem ethnologischen Zoo, in dem die „Eingeborenen" eingesperrt sind und die „Wärter" darauf achten, dass niemand aus seinem Gefängnis ausbricht.

Im Zeitalter der Globalisierung leben die Einzelkulturen nicht mehr isoliert nebeneinander, sondern sind durch Kommunikation, Handelsbeziehungen und Mobilität miteinander verbunden. Die Globalisierung erzwingt geradezu eine interkulturelle Verständigung. Aufgabe der Kulturwissenschaften sollte es daher sein, neben den Besonderheiten auch die Gemeinsamkeiten der Kulturen zu erkennen. Für Hans Küng (1992, S. 49) hat die Weltgemeinschaft einen ethischen Grundkonsens nötig, weil nur so Konflikte beigelegt, Kriege verhindert und eine globale Gerechtigkeit verwirklicht werden können. In seinem Projekt „Weltethos" identifiziert er „Maximen elementarer Menschlichkeit", die in allen großen Weltreligionen gelten und zu denen die fünf Gebote gehören: nicht töten, nicht stehlen, nicht Unzucht treiben sowie die Eltern achten und die Kinder lieben (Küng 1992, S. 82). Michael Walzer plädiert für einen moralischen Minimalismus, der sich als kleinster gemeinsamer Nenner aus der Vielfalt der Kulturen herauskristallisiert. Die Kernmoral beinhaltet vor allen Dingen negative Gebote wie z. B. das Verbot von Mord, Folter, Unterdrückung und Tyrannei (Walzer 1996, S. 24). Die Minimalmoral ist Ausdruck einer weltumspannenden Solidarität, die unser Mitgefühl mit den Benachteiligten und Unterdrückten dieser Welt ausdrückt. Folter, Tyrannei und politische Unterdrückung kann nicht als Ausdruck einer anderen Moralvorstellung oder kulturellen Eigenart entschuldigt werden. Ohne diesen Minimalstandard würde die Menschheit tatsächlich in eine Vielzahl von Kulturen zerfallen, die sich gegenseitig abschotten.

Der Kulturrelativismus geht von einer sozialen und kulturellen Prägung des Menschen aus. Der Mensch und seine Werte werden als Produkte seiner Sozialisation und Umwelt betrachtet. Diesem Modell zufolge bestimmt die Kultur und soziale Gemeinschaft, was wahr, gut und richtig ist. Das heißt in letzter Konsequenz, dass unsere Denkkategorien sozial bedingt bzw. sozial konstruiert sind. Dass unsere Wahrnehmung und unser Denken von unreflektierten Annahmen, Vorstellungen und Begriffen geprägt sind, daran besteht kein Zweifel. Aber ist *alles* nur eine soziale Konstruktion? Damit wollen wir uns im nächsten Kapitel beschäftigen.

2.4 Der soziale Konstruktivismus

Die traditionelle Erkenntnistheorie geht davon aus, dass die Welt unabhängig von unserem Denken ist und wir ein objektives Bild von der Welt gewinnen können. Demnach stellt unser Wissen eine mehr oder weniger wirklichkeitsgetreue Repräsentation der Welt dar. In Abgrenzung zu solchen „repräsentationalistischen" Theorien wurden im 20. Jahrhundert verschiedene konstruktivistische Erkenntnistheorien entwickelt, nach denen unser Bild von der Welt kein Abbild der Wirklichkeit, sondern ein Konstrukt unseres Geistes oder der Gesellschaft darstellt. Die Welt und die Tatsachen werden demnach *gemacht.*

Es gibt verschiedene Formen des Konstruktivismus: der soziale Konstruktivismus, der radikale Konstruktivismus, der Medienkonstruktivismus und der Wissenschaftskonstruktivismus, der von David Bloor und Barry Barnes im „Edinburgh Strong Programme" vertreten wird und von Latour, Woolgar und Knorr-Cetina zu einem Laborkonstruktivismus weiterentwickelt wurde. Alle diese konstruktivistischen Theorien lehnen den Faktualismus, d. h. die Existenz objektiver Tatsachen, ab und unterscheiden sich lediglich in der Erklärung, wie unsere Sichtweise auf die Welt konstruiert wird. Im radikalen Konstruktivismus wird die Erfahrungswelt von unserem Gehirn *kognitiv* konstruiert, im sozialen Konstruktivismus handelt es sich um eine *soziale,* diskursive Konstruktion und im Medienkonstruktivismus um eine *mediale* Konstruktion. Der Wissenschafts- und Laborkonstruktivismus können als Sonderformen des sozialen Konstruktivismus betrachtet werden, weil es hier die wissenschaftliche Gemeinschaft ist, die als Kollektiv Wissen produziert. Mit dem Wissenschaftskonstruktivismus werden wir uns im nächsten Kapitel gesondert beschäftigen. In diesem Kapitel soll der Fokus auf den sozialen Konstruktivismus gelegt werden, da er gegenwärtig das dominierende Paradigma in den Sozialwissenschaften darstellt.

Für gewöhnlich gehen wir davon aus, dass Tatsachen gefunden oder entdeckt werden. Für den sozialen Konstruktivismus gibt es dagegen keine „rohen Tatsachen". Tatsachen seien vielmehr das Ergebnis davon, wie wir die Welt interpretieren. Und die Interpretation hänge von dem sozialen und kulturellen Kontext ab, in dem wir leben. Dies wird so erklärt:

> Social constructionism denies that our knowledge is a direct perception of reality. Instead, as a culture or society we construct our own versions of reality between us. Since we have to accept the historical and cultural relativism of all forms of knowledge, it follows that the notion of ‚truth' becomes problematic. Within social constructivism there can be no such thing as an objective fact. All knowledge is derived from looking at the world from some perspective or other, and is in the service of some interests rather than others. (Burr 2015, S. 9)

Im Konstruktivismus wird ein Sachverhalt erst dann zu einer Tatsache, wenn er von Menschen als Tatsache anerkannt wird. Der Prozess der Anerkennung ist ein sozialer Prozess, bei dem gesellschaftliche Konventionen, Interessen und Vorurteile eine Rolle spielen. Erkenntnis ist somit das Ergebnis einer sozialen Tätigkeit. Der soziale Konstruktivismus vertritt daher einen *Anti-Individualismus*. Für Ludwik Fleck (1980) ist nicht das Individuum, sondern ein *Denkkollektiv* Träger des Wissens. Er definiert ein Denkkollektiv als „Gemeinschaft der Menschen, die im Gedankenaustausch oder in gedanklicher Wechselwirkung stehen" (Fleck 1980, S. 54).

Der soziale Konstruktivismus ist sehr stark von der kontextuellen Bedeutungstheorie Wittgensteins beeinflusst, die er in den Philosophischen Untersuchungen (1984, Bd. 1) darlegte. Demnach ist die Bedeutung eines Wortes durch seinen Gebrauch und den sprachlichen Kontext bestimmt. Den Handlungskontext einer Sprache nennt Wittgenstein ein Sprachspiel. Kommunikatives Handeln ist wie ein Spiel, das an soziale Regeln gebunden ist. Die Bedeutung eines Wortes ist nicht der von ihm bezeichnete Gegenstand oder Sachverhalt. Wörter referieren nicht auf eine Welt außerhalb der Sprache, vielmehr ist Sprache ein referentiell abgeschlossenes Gebilde.

Wir klassifizieren Dinge nach begrifflichen Kategorien, wobei diese Begriffskategorien nach konstruktivistischer Auffassung sozial geprägt sind. Sally Haslanger (2000, S. 34) erläutert dies am Beispiel von Gender und Rasse: „On this approach, the world by itself can't tell us what gender is, or what race is: it is up to us to decide what in the world, if anything, they are." Durch unsere Sozialisierung übernehmen wir Begriffe und Kategorien, aber auch Werte und Vorurteile. Wenn ein Individuum in einer Gruppe lebt, die einem Objekt X die Eigenschaft P zuschreibt, dann wird das Individuum glauben oder

2.4 Der soziale Konstruktivismus

dazu tendieren zu glauben, dass X tatsächlich die Eigenschaft P hat. Durch solche Attributionen und Zuschreibungen wird die Eigenschaft P diskursiv konstruiert (Haslanger 1995, S. 99). Indem der Konstruktivismus die Mechanismen sozialer Konstruktion offen legt, kann er Vorurteile entlarven und zeigen, dass vermeintlich „natürliche" Tatsachen Wertungen enthalten. Mit diesem Entlarvungsprojekt wird ein politisches Ziel verfolgt: es werden verborgene Machtstrukturen enthüllt, Diskriminierungen angeprangert und für mehr soziale Gerechtigkeit gekämpft.

Der soziale Konstruktivismus lässt sich durch die Schlagworte *Kontingenz* und *Konvention* kennzeichnen. Wenn etwas sozial konstruiert ist, ist es kontingent und beruht auf einer sozialen Konvention. Kontingent heißt: es ist nicht von Natur aus so, sondern könnte auch anders sein. Ian Hacking erklärt den Begriff der sozialen Konstruktion wie folgt: X ist sozial konstruiert, wenn gilt: „X hätte nicht existieren müssen oder müßte keineswegs so sein, wie es ist. X – oder X, wie es gegenwärtig ist – ist nicht vom Wesen der Dinge bestimmt; es ist nicht unvermeidlich." (Hacking 1999, S. 19) Wenn man Hackings Definition ernst nimmt, wäre alles sozial konstruiert. Um ein Beispiel zu nehmen: Auch die Existenz des Mondes ist naturhistorisch kontingent: Es hätte sein können, dass er nie entstanden ist. Wir könnten auf einer Welt leben, auf der es keinen Mond gibt oder in der es einen anderen Mond gibt als den, der nachts an unserem Himmel zu sehen ist. Aber folgt daraus, dass er sozial konstruiert ist? Schließlich haben wir den Mond nicht erschaffen.

Mit der Entlarvung der Kontingenz ist häufig auch die Entlarvung einer impliziten Wertung und die moralische Forderung nach einem Wertewandel verbunden: „X ist, so wie es ist, etwas Schlechtes. Wir wären sehr viel besser dran, wenn X abgeschafft oder zumindest von Grund auf umgestaltet würde." (Hacking, ebd.)

Da die Welt immer nur aus einer sozial situierten Perspektive betrachtet werden kann, läuft der Konstruktivismus auf einen *Perspektivismus* hinaus. Es gibt keine wahren oder falschen Konstruktionen. Dennoch sind nicht alle Konstruktionen oder Perspektiven gleichberechtigt. Denn manche Konstruktionen können dazu führen, dass bestimmte soziale Gruppen benachteiligt oder diskriminiert werden. Daher plädiert der soziale Konstruktivismus dafür, solche Konstruktionen zu bevorzugen, die für mehr soziale Gerechtigkeit sorgen: „When deciding what social categories are, we should just pick the carving that best suits our social and political goals." (Barnes 2017, S. 2419)

Ian Hacking will ein weit verbreitetes Vorurteil widerlegen: Dem Konstruktivismus zufolge sind nicht Einzeldinge und materielle Gegenstände sozial konstruiert, sondern Ideen, Kategorien und Klassifizierungen. Hacking erläutert dies an drei Beispielen: „Sozial konstruiert ist zunächst nicht der einzelne Mensch, die Flüchtlingsfrau. Konstruiert ist die Klassifikation *Flüchtlingsfrau*." (Hacking 1999, S. 25) Ebenso sind nicht fernsehzuschauende Kinder sozial konstruiert, sondern „die Idee des Kindes als Fernsehzuschauer" (S. 48). Und in der Physik „sind es nicht die Quarks selbst, die konstruiert werden könnten, sondern die *Idee* oder *Vorstellung* von Quarks" (Hacking 1999, S. 109). Jedoch ist damit eine entscheidende Frage noch nicht beantwortet: Sind Ideen, Begriffe und deren semantische Inhalte beliebig konstruierbar oder unterliegen sie irgendwelchen

Einschränkungen? Offenbar macht es einen Unterschied, ob es sich um soziale oder naturwissenschaftliche Begriffe handelt. Betrachten wir hierzu die von Hacking erwähnten Beispiele Flüchtlingsfrauen und Quarks. Welche Vorstellung wir von Flüchtlingsfrauen haben, hängt von der psychologischen und sozialen Einstellung des Betrachters ab. Hacking nennt den Begriff „Flüchtlingsfrau" eine interaktive Art, weil die Bedeutung, die wir mit diesem Begriff verbinden, davon abhängt, wie wir mit Flüchtlingsfrauen interagieren (Hacking 1999, S. 59). Dagegen sind Quarks natürliche Arten. Ihre physikalischen Eigenschaften hängen nicht davon ab, wie wir mit ihnen umgehen. Zwar können Definitionen, Maßeinheiten und Messmethoden frei gewählt werden und sind daher konventionell. Aber hat man sich einmal auf eine Messmethode, Maßeinheiten und einen Theorierahmen geeinigt, dann liegen die Massen, elektrischen Ladungen und andere Eigenschaften der Quarks unabänderlich fest. John Searle (1997, S. 19) spricht von naturimmanenten Eigenschaften. Naturimmanente Eigenschaften sind nicht sozial konstruiert. Auch Flüchtlingsfrauen haben naturimmanente Eigenschaften. Wenn der soziale Konstruktivismus als Theorie ernst genommen werden will, muss er in der Lage sein, den Unterschied zwischen natürlichen und sozial konstruierten Eigenschaften zu erklären und eine klare Trennungslinie zwischen Natur und Kultur zu ziehen.

Wilhelm Jerusalem (1982, S. 29 ff.) stellte in den 1920er Jahren die These auf, dass die Kant'schen Kategorien sozial konstruiert seien. Aber was bliebe von der Welt übrig, wenn man diese Kategorien von der Beschreibung der Welt abzöge? Menschen ohne Eigenschaften? Dinge ohne Eigenschaften? Sally Haslanger warnt davor, die ganze Welt als sozial konstruiert zu betrachten:

> But once we come to the claim that *everything* is socially constructed, it appears a short step to the conclusion that there is no reality independent of our practices or of our language and that „truth" and „reality" are only fictions employed by the dominant to mask their power. (Haslanger 1995, S. 96)

Man muss daher zwischen einem starken und einem schwachen sozialen Konstruktivismus unterscheiden. Haslanger (1995, S. 100) erklärt den Unterschied wie folgt: Ein Begriff ist im *schwachen* Sinne sozial konstruiert, wenn er nur *teilweise* von sozialen Faktoren bestimmt ist.[2] Und ein Begriff ist im *starken* Sinne sozial konstruiert, wenn sein Gebrauch *vollständig* durch soziale Faktoren bestimmt ist. So sagt der schwache Konstruktivismus beispielsweise, dass die Geschlechterunterschiede teilweise biologisch bestimmt seien, während das soziale Geschlecht *(gender)* sozial konstruiert sei. Aber es gibt auch Stimmen, die die Unterscheidung von sex und gender kritisch hinterfragen. Der starke Konstruktivismus behauptet, „dass die körperlichen Differenzierungen in zwei Geschlechter ebenfalls nicht von Natur aus gegeben sind, sondern eine kulturspezifische

---

[2] Die Existenz des Mondes wäre demnach nicht sozial konstruiert, weil seine Existenz nicht von sozialen Faktoren abhängt.

2.4 Der soziale Konstruktivismus

Klassifikation bilden" (Riegraf 2010, S. 73). Demnach sei die binäre Unterscheidung zwischen Mann und Frau diskursiv erzeugt und man müsse daher von der Vorstellung einer naturgegebenen Zweigeschlechtlichkeit abrücken und eine Vielfalt von Sexualitäten und sexuellen Orientierungen anerkennen. Dies läuft auf einen Kulturalismus hinaus, nach dem der Mensch hauptsächlich kulturell und sozial geprägt ist und die Natur nur einen geringen Einfluss auf seine Entwicklung und sein Verhalten hat.

Während der schwache Konstruktivismus plausibel und heutzutage weitgehend akzeptiert ist, ist der starke Konstruktivismus heftig umstritten. Meine Kritik beschränkt sich daher im Folgenden auf den starken Konstruktivismus.[3] Ich werde zeigen, dass der starke Konstruktivismus auf einen Postfaktualismus hinausläuft, weil es für ihn keine objektiven Tatsachen gibt und auch Wahrheit letztlich eine soziale Konstruktion darstellt und auf Konventionen beruht.

Dem Konstruktivismus wurde oft vorgeworfen, einen Anti-Realismus zu vertreten und die Existenz subjektunabhängiger Objekte infrage zu stellen. Der Konstruktivismus hat es seinen Kritikern leicht gemacht, weil er häufig unpräzise Formulierungen verwendete und nicht zwischen der von uns unabhängigen Wirklichkeit und unserer (sozial konstruierten) *Auffassung* von Wirklichkeit unterschied. So schreiben z. B. Peter Berger und Thomas Luckmann (1980, S. 1), „daß Wirklichkeit gesellschaftlich konstruiert ist". Siegfried Weischenberg und Armin Scholl (1995, S. 220) bekräftigen: „Wirklichkeit ist sozial konstruiert." Siegfried J. Schmidt spitzt den Medienkonstruktivismus auf die These zu: „Medien liefern eben kein objektives Abbild der Wirklichkeit, sie werden vielmehr benutzt, um Wirklichkeiten zu konstruieren." (Schmidt 1994, S. 268 f.) Und Kenneth J. Gergen (2015, S. 5) zieht die gewagte Schlussfolgerung: „if everything we consider real is socially constructed, then *nothing* is real unless people agree that it is". Gergen schränkt seine These jedoch sogleich wieder ein, indem er beschwichtigend hinzufügt: „Social constructionists do not say, ,There is nothing', or ,There is no reality'. The important point is that whenever people define reality (…) they are speaking from a particular standpoint." (Gergen 2015, ebd.) Daraus wird ersichtlich, dass die Wirklichkeit immer nur von einer bestimmten epistemischen Perspektive oder einem sozialen Standpunkt aus betrachtet werden kann und wir nicht erkennen können, wie die Wirklichkeit an sich beschaffen ist. Aber die entscheidende Frage lautet: Gibt es unabhängig von unserer jeweiligen subjektiven Sichtweise eine bewusstseinsunabhängige Wirklichkeit? Sagt man, die Wirklichkeit sei konstruiert, könnte man meinen, wir machen die Wirklichkeit so wie es uns gefällt. Aber wir können aus einer Mücke keinen Elefanten machen und wir können Dinge, die uns nicht gefallen, nicht einfach wegwünschen. Was konstruiert wird, ist also nicht die Welt selbst, sondern unsere *Interpretation* der Welt, also das, was wir meinen, wenn wir von der „Wirklichkeit" sprechen.

---

[3] Wenn im Folgenden von Konstruktivismus die Rede ist, ist damit durchgehend der starke Konstruktivismus gemeint.

Wie bereits Nietzsche feststellte, gibt es unzählig viele verschiedene Interpretationen der Wirklichkeit. Ebenso wie Nietzsche vertritt auch Gergen einen Perspektivenpluralismus. Aber nicht alle Perspektiven sind gleichwertig, sondern manche Konstruktionen sind nützlicher als andere: „Constructions gain their significance from their social utility. (…) All descriptions are not equal; some seem accurate and informative while others are fanciful or absurd." (Gergen 2015, S. 10 f.) Aber was heißt nützlich? Letztlich entscheidet jede Interessengruppe für sich, welche Konstruktionen für sie nützlich sind. Elizabeth Barnes gibt dafür ein Kriterium an: Wir sollten diejenigen Konstruktionen wählen, die am besten unseren sozialen und politischen Interessen dienen (Barnes 2017, S. 2419). Bei Nietzsche sind es stets Machtinteressen, die darüber entscheiden, welche Perspektive eingenommen wird. Max Scheler greift Nietzsches Machttheorie auf und wendet sie auf die Wissenssoziologie an:

> Es ist also weder die sog. reine Vernunft (Rationalismus und Kant) noch – wie die Empiristen meinten – die sinnliche Erfahrung (…) die *letzte* Grundlage für die alle positive Forschung leitende Überzeugung von einer raum-zeitlichen Soseinsgesetzlichkeit der Natur, sondern jener durchaus biologische (und gar nicht rationale oder „geistige") Trieb zur *Herrschaft und Macht,* der seinerseits das intellektuelle Verhalten zur Welt in Wahrnehmung, Vorstellung und Denken, *und* das praktische Verhalten im Handeln auf die Welt und zum Bewegen der Umweltdinge gleichmäßig und gleich ursprünglich bestimmt. (Scheler 1982, S. 71 f.)

Der Konstruktivismus zieht sich auf die Position zurück, dass Wörter keine referentielle Bedeutung haben, sondern lediglich eine Funktion im Sprachspiel erfüllen. Die Bedeutung von „Wirklichkeit" sei diskursiv konstruiert und kontextabhängig. Es könne daher keine „Wirklichkeit" (Singular) geben, sondern nur „Wirklichkeiten" (Plural). Lincoln und Guba (2013, S, 39) meinen, dass die Existenz von Objekten lediglich eine Frage von Definition und Konvention sei: „they exist only in the minds of the persons contemplating them. They do not ‚really' exist. That is, they have ontological status only insofar as some group of persons (…) grants them that status." Auch Wahrheit sei sozial konstruiert: „Truth is a quality of a construct or construction." (Lincoln, Guba 2013, S. 51) Der Wahrheitsbegriff wird auf diese Weise jeden Wirklichkeitsbezugs beraubt. Wahr ist eine Aussage, wenn sie als wahr anerkannt wird. Letztlich läuft dies auf eine Konsensustheorie der Wahrheit hinaus: „If the social consensus is that X is real, it is; if the consensus is that X is not real, it is not." (Walsh 2013, S. 21) Was wahr oder falsch ist, wird nicht durch gute Argumente oder empirische Evidenzen entschieden, sondern allein durch die Mehrheitsmeinung und damit letztlich auch durch Machtverhältnisse. Eine solche Auffassung von Wahrheit läuft auf einen *Postfaktualismus* hinaus.

Nach konstruktivistischer Auffassung kann die Welt nicht von einem neutralen objektiven Standpunkt außerhalb der Welt betrachtet werden. Alles Wissen ist standpunktgebunden und kann von der sozialen Perspektive nicht gelöst werden. Standpunkte sind stets subjektiv, wertgeladen und interessegeleitet (Harding 2003, S. 302). Auch Wissenschaftler nehmen einen bestimmten Standpunkt ein und haben Interessen. Für Sandra

2.4 Der soziale Konstruktivismus

Harding kann es daher keine wertfreie Wissenschaft geben. Lorraine Code fordert, die Erkenntnistheorie müsse sich vom Mythos der Objektivität lösen und subjektive Sichtweisen berücksichtigen: „I maintain that a constructivist reorientation requires epistemologists to take subjective factors – factors that pertain to the circumstances of the subject, S – centrally into account in evaluative and justificatory procedures." (Code 2008, S. 722) Francis Fukuyama (2018) kritisiert diese Subjektivierung, weil sie zu einer Emotionalisierung der Politik beitrage: Mit dem Bekenntnis zu Subjektivität würden Gefühle über rationale Überlegung gestellt und damit die Sichtweise der eigenen Gruppe gegen andere Sichtweisen priorisiert: „The focus on lived experience by identity groups prioritizes the emotional world of the inner self over the rational examination of issues in the outside world and privileges sincerely held opinions over a process of reasoned deliberation that may force one to abandon prior opinions." (Fukuyama 2018, S. 101).

Wenn man sich aus dieser situierten Perspektive nicht lösen kann, stellt sich die Frage, wie Soziologen und Soziologinnen von der perspektivischen Sichtweise der eigenen Person oder der eigenen Gruppe abstrahieren können und zu einer objektiven Sichtweise gelangen können. Sharon Crasnow betont, dass das Ziel der feministischen *Standpunkttheorie* sei, die bestehenden Machtverhältnisse zu verändern: „Feminist standpoint theory highlights the collective and, hence, political interests of women, and so those features of the social world that contribute to maintaining the power relations that keep women in subordinate positions are relevant given the goal of transforming those power relations." (Crasnow 2014, S. 156) Sandra Harding fordert eine neue Politik, eine Ablehnung des dominanten Standpunkts und eine Parteinahme für die sozial Benachteiligten (Harding 2015, S. 34 f.). Ziel sei die Beendigung von Unterdrückung und die Schaffung einer egalitären Gesellschaft.

Feministische Standpunkttheoretikerinnen wie Nancy Hartsock, Sharon Crasnow und Natalie Ashton glauben, dass sozial benachteiligte Gruppen epistemisch privilegiert seien (Ashton 2020a, S. 77; Ashton 2020b, S. 331; Crasnow 2014, S. 159). Unterdrückte Minderheiten könnten aufgrund ihrer Erfahrung die „wahren" gesellschaftlichen Verhältnisse und Machtstrukturen erkennen. Die These der epistemischen Privilegierung hat ihre Wurzeln in der marxistischen Erkenntnistheorie, nach der nur das Proletariat befähigt sei, die gesellschaftliche Wirklichkeit zu erkennen und eine Veränderung herbeizuführen, während die Bourgeoisie ein falsches Bewusstsein habe (Ashton und McKenna 2020, S. 32). Was bei Marx und Engels das Klassenbewusstsein ist, ist in der Standpunkttheorie das Identitätsbewusstsein der sozialen Gruppe, das ihr Denken und Handeln bestimmt.

Es ist zweifellos richtig, dass die epistemische Perspektive der dominanten Gruppe auch gesellschaftlich dominant ist und sich Minderheiten gegen die Übermacht der Mehrheit nicht Gehör verschaffen können. Aber warum sollte die Sichtweise „von unten" der „von oben" überlegen sein oder epistemisch von Vorteil sein? Besteht der Vorteil in Unterdrückungserfahrungen und dem Wissen wie es ist, diskriminiert zu werden? In diesem Fall wird die Privilegierungsthese trivial, denn sie besagt dann nichts anderes, als dass Mitglieder unterdrückter Minderheiten Unterdrückungserfahrungen besitzen. Andererseits könnte mit der Privilegierungsthese auch gemeint sein, dass Angehörige unterdrückter Minderheiten ein Wissen über die Mechanismen der Unterdrückung haben, das nur sie haben. Nun ist es normalerweise die Aufgabe der Soziologie, sich mit den Ursachen und Mechanismen sozialer Benachteiligung und Marginalisierung zu beschäftigen. Die Privilegierungsthese würde dann besagen: Opfer von Diskriminierung haben aufgrund ihrer Situation ein fundierteres Wissen von den Mechanismen der Diskriminierung als Soziologinnen und Soziologen, die keine Unterdrückungserfahrungen gemacht haben. Dies erscheint merkwürdig. Denn es würde bedeuten, dass es Tatsachen gibt, die nur aus der subjektiven Perspektive der Betroffenen, aber nicht aus der externen Perspektive von Unbeteiligten erkannt werden können. Eine solche These dürfte schwer zu begründen sein, weil sie den Unterschied zwischen subjektivem und objektivem Wissen verwischt.

Susan Hekman (1997, S. 349) stellt fest, dass Frauen unterschiedliche Standpunkte einnehmen und es daher auch mehrere Wahrheiten und multiple Realitäten gebe und keiner dieser Standpunkte privilegiert sei. Die Sichtweise einer benachteiligten Minderheit ist nur eine diskursiv konstruierte Perspektive unter vielen und kann nicht den Anspruch erheben, die Wirklichkeit „an sich" zu erkennen. Epistemische Privilegierung ist ein wertender Begriff, der einen perspektivenübergreifenden Wertmaßstab voraussetzt.

Wie wird die These von der epistemischen Privilegierung begründet? Nach Ashton kann es keine perspektivenunabhängige Begründung geben, da jede Begründung selbst wiederum an eine sozial situierte Perspektive gebunden sei. Ashton erklärt diesen *Begründungsrelativismus* wie folgt: „Justification depends on „socially situated" perspectives." (Ashton 2020b, S. 330) Das heißt in letzter Konsequenz, dass jede soziale Gruppe von sich behaupten kann, epistemisch privilegiert zu sein. Selbst wenn die These der epistemischen Privilegierung begründet werden kann, muss sie von Mitgliedern einer anderen sozialen Gruppe, z. B. der sozial dominanten Gruppe, nicht akzeptiert werden, da sie ja ihre eigenen Standards epistemischer Begründung haben. Nach Ashton (2019, S. 588) sind alle Standpunkte gleichermaßen korrekt („all standpoints are equally correct"). Paul Boghossian wendet gegen diesen Begründungsrelativismus ein, dass er zirkulär sei:

> Die These „Nichts ist objektiv berechtigt, sondern immer nur berechtigt zu diesem oder jenem epistemischen System" muss unsinnig sein, da sie selbst entweder objektiv oder nur relativ zu diesem oder jenem besonderen epistemischen System berechtigt sein kann. Objektiv berechtigt kann sie aber nicht sein, denn sonst wäre sie im Falle ihrer Wahrheit falsch. Und nur relativ zum epistemischen System der Relativisten berechtigt kann sie auch nicht sein, da sie dann nur ein Bericht über eine ihm genehme Äußerung ist. Sollte uns der Relativist auffordern, ihm beizupflichten, brauchen wir keinen Grund für unsere Ablehnung zu nennen, denn einen Grund, beizupflichten, hat er nicht genannt. (Boghossian 2015, S. 87 f.)

Ashton reagiert auf diesen Einwand, indem sie den epistemischen Relativismus durch zusätzliche Annahmen erweitert (Ashton 2019, S. 601 f.):

- Ein epistemischer Relativist sollte in der Lage sein, die Perspektive seiner Kritiker zu teilen.[4]
- Ein Subjekt sollte in der Lage sein, mehrere Perspektiven einzunehmen.
- Es muss Überschneidungen zwischen den verschiedenen epistemischen Perspektiven geben.

Diese zusätzlichen Annahmen lösen aber nicht das zentrale Problem des Relativismus: Denn unterschiedliche Perspektiven haben auch unterschiedliche Wahrheits- und Begründungskriterien. Was in der einen Perspektive wahr ist, kann in einer anderen Perspektive falsch sein. Nehmen wir einmal an, es gebe eine Überschneidung zwischen den Perspektiven A und B. Wenn eine Aussage p in Perspektive A wahr und in Perspektive B falsch ist, welchen Wahrheitswert hat p dann in der Überschneidung zwischen A und B? Wenn eine Person in der Lage ist, eine andere Perspektive einzunehmen, heißt das auch, dass sie eine Behauptung der anderen Perspektive als wahr akzeptiert, selbst wenn sie in der eigenen Perspektive falsch ist? Und nicht zuletzt: Wenn der epistemische Relativist die Perspektive seiner Kritiker teilt, heißt dies, dass er auch die Behauptung seiner Kritiker teilt, die glauben, dass der Relativismus falsch ist?

Ashton (2019, S. 599) konstruiert ein fiktives Beispiel, um ihre Position zu verdeutlichen: Angenommen, eine Person behauptet, dass manche Menschen aufgrund ihrer Hautfarbe oder ihres Geschlechts weniger wert seien, während man selbst davon überzeugt ist, dass alle Menschen gleich, d. h. gleich viel wert, sind. Zweifellos liegen hier unterschiedliche Perspektiven vor. Wie will man einen Rassisten davon überzeugen, dass seine Ansicht falsch ist? Wenn man wie Ashton (2019, S. 588) davon ausgeht, dass alle Perspektiven gleichermaßen korrekt sind und jede Perspektive ihre eigenen Standards der Rechtfertigung besitzen, dann könnten wir den Rassisten nicht kritisieren. Wie will man Donald Trump der Lüge überführen, wenn man als Relativist einräumen muss, dass Trump einfach nur eine andere Auffassung von Wahrheit hat, die aber genauso richtig ist wie die Auffassung, die man selbst hat? Wie will man Klimaleugner vom Klimawandel überzeugen, wenn selbst Konstruktivisten der Meinung sind, dass der Klimawandel sozial konstruiert ist (Pettenger 2007) und es keine objektiven Fakten gibt?

2.5 Der Wissenschaftskonstruktivismus

Der soziale Konstruktivismus ist ein zentraler Bestandteil der Wissenssoziologie, deren zentrale These besagt, „daß prinzipiell *alles* Wissen (das falsche und das wahre Bewußtsein) gesellschaftlich bedingt ist" (Maasen 1999, S. 13). Die Begründer der Edinburgh-Schule, David Bloor und Barry Barnes, entwickelten einen starken Konstruktivismus, nach dem wissenschaftliche Überzeugungen durch soziale Faktoren kausal verursacht werden. Die *Kausalitätsthese* besagt: „Die Wissenschaftssoziologie ist *kausal*, d. h. sie befasst

---

[4] Ashton spricht von „epistemic frameworks". Ich habe „framework" mit „Perspektive" übersetzt.

sich mit den Faktoren, die kollektive wissenschaftliche Ansichten und Überzeugungen *(beliefs)* hervorbringen." (Collin 2008, S. 40; vgl. auch Bloor 1991, S. 7) Die Aufgabe der Wissenschaftssoziologie bestehe darin, zu erklären, warum Wissenschaftler bestimmte Auffassungen und Theorien vertreten und bestimmte Überzeugungen haben. Dabei spiele es keine Rolle, ob diese Überzeugungen wahr oder falsch seien: Sowohl wahre wie auch falsche Überzeugungen müssten sich auf die gleiche Weise erklären lassen. Bloor nennt das die *Symmetriethese* (Bloor ebd.).

Barry Barnes postuliert einen *sozialen Determinismus*, der besagt, dass wissenschaftliche Überzeugungen sozial determiniert sind (Barnes 1974, S. 75). Er vergleicht den Menschen mit einer Maschine, deren Aktionen durch ihre Software bestimmt ist (Barnes 1974, S. 78 ff.). Der Mensch wird durch seine Sozialisierung gleichsam programmiert, wobei die Kultur und Gesellschaft die „Programmierer" sind. Wenn wir wüssten, wie das Programm beschaffen ist, könnten wir die Überzeugungen und Handlungen der Menschen vollständig erklären. Die sozialen Einflüsse stellen in diesem Modell den Input dar, der auf einen Wissenschaftler einwirkt, und als Output ergeben sich daraus seine Forschungsleistungen.

Dieses Modell wissenschaftlicher Forschung steht in deutlichem Kontrast zu dem traditionellen rationalistischen Erklärungsmodell, nach dem sich wissenschaftliche Hypothesen und Theorien rational erklären lassen: Ein Wissenschaftler nimmt diejenige Hypothese an, die die beste Erklärung für beobachtete Phänomene liefert und er wählt diejenige Theorie, die am besten in Einklang mit den Erfahrungsdaten steht. Dieses Modell geht von der Annahme aus, dass Wissenschaftler unbeeinflusst von Gesellschaft und Politik arbeiten können und nicht von Interessen geleitet sind.

Hans Reichenbach (1983, S. 3) unterscheidet zwischen einem *Entdeckungszusammenhang* (context of discovery) und einem *Begründungszusammenhang* (context of justification). Eine wissenschaftliche Entdeckung mag historisch kontingent sein: Isaac Newton hätte sein Gravitationsgesetz ein paar Jahre früher oder später entdecken können. Für die Physik ist auch nicht relevant, *wer* etwas entdeckt hat, welcher sozialen Klasse ein Wissenschaftler angehört oder in welcher Kultur er lebt. Es ist auch nicht entscheidend, welche psychischen Denkvorgänge im Kopf von Newton abgelaufen sind, als er das Gravitationsgesetz zum ersten Mal formulierte. Entscheidend ist einzig und allein, wie das Gravitationsgesetz *begründet* wird. Für eine rationale Begründung zählen nur logische und empirische Argumente. Der Entdeckungszusammenhang mag daher für die Wissenschaftsgeschichte und -soziologie von Interesse sein, ist aber für den Wissenschaftler, der eine Hypothese oder eine Theorie begründen will, irrelevant.

Im traditionellen Wissenschaftsmodell gibt es eine klare Aufgabenteilung zwischen Wissenschaftstheorie und Wissenschaftssoziologie: Die Wissenschaftstheorie beschreibt wie Forschung idealerweise betrieben werden soll, nämlich unabhängig von externen sozialen Faktoren, während die Wissenschaftssoziologie sich mit dem Entdeckungszusammenhang beschäftigt und den sozialen Kontext betrachtet. Für die Begründung einer

2.5 Der Wissenschaftskonstruktivismus

wissenschaftlichen Hypothese, so lautet das Argument, spiele der soziale Kontext keine Rolle.

Barnes und Bloor lehnen die Unterscheidung zwischen Begründungs- und Entdeckungszusammenhang ab. Für sie kann es keine autonome, von sozialen Einflüssen freie Forschung geben. Dies wird mit der These des sozialen Konstruktivismus begründet, nach der wissenschaftliche Tatsachen sozial konstruiert sind. Die Anhänger der Edinburgh-Schule nehmen an, dass auch interne epistemische Gründe sozial determiniert sind bzw. auf sozialen Konventionen beruhen. David Bloor glaubt erklären zu können, warum Wissenschaftler bestimmte Hypothesen und Theorien bevorzugen: Die Gründe seien soziale Ursachen.

Betrachten wir hierzu ein Beispiel: Der marxistische Wissenschaftshistoriker Boris Hessen veröffentlichte 1931 einen Aufsatz, in dem er „Die sozialen und ökonomischen Wurzeln von Newtons Principia" (1974) untersuchte. Er zeigt, wie das Aufkommen des Industriekapitalismus die technischen Probleme schuf, deren Lösung sich die neue Mechanik zum Ziel gesetzt hatte. Das kulturelle und soziale Umfeld, in dem Newton arbeitete, kann viel zum Verständnis des Entdeckungszusammenhangs des Gravitationsgesetzes beitragen. Aber damit wird nicht erklärt, warum die Anziehungskraft zweier Massen proportional zum Quadrat ihres Abstands abnimmt und nicht etwa nach einer anderen Gesetzmäßigkeit. Das kann ausschließlich physikalisch erklärt werden. Soziale Erklärungen können nur in solchen Fällen sinnvoll sein, wo es wissenschaftliche Kontroversen und alternative Interpretationsmöglichkeiten gibt oder wo es um die Entscheidung geht, welche Forschungsrichtung verfolgt werden soll. Die Forschung kann manchmal tatsächlich interessengeleitet sein, z. B. wenn externe Werte und Zielsetzungen zum Forschungsleitfaden werden. Aber es gibt auch Disziplinen, bei denen solche externen sozialen und politischen Einflüsse eher gering sind, z. B. in der Logik, Mathematik oder theoretischen Physik. Zwar mögen auch hier manche Aufgabenstellungen von außen vorgegeben sein, aber in den meisten Fällen sind die Problemstellungen eher innertheoretischer Natur.

Die Annahme einer sozialen Determination mentaler Überzeugungen ist eine starke These mit weitreichenden Konsequenzen. Denn damit wird die scheinbare Rationalität der Wissenschaft in Abrede gestellt. Wenn man das Kausalitätsprinzip auf die Wissenschaftssoziologie selbst anwendet, dann heißt dies, dass auch ihre Thesen sozial determiniert sind. Für Bloor ist die Möglichkeit reflexiver Selbstanwendung sogar ein Grundprinzip der Wissenschaftssoziologie: „In principle its patterns of explanation would have to be applicable to sociology itself." (Bloor 1991, S. 7) Fragen wir uns daher, wie Bloor seine Thesen begründet. Bloor gibt eine Reihe von Gründen und Argumenten an und verweist auf historische Fallbeispiele. Aber nach seiner eigenen Auffassung sind solche Gründe epiphänomenal. Denn welche Thesen er auch immer vertritt und egal, wie er seine Thesen begründet: Seine Überzeugungen wurden durch soziale Faktoren verursacht. Bloor kann gar nicht anders als diese Thesen zu vertreten, weil er so sozialisiert wurde und weil er in einem akademischen Milieu groß geworden ist, in dem solche Thesen Anerkennung finden. Dieser soziale Hintergrund mag erklären, warum er diese Thesen vertritt.

Aber dies sagt nichts darüber aus, ob diese Thesen wahr oder falsch, überzeugend oder schlecht begründet sind. Nach seiner Symmetriethese könnten seine Thesen sogar falsch oder schlicht irrational sein und dennoch akzeptiert werden, weil die sozialen Umstände keine Rückschlüsse auf die Wahrheit einer Theorie zulassen. Es wäre daher sinnlos, an Gründe zu appellieren oder überzeugen zu wollen. Im Grunde genommen untergräbt Bloor damit seinen eigenen wissenschaftlichen Anspruch, nämlich den Anspruch eine gut begründete Theorie zu vertreten. Warum sollten wir Bloor glauben? Nach der Kausalitätsthese müssten wir durch kausale Faktoren gezwungen werden, daran zu glauben. Aber in dieser Hinsicht sind wir frei: Wir sind nicht gezwungen, seine Thesen ernst zu nehmen.

Die Mathematik scheint von sozialen Einflüssen weitgehend frei zu sein und ein Musterbeispiel einer Wissenschaft zu sein, in der es streng rational zugeht. Will Bloor seinen sozialen Externalismus und Konventionalismus verteidigen, muss er zeigen, dass auch die Mathematik auf Konventionen beruht und sozial determiniert ist. In einem Punkt muss man Bloor tatsächlich Recht geben: Mathematische Sätze werden aus Axiomen hergeleitet und die Wahl eines Axiomensystems ist in der Tat willkürlich und beruht auf Konventionen. So kann man z. B. die Geometrie mit oder ohne das *Parallelenaxiom* betreiben.[5] Das Parallelenaxiom ist ein essentieller Bestandteil der euklidischen Geometrie. Lässt man das Parallelenaxiom fallen, erhält man eine nicht-euklidische Geometrie. Das Axiom stellt daher eine Konvention dar. Im 19. Jahrhundert gab es eine kontroverse Auseinandersetzung darüber, ob das Parallelenaxiom eine a priori gültige Wahrheit darstellt oder ob es neben der euklidischen Geometrie noch andere Geometrien gibt. Der Streit um das Parallelenaxiom war auch ein philosophischer, weltanschaulicher Streit. Dieses Beispiel zeigt, dass die Entwicklung der Mathematik sehr wohl von externen, in diesem Fall von philosophischen Einflüssen bestimmt sein kann.

Allerdings wird mit der Wahl eines Axiomensystems lediglich ein theoretischer Rahmen vorgegeben, dessen Wahl durchaus sozialen und kulturellen Einflüssen unterliegen mag, innerhalb dessen die Mathematiker aber autonom, allein ihrer inneren Logik folgend, Forschung betreiben, indem sie Folgerungen aus den Axiomen ableiten. Man kann die Arbeit eines Mathematikers mit einem Spiel vergleichen: Die Spielregeln werden mit den Axiomen vorgegeben, Beweise sind wie Spielzüge und die daraus sich ergebenden Theoreme die Spielkonstellationen. Die Regeln legen fest, wie Theoreme aus Axiomen abgeleitet werden können. An diesem Punkt greift Bloor auf eine Überlegung Wittgensteins zurück, um zu zeigen, dass auch das Regelfolgen in der Mathematik auf sozialen Konventionen beruht: „Mathematical necessity is just a species of the moral necessity that frequently attaches to the more important social conventions." (Barnes et al. 1996, S. 183) Wittgenstein beschreibt das mathematische Regelfolgen am Beispiel einer Additionsaufgabe: Die Aufgabe lautet, zu einer gegebenen Zahl immer zwei hinzuzuaddieren. Gibt man beispielsweise die Zahl 20.000 vor, dann ergibt sich die Folge 20.002, 20.004,

---

[5] Das Parallelenaxiom besagt, dass es zu jeder Geraden und jedem Punkt außerhalb der Geraden genau *eine* Parallele zu dieser Geraden gibt.

2.5 Der Wissenschaftskonstruktivismus

20.006, ... usw. Wittgenstein entwickelt daraus den folgenden Dialog zwischen einem Schüler und einem Lehrer:

> *Wie weiß ich,* daß ich im Verfolg der Reihe + 2 schreiben muß »20.004, 20.006« und nicht »20.004, 20.008«? – (Ähnlich ist die Frage: »Wie weiß ich, daß diese Farbe ›rot‹ ist?«)
>
> »Aber du weißt doch z. B., daß du immer die *gleiche* Zahlenfolge in den Einern schreiben mußt: 2, 4, 6, 8, 0, 2, 4, usw.« – Ganz richtig! das Problem muß auch schon in dieser Zahlenfolge, ja auch schon in *der:* 2, 2, 2, 2, usw. auftreten. – Denn wie weiß ich, daß ich nach der 500sten »2« »2« schreiben soll? daß nämlich an dieser Stelle »2« ›die gleiche Ziffer‹ ist? Und wenn ich es *zuvor* weiß, was hilft mir dies Wissen für später? Ich meine: wie weiß ich denn, wenn der Schritt wirklich zu machen ist, was ich mit jenem früheren Wissen anzufangen habe? (Wittgenstein 1984, Bd. 6, S. 36)

Bloor interpretiert die Ausführungen Wittgensteins wie folgt: Wittgenstein will damit sagen, dass das Regelfolgen eine Gewohnheit, eine Praxis ist (PU § 199, 202).[6] Mathematik ist wie ein Spiel: Man einigt sich auf bestimmte Regeln und spielt dann nach diesen Regeln. Das Erlernen der Regeln erfolgt durch Beispiele. Der Lehrer erklärt die Aufgabe „addiere 2" am Beispiel von Zahlen im Zahlenraum bis 1000, also z. B. 100, 102, 104, 106, usw. und lässt dann den Schüler die Reihe über 1000 hinaus fortsetzen (vgl. Wittgenstein PU § 185). Es ist ein induktives Lernen. Der Schüler soll an einfachen Beispielen die Regel erkennen und dann auf andere Beispiele anwenden. Ein solches induktives Lernen ist irrtumsanfällig. Denn endliche Zahlenfolgen sind nicht immer eindeutig fortsetzbar. Zum Beispiel kann die Folge 2, 3, 5, 8, ... durch die Zahlen 12, 17, 23, 30, ... fortgesetzt werden. Die zugrunde liegende Regel lautet: Addiere zur ersten Zahl 1 hinzu, addiere zur zweiten Zahl 2 hinzu, zur dritten Zahl 3, zur vierten Zahl 4 und so weiter. Man kann in den ersten vier Zahlen aber auch eine andere Regel erkennen: Das n-te Folgenglied ist jeweils die Summe aus den beiden vorangegangenen Folgengliedern. Zum Beispiel ist 8 die Summe aus 3 und 5. Dann lautet die Fortsetzung der Folge: 13, 21, 34, 55, ...

Bloor schließt daraus: „When we are confronted with a finite set of examples, we do not extract from them any general idea, rather, we instinctively pass on to what strikes us as the next step or the next case. There is no rational basis for this, nor one that can ever be formulated in terms of propositions assented to by the rule follower." (Bloor 1997, S. 13 f.) Es bedarf einer einheitlichen Auslegung der Regel, um Mehrdeutigkeiten auszuschließen. Im Schülerbeispiel ist es der Lehrer, der den Schüler immer wieder korrigiert, wenn er etwas falsch macht. In der Wissenschaft ist es der *Konsens* der wissenschaftlichen Gemeinschaft, der die Anwendung von Regeln festlegt (Bloor 1997, S. 16). Regeln haben somit nach Bloor einen *normativen* Charakter: Die soziale Gemeinschaft ist die Instanz, die über die Einhaltung der Regeln wacht:

> It is necessary to introduce a sociological element into the account to explain normativity. Normative standards come from the consensus generated by a number of interacting rule

---

[6] PU = Philosophische Untersuchungen (Wittgenstein 1984, Bd. 1).

followers, and it is maintained by collectively monitoring, controlling and sanctioning their individual tendencies. (Bloor 1997, S. 17)

Daher kann es nach Bloor keine autonome Wissenschaft geben, die ihre Forschung völlig unabhängig von der Gesellschaft betreibt. Denn es sei stets der soziale bzw. wissenschaftliche Konsens, der darüber entscheidet, ob Standards der Korrektheit eingehalten werden und ob bestimmte Thesen und Theorien akzeptiert werden. Aber Bloors Überlegung weist auch Schwächen auf. Seine Wittgenstein-Interpretation ist nicht unumstritten (vgl. Child 2011, S. 142 ff.; Glock 2010, S. 299 f.). Wenn Wittgenstein sagt, einer Regel zu folgen sei eine Praxis (PU § 202), legt er sich nicht darauf fest, damit eine *soziale* Praxis zu meinen oder zu behaupten, dass Regelfolgen nur in einer sozialen Gemeinschaft möglich sei. Hans-Johann Glock (2010, S. 300) schreibt: „erstens gibt es keinen Grund dafür, Regelfolgen auf den Kontext einer Gemeinschaft zu beschränken; zweitens läßt der *Nachlaß* ausdrücklich die Möglichkeit einer solitären Person wie Robinson Crusoe zu, die Regeln folgt und erfindet." Aber selbst wenn man Wittgenstein die von Bloor zugeschriebene Auffassung unterstellt, folgt daraus nicht, dass diese Auffassung auch richtig und überzeugend ist. Denn Wittgenstein nimmt in der Philosophie der Mathematik eine radikale Außenseiterposition ein, die, wenn man Bloors zentrales Kriterium heranzieht, nicht konsensuell akzeptiert wird. Wenn Konsens ein Kriterium für Richtigkeit sein soll, dann kann Wittgensteins Auffassung nicht richtig sein und taugt nicht als Begründung für Bloors These.

Das exemplarische Lernen mag zwar eine didaktische Methode sein, um Schülern das Regelfolgen beizubringen, aber es ist nicht typisch dafür, wie professionelle Mathematiker Regeln lernen und anwenden. Die Regeln des Zählens und Addierens werden in der Arithmetik durch die *Peano-Axiome* erklärt. Die Anwendung der Regeln erfolgt hier nicht exemplarisch oder induktiv, sondern *deduktiv*. Dabei gibt es keine Unsicherheit über die richtige Anwendung. Die Anwendung der Additionsregeln erfolgt rein mechanisch wie bei einem Computerprogramm ohne Bezug auf eine soziale Gemeinschaft. Ein Rechenautomat, der die Operation „+2" durchführen soll, muss ja auch nicht die menschliche Gemeinschaft fragen, ob er den Algorithmus richtig anwendet. Bei der Anwendung mathematischer Regeln gibt es keine Mehrdeutigkeit oder Kontingenz. Das logische Schließen folgt einer inneren Notwendigkeit, die durch die Axiome festgelegt ist. Auch die Schlussregeln wie z. B. der Modus ponens, können axiomatisch erklärt werden. Die Spielregeln der Mathematik unterscheiden sich daher grundlegend von den Regeln der Alltagssprache. Sprachliche Regeln sind nicht so fix und starr definiert wie die Regeln der Logik. Sprachspiele lassen einen Freiraum für den individuellen Ausdruck. Die Alltagssprache ist kein mathematischer Kalkül.

Natürlich ist es immer möglich, andere Regeln einzuführen und z. B. eine Arithmetik zu definieren, in der $2 + 2$ nicht 4, sondern beispielsweise 5 ergibt. Barnes, Bloor und Henry (1996, S. 170 f.) erwähnen das Beispiel einer modularen Arithmetik, in der 3

2.5 Der Wissenschaftskonstruktivismus

+ 3 = 1 ist. Welche Arithmetik und welche Additionsregeln man wählt, ist das Ergebnis einer Übereinkunft oder eines Konsenses. Aber innerhalb eines einmal vereinbarten theoretischen Rahmens ist das richtige Regelfolgen eindeutig festgelegt.

Bloor lehnt die Korrespondenztheorie der Wahrheit ab (Bloor 1991, S. 40). Wahrheit im Sinne einer Übereinstimmung von Behauptung und Wirklichkeit kann es für ihn nicht geben, da die Wirklichkeit im Sinne eines Bestehens objektiver Tatsachen sozial konstruiert ist. Wahrheit hat für Bloor lediglich eine rhetorische Funktion (Bloor 1991, S. 40). Soziologisch betrachtet wird Wahrheit durch Autoritäten bestimmt: „In as far as any particular theoretical view of the world has authority this can only derive from the actions and opinions of people." (Bloor 1991, S. 41) Denn Wahrheit und Wissen beruhen seiner Theorie zufolge auf einem sozialen Konsens. Angenommen, eines fernen Tages würden die USA von einem Präsidenten regiert, der glaubt, dass die Erde eine Scheibe sei, und er würde durchsetzen, dass künftig an allen Schulen und Universitäten die Flat-Earth-Theorie gelehrt wird, sodass die Mehrheit der Amerikaner an diese Theorie glaubt und nur noch eine kleine Minderheit von Wissenschaftlern von der Kugelgestalt der Erde überzeugt ist, dann wäre nach Bloor der Satz „Die Erde ist eine Scheibe" wahr.[7] Bloors sozialer Konventionalismus führt somit zu einem *Relativismus*: Eine andere Gesellschaft könnte andere Konventionen einführen und z. B. festlegen, dass 2 + 2 = 5 ist. Barnes et al. (1996, S. 169) erwähnen eine Szene aus George Orwells Roman „1984", in der Winston Smith von O'Brien, dem Repräsentanten eines totalitären Regimes, gefoltert wird. O'Brien erklärt ihm die Philosophie der Partei:

> Die Wirklichkeit existiert im menschlichen Denken und nirgendwo anders. Nicht im Denken des einzelnen, der irren kann und auf jeden Fall bald zugrunde geht: nur im Denken der Partei, die kollektiv und unsterblich ist. Was immer die Partei für Wahrheit hält, *ist* Wahrheit. (Orwell 1976, S. 229)

Die allmächtige Partei vertritt somit einen sozialen Konstruktivismus, nach dem die Wahrheit etwas ist, das von der Partei konstruiert wird. Daher sei alles, was die Partei sagt, wahr, selbst dann, wenn sie behauptet, dass 2 + 2 = 5 ist (Orwell 1976, S. 231). Fatalerweise geben Barnes und Bloor O'Brien recht, wobei hier die Gesellschaft die Rolle der Partei einnimmt: Wenn andere soziale Konventionen gelten, dann könne 2 + 2 auch 5 ergeben (Barnes et al. 1996, S. 184). Bloor (1991, S. 5) schreibt: „knowledge for the sociologist is whatever people take to be knowledge. It consists of those beliefs which people confidently hold to and live by." Damit vertritt Bloor einen radikalen *Postfaktualismus*. Evidenzen zählen nicht. Es kommt nur darauf an, woran die Menschen *glauben*. Glauben ersetzt Wissen und Wissen ist nichts anderes als konsensueller Glaube.

---

[7] Daniel Loxton (2019) schätzt, dass ca. 1 bis 2 % der amerikanischen und britischen Bürger an die Flat-Earth-Theorie glauben.

2.6 Objektivität in der Wissenschaft

Nach traditioneller Auffassung ist die Forschung allein durch interne epistemische Werte bestimmt und frei von externen sozialen Einflüssen. Die Vertreter der Edinburgh-Schule entwerfen ein anderes Bild von Wissenschaft. Ihrer Ansicht nach werden die Wissenschaftler von externen Zielen und Interessen angetrieben (Barnes et al. 1996, S. 120 ff.; vgl. Yearley 2005, S. 43 f.). Auch Jürgen Habermas bezweifelt, dass es eine interesselose Erkenntnis gibt. Für die empirisch-analytischen Wissenschaften diagnostiziert Habermas (1965) ein technisches Verwertungsinteresse, das auf die Prognose und Kontrolle von Phänomenen aus ist. Ein unvoreingenommenes, unparteiisches, interesseloses Subjekt kann es seiner Meinung nach nicht geben. Mit der Verschränkung von Erkenntnis und Interesse fällt auch die Trennung von Tatsachen und Werten. Damit wird das Ideal wissenschaftlicher Objektivität und Rationalität infrage gestellt. Sandra Harding und andere feministische Wissenschaftstheoretikerinnen bezweifeln, dass eine wertfreie, subjekt- und leidenschaftslose Wissenschaft möglich ist. Wissenschaft, so wie sie gegenwärtig praktiziert werde, sei sexistisch und androzentrisch (Harding 2015, S. 26 f.).

Objektivität wird häufig mit einer aperspektivischen Sichtweise, einem „god's eye view" (Putnam 1990) oder einem „view from nowhere" (Nagel 1986) gleichgesetzt. Da menschliche Erkenntnis immer perspektivisch sei, könne es einen Gottesstandpunkt nicht geben, „sondern nur die verschiedenen Gesichtspunkte tatsächlicher Personen, die verschiedene Interessen und Zwecke erkennen lassen, denen ihre Beschreibungen und Theorien dienlich sind" (Putnam 1990, S. 76). Diese Perspektivität ist nicht nur unserer Wahrnehmung, sondern auch unserem Denken, Urteilen und Werten zu eigen: Die Urteile eines Menschen sind voreingenommen, irrtumsanfällig und beruhen manchmal auf Täuschungen. Das Ziel der Wissenschaft ist es, diese subjektive Gebundenheit und Perspektivität zu überwinden und die verschiedenen individuellen Beobachterstandpunkte durch eine einheitliche objektive Sichtweise zu ersetzen, die von Thomas Nagel der „Blick von Nirgendwo" genannt wird. Der Blick von Nirgendwo ist ein perspektivloser und ganzheitlicher Blick, der nicht an ein denkendes Subjekt gebunden ist, nicht durch Vorurteile getrübt und nicht durch Erkenntnisgrenzen verstellt ist. Es ist ein Sehen ohne Augen, ein Denken ohne Gehirn, aber dennoch ein Erkennen der wahren Zusammenhänge.

Während das Subjekt nur sieht, wie ihm die Welt erscheint, will uns das objektive Wissen die Welt so offenbaren, wie sie an sich, d. h. unabhängig von unserem Erkennen, ist. Wir glauben zur objektiven Erkenntnis zu gelangen, indem wir unsere Urteile gleichsam von allen subjektiven Zutaten reinigen und auf diese Weise objektivieren. Aber woher wollen wir wissen, welche Bestandteile eines Urteils subjektiven und welche objektiven Ursprungs sind? Setzt die Fähigkeit einer solchen Unterscheidung nicht bereits jenen objektiven Standpunkt voraus, den es erst zu erreichen gilt?

Wissen ist nie unabhängig von menschlichen Subjekten. Alles, was erkannt wird, wird von einem Subjekt erkannt. Schopenhauer weist auf diese unhintergehbare Subjektabhängigkeit menschlicher Erkenntnis mit besonderem Nachdruck hin, wenn er sagt: „Keine

2.6 Objektivität in der Wissenschaft

Wahrheit ist also gewisser, von allen andern unabhängiger und eines Beweises weniger bedürftig als diese, daß alles, was für die Erkenntnis da ist, also diese ganze Welt, nur Objekt in Beziehung auf das Subjekt ist, Anschauung des Anschauenden, mit einem Wort: Vorstellung." (Schopenhauer 1986, S. 31) Aussagen über objektive Sachverhalte beruhen auf Urteilen, die von menschlichen Subjekten gemacht werden. Jedes Urteil ist zwangsläufig subjektiv, hypothetisch und fallibel. Subjektive Fehlerquellen lassen sich nie vollständig eliminieren. Aber wir können aus Irrtümern lernen und einer objektiven Erkenntnis wenigstens näher kommen. Der Erfolg der Wissenschaft zeigt, dass wir mit unseren Hypothesen und Theorien nicht ganz falsch liegen.

Objektivität ist kein Alles-oder-Nichts-Begriff. Vielmehr gibt es ein Kontinuum zwischen dem Subjektiven und dem Objektiven (Nagel 1991, S. 116). Thomas Nagel sagt, dass Objektivität ein Ziel ist, dem wir näherkommen, das wir aber nie ganz erreichen können. Auch wenn es eine perspektivenlose Sichtweise nicht gibt, sollten wir das Streben nach größtmöglicher Objektivität im Sinne einer regulativen Idee nicht aufgeben. Das Ziel der Wissenschaft besteht darin, eine möglichst realistische Beschreibung der Welt zu liefern.

In der Debatte um die Möglichkeiten und Grenzen wissenschaftlicher Objektivität werden verschiedene Objektivitätsbegriffe verwendet, die sorgfältig auseinandergehalten werden müssen. Objektivität wird häufig mit Wahrheit in Zusammenhang gebracht: Eine Aussage ist objektiv, wenn sie unabhängig von uns wahr ist (Brown 2001, S. 101). Oder es wird gesagt, ein Ding existiere objektiv, wenn es unabhängig von uns existiert. Elisabeth Lloyd (1995) spricht von *ontologischer Objektivität,* wenn eine Aussage über die Wirklichkeit gemacht wird im Gegensatz zu einer bloßen Meinung. Ontologische Objektivität geht von einem Realismus aus und postuliert, dass es Dinge gibt, die unabhängig von uns existieren und wir in der Lage sind, die Wirklichkeit wenigstens näherungsweise zu erkennen. Lloyd bezweifelt, dass dies möglich ist. Ontologische Objektivität gehe daher von einer falschen Voraussetzung aus. Lloyd spricht von einer „ontologischen Tyrannei" und begründet dies damit, dass wir uns von unseren subjektiven Sichtweisen und Interessen nicht lösen können. Jedoch schießt Lloyd mit ihrer Kritik am Objektivitätsideal über das Ziel hinaus. Denn wenn wir einen Zusammenhang zwischen wissenschaftlich gesicherten Aussagen und der Wirklichkeit aufgeben und die Möglichkeit objektiver Erkenntnis leugnen, dann werden wir zu Opfern postfaktischen Denkens. Joseph Hanna (2004, S. 340) wirft Lloyd vor, voreingenommen zu urteilen:

> How can one coherently reject the claim that science is „aimed at" an independently existing, objective reality, while maintaining that scientific methods can (and ought to) be neutral, non-ideological, and unbiased? If we cannot make sense of the notion of an external reality that is independent of our expectations, interests, and intentions, then how can we maintain that scientists ought to follow a method of investigation that is neutral and disinterested?

Die Möglichkeit objektiver Erkenntnis beruht auf der Annahme, dass die Gegenstände der Forschung real sind, dass z. B. Elektronen, Planeten oder schwarze Löcher existieren. Was Lloyd ontologische Objektivität nennt, bezeichnet Hanna (2004, S. 343) als externe Objektivität: „external objectivity amounts to independence from subjective or inter-subjective factors or influences". Externe Objektivität bestimmt, was eine richtige Beschreibung der Welt ist. Einen Sachverhalt objektiv darstellen heißt, ihn wahrheitsgemäß, d. h. möglichst realitätsgetreu darstellen. Gäbe es keine externe bzw. ontologische Objektivität, hätten wir keinen Zugang zur Wirklichkeit. Wissenschaft würde losgelöst von der realen Welt betrieben und alles wäre bloße Meinung und Vermutung.

Objektivität ist nach allgemeinem Sprachgebrauch das Gegenteil von Subjektivität. Wissenschaftlich tätige Personen urteilen demnach objektiv, wenn sie unvoreingenommen, unparteiisch und vernünftig sind. Lorraine Daston und Peter Galison (2007, S. 17) erklären diese Auffassung von Objektivität wie folgt: „Objektiv sein heißt, auf ein Wissen auszusein, das keine Spuren des Wissenden trägt – ein von Vorurteil oder Geschicklichkeit, Phantasievorstellungen oder Urteil, Wünschen oder Ambitionen unberührtes Wissen." Gleichzeitig wird dieses Streben nach Objektivität jedoch unter Generalverdacht gestellt und diskreditiert, weil es angeblich die „Abschaffung des wissenschaftlichen Selbst" zum Ziel habe (Daston und Galison 2007, S. 207). Dem Objektivismus wird vorgeworfen, er unterdrücke „bestimmte Aspekte des Selbst" (Daston und Galison 2007, S. 38). Diese abwertende Ausdrucksweise zeigt, dass Daston und Galison selbst nicht unvoreingenommen urteilen und so tun, als ob Objektivität etwas Schlechtes wäre. Aber es darf bezweifelt werden, dass eine Abkehr vom Objektivitätsideal und eine Zulassung von mehr Subjektivität (Code 2008) eine bessere Wissenschaft hervorbringen.

Manchmal wird Objektivität mit *Intersubjektivität* gleichgesetzt. Es ist an dieser Stelle daher sinnvoll, die drei Begriffe subjektiv, intersubjektiv und objektiv voneinander abzugrenzen.[8] Subjektivität, Intersubjektivität und Objektivität können als drei Stufen im Erkenntnisprozess gesehen werden, durch den wir unsere eigene subjektive Sichtweise überwinden und uns einer objektiven Beschreibung der Welt annähern. Am Anfang steht die subjektive Meinung: Jeder Mensch glaubt, im Besitz der Wahrheit zu sein, bemerkt aber nicht oder will es nicht wahrhaben, dass andere Menschen die Welt ganz anders sehen und ihre eigenen Wahrheiten haben. Was subjektiv wahr ist, muss nicht intersubjektiv oder objektiv wahr sein. Wenn beispielsweise Smith glaubt, dass Jones einen Porsche besitzt, dann ist dies für Smith eine subjektive Wahrheit. Aber Smith kann sich irren. Es könnte sein, dass das Auto jemand anderem gehört. In diesem Fall lässt sich Smiths Behauptung objektiv überprüfen, indem man sich z. B. die Fahrzeugpapiere zeigen lässt.

Andere Wahrheiten gelten dagegen nur subjektiv, wie z. B. der Satz „Vanilleeis schmeckt besser als Walnusseis". Dieser Satz mag für Smith wahr, aber für Jones falsch sein, weil sie unterschiedliche Geschmackspräferenzen haben. Die Wahrheit solcher subjektiven Urteile lässt sich nicht überprüfen, da wir nicht in die Köpfe anderer Menschen

---

[8] Zum Unterschied zwischen subjektiven, intersubjektiven und objektiven Wahrheiten siehe Vaas (2020).

2.6 Objektivität in der Wissenschaft

hineinschauen können. Empfindungsurteile lassen sich nur von der Person, die diese Empfindungen hat, introspektiv verifizieren: ich erkenne meine mentalen Zustände, indem ich „in mich hineinschaue". In gewisser Weise kann man sich dabei nicht täuschen. Denn was heißt Täuschung in diesem Fall? Die Feststellung einer Täuschung setzt einen Vergleich von wahr und falsch voraus. Empfindungsurteile haben aber kein intersubjektives Korrektiv. Wittgenstein schreibt: „Man möchte hier sagen: richtig ist, was immer mir als richtig erscheinen wird." (Wittgenstein 1984, Bd. 1, PU § 258).

Private Meinungen können von anderen Personen geteilt werden. Wenn mehrere Menschen glauben, dass Smith einen Porsche besitzt, dann wird aus einer subjektiven Wahrheit eine *intersubjektive Wahrheit*. Aber auch intersubjektive Wahrheiten müssen nicht objektiv wahr sein. Smith könnte seine Nachbarn täuschen und so tun, als ob ihm der Porsche gehöre. In Wirklichkeit hat er ihn nur gemietet. Intersubjektive Wahrheiten beruhen auf einem Konsens und stellen das Musterbeispiel für sozial konstruierte Überzeugungen dar. Das Urteil der Gemeinschaft bildet ein Korrektiv zu privaten Meinungen. Aber selbst wenn alle Menschen glauben, dass eine Behauptung p wahr ist, heißt das noch lange nicht, dass p auch objektiv wahr ist. Früher glaubten die Menschen, dass die Erde eine Scheibe sei. Dieser Glaube ist jedoch objektiv falsch. Die sozialen Mechanismen, die trotz gegenteiliger Evidenzen eine intersubjektive Festigung einer Überzeugung bewirken, sind typisch für Echokammern. Denn Echokammern gewinnen ihre Stabilität und Stärke aus der gegenseitigen Stützung und Bestätigung.

Intersubjektive Wahrheiten werden häufig überschätzt. Man ist nämlich geneigt zu glauben, je mehr Menschen davon überzeugt sind, dass p wahr ist, desto größer sei die Wahrscheinlichkeit, dass p tatsächlich wahr ist. Man spricht von der „Weisheit der Vielen" (Surowiecki 2007) und der Klugheit der Massen. Aber die angebliche „Weisheit der Vielen" kann sich auch als populistische Dummheit erweisen. Entscheidend ist nämlich nicht, was die Mehrheit glaubt, sondern ob es *gute Gründe* gibt, daran zu glauben und ob sich dieser Glaube empirisch bestätigen lässt. Wahrheit wird nicht durch Abstimmung oder Konsens entschieden.

Was eine *objektive Wahrheit* im Gegensatz zu einer bloß intersubjektiven Wahrheit auszeichnet, ist die Art und Weise wie sie begründet wird. Es müssen Argumente und Evidenzen vorgebracht werden, die Menschen müssen *überzeugt* und nicht einfach nur überredet werden. Die wissenschaftliche Vorgehensweise zeichnet sich nach Popper durch ihre *Methoden-Objektivität* aus. Wissenschaftliche Aussagen sind offen für Kritik, beruhen auf empirischen Methoden und sind intersubjektiv überprüfbar. Eine Hellseherin mag zwar unvoreingenommen und unparteiisch urteilen und was sie mit ihren prognostischen Fähigkeiten vorhersagt, mag sogar *zufällig* richtig sein, aber ihre Vorgehensweise ist unwissenschaftlich und daher nicht objektiv. Risjord (2014, S. 23) erklärt die Methoden-Objektivität wie folgt: „A method is reliable insofar as it provides results that are likely to be true. (…) In the reliability sense, objectivity has to do with how well we trust our methods to be free from error." Diese prozedurale Auffassung von Objektivität fasst objektive Wahrheiten als das Ergebnis des Forschungsprozesses unter Verwendung wissenschaftlicher Methoden auf (Hammersley 2011, S. 82). Popper kennzeichnet Objektivität daher nicht durch epistemische Tugenden des Wissenschaftlers oder durch den intersubjektiven Konsens der Wissenschaftsgemeinschaft, sondern durch ihre kritische Tradition: „Was man als wissenschaftliche Objektivität bezeichnen kann, liegt einzig und allein in der kritischen Tradition." (Popper 1979b, S. 112)

Popper (1979b, S. 109 ff.) erzählt eine Anekdote, um seine Auffassung von Objektivität zu untermauern: Auf einer wissenschaftlichen Tagung war neben Popper auch ein Sozialanthropologe anwesend, der die Diskussionen der anderen Teilnehmer aufmerksam verfolgte. Auf die Frage, ob er auch etwas zu der Diskussion beitragen könne, antwortete er, dass er die Debatte lediglich von außen „von einem objektiven Standpunkt aus" verfolge. Er beobachte nämlich, wie einzelne Redner die Gruppe zu dominieren versuchten und auf diese Weise Diskurs-Macht ausübten. Die Debatte sei lediglich „ein Gruppen-Ritual des Verbalisierens". Popper fragte ihn daraufhin, ob er nicht glaube, dass es so etwas wie sachliche Gründe oder Argumente gebe, die gültig oder ungültig sein können. Der Anthropologe antwortete, es sei eine subjektive Illusion zu glauben, dass man zwischen Argumenten und anderen Verbalisierungen oder zwischen objektiv gültigen und ungültigen Argumenten unterscheiden könne. Was Popper hier beschreibt, ist die im Wissenschaftskonstruktivismus beliebte Ethnomethodologie: Die Wahrheit interessiert einen Soziologen nicht, sein Interesse gilt nur den sozialen Interaktionen, also nur dem Intersubjektiven.

In den Naturwissenschaften gilt ein Satz p als *objektiv wahr*, wenn die besten uns zur Verfügung stehenden Theorien und die besten verfügbaren Daten implizieren, dass p wahr ist. Wahrheit in diesem Sinne ist lediglich eine *temporäre* Wahrheit, da sich mit zunehmendem Wissen auch allgemein akzeptierte Wahrheiten als falsch herausstellen können. In ähnlicher Weise wird in der Geschichtswissenschaft Objektivität aufgefasst: Eine historische Aussage ist objektiv wahr, wenn sie mit anerkannten Forschungsmethoden evaluiert wurde und im Einklang mit allen verfügbaren historischen Quellen steht (Faber 1975, S. 24).

In der Wissenschaftssoziologie und feministischen Wissenschaftstheorie ist dagegen die Tendenz weit verbreitet, Objektivität auf Intersubjektivität zu reduzieren. Dies wird mit dem interaktiven sozialen Charakter von Wissenschaft begründet (Longino 1990, S. 68). Wissenschaftliches Wissen wird als soziales Wissen betrachtet (Longino 1990, S. 75). Durch den wissenschaftlichen Diskurs würden Disparitäten in der subjektiven Beurteilung empirischer Daten und Hypothesen ausgeglichen und es entstünde eine multiperspektivische Sichtweise wodurch die Verlässlichkeit und Objektivität von Forschungsergebnissen verbessert werde:

> From all this it follows again that the greater the number of different points of view included in a given community, the more likely it is that its scientific practice will be objective, that is, that it will result in descriptions and explanations of natural processes that are more reliable in the sense of less characterized by idiosyncratic subjective preferences of community members than would otherwise be the case. (Longino 1990, S. 80)

2.6 Objektivität in der Wissenschaft

Wahr ist demnach, was intersubjektive Zustimmung erfährt. Wenn Wahrheit lediglich in sozialer Anerkennung bestünde, würde das zu einem Relativismus führen und jede soziale Gruppe könnte ihre eigenen Wahrheiten postulieren. Ein Dialog oder eine sachliche Auseinandersetzung zwischen diesen Gruppen wäre nicht möglich, weil die intersubjektive Wahrheit ja durch *Anerkennung* und nicht durch Argumente oder objektive Kriterien begründet wird. Nehmen wir einmal an, Gruppe A erkennt X an und Gruppe B hält X für falsch. Dann gibt es zumindest zwei intersubjektive Wahrheiten, weil Wahrheit immer nur innerhalb einer Gruppe gilt. Und jede Gruppe hat ihre eigenen Maßstäbe für Richtigkeit und Wahrheit. Da gibt es die Trump-Anhänger und Trump-Gegner, die Corona-Leugner, Rassisten und Verschwörungstheoretiker. Alle interpretieren die Welt anders und vertreten andere Werte. Wenn alle Perspektiven gleichberechtigt sind, kann man niemanden mehr kritisieren, der eine andere Meinung als man selbst hat.

Helen Longino ist sich dieses Problems durchaus bewusst und greift daher die Idee von Jürgen Habermas auf, Wahrheit nicht einfach als unqualifizierten Konsens, sondern als begründeten diskursiven Konsens zu definieren, der sich als Ergebnis einer argumentativen Auseinandersetzung ergibt (Longino 1990, S. 78 f.; vgl. Habermas 1995, S. 160). Da es sich bei dem Diskurs um einen sozialen Prozess handelt, ist die wissenschaftliche Gemeinschaft die oberste Autorität in Wahrheitsfragen. Damit wird eine ontologische Auffassung von Objektivität abgelehnt: Nicht die Realität entscheidet darüber, ob eine Behauptung wahr ist, sondern die wissenschaftliche Gemeinschaft. Begründung wird als ein dialogischer Prozess verstanden, bei dem auch subjektive Faktoren und soziale Werte eine Rolle spielen können. Die Begründung einer Behauptung geschieht dadurch, dass man sich gegenüber der Gemeinschaft rechtfertigen muss. Begründungen sind nach dieser Auffassung daher stets relativ zu einer Hörerschaft (Rorty 2005b, S. 214).

Bereits Thomas Kuhn (1988, S. 432) vertrat die These, dass bei der Entscheidung zwischen konkurrierenden Theorien individuelle Faktoren eingehen, „die von der Lebenserfahrung und Persönlichkeit des einzelnen abhängen". Auch Martin Kusch (2002, S. 148) erkennt den Unterschied zwischen Begründungs- und Entdeckungszusammenhang nicht an und behauptet kategorisch: „justification is a social status". Für ihn gibt es keine Wahrheit und Objektivität unabhängig von sozialen Institutionen (Kusch 2002, S. 258).

Robert Brandom (1994, S. 599) kritisiert diese Identifikation von Objektivität mit Intersubjektivität: „The identification of objectivity with intersubjectivity so understood is defective in that it cannot find room for the possibility of error regarding that privileged perspective; what the community *takes* to be correct *is* correct." Denn eine solche Auffassung führt zu einem extremen Relativismus und Postfaktualismus. Wenn man Wahrheit von Wirklichkeit entkoppelt und sie als konsensuelle Meinung einer sozialen Gruppe betrachtet, dann kann jede Gruppe ihre eigene Wahrheit vertreten, ohne befürchten zu müssen, von der Wirklichkeit widerlegt zu werden. Argumente und Begründungen mögen für Longino eine Rolle spielen, aber was für sie hinzukommen muss, um eine Behauptung wahr zu machen, ist die *Zustimmung* der Gemeinschaft. Man kann dies als autoritäres Modell von **Wahrheit** bezeichnen. Wenn beispielsweise Kopernikus glaubt, dass sich die Erde um die Sonne bewegt, dann wäre dies so lange falsch, bis sich die Wissenschaftsgemeinschaft entschließt, die Kopernikanische Lehre anzuerkennen. Wahrmacher sind demnach nicht die Tatsachen, sondern die wissenschaftliche Gemeinschaft.

Für Longino (1990, S. 67) ist Wissenschaft eine soziale Praxis, bei der viele Individuen gemeinsam an einem Projekt arbeiten und im Diskurs ihre Hypothesen und Theorien begründen. Es scheint so, als ob Einzelpersonen gar nicht in der Lage wären, Wissenschaft zu betreiben und Ergebnisse zu produzieren. Aber manchmal werden wissenschaftliche Revolutionen von Forschern angestoßen, die als Einzelkämpfer außerhalb der wissenschaftlichen Community arbeiten und forschen. Betrachten wir als Beispiel wie Albert Einstein die Spezielle Relativitätstheorie entwickelte. 1905 war Einstein Beamter am Eidgenössischen Patentamt in Bern und arbeitete fern von der scientific community an einer Theorie, die er im gleichen Jahr unter dem Titel „Zur Elektrodynamik bewegter Körper" in den Annalen der Physik veröffentlichte und die später als wissenschaftliche Revolution gefeiert wurde. Einstein war nicht in ein wissenschaftliches Netzwerk eingebunden. Von einem Diskurs, d. h. einem interaktiven Austausch mit anderen Kollegen, kann hier nicht die Rede sein. Lediglich seinen Kollegen Michele Besso und Joseph Sauter, die ebenfalls am Berner Patentamt angestellt waren, erläuterte er seine Ideen. Einstein hätte sich ebensogut auf eine einsame Insel zurückziehen und dort seine Relativitätstheorie ausarbeiten können. In seiner bahnbrechenden Arbeit erwähnte er die Vorarbeiten von Lorentz, Fitzgerald und Poincaré, die den Weg zur Speziellen Relativitätstheorie ebneten, nicht. Im Unterschied zu heutigen akademischen Gepflogenheiten enthält Einsteins Publikation kein Literaturverzeichnis.

Nimmt man Longinos und Kuschs These ernst, dass Begründungen einen sozialen Status haben und nur von einem Denkkollektiv geleistet werden können, so könnte man Einstein nicht als Begründer der Speziellen Relativitätstheorie bezeichnen. Die Theorie wäre erst dann objektiv gültig, wenn sie allgemeine Anerkennung fände. Einstein musste auf diese Anerkennung viele Jahre warten. Aber diese Auffassung ist kontraintuitiv. Denn die Zustimmung macht eine Theorie nicht wahrer oder objektiv richtiger. Eine Begründung erfolgt durch Argumente und nicht durch das Plazet anderer Wissenschaftler. Naturgesetze müssen im Gegensatz zu rechtlichen Verordnungen nicht von einer Autorität beschlossen und verabschiedet werden.

Longino (1990) und Harding (2015, S. 37) lehnen die Forderung nach Wertfreiheit und Wertneutralität in der Wissenschaft ab. Die Wertfreiheitsthese sei ein antiquiertes Relikt positivistischer Wissenschaftstheorie. Damit wird gleichzeitig auch die Unterscheidung von Begründungs- und Entdeckungszusammenhang zurückgewiesen. Für Elizabeth Lloyd (1995, S. 352) ist Erkenntnis genderabhängig. Und Sandra Harding (2015, S. 27, 34) macht den verbreiteten Sexismus, Androzentrismus und Eurozentrismus für die fehlende Objektivität wissenschaftlicher Forschung verantwortlich. Es gebe daher keinen abgeschotteten rationalen Bereich des Begründens und ein von Werten unbeeinflussten Bereich des Entdeckens. Erkenntnis sei immer interessegeleitet und von Machtverhältnissen abhängig.

2.6 Objektivität in der Wissenschaft

Als weiteres Argument gegen die Trennung von Tatsachen und Werten wird die *Unterbestimmtheitsthese* von Duhem und Quine genannt. Die Unterbestimmtheitsthese besagt, dass es verschiedene Theorien gibt, die gleichermaßen gut mit der Erfahrung übereinstimmen und kein Experiment zwischen ihnen zu entscheiden vermag. Die Unterbestimmtheit öffne einen Freiraum für unterschiedliche Interpretationen, sodass bei der Theoriewahl letztlich nicht empirische Daten und objektive Argumente den Ausschlag für die Bevorzugung einer Theorie geben, sondern individuelle Faktoren und subjektive Präferenzen (Kuhn 1988, S. 432; Harding 1995, S. 331 f.). Sind zwei Theorien gleichermaßen gut empirisch bestätigt, entscheidet man sich in der Regel für die einfachere und elegantere Theorie. Ebenso wie Sandra Harding weist auch Thomas Kuhn darauf hin, dass die Entscheidung für eine Theorie nicht immer allein durch Argumente und Beweise gerechtfertigt werde (Kuhn 1988, S. 421).

Trotzdem folgt daraus nicht, dass man die Unterscheidung zwischen Begründungs- und Entdeckungszusammenhang aufgeben muss. Werte, Interessen und Gefühle mögen zwar bei der persönlichen Entscheidung zwischen konkurrierenden Theorien ausschlaggebend sein, sie gehen aber nicht in die *Begründung* einer Theorie ein, weil sie keine argumentative Kraft haben. Begründen ist ein logisches Verfahren, bei dem die zu begründende Behauptung aus Prämissen abgeleitet wird. Würden Werte eine Rolle spielen, müssten sie als normative Prämissen in die Begründung eingehen. Aber da die zu begründenden Thesen deskriptive Aussagen sind, können sie wiederum nur aus deskriptiven Prämissen abgeleitet werden. Man mag, wie es z. B. Peter Galison in seinem Buch „Einsteins Uhren, Poincarés Karten" (2003) tut, historische, soziale und psychologische Einflüsse aufzeigen, die Einstein zur Entwicklung der Speziellen Relativitätstheorie motivierten, aber man wird daraus nicht seine Formel zur Massenzunahme bewegter Körper herleiten können.[9]

Wissenschaftsexterne Werte haben nach Gerhard Schurz (2013, S. 313) im Begründungszusammenhang nichts zu suchen: „Ein bestimmter Bereich der Wissenschaften, nämlich ihr *Begründungszusammenhang,* soll frei sein von fundamentalen *wissenschaftsexternen* Wertannahmen." Schurz gibt zu, dass Werte durchaus einen Einfluss auf den Entdeckungs- und Verwertungszusammenhang haben, z. B. bei der Wahl des Forschungsgegenstandes und bei der Aufstellung von Hypothesen. Welche Ziele die Forschung verfolgen soll, welche Forschungsprojekte gefördert werden sollen, und welche technischen Anwendungen intendiert sind, unterliegt sehr wohl politischen Einflüssen und gesellschaftlichen Wertvorstellungen. Ziele und Werte werden von der Politik oder der Gesellschaft vorgegeben. Die Wissenschaft kann lediglich herausfinden, welche Mittel geeignet sind, um diese Ziele zu erreichen: Wenn das Ziel Z erstrebenswert ist und Z nur durch das Mittel M erreicht werden kann, dann ist auch die Realisierung des Mittels M erstrebenswert (Schurz 2013, S. 308). Zum Beispiel: Wenn wir die Zahl der Neuinfektionen in der Corona-Pandemie reduzieren wollen, dann müssen wir geeignete Maßnahmen

---

[9] Welche desaströsen Folgen sich ergeben, wenn Werte anstatt Gründe forschungsleitend werden, zeigen die Beispiele Phrenologie (Poskett 2019), Lyssenkoismus (deJong-Lambert 2012) und die Rassenforschung (Sussman 2014).

wie Maskenpflicht, Abstandsgebote, Hygienemaßnahmen und Kontaktbeschränkungen erlassen. Wissenschaftliche Experten können nur konditionale Empfehlungen geben, aber sie sollten selbst keine Werte postulieren.

Manchmal wird Objektivität auch mit Wertfreiheit gleichgesetzt (Douglas 2004, S. 459 f.). „Objective means detached, disinterested, unbiased, impersonal, invested in no particular point of view (or not having a point of view)." (Lloyd 1995, S. 353) Gegen die Tatsachen-Werte-Dichotomie wird das Argument vorgebracht, dass Begriffe selbst wertgeladen sein können (Risjord 2014, S. 28 f.). Wörter sind an sich wertneutral. Werte sind mentale Haltungen und Einstellungen menschlicher Individuen. Sie entstehen durch unseren Umgang mit der Sprache und durch die Art und Weise, wie wir Wörter gebrauchen. Mithilfe der Sprache können wir unsere Gefühle und Einstellungen gegenüber Personen oder Ereignissen ausdrücken. Moralische und politische Begriffe haben immer einen emotionalen Gehalt. Begriffe wie Freiheit, Rassismus, Armut, oder Arbeitslosigkeit sind zweifellos werthaltig. Insbesondere in den Sozial- und Geschichtswissenschaften scheint die Forderung nach Wertfreiheit oder Wertneutralität nicht erfüllbar zu sein. Ein Satz wie z. B. „In Auschwitz sind Tausende von Menschen ermordet worden" ist ein typischer Hybridsatz, der Tatsachen und Wertungen miteinander verknüpft. Einen solchen Satz können wir nicht einfach emotionslos zur Kenntnis nehmen. Die Frage, wie viele Menschen in Auschwitz ums Leben gekommen sind, mag eine Tatsachenfrage sein. Aber in welchen Fällen es um Mord oder „nur" um ein Sterbenlassen geht, ist eine normative Frage. Bezeichnenderweise wird der Vorwurf mangelnder Objektivität im Auschwitz-Beispiel gerade von Holocaust-Leugnern und -Relativierern erhoben und soll von den eigentlichen Tatsachen ablenken. Man kann daher durchaus Tatsachen von normativen Festsetzungen und Bewertungen unterscheiden. Man muss im obigen Beispiel lediglich den Begriff des Mordes präzise definieren. Wertungen können in Begriffsdefinitionen eingehen, z. B. je nachdem, ob man einen Begriff eng oder weit fasst und welche Dinge oder Ereignisse unter den Begriff fallen. Hat man sich aber einmal auf eine Definition geeinigt, dann kann man stets entscheiden, ob ein Mord vorliegt oder nicht.

Der obige Satz lässt sich daher wertneutral begründen, indem man die juristische Definition von Mord auf das Auschwitz-Beispiel anwendet und ermittelt, wie viele Menschen in Auschwitz ermordet wurden. Die Objektivität wissenschaftlicher Begründungen kann folglich nicht mit Hinweis auf die Werthaltigkeit von Aussagen infrage gestellt werden. Gäbe man das Objektivitätsideal auf, würde Wissenschaft parteiisch werden. Man könnte Tatsachen so interpretieren, dass sie in das eigene Wertesystem passen oder unbequeme Tatsachen gänzlich ignorieren. Den Objektivitätsanspruch aufzugeben würde bedeuten, Wissenschaft aufzugeben. Das Ziel der Wissenschaft besteht gerade darin, Erkenntnisse zu gewinnen, die *unabhängig* von subjektiven Interessen und Befindlichkeiten sind. Man kann sich die Welt nicht so zurechtlegen, wie es einem passt. Um Tatsachen zu beschreiben, brauchen wir keine Werte oder Gefühle.

2.6 Objektivität in der Wissenschaft

Während Helen Longino Objektivität durch Intersubjektivität ersetzen will, schlägt Sandra Harding einen anderen Weg ein: Sie ersetzt den althergebrachten Objektivitätsbegriff durch eine andere Auffassung von Objektivität, die sie „starke Objektivität" nennt. Objektivität im Sinne von Wertfreiheit, Unvoreingenommenheit und Interesselosigkeit gibt es für Harding nicht. Stattdessen fordert sie, sich der Interessen, Werte und politischen Einflüsse, die in der Wissenschaft herrschen, bewusst zu werden und sie kritisch zu hinterfragen. Dabei wendet sie sich gegen eine Entpolitisierung der Wissenschaft – im Gegenteil: Wissenschaftler sollen Werte offensiv vertreten, wie z. B. Gender-Gerechtigkeit, Diversität und Anti-Rassismus (Harding 1995, S. 335; Harding 2015, S. 35). Harding greift die Standpunkttheorie auf, nach der benachteiligte soziale Gruppen aufgrund ihrer eigenen Erfahrungen epistemisch privilegiert seien: „Standpoint theory claims that starting from women's lives is a way of gaining less false and distorted results of research." (Harding 1995, S. 346) Dominante soziale Gruppen seien aufgrund ihres immanenten Sexismus und Androzentrismus epistemisch korrumpiert. Daher stellt Harding die Werte und Sichtweisen marginalisierter Gruppen in den Vordergrund und fordert eine „Wissenschaft von unten" (Harding 2015, S. 46): „In any particular research situation, one is to start off research from the lives of those who have been disadvantaged by, excluded from the benefits of, the dominant conceptual frameworks." (Harding 1995, S. 344)

In gewisser Weise ist ein solcher Ansatz paradox: Objektivität ist nach allgemeinem Verständnis das Gegenteil von Subjektivität. Wissenschaft soll gruppenblind sein, d. h. keine soziale Gruppe bevorzugen oder benachteiligen. Harding dagegen will Objektivität durch mehr Subjektivität erreichen und bestimmte gruppenspezifische Interessen in den Vordergrund stellen. Lorraine Code (2008, S. 726) vertritt einen ähnlichen Ansatz und dringt darauf, in der Wissenschaft subjektive Sichtweisen stärker zu berücksichtigen: „subjectivity has to be taken into account".

Noretta Koertge (2013, S. 248) kritisiert den Ansatz von Harding und wirft ihr eine ideologische Haltung vor: „Es entbehrt nicht einer gewissen Ironie, dass die Vertreter der emanzipatorischen Position dafür eintreten, die Inhalte der Wissenschaften ideologisch zu beschränken." Koertge (2013, S. 249) sieht die Gefahr, dass die Wissenschaften dadurch politisch gesteuert würden und „nicht nur ihre erkenntnistheoretische Berechtigung, sondern auch ihre rhetorische und politische Nützlichkeit verlieren würden". Daher fordert sie: „Wir sollten jeden Versuch unternehmen, Politik und Religion aus dem Labor herauszuhalten." (Koertge 2013, S. 247)

Es ist legitim und richtig, dass Wissenschaftler Werte vertreten. Jedoch sollten dies demokratische und gesamtgesellschaftliche Werte und keine gruppenspezifischen Werte sein. Was Harding propagiert, könnte man einen Sklavenaufstand der Moral in der Wissenschaft bezeichnen. Die dominanten Werte der herrschenden Klasse sollen durch die Werte der unterdrückten Klasse ersetzt werden. Aber wie Nietzsche bereits richtig erkannte, können sich die Herrschaftsverhältnisse auch umkehren und die zuvor marginalisierten Minderheiten zur neuen privilegierten Klasse werden: „Diese Schwachen – irgendwann einmal nämlich wollen auch *sie* die Starken sein, es ist kein Zweifel, irgendwann soll auch *ihr* „Reich" kommen." (Nietzsche, GM I § 15, KSA 5, S. 283) Machtungleichgewichte lassen sich auf diese Weise nicht beseitigen – im Gegenteil: Die alten Machtverhältnisse werden nur durch neue Machtverhältnisse ersetzt.

Ebenso wie Harding postuliert auch Rorty eine Priorität des Ethischen vor dem Epistemischen und fordert Solidarität statt Objektivität. Rorty schlägt sich in dem Dilemma zwischen Relativismus und Ethnozentrismus auf die Seite des Ethnozentrismus: „Wir sollten sagen, daß wir in der Praxis die eigene Gruppe bevorzugen müssen, obwohl es keine nichtzirkuläre Rechtfertigung dieses Verhaltens geben kann." (Rorty 2005a, S. 26) Objektivität ist für ihn – ebenso wie für Longino – „der Wunsch nach möglichst weitgehender intersubjektiver Übereinstimmung" (Rorty 2005a, S. 15) und wahr sind diejenigen Überzeugungen, die wir zu glauben für gut befinden (ebd., S. 16). Damit liefert Rorty eine philosophische Grundlage für den Postfaktualismus: Ein Postfaktualist glaubt nur an das, was er oder die eigene soziale Gruppe für wahr halten. Wahrheit wird durch Glaube oder bloße Meinung ersetzt und von Gruppenkonformität bestimmt.

2.7 Objektivität im Journalismus

Die Arbeit eines Journalisten kann mit der eines Wissenschaftlers verglichen werden. Auch ein Journalist ist auf der Suche nach der Wahrheit. Er will ein möglichst objektives Bild der Ereignisse vermitteln, die Welt deuten und Wissen liefern. Die empirische Grundlage journalistischer Recherche bilden Agenturmeldungen, Dokumente, Bilder, Interviews und Augenzeugenberichte. Für den Journalismus gelten ähnliche Objektivitätskriterien wie in der Wissenschaft: Ein Journalist soll neutral, unvoreingenommen, unparteiisch und wahrheitsgemäß berichten. Nachrichten sollen sachlich gehalten sein und von Kommentaren und persönlicher Meinung getrennt werden. Der Journalist muss Berichte verifizieren können und seine Quellen angeben.

Diese hohen Objektivitätsstandards sind in die Kritik geraten, wobei die Argumente dieselben sind wie bei der Kritik am wissenschaftlichen Objektivitätsideal. Brian und Matthew Winston (2021, S. 7) glauben, dass eine Enthaltung von subjektiven Urteilen und Einflüssen schlicht undurchführbar sei: „the idea of a human being not being subjective is a contradiction in terms". Aufgrund der Theoriengeladenheit der Wahrnehmung könnten Tatsachen nicht einfach wahrgenommen werden, sondern müssten stets interpretiert werden (Munoz-Torres 2012, S. 572). Zudem könnten Tatsachen und Werte nicht strikt voneinander getrennt werden. Allein schon die Selektion von Nachrichten und die Beurteilung ihrer Wichtigkeit sei von Werten abhängig (Munoz-Torres 2012, S. 573 f.). Medien stellen immer nur einen bestimmten Ausschnitt aus der Wirklichkeit dar und berichten aus einer bestimmten Perspektive, wobei die Informationsauswahl und die Art

2.7 Objektivität im Journalismus

der Berichterstattung von medialen Gatekeepern bestimmt werden. Der Medienkonstruktivismus lehnt die Korrespondenztheorie der Wahrheit ab. Siegfried Weischenberg und Armin Scholl (1995, S. 220 f.) begründen dies wie folgt:

> Erstens repräsentieren Journalisten in ihren Aussagen nicht die Welt, sondern konstruieren Weltbilder; sie sind Beobachter (zweiter Ordnung), die Ergebnisse von Unterscheidungen präsentieren, die sie selbst gemacht haben. Medien sind keine Fotoapparate; auch Fotografen sind keine Fotografen. Journalisten stellen auf der Grundlage dieser Unterscheidungen Beziehungen und damit am Ende Konstruktionen her, die sie selbst gemacht haben. Zweitens entscheidet letztlich der einzelne Journalist, in welcher Weise welchen Ereignissen welche Bedeutung zugewiesen wird. Dies bedeutet, daß sich Journalisten nicht hinter dem Begriff ‚Objektivität' verstecken können.

Diese Kritik ist nachvollziehbar. Denn Journalisten haben oftmals keinen direkten Zugang zu den Informationen und sind auf Berichte anderer Personen, z. B. Insidern, Whistleblowern und Augenzeugen, angewiesen und müssen dem Wahrheitsgehalt ihrer Aussagen vertrauen. Besonders bei der Kriegsberichterstattung haben Journalisten nicht die Möglichkeit, Aussagen von Augenzeugen mit der Wirklichkeit zu vergleichen, weil der Aufenthalt in Kriegsgebieten zu gefährlich ist. Im Gegensatz zu Wissenschaftlern, die ihre Beobachtungsobjekte im Labor direkt vor sich haben, werden im Journalismus die Informationen von Boten übermittelt. Der Wahrheitsgehalt einer Nachricht, die beim Empfänger ankommt, hängt von der Glaubwürdigkeit der Quelle und der Vertrauenswürdigkeit des Boten ab. Als journalistische Wahrheitskriterien kommen daher u. a. Kohärenz und intersubjektive Übereinstimmung in Betracht. Berichten mehrere unabhängige Quellen übereinstimmend über einen Sachverhalt, erhöht dies die Wahrscheinlichkeit, dass die Nachricht wahr ist.

Nach Christopher Meyers (2019, S. 228 ff.) geht der journalistische Objektivitätsanspruch von einem naiven Empirismus aus und berücksichtigt nicht die Filterfunktion von Medien (vgl. Frost 2011, S. 76 ff.). Die Filter sind begriffliche Schemata, nach denen die Wahrnehmung und die Interpretation des Wahrgenommenen strukturiert wird: „These include, among other factors, the observers' history, values, experience, politics, religion, and educational background." (Meyers 2019, S. 229) Medien sind daher keine passiven Spiegel der Welt, die Geschehnisse eins zu eins abbilden, vielmehr geben sie die Wirklichkeit immer nur verzerrt wieder. Maras (2013, S. 66) und Meyers (2019, S. 234) sprechen von unsichtbaren ideologischen Frames, durch die Nachrichten gefiltert werden. Ereignisse werden nicht einfach unvermittelt wiedergegeben, sondern müssen von Journalisten interpretiert und eingeordnet werden: „all works of journalism are interpretations to some degree" (Ward 2011b, S. 224). Gegen das Objektivitätsideal wird auch das Argument der politischen und sozialen Situiertheit des Reporters bzw. Journalisten vorgebracht, die zu einer unvermeidlichen Subjektivität der Berichterstattung führe (Conway 2020, S. 96; Winston 2021, S. 160). Siegfried J. Schmidt (1994, S. 268 f.) kommt daher zu dem Schluss: „Medien liefern eben kein objektives Abbild der Wirklichkeit, sie werden vielmehr benutzt, um Wirklichkeiten zu konstruieren."

Der Medienkonstruktivismus kann jedoch kontraproduktiv wirken. Die meisten Mediennutzer sind nämlich Realisten: Sie wollen keine „konstruierten" Wirklichkeiten, sondern erwarten eine objektive Berichterstattung. Wenn Medienwissenschaftler offen bekennen, dass Medien nicht objektiv seien, kann dies zu einem Medienverdruss führen und eine Hinwendung zu Fake-News-Medien bewirken, die ihren Nutzern die Wahrheit und nichts als die Wahrheit versprechen.

Die journalistische Objektivitätsnorm wird manchmal auch als Neutralitätsforderung verstanden, nach der Journalisten ihre persönliche Meinung zurückstellen und ausgewogen berichten sollen. Ausgewogenheit heißt konkret: Wenn es bei einem politisch kontroversen Thema zwei konträre Meinungen gibt, sollen beide Seiten zu Wort kommen, ihre Standpunkte gehört werden und die Bewertung den Lesern überlassen bleiben. Dies führt in vielen Fällen zu einem konturlosen „he said, she said"-Journalismus (Maras 2013, S. 64), bei dem jeder seine Meinung sagen darf, aber keine diskursive Auseinandersetzung stattfindet. Heißt dies etwa, dass das Weltbild von Verschwörungstheoretikern gleichrangig und gleichgewichtig gegen etabliertes wissenschaftliches Wissen gestellt werden darf? Wenn alle Perspektiven gleichwertig behandelt werden, führt dies zu einem Relativismus (Durham 1998, S. 124 ff.). Dentith (2017, S. 72) sieht daher in einem falsch verstandenen Balancing ein Einfallstor für Fake News: „*false* balance arguably allows fake news to flourish".

Diese Kritik am Balancing ist durchaus berechtigt, da ihm ein falsches Objektivitätsverständnis zugrunde liegt. Denn wenn man unter der Verpflichtung zu journalistischer Objektivität das Streben nach Wahrheit versteht, dann kann man wahre Nachrichten und Fake News nicht als gleichrangige Ansichten gegenüberstellen. Ein Journalist muss zu Lügen klar Stellung beziehen und kann z. B. Trumps unbewiesene Behauptungen über die angeblich gefälschte Präsidentschaftswahl 2020 nicht einfach unkommentiert stehen lassen. Tatsächlich wird das Balancing und der Wahrheitsrelativismus gerade von einem „alternativen Journalismus" (Atton 2010, S. 172 f.) und postmodernen Medientheorien propagiert, die das Objektivitätsideal ablehnen. Brian und Matthew Winston (2021, S. 11) glauben, dass es keine klaren Unterschiede zwischen Wahrheit und Falschheit im Journalismus gebe, vielmehr bewege sich ein Journalist ständig in einer Grauzone zwischen Faktizität und Fiktionalität:

> There is, then, no meaningful true/false binary in journalism, and to ground a discussion of journalism's function in such terms is obfuscating. The issue of the ‚truthfulness' of journalism is less a matter of black or white – honest or mendacious representation – than it is a matter of infinite shades of grey.

Wenn es aber keine klaren Kriterien zur Unterscheidung von Wahrheit und Falschheit gibt, wie Winston behauptet, dann wäre der Journalist gezwungen, sich ständig in einer postfaktischen Grauzone zu bewegen. Die Ablehnung des Wahrheits- und Objektivitätsideals

2.7 Objektivität im Journalismus

führt somit zu einem „post-truth journalism" (Maras 2013, S. 76), der die Auffassung vertritt, dass die jeweils herrschende Ideologie bestimmt, was wahr und wirklich ist: „What counts as ‚truth' in a given instance is determined by who has the power to define reality." (Allan 2010, S. 149)

Geoffrey Baym (2010, S. 379) geht noch weiter und verteidigt Fake News als Opposition gegen die herrschende Meinung, weil sie eine breitere Meinungsvielfalt widerspiegelten: „the fake news instead challenges the claims offered by those in power". Und er preist sie als „Weg der Zukunft": „fake news may indeed be ‚the way of the future'" (Baym 2010, S. 382).

Objektivitätskritik wird oft mit einer Ideologiekritik verknüpft. Die Ideologietheorie beruht auf einem sozialen Determinismus, nach dem das soziale Sein das Bewusstsein bestimmt. Die gesellschaftlichen Zustände werden dafür verantwortlich gemacht, dass die Menschen die Wahrheit nicht erkennen können. Demnach formieren soziale Strukturen, Medien und Machtstrukturen unsere Erfahrung und deformieren unsere Wirklichkeitswahrnehmung: „In this approach, the news media are understood to reproduce the hegemonic or dominant ideologies of capitalist society, in the service of powerful commercial and state interests." (Calcutt und Hammond 2011, S. 105) Herbert Marcuse (1979) verdächtigt die Massenmedien der kapitalistischen Welt einer „Manipulation der Bedürfnisse" und „neuen Form der Kontrolle", die den Menschen zu einem „eindimensionalen Denken" zwinge. Daher könne es auch keine Objektivität geben: „there are only competing perspectives, none of them ‚true'" (Calcutt und Hammond, ebd.). Objektivität wird als politisches Konstrukt betrachtet (Allan 1995, S. 135). Politische Diskurse und Machtstrukturen wirken demnach als ideologische Frames, die ein verzerrtes Bild der Wirklichkeit liefern: „frames distort or fail to measure up to a reality" (Maras 2013, S. 68). Objektivitätsnormen werden generell unter Ideologieverdacht gestellt, da sie angeblich nur die Sichtweise der herrschenden Gruppe verbreiteten und abweichende Meinungen, die außerhalb des gesellschaftlichen Konsenses stehen, unterdrückten (Raeijmaekers und Maeseele 2017, S. 649). Raeijmaekers und Maeseele (2017, S. 652) sehen aber auch den gesellschaftlichen Konsens kritisch, denn: „every consensus is always at least partially the result of ideological domination and exclusion".

Wenn Realität immer schon sozial konstruiert ist und ideologisch verzerrt dargestellt wird, dann macht die „Verzerrungsthese" keinen Sinn, weil es dann keine unverzerrte Realität hinter der Konstruktion geben kann. Ideologiekritik kann daher nicht zu einer Entzerrung der Berichterstattung beitragen, weil sie selbst nur eine perspektivische Sichtweise neben anderen darstellt und kein objektives oder objektiveres Bild liefern kann. Ein falsches Bewusstsein kann nicht dadurch überwunden werden, dass man die dominante Perspektive einfach kippt und durch eine andere Perspektive ersetzt, denn: „there is no such thing as absolute truth" (Raeijmaekers und Maeseele 2017, S. 649).

Die Verzerrungsthese entzieht sich einer empirischen Überprüfung. Denn sie ließe sich nur unter Heranziehung sozialer Erfahrungen oder Tatsachen überprüfen. Nun sind aber eben diese Erfahrungen und Tatsachen selbst wiederum ideologisch geprägt. Folglich gibt es keine theorieunabhängige neutrale Instanz, die in der Lage wäre, die Ideologiethese auf die Probe zu stellen. Die These ist daher selbstbestätigend und nicht falsifizierbar.

Ideologiekritik bleibt trotz aller Kritik am korrespondenztheoretischen Wahrheitsbegriff in einem binären wahr-falsch-Denken gefangen: Da gibt es auf der einen Seite die dominante Gruppe, die dank ihrer hegemonialen Macht in den Medien ein falsches Bild der Wirklichkeit liefert und auf der anderen Seite die marginalisierten und benachteiligten Gruppen, die aufgrund ihres aufgeklärten sozialen Bewusstseins den falschen Schein entlarven und die Welt somit richtig sehen – oder zumindest den Anspruch erheben, die Welt unverfälscht zu sehen. Chambers (2017, S. 179) spitzt dies auf die Frage zu: „If our thoughts and practices are always shaped by ideology, how can we know what is right or wrong, good or bad?" Allein die Tatsache, dass es möglich ist, die falsche mediale Darstellung aufzudecken, zeigt doch, dass man einer objektiven Sichtweise zumindest näherkommen kann.

Um ethnozentrische, rassistische oder sexistische Vorurteile zu entlarven, stellt der Standpunkt-Journalismus die Perspektive diskriminierter Minderheiten in den Vordergrund: „In other words, a critical examination of the journalist and the journalistic institution from the perspective of the most marginalized „object" of investigation would be at the core of every news story." (Durham 1998, S. 132) So schlägt Durham vor, in Reportagen die subjektive Sichtweise marginalisierter Gruppen einzubringen. Damit wird das Neutralitätsgebot bewusst verletzt. Der Journalismus wird parteiisch, der Journalist wird zum sozialen Aktivisten und zum Gehilfen der Identitätspolitik und des Klassenkampfes. Aber wer gehört zu den marginalisierten Gruppen? Wer bestimmt, welche Gruppe diesen Status beanspruchen darf? (Ryan 2001, S. 15) Gehören etwa Corona-Leugner oder Verschwörungstheoretiker dazu?

Das traditionelle Verständnis von Objektivität hat zweifellos seine Schwächen. Aber wenn Journalisten das Streben nach einer möglichst objektiven Berichterstattung aufgeben und Wahrheit zum Ausdruck subjektiver Überzeugungen oder eines Klassenstandpunkts machen, dann überlassen sie dem Postfaktualismus das Feld. Wahrheit wird so zum Spielball sich bekämpfender sozialer Gruppen und Spiegel politischer Machtverhältnisse. Kommt es allerdings zu einem Machtwechsel, dann ändern sich die Wahrheiten. Was vorher wahr war, wird jetzt falsch und umgekehrt. Objektivität bedeutet nicht, sich neutral zu verhalten und Wahrheit und Fake News als gleichwertige Meinungen zu akzeptieren. Die Verpflichtung zu Wahrheit und Objektivität ist unverzichtbar für die journalistische Arbeit. Stephen Ward (2011a, S. 137 f.) schreibt:

> Without clear notions of truth and objectivity, media ethics lacks the resources to distinguish between good and bad journalism and lacks the authority to critique dubious practice. If journalists dismiss truth and objectivity as impossible, or as a cultural myth, they open the doors to subjective and misleading journalism. Who can criticize a biased journalist or critique subjective reporting if we doubt the ideal of truthful, objective journalism? On what basis do we critique journalism if we question the difference between truth and falsity, between subjectivity and objectivity? How can we complain about biased reporting if we no longer expect

2.7 Objektivität im Journalismus

journalists to be objective? If everything is simply one's perspective, why bother constructing stories according to careful methods and demanding criteria?

Ward (2011a, S. 119) warnt vor einem postmodernen Wahrheitsskeptizismus und empfiehlt einen pragmatischen Objektivitätsbegriff, der die Schwächen des traditionellen Objektivitätsbegriffs vermeidet, aber dennoch am Wahrheitsbegriff festhält. Ward nimmt somit eine moderate Position ein zwischen einem positivistischen Objektivitätsverständnis und einer sozialkonstruktivistischen Objektivitätskritik. Journalisten bilden seiner Meinung nach die Wirklichkeit nicht eins zu eins ab, sie stellen keine Tatsachen dar, sondern interpretieren sie. Aber Interpretationen können nicht beliebig sein, sondern müssen wahrheitsadäquat sein: „Interpretations must in some way agree with the way the world is." (Ward 2011a, S. 149). Ein Journalist sollte daher seine eigene Meinung zurückstellen und Vorurteile so weit wie möglich ausschließen. Berichte müssen kohärent und empirisch adäquat sein. Ward beruft sich auf die *Kohärenztheorie der Wahrheit:*

> Truth refers to (a) interpretations that fit well with the best available conceptual scheme on a topic, or (b) theories (as complex interpretations) that offer a more coherent account than rival systems. The idea of truth for coherence theory is holistic, involving the coherence of many beliefs. This stress on coherence fits very well pragmatic inquiry's idea of interpretations as the product of conceptualization and theorizing. (Ward 2011a, S. 146)

Die Frage, was Wahrheit ist, ist daher nicht nur für den Journalismus relevant, sie bildet den Dreh- und Angelpunkt in der Auseinandersetzung mit dem Postfaktualismus. Gibt es so etwas wie objektive Wahrheit? Wie lässt sie sich definieren und erkennen? Oder ist Wahrheit lediglich ein soziales Konstrukt? In der Philosophie gibt es keine einheitliche Definition von Wahrheit, vielmehr wurden verschiedene miteinander konkurrierende Wahrheitstheorien, wie z. B. die Korrespondenz- und Kohärenztheorie, entwickelt. Im nächsten Kapitel will ich einen Überblick über diese unterschiedlichen philosophischen Ansätze geben und ein erkenntnistheoretisches Modell vorschlagen, das geeignet ist, zwischen diesen konträren Positionen zu vermitteln.

Faktizität und Wahrheit   3

Der Postfaktualismus lehnt einen metaphysischen Wahrheitsbegriff ab, erklärt Wahrheit zu einem sozialen Phänomen und koppelt sie so von der Wirklichkeit ab. Auch wenn der Postfaktualismus mit seinen relativistischen Tendenzen inakzeptabel erscheint, stellt er dennoch eine Herausforderung für die Philosophie und Medientheorie dar. Denn er kann einige gewichtige erkenntnistheoretische Argumente vorweisen, die nicht ignoriert werden können: Da ist zum einen die Kontextabhängigkeit von Bedeutungen sowie die Perspektivität und soziale Bedingtheit von Wissen. Absolute Wahrheiten und unbestreitbare Tatsachen gibt es nicht, vielmehr sind sie stets theoriegeladen und interpretationsbedürftig. Wir nehmen die Welt aus einer bestimmten Perspektive wahr, die historisch, kulturell und sozial geprägt ist. Wenn es keine perspektivenunabhängigen Tatsachen gibt und die Realität uns kognitiv unzugänglich ist, wie sollen wir dann zwischen Wahrheit und Fake unterscheiden können? Wollen wir am Begriff der Wahrheit festhalten und ihn nicht einem Relativismus zum Opfer fallen lassen, brauchen wir eine Erkenntnistheorie, die Wahrheit nicht zu einer beliebig verhandelbaren, sozial konstruierten Übereinkunft macht, sondern an die Wirklichkeit bindet. Ich will in diesem Kapitel einen Überblick über verschiedene Wahrheitstheorien geben, ihre Stärken und Schwächen diskutieren und das Modell des perspektivischen Realismus vorstellen, das einen Kompromiss zwischen Perspektivismus und Realismus aufzeigt.

3.1 Die Korrespondenztheorie der Wahrheit

Die Korrespondenztheorie der Wahrheit besagt, dass ein Satz wahr ist, wenn er mit der Wirklichkeit übereinstimmt. Trotz aller berechtigten philosophischen Einwände, die im 20. Jahrhundert gegen die Korrespondenztheorie erhoben wurden, muss man ihr zugutehalten, dass sich diese Auffassung von Wahrheit im Alltag bewährt hat. Die Korrespondenztheorie geht von einem Realismus aus und macht Wahrheit nicht zu einer beliebigen diskursiven Konstruktion. Dies unterscheidet sie von anderen Wahrheitstheorien und ist ihre große Stärke. Wenn jemand behauptet, dass auf dem Baum im Garten ein Rotkehlchen sitzt, dann kann die Wahrheit dieses Satzes durch Beobachtung überprüft werden. Wir schauen einfach nach, ob es stimmt, indem wir den behaupteten Sachverhalt mit unserer Wahrnehmung vergleichen. Wenn Satz und Wirklichkeit korrespondieren, dann ist der Satz wahr; und wenn nicht, dann ist er falsch.

Aber ganz so einfach ist es nicht. Betrachten wir hierzu den Satz „Es regnet". Wenn nur ein paar Tropfen fallen, ist der Satz dann wahr? Wie viele Tropfen müssen pro Minute pro Quadratmeter fallen, damit wir von Regen sprechen können? Unsere Alltagssprache ist notorisch unpräzise. Regen ist ein vager Begriff, dessen Extensionsbereich unklare Grenzen hat. Man kann solche Vagheiten einfach dadurch ausräumen, dass man den Begriff präzise definiert, z. B. indem man Wahrheitsbedingungen angibt und festlegt, welche Niederschlagsmenge gemessen werden muss, damit der Satz „Es regnet" wahr wird. Solche Festlegungen sind zwar willkürlich und beruhen auf sozialen Konventionen, sie stellen aber Eindeutigkeit her.

Nach der Korrespondenztheorie wird Wahrheit als eine Relation aufgefasst, nämlich als Übereinstimmung von Aussage und Wirklichkeit. Eine Aussage ist wahr, wenn sie den Tatsachen entspricht. Aber was sind Tatsachen und worin besteht die Korrespondenzrelation? Diese kritischen Nachfragen haben die Korrespondenztheorie in eine tiefe Krise gestürzt. Es wurden viele Bemühungen unternommen, um diese Fragen zu beantworten. Tatsachen sind Dinge, Ereignisse oder Sachverhalte in der Wirklichkeit, die durch wahre Sätze beschrieben werden können. Nach Wittgenstein besteht die ganze Welt aus Tatsachen: „Die Welt ist die Gesamtheit der Tatsachen, nicht der Dinge." (Tractatus 1.1)[1] Jedem wahren Satz entspricht eine Tatsache. Hier ergibt sich jedoch schon das erste Problem, das ich am Beispiel des Satzes „Schnee ist weiß und Gras ist grün" erläutern will (Marino 2006, S. 421). Dieser Satz ist zweifellos wahr. Er stellt eine Konjunktion von zwei Einzelaussagen dar, nämlich „Schnee ist weiß" und „Gras ist grün". Jeder dieser Aussagen entspricht eine Tatsache. Man könnte daher fragen: Entspricht der Konjunktion *eine* Tatsache oder korrespondieren ihr *zwei* Tatsachen? Man kann die Konjunktion als ein Zusammenbestehen zweier Tatsachen betrachten. Wittgenstein und Russell postulieren die Existenz komplexer Tatsachen. Eine Tatsache besteht aus Sachverhalten, bei denen Gegenstände in Beziehung zueinander stehen (Tractatus 2.01). Wenn Wittgenstein sagt,

---

[1] Ludwig Wittgenstein: Tractatus logico-philosophicus. In: Wittgenstein 1984, Bd. 1.

dass die Welt aus Tatsachen und nicht aus Dingen besteht, so meint er damit, dass nur den Tatsachen und nicht den Dingen eine unabhängige Seinsweise zukommt. Man kann auch sagen: Wittgenstein vertritt eine Tatsachenontologie, keine Dingontologie. Der Satz „Schnee ist weiß und Gras ist grün" lässt sich in zwei einfache Sätze zerlegen, wobei die einzelnen Sätze sogenannte Elementarsätze sind: „Der einfachste Satz, der Elementarsatz, behauptet das Bestehen eines Sachverhaltes." (Tractatus 4.21) Die einzelnen Sachverhalte sind unabhängig voneinander (Tractatus 2.061). Man kann daher sagen: Der obige Satz beschreibt zwei unabhängige Sachverhalte, aber nur eine Tatsache.

Betrachten wir nun die Aussage A_1: „Der Eiffelturm ist 300 m hoch." Auch hier kann man sagen: Der Satz ist wahr, denn er beschreibt eine Tatsache, nennen wir sie T_1. Vergleichen wir ihn mit dem Satz A_2: „Der Eiffelturm ist höher als 200 m." Auch dieser Satz ist wahr. Der hier beschriebene Sachverhalt ist allgemeiner als A_1, da er mehr Möglichkeiten zulässt. Wir können beliebige andere Sätze betrachten, die den Sachverhalt A_1 verallgemeinern, z. B.

A_3: „Der Eiffelturm ist nicht 200 m hoch."
A_4: „Der Eiffelturm ist 300 m hoch oder in Paris regnet es."

Sie beschreiben unterschiedliche Sachverhalte. Allein die Tatsache, dass der Eiffelturm 300 m hoch ist, macht alle diese Sätze A_2, A_3 und A_4 wahr. David Armstrong bezeichnet Tatsachen als Wahrmacher *(truthmaker)* und versteht darunter einen Teil der Wirklichkeit, durch den eine Aussage wahr wird (Armstrong 2004, S. 5). Die Wahrmachertheorie liefert eine Erklärung für das obige Eiffelturm-Beispiel. Für Wahrmacher gilt nämlich das Folgerungsprinzip *(entailment principle)*: Wenn T ein Wahrmacher für die Aussage p ist und aus p die Aussage q folgt, dann ist T auch ein Wahrmacher für q (Armstrong 2004, S. 10). In dem Eiffelturm-Beispiel ist der Wahrmacher von A_1 zugleich auch ein Wahrmacher für die Aussagen A_2, A_3 und A_4. Denn die Aussagen A_2, A_3 und A_4 folgen alle aus A_1.

Gibt es auch negative Tatsachen? Untersuchen wir hierzu den Satz B: „Es gibt keine Einhörner" (Rasmussen 2014, S. 29). Der Satz ist wahr. Aber welcher Tatsache korrespondiert diese Aussage? Wenn es keine Einhörner gibt, dann gibt es keinen Teil der Wirklichkeit, der die Aussage wahr macht. Es sieht so aus, als ob negative Existenzurteile nicht mit der Wirklichkeit korrespondieren, obwohl sie wahr sind. Wittgenstein schlägt eine Lösung des Problems vor, indem er postuliert, dass einer Aussage und deren Negation dieselbe Wirklichkeit entspricht (Tractatus 4.0621). In seinen „Aufzeichnungen über Logik" schreibt Wittgenstein: „Es gibt zwar *positive* und *negative* Tatsachen, aber keine *wahren* und *falschen* Tatsachen." (Wittgenstein 1984, Bd. 1, S. 194) Der Satz „Diese Rose ist nicht rot" bezeichnet eine negative Tatsache. Der Wahrmacher des Satzes ist eine nicht-rote Rose. Aber gibt es auch nicht-existierende Einhörner? Man wäre geneigt zu sagen, die Aussage B korrespondiere der Tatsache, dass es keine Einhörner gibt. Man könnte verschiedene Dinge aufzählen, die keine Einhörner sind und behaupten, dass alle diese Dinge Wahrmacher der Aussage B seien. Im Grunde genommen sind alle Dinge im Universum keine Einhörner. Damit wäre das ganze Universum Wahrmacher des Satzes B.[2] Dasselbe gilt für Sätze wie z. B. „Es gibt keine geflügelten Pferde", „Es gibt keinen kahlköpfigen König von Frankreich" usw. Alle diese Sätze haben denselben Wahrmacher. Diese Erklärung negativer Tatsachen könnte die Korrespondenztheorie zwar retten, jedoch zu welchem Preis? Der Inhalt dieser Sätze ließe sich durch ihre Wahrmacher nicht unterscheiden.

Ein anderes Problem stellt die Korrespondenzrelation dar: Was heißt es, dass eine wahre Aussage einer Tatsache *korrespondiert*? Worin besteht die Korrespondenzrelation? Soll dies etwa heißen, dass Aussage gleich Tatsache ist? Ein solches Zusammenfallen von Aussage und Tatsache kann jedenfalls nicht gemeint sein, denn dann könnten Aussage und Tatsache nicht verschieden sein (Frege 1986, S. 32). Eine andere Möglichkeit wäre, dass die in einer Aussage ausgedrückte *Vorstellung* mit der Wirklichkeit übereinstimmt. Aber auch diese Möglichkeit verwirft Frege wieder, weil das Wirkliche und die Vorstellung kategorial verschieden sind und es daher auch keine vollkommene Übereinstimmung von beidem geben könne. Es wäre so, als ob man Äpfel mit Birnen vergleichen und nach einer Übereinstimmung suchen würde. Zwischen solchen Dingen kann man zwar Ähnlichkeiten feststellen, aber keine Übereinstimmung. Aber man will ja keine Halbwahrheiten, sondern Wahrheit: „denn was nur halb wahr ist, ist unwahr" (Frege 1986, S. 32).

Eine Tatsache ist ein Teil der materiellen Wirklichkeit und damit etwas Nicht-Sprachliches. Um zwei Dinge vergleichen zu können, bedarf es eines *tertium comparationis:* eine Eigenschaft bezüglich der eine Aussage und eine Tatsache verglichen werden können. Aber was soll dieses Dritte sein? Aussagen und Tatsachen sind ontologisch verschieden. Martin Heidegger (1976, S. 183) erläutert diesen Unterschied am Beispiel der Aussage „Dieses Geldstück ist rund": Was sollen die Aussage und das Geldstück gemeinsam haben? Das Geldstück ist aus Metall, die Aussage ist immateriell. Das Geldstück ist rund und nimmt einen bestimmten Rauminhalt ein. Die Aussage ist weder rund noch hat sie irgendeine räumliche Gestalt. Mit dem Geldstück kann man etwas kaufen. Eine Aussage hat keinen monetären Wert. Man kann nur Gleichartiges miteinander vergleichen, also Aussagen mit Aussagen, aber nicht Aussagen mit Tatsachen.

Korrespondenz wird oft als Strukturgleichheit oder Isomorphie definiert. Wahre Aussagen sollen die Beziehungen zwischen den Dingen abbilden. Wittgenstein erklärt dies in seiner Bildtheorie der Sprache wie folgt: Die Sprache ist ein Abbild der Wirklichkeit. Wahre Sätze bilden Tatsachen ab. Damit überhaupt etwas abgebildet werden kann, muss in Bild und Abbild etwas identisch sein (Tractatus 2.161). Das, was Bild und Abbild gemeinsam haben, nennt Wittgenstein die „logische Form der Abbildung" (Tractatus 2.2). Gegenstände stehen in Beziehung zueinander und diese Beziehung wird in einem Satz

---

[2] Armstrong spricht von einer universellen Wahrheit („huge general truth"), die die Existenz aller Dinge konstatiert. Diese universelle Wahrheit impliziert insbesondere alle negativen Wahrheiten wie z. B. „Es gibt keine Einhörner" oder „Es gibt keinen kahlköpfigen König von Frankreich". Daher wäre das ganze Universum Wahrmacher für alle negativen Wahrheiten (Armstrong 2007).

dargestellt. Wahre Aussagen und Tatsachen sind daher strukturisomorph. Der Satz „Das Empire State Building ist höher als der Eiffelturm" drückt einen Größenvergleich zwischen den beiden Gebäuden aus. Diese Relation wird sprachlich durch den Ausdruck „ist höher als" wiedergegeben.

Jedoch bringt uns diese Erklärung nicht weiter. Im Beispiel des Größenvergleichs mag dies noch plausibel erscheinen. Aber logische Verknüpfungen haben nicht unbedingt eine einfache Entsprechung in der Wirklichkeit. Nehmen wir als Beispiel einen Satz, der aus einer Disjunktion zweier Teilaussagen besteht:

C: „In Berlin scheint die Sonne oder es regnet."

Hier könnte man meinen, dass die korrespondierende Tatsache aus Sonnenschein und Regen zusammengesetzt sei. Aber die Disjunktion ist auch dann wahr, wenn nur eine der beiden Teilaussagen wahr ist. Nehmen wir einmal an, dass in Berlin die Sonne scheint, es aber nicht regnet. Hier können wir nicht mehr sagen, dass die korrespondierende Tatsache beide Sachverhalte enthält. Da es in Berlin nicht regnet, kommt der Sachverhalt des Regens in der Wirklichkeit nicht vor. Die Tatsache besteht nur aus dem Sonnenschein in Berlin und bildet die Disjunktion nicht ab. Es besteht daher keine Strukturisomorphie.

Es ist nicht klar, was Wittgenstein unter „logischer Form" versteht. Hintikka (1996, S. 158) meint, dass die logische Form ein modaler Begriff sei und in einem Satz nur *mögliche* Tatsachen abgebildet werden. In einem Tagebucheintrag vom 29.09.1914 schreibt Wittgenstein (1984, Bd. 1, S. 94 f.): „Im Satz wird eine Welt probeweise zusammengestellt. (Wie wenn im Pariser Gerichtssaal ein Automobilunglück mit Puppen etc. dargestellt wird.)" Vermutlich bezieht sich die eingeklammerte Bemerkung auf die Schilderung eines Prozesses, bei dem ein Autounfall in einem Miniaturmodell rekonstruiert wurde, von dem Wittgenstein in einer Zeitung gelesen hat und der ihn überhaupt erst auf die Idee gebracht hat, Sprache als Abbild der Wirklichkeit zu verstehen (Wright 1990, S. 29). Sätze stellen mögliche Sachverhalte dar. So betrachtet könnte man eine Disjunktion als die modellhafte Zusammenstellung zweier möglicher Sachverhalte sehen, nämlich dass es regnet und dass die Sonne scheint. Der Satz C bildet dann nicht die Wirklichkeit, sondern *mögliche* Wirklichkeiten ab. Er lässt drei mögliche Sachverhalte zu:

1. In Berlin scheint die Sonne und es regnet.
2. In Berlin scheint die Sonne und es regnet nicht.
3. In Berlin scheint die Sonne nicht und es regnet.

Der Satz C ist genau dann wahr, wenn einer der drei Sachverhalte zutrifft. Wittgenstein würde hier vermutlich von einer „Konfiguration von Gegenständen" in einem „logischen Raum" sprechen (vgl. Tractatus 2.0272 + 2.11). Damit ist jedoch noch nicht geklärt, welche Tatsache der Satz C abbildet. Eine Tatsache soll ja ein Teil der Wirklichkeit sein und nicht in anderen möglichen Welten existieren.

Diese Überlegungen zeigen, dass Tatsachen oder Wahrmacher sehr seltsame Entitäten sind. Was ist z. B. die korrespondierende Tatsache von „2 + 2 = 4"? Oder wie lassen sich kontrafaktische Wahrheiten wie z. B. „Wenn Napoleon England erobert hätte, dann hätte er das englische Rechtswesen abgeschafft" erklären? Abgesehen von dem Problem, welche ontologische Struktur Tatsachen haben, stellt sich die ganz banale Frage: Welcher Tatsache soll etwa die Aussage entsprechen, dass Schnee weiß ist? Eine naheliegende Antwort auf diese Frage würde lauten: Es ist genau die Tatsache, dass der Schnee weiß ist. Bei der Beschreibung der Tatsache wird einfach der Satz wiederholt. Die Tatsache wird in exakt denselben Worten wiedergegeben wie der Satz selbst. Dennoch wird in der Philosophie diese Formel immer wieder gebetsmühlenhaft wiederholt: Die Aussage „Schnee ist weiß" ist genau dann wahr, wenn Schnee weiß ist. Es ist nicht erkennbar, worin der Unterschied zwischen der Aussage und der darin beschriebenen Tatsache bestehen soll. Es wird zwar betont, dass eine Tatsache ein nicht-sprachliches Gebilde sei. Dennoch lassen sich Tatsachen nur sprachlich beschreiben und nur durch Aussagen identifizieren. Wenn Tatsachen nicht unabhängig von ihrer sprachlichen Beschreibung sind, dann wird eine Aussage nicht mit der Wirklichkeit konfrontiert, sondern nur zwei sprachliche Beschreibungen miteinander verglichen (vgl. Williams 2001, S. 140). Davidson (2005b, S. 174) kommt daher zu dem Schluss, dass Korrespondenztheorien „keine Entitäten bereitstellen, im Hinblick auf die behauptet werden könnte, dass Wahrheitsträger (einerlei, ob Aussagen, Sätze oder Äußerungen) mit ihnen übereinstimmen".

Robert Nozick äußert den Verdacht, dass die ontologischen Kategorien, mit denen wir Tatsachen beschreiben, Projektionen grammatischer Kategorien sind und die Wirklichkeit daher dieselbe Struktur besitzt wie ihr sprachliches Abbild. Indem wir Dinge, Sachverhalte und Ereignisse sprachlich beschreiben, projizieren wir grammatische Strukturen in die Welt hinein und glauben, die Tatsachen wären strukturisomorph zu den Sätzen:

> We do not yet know what the components of facts are. Are there ultimate components (absolute atoms)? There is a temptation to say that the components are things or objects, their properties and their relations. But this accords too well with grammatical categories, and so it raises the suspicion that linguistic units are being projected as ontological categories. (Nozick 2001, S. 73 f.)

Da sprachliche Tatsachen-Beschreibungen von Begriffsschemata und Kategorien abhängen, ist auch Wahrheit relativ zu diesen Schemata. Die Wahrheit eines Satzes ist also nicht allein davon abhängig, welcher Tatsache er korrespondiert, sondern auch welche Begriffsschemata und Theorien zugrunde gelegt werden. C.I. Lewis (1956, S. 271) und William James (1994, S. 53) sprechen davon, dass es alternative Begriffsschemata geben könnte, die Erfahrung anders organisieren und strukturieren und daher auch andere Wahrheiten erzeugen.

Die These der Strukturisomorphie von Sprache und Wirklichkeit macht nur dann Sinn, wenn die Wirklichkeit überhaupt eine Struktur besitzt und man diese Struktur begrifflich erfassen und sprachlich beschreiben kann. Aber im Grunde genommen sind es immer nur unsere eigenen Begriffe, die wir auf die Welt projizieren und wir tun so, als ob es reale ontologische Kategorien seien. Begriffe existieren in unserem Geist, aber nicht in der Wirklichkeit. Es bleibt daher ein Rätsel, wie wir Sätze mit einer nicht-begrifflichen Wirklichkeit vergleichen können. Wir können immer nur Aussagen mit Aussagen, aber nicht Aussagen mit Tatsachen vergleichen. Um beide Elemente der Wahrheitsrelation miteinander vergleichen zu können, müssten wir einen Standpunkt außerhalb der Welt, einen god's eye view, einnehmen, von dem aus uns die Tatsachen unmittelbar zugänglich sind. Da wir die Welt nicht mit den Augen Gottes betrachten können, sondern *in* ihr leben, können wir immer nur eine *interne* Perspektive einnehmen und Aussagen und Theorien untereinander, also stets *gleichartige* Dinge, vergleichen.

Ein weiteres Problem der Korrespondenztheorie stellt der wissenschaftliche Fortschritt dar. Wenn wir z. B. wissen wollen, wie weit die Erde von der Sonne entfernt ist, wie gefährlich das Corona-Virus ist oder ob es einen menschengemachten Klimawandel gibt, dann fragen wir einen Astronomen, einen Virologen oder einen Klimaforscher. Die Wissenschaft scheint die oberste Instanz zu sein, wenn es um Wahrheitsfragen geht. Aber die Wissenschaft kann immer nur vorläufige Antworten geben. Auf die Frage, was die kleinsten Bestandteile der Materie sind, würden Elementarteilchenphysiker heute sagen: Nach dem Standardmodell gibt es nur Quarks, Leptonen, Eich-Bosonen und Higgs-Teilchen. Zu Beginn des 20. Jahrhunderts hätte die Antwort noch anders ausgesehen. Das Rutherford'sche Atommodell kannte nur Elektronen und Atomkerne. Und in 100 Jahren könnte die Antwort wieder anders ausfallen: Es könnte von Superstrings oder anderen exotischen Objekten die Rede sein, aus denen die Materie zusammengesetzt ist. Mit anderen Worten: Was heute wahr ist, kann morgen schon falsch sein. Streng genommen gibt es in den Naturwissenschaften keine Sätze, die unabänderlich wahr sind. Naturwissenschaftliche Modelle stellen Vereinfachungen und Idealisierungen dar und gehen von Voraussetzungen aus, die in der Natur nicht gegeben sind. Das Fallgesetz betrachtet Körper als punktförmige Massen, vernachlässigt den Luftwiderstand, tut so als ob der freie Fall im Vakuum stattfinden würde und nimmt an, dass auf einen fallenden Körper keine anderen Kräfte als die Erdanziehung wirken. Nur unter diesen Voraussetzungen fallen eine Metallkugel und eine Feder gleich schnell. Naturgesetze beschreiben keine Tatsachen, sondern sind das Resultat von Idealisierungen. Naturgesetze sind daher nicht wahr – zumindest nicht im korrespondenztheoretischen Sinne (vgl. Gadenne 2015, S. 17; Zoglauer 1993, S. 222). In gewisser Weise „lügen" die Naturgesetze, wie der Titel von Nancy Cartwrights Buch (1983) suggeriert. Aber können Theorien nicht wenigstens *näherungsweise* wahr sein?

3.2 Approximative Wahrheit

Im Forschungsprozess werden ständig alte Theorien durch neue, bessere Theorien ersetzt. Eine Theorie kann nicht wahr sein, wenn sie jederzeit verworfen und durch eine andere, „wahrere" Theorie ersetzt werden kann. Zum Beispiel können die Gesetze der Newton'schen Mechanik nicht schlechthin als „wahr" bezeichnet werden. Denn diese Gesetze erweisen sich als Spezialfälle allgemeinerer Theorien wie der Relativitätstheorie oder der Quantentheorie. Aber auch die Gesetze der Quantenmechanik können nicht wahr sein, will man nicht die Hoffnung auf bessere und allgemeinere Theorien aufgeben. Popper (1979a) argumentiert wie folgt: Wahrheit ist ein Fernziel der Wissenschaft. Auch wenn unsere heutigen Theorien nicht wahr im korrespondenztheoretischen Sinn sind, nähern sie sich im Laufe der Zeit der Wahrheit an. Popper führte hierzu den Begriff der *Wahrheitsähnlichkeit (verisimilitude)* ein und will damit sagen, dass Theorien im Zuge des wissenschaftlichen Fortschritts zunehmend wahrheitsähnlicher werden: sie konvergieren gegen eine wahre Theorie.

Popper sieht die Falsifikation von Theorien als Fortschrittstreiber an, der sie näher an die Wahrheit bringt. Widerlegungen tragen zum Fortschritt bei, indem sie leistungsschwache Theorien eliminieren und durch bessere Theorien ersetzen. Das Ziel der Forschung ist also nicht die Wahrheit selbst, sondern wachsende Wahrheitsähnlichkeit. Diese Fortschrittskonzeption setzt allerdings voraus, dass es ein Maß für die Wahrheitsähnlichkeit gibt bzw. Kriterien, die darüber entscheiden, ob eine Theorie näher an der Wahrheit ist als eine andere. Nur auf diese Weise lassen sich zwei konkurrierende Theorien hinsichtlich ihrer Wahrheitsnähe miteinander vergleichen. Nach Popper hat eine Hypothese einen umso höheren empirischen Gehalt, je leichter sie falsifiziert werden kann. Vereinfacht gesagt ist eine Theorie T_2 besser, d. h. wahrheitsähnlicher, als ihre Vorgängertheorie T_1, wenn T_2 mehr Fakten erklären und voraussagen kann als T_1 und mehr experimentelle Tests erfolgreich besteht (Popper 1979a, S. 32 f.).

Boyd (1983), Leplin (1981), Newton-Smith (1983) und Aronson (1989) glauben, dass die historische Folge immer besserer Theorien gegen eine wahre Theorie *konvergiert*, weshalb man auch von einem „*konvergenten Realismus*" spricht. Damit wird ein teleologischer Fortschrittsbegriff eingeführt, der dem Forschungsprozess eine Zielgerichtetheit unterstellt. Die Konvergenzthese wird mit der immer präziser werdenden Messung der Naturkonstanten und der in vielen Bereichen immer besser werdenden Übereinstimmung der Theorien mit den Messdaten begründet (Vollmer 1993, S. 172). Der konvergente Realismus behauptet erstens, dass es so etwas wie eine allumfassende „Theorie für Alles" gibt, gegen die die Theorien konvergieren und zweitens, dass die Konvergenz nicht nur qualitativer Natur ist, sondern auch quantifiziert werden kann. Aber was heißt Konvergenz und wie lässt sie sich quantifizieren?

Rosenberg (1988) weist darauf hin, dass der quantitative Konvergenzbegriff ein Maß für die „Distanz" einer Theorie zu der endgültigen „wahren Theorie" voraussetzt. Aber solange wir die endgültige Theorie nicht kennen, können wir die Konvergenz der Theorien T_n nicht feststellen. Einen möglichen Ausweg bietet der Konvergenzbegriff von Cauchy, der verlangt, dass die Distanz zweier beliebiger Folgenglieder T_m und T_n gegen Null strebt: $d(T_m, T_n) \to 0$. Doch auch hier bleibt das Problem ungelöst, wie wir die „Distanz" zwischen zwei Theorien messen wollen. Ganz abgesehen davon ist nicht klar, weshalb diese Folge überhaupt konvergieren soll (Rosenberg 1998, S. 173).

3.2 Approximative Wahrheit

Die Konvergenzthese hat zudem die paradoxe Konsequenz, dass allgemein akzeptierte Common-Sense-Wahrheiten wahrheitsferner als unsere neusten wissenschaftlichen Theorien sind. Denn neuere Theorien sind wahrheitsnäher als ältere Theorien. Doch warum sollte der Satz „Diese Tomate ist rot", auch wenn sie unmittelbar durch Wahrnehmung bestätigt werden kann, weiter von der Wahrheit entfernt sein als der Satz „Das von der Tomate reflektierte Licht hat eine Wellenlänge von 710 nm"?

Um diese Probleme zu vermeiden, schlägt Psillos vor, die Vorstellung von Konvergenz aufzugeben und stattdessen von einer approximativen Anpassung von Theorien an die Empirie *(approximative fittingness)* zu sprechen: „According to these intuitions, a theory is approximately true if the entities of the general kind postulated to play a central causal role in the theory exist, and if the basic mechanisms and laws postulated by the theory approximate those holding in the world, under specific conditions of approximation." (Psillos 1999, S. 267) Psillos erläutert dies am Beispiel der Himmelsmechanik. Die Planetenbeobachtung liefert eine Vielzahl von Messdaten, z. B. über die Positionen des Mars. Eine gute Theorie sollte in der Lage sein, die Marsbahn möglichst genau zu modellieren und die Planetenpositionen akkurat zu berechnen. Je geringer die Abweichung zwischen den theoretisch ermittelten Positionen und den beobachteten Positionen ist, desto besser ist die Theorie an die Wirklichkeit angepasst und desto eher kann man behaupten, dass die Theorie approximativ wahr ist. Psillos ist sich dessen bewusst, dass man niemals eine exakte Übereinstimmung erzielen wird, weshalb eine Konvergenz unrealistisch ist. Denn die Theorie geht von idealisierenden Annahmen aus, die in der Realität nicht erfüllt sind. So behandelt das Newton'sche Modell die Marsbahn als Zweikörperproblem, berücksichtigt nur die Gravitationswirkung von Sonne und Mars und vernachlässigt die Gravitationskräfte anderer Planeten. Im Unterschied zu Poppers Theorie der Wahrheitsähnlichkeit wird Wahrheit hier nicht mehr als Korrespondenz zur Wirklichkeit verstanden, sondern nur noch als relative Angleichung von Theorie und Empirie.

Entscheidend ist der prädiktive und retrodiktive Erfolg einer Theorie, d. h. wie gut die Theorie gemessene Daten reproduzieren kann und wie gut sie Daten voraussagen kann. Vom Erfolg der Theorie wird auf ihre Wahrheit geschlossen. Auf diesen Zusammenhang von Erfolg und Wahrheit wird immer wieder verwiesen, um den wissenschaftlichen Realismus zu begründen. Denn nur der Realismus könne zufriedenstellend erklären, weshalb unsere Theorien richtige empirische Prognosen machen können, weshalb dieser Erfolg im Laufe der Zeit immer mehr zunimmt und weshalb es überhaupt einen Fortschritt in der Wissenschaft gibt (Almeder 1989; Leplin 1981). Wenn Theorien die Realität nämlich nicht wenigstens annähernd richtig beschreiben könnten, würde ihr augenscheinlicher Erfolg an ein Wunder grenzen, wie Smart (1963) und Putnam (1975) betonen. Am prägnantesten hat Hilary Putnam (1975, S. 73) dieses „*Wunderargument*" zum Ausdruck gebracht:

> The positive argument for realism is that it is the only philosophy that doesn't make the success of science a miracle. That terms in mature scientific theories typically refer (this formulation is due to Richard Boyd), that the theories accepted in a mature science are typically

approximately true, that the same term can refer to the same thing even when it occurs in different theories – these statements are viewed by the scientific realist not as necessary truths but as part of the only scientific explanation of the success of science, and hence as part of any adequate scientific description of science and its relations to its objects.

Das Wunderargument lässt sich wie folgt rekonstruieren:

1. Wissenschaft ist erfolgreich.
2. Die beste Erklärung für den Erfolg der Wissenschaft besteht in der Annahme, dass erfolgreiche wissenschaftliche Theorien approximativ wahr sind.
3. Wenn erfolgreiche Theorien nicht approximativ wahr wären, würde ihr Erfolg an ein Wunder grenzen.
4. Daher müssen erfolgreiche wissenschaftliche Theorien wenigstens approximativ wahr sein.

Das Argument schließt vom Erfolg auf die approximative Wahrheit einer Theorie und bedient sich dabei eines Schlusses auf die beste Erklärung *(inference to the best explanation)*. Der Schluss auf die beste Erklärung ist kein zwingender Schluss. Denn das Argument liefert nur *eine* mögliche Erklärung für den Erfolg einer Theorie und lässt offen, ob es noch andere mögliche Erklärungen gibt. Es behauptet lediglich, dass diese unter allen möglichen Erklärungen die *beste* Erklärung ist. Solche Schlüsse gelten immer nur mit einer gewissen Wahrscheinlichkeit (Harman 1965).

Wissenschaftliche Modelle können auch dann erfolgreich sein, wenn sie kein exaktes Replikat der Wirklichkeit darstellen. Peter Lipton (2005) erläutert dies mit einem Kartengleichnis: Angenommen, wir wollen von Ort A nach Ort B fahren und orientieren uns dabei anhand einer Karte. Die Karte bildet nicht alle topographischen Eigenschaften des Gebiets um A und B ab. Wenn es sich um eine Straßenkarte handelt, sind keine Berge und Täler eingezeichnet. Geologie und Vegetation werden einen Autofahrer in der Regel nicht interessieren. Um erfolgreich von A nach B zu gelangen, muss ein Autofahrer nur wissen, welche Straßen die beiden Orte verbinden. In der Karte müssen daher die Straßen, die Autobahnzu- und -abfahrten, sowie Autobahnraststätten und Tankstellen eingezeichnet sein. Auf die meisten anderen Details kann verzichtet werden, weil sie für den Autofahrer nicht wichtig sind. D. h. eine Karte bildet nur diejenigen Eigenschaften der Welt ab, die pragmatisch relevant sind. Eine Karte stellt keine Eins-zu-Eins-Abbildung der Wirklichkeit dar. In der Karte der Londoner Untergrundbahn (London Tube Map) sind nur das Liniennetz und die Haltestellen eingezeichnet; die Karte bildet die Verbindungen, aber nicht die realen Entfernungsverhältnisse ab. Andere Karten zeigen Territorien und Ländergrenzen, also konventionelle Gebilde, die in der Natur nicht vorhanden sind. Weltkarten, die die ganze Erde abbilden, sind immer perspektivisch verzerrt, je nachdem welche Projektionsmethode verwendet wird. Sie sind entweder winkeltreu oder flächentreu, können aber nicht beides zugleich sein. Eine Karte kann die Welt daher nie strukturisomorph

3.2 Approximative Wahrheit

abbilden, sondern immer nur bestimmte Eigenschaften nachzeichnen und eine nutzerorientierte Perspektive bieten. Verschiedene Karten liefern unterschiedliche Perspektiven auf die Welt und der Nutzer wählt diejenige Perspektive aus, die für seine Zwecke am nützlichsten ist. Ein Satellitenfoto von Google Earth mag die Wirklichkeit genauer als eine Straßenkarte abbilden. Dennoch sind Straßenkarten für einen Autofahrer nützlicher als Google Earth.

Dasselbe gilt für wissenschaftliche Theorien. Wahrheit oder approximative Wahrheit im Sinne einer strukturellen Korrespondenz ist für ihren Erfolg nicht zwingend notwendig. Auch falsche Theorien können erfolgreich sein. Larry Laudan (1981) zählt eine lange Liste historischer Beispiele von Theorien auf, die in ihrer Zeit alle sehr erfolgreich waren, die jedoch nach heutiger Auffassung falsch sind, weil sie die Existenz von Objekten postulieren, die es in Wirklichkeit nicht gibt, wie z. B. die Epizyklen in der antiken und mittelalterlichen Astronomie, das Phlogiston in der Chemie des 18. Jahrhunderts, Vitalkräfte in der Physiologie, oder der Äther in der Physik des 19. Jahrhunderts. Umgekehrt müssen approximativ wahre Theorien, die auf reale Objekte referieren, nicht unbedingt erfolgreich sein. Laudan kommt daher zu dem Schluss:

> The fact that a theory's central terms refer does not entail that it will be successful, and a theory's success is no warrant for the claim that all or most of its central terms refer. The notion of approximate truth is presently too vague to permit one to judge whether a theory consisting entirely of approximately true laws would be empirically successful. What is clear is that a theory may be empirically successful even if it is not approximately true. (Laudan 1981, S. 47)

Aus dem Erfolg einer Theorie folgt lediglich ihre empirische Adäquatheit im Sinne von Psillos, nämlich dass sie gut mit den Beobachtungs- und Messdaten übereinstimmt. Daher zieht Bas van Fraassen die Schlussfolgerung:

> [T]he aim of science is not truth as such but only *empirical adequacy*, that is, truth with respect to the observable phenomena. Acceptance of a theory involves as belief only that the theory is empirically adequate (but acceptance involves more than belief). (…) the criterion of success is not truth in every respect, but only truth with respect to what is actual and observable. (Fraassen 1989, S. 192 f.)

Trotz aller Kritik am wissenschaftlichen Realismus und der darin zugrunde liegenden Korrespondenztheorie der Wahrheit kann man festhalten: Unsere besten verfügbaren wissenschaftlichen Theorien sind sehr erfolgreich. Wenn man die Geschichte der Wissenschaft betrachtet, kann man feststellen, dass unsere Theorien immer besser an die empirischen Daten angepasst sind und ihre empirische Adäquatheit daher zunimmt. Ob eine Theorie wahr im metaphysischen Sinne ist, können wir nicht wissen. Wir können nur beurteilen, ob eine Theorie erfolgreich im Sinne empirischer Adäquatheit ist. Daher liegt es nahe, Wahrheit durch Erfolg zu definieren. Damit ersetzt man den metaphysischen durch einen pragmatischen Wahrheitsbegriff. Ob eine pragmatische Wahrheitstheorie allerdings besser als eine Korrespondenztheorie geeignet ist, Wahrheit zu erklären, werden wir im nächsten Kapitel untersuchen.

3.3 Die pragmatische Wahrheitstheorie

Der Pragmatismus ist eine philosophische Strömung, die Ende des 19. und Anfang des 20. Jahrhunderts von Ch. S. Peirce, William James und John Dewey begründet wurde und bis heute die amerikanische Philosophie nachhaltig prägte. Den größten Einfluss übte William James mit seinem Buch „Pragmatism" (1907) aus, in dem er die Korrespondenztheorie der Wahrheit attackiert und einen pragmatischen Wahrheitsbegriff einführt. Er greift einen Gedanken Immanuel Kants auf, nach dem sich unser Verstand gewisser Anschauungsformen und Kategorien bedient, um Ordnung in die verwirrende Vielfalt der Sinneseindrücke zu bringen. James deutet die Transzendentalphilosophie Kants pragmatisch um und betrachtet Begriffe als nützliche Hilfsmittel, um in der Welt zurechtzukommen. Begriffssysteme erfüllen einen praktischen Zweck. Substanz und Kausalität sind keine angeborenen Begriffe, sie bezeichnen nichts Wirkliches, sondern sind freie Konstruktionen des menschlichen Geistes, die für uns in hohem Maße nützlich sind und uns helfen, die Welt zu verstehen und überhaupt verstehbar zu machen. Die Wissenschaft führt hypothetische Objekte wie den Äther, elektrische Felder und virtuelle Teilchen ein und tut so, *als ob* sie existierten. In Wirklichkeit aber sind sie lediglich nützliche Fiktionen und Hilfsmittel zur Erklärung von Naturphänomenen.

James liefert verschiedene Definitionen von Wahrheit. Einmal wird Wahrheit mit Nützlichkeit gleichgesetzt (James 1994, S. 79), dann wird Wahrheit als das erklärt, „was uns einen möglichst hohen Grad an Befriedigung gewährt" (ebd., S. 90) und „was uns auf dem Wege des Denkens vorwärts bringt" (ebd., S. 94) und an anderer Stelle bedeutet Wahrheit nichts anderes als Verifizierbarkeit (ebd., S. 92). Wenn eine Idee erfolgreich ist, dann ist sie für James wahr. Gegen diese Identifikation von Wahrheit mit Erfolg hat bereits Russell sarkastisch eingewendet: „Wenn die Nazis [den 2. Weltkrieg] gewonnen hätten, hätten alle guten Pragmatisten sich zur ‚Wahrheit' ihrer Ansichten bekennen müssen." (Russell 1988, S. 183). In der Tat muss eine Funktionalisierung und Zweckorientierung des Wahrheitsbegriffs kritisch gesehen werden. Denn auch eine Lüge kann zweckdienlich und erfolgreich sein und dem Lügner Befriedigung verschaffen. Wie Laudan gezeigt hat, können auch falsche Theorien erfolgreich sein und Annahmen, die sich später als richtig erweisen, können im Praxistest scheitern. Fatalerweise kommt es James letzten Endes gar nicht darauf an, ob eine Meinung wirklich nützlich ist, vielmehr muss sie einem nur das *Gefühl* vermitteln, nützlich zu sein. Ein Glaube muss Befriedigung verschaffen. Daher spricht James von „satisfaction" als einem Wahrheitskriterium: „The matter of the true is thus absolutely identical with the matter of the satisfactory." (James 1909, S. 159 f.)

Russell mutmaßt, dass es James mit seiner pragmatischen Wahrheitsdefinition nur darum ging, „eine Möglichkeit zu finden, die Aussage „Gott existiert" für wahr zu erklären, ohne sich auf irgendwelche metaphysische Erwägungen einzulassen" (Russell 1988, S. 186). Der Glaube an Gott hat sich als nützlich erwiesen. Die Religion stärkt den sozialen Zusammenhalt, schafft ein Wir-Gefühl, hält die Menschen zu moralischem Verhalten an und trägt zur Kontingenzbewältigung bei. Aber kann man daraus schließen, dass Gott existiert? Wenn es nur auf das Gefühl der Befriedigung ankommt, dann können, wie Russell anmerkt, zwei Menschen gegensätzlicher Meinung sein und dennoch beide Befriedigung dabei empfinden (Russell 1988, S. 185). Folgt daraus, dass beide recht haben? Wenn dem so wäre, könnten zwei kontradiktorische Aussagen beide wahr sein und der Satz vom ausgeschlossenen Widerspruch würde nicht gelten. Eine solche Konsequenz wäre zutiefst kontraintuitiv.

Aus Sicht des Pragmatismus lassen sich selbst so offensichtliche Falschheiten wie Trumps Behauptung, dass die Präsidentschaftswahl 2020 manipuliert worden sei, als Wahrheit verkaufen. Denn die Vorstellung, dass er in Wirklichkeit die Wahlen gewonnen habe, verschafft Trump eine ganz persönliche Befriedigung und schmeichelt seinem Narzissmus. Wenn auch seine Anhänger davon überzeugt sind, werden sie ihn bei seinem aussichtslosen juristischen Kampf um die Annullierung der Wahlergebnisse mit Spenden unterstützen, was für ihn politisch und finanziell von Nutzen ist. Trump kann daher mit voller pragmatischer Überzeugung sagen: Was ich sage, ist wahr.

Was nützlich ist und was nicht, hängt von der persönlichen Sichtweise ab. Man muss sich nämlich fragen, *für wen* und *wofür* etwas nützlich sein soll. Theorien über Neutrinos, Higgs-Bosonen und schwarze Löcher mögen für einen Physiker zwar außerordentlich nützlich sein, wohl aber kaum für gewöhnliche Menschen, für die es wichtiger ist, die schwarzen Löcher in ihren Haushaltskassen zu stopfen.

Auch das Kriterium der Verifizierbarkeit bringt uns nicht weiter. Denn wie sollen wir als Außenstehende die Behauptung einer anderen Person verifizieren können, die sagt: „Ich habe Kopfschmerzen"? Wir können nicht in den Kopf eines anderen Menschen hineinschauen. Und manche wissenschaftlichen Hypothesen wie z. B. dass es Leben auf anderen Planeten gibt, lassen sich vermutlich nie verifizieren, selbst wenn sie wahr sind. Wie wir aus der Geschichte der Wissenschaft wissen, können sich die Methoden und Möglichkeiten der Verifikation im Laufe der Zeit ändern. Was vorher prinzipiell unverifizierbar war, kann später empirisch überprüft werden. Damit würden sich auch Wahrheiten ändern.

James bekennt sich zwar zum Realismus und betrachtet die Existenz von Dingen als Voraussetzung dafür, dass ihre Annahme für uns einen Nutzen hat (James 1909, S. 207). Aber er erklärt nicht, in welcher Beziehung Realismus und Pragmatismus zueinander stehen. Ist Nützlichkeit ein Realitätskriterium? Wenn der Glaube an den Weihnachtsmann glücklich macht, existiert dann der Weihnachtsmann? Der Pragmatist will den Wahrheitsbegriff von seinem metaphysischen Ballast befreien und in der menschlichen

Lebenswirklichkeit verankern. Mit der Zurückweisung der Korrespondenztheorie durchtrennt James das Band, das Aussagen mit der Wirklichkeit verbindet. Wahrheit wird zu einer sozialen Konstruktion. Wahrheit wird nicht entdeckt, sondern gemacht.

Richard Rorty, ein moderner Vertreter des amerikanischen Pragmatismus, ist viel konsequenter als James und vertritt einen radikalen Anti-Realismus. Er verwirft den realistischen Begriff von „Welt" und ist glücklich mit der „abhandengekommenen Welt" (Rorty 2005b). Er glaubt, dass man auch gut ohne einen Wahrheitsbegriff auskommen kann:

> The intuitive realist thinks that there is such a thing as Philosophical truth because he thinks that, deep down beneath all the texts, there is something which is not just one more text but that to which various texts are trying to be ‚adequate'. The pragmatist does not think that there is anything like that. He does not even think that there is anything isolable as „the purposes which we construct vocabularies and cultures to fulfill" against which to test vocabularies and cultures. (Rorty 1982, S. xxxvii)

Rorty kappt die Verbindung zwischen Sprache und Welt und macht Wahrheit zu einem rein sprachimmanenten Phänomen (Rorty 1989, S. 5). Wahrheit existiert für ihn nicht unabhängig von Sprache. Die Wahrheit ist nicht „da draußen", sie ist Teil eines Sprachspiels: „The world does not speak. Only we do." (Rorty 1989, S. 6) Ein Satz ist nicht wahr, weil er mit der Wirklichkeit übereinstimmt, sondern weil er für wahr gehalten wird. Wahr ist „what is good in the way of belief" (Rorty 1982, S. 162). Wahrheit wird mit Begründbarkeit gleichgesetzt. Ein Satz ist wahr, wenn er begründet werden kann: „There is simply the process of justifying beliefs to audiences." (Rorty 1999, S. 36) Wenn das Publikum die Begründung akzeptiert, dann ist der Satz wahr. Rorty betrachtet das Begründen als ein soziales Phänomen „und nicht als die Wechselwirkung zwischen ‚erkennendem Subjekt' und ‚Wirklichkeit'" (Rorty 1984, S. 19).

Betrachten wir als Beispiel die erfolgreiche Voraussage einer Sonnenfinsternis. Was macht die Voraussage wahr? Ist es allein die Tatsache, dass das wissenschaftliche Publikum applaudiert, weil die Voraussage eingetroffen ist? Ist sie wahr, weil sie in dem akademischen Sprachspiel als wahr gilt oder weil der Wissenschaftler richtig gerechnet hat? Ist es nicht vielmehr so, dass sich die Voraussage als wahr herausgestellt hat, weil die *Welt* so ist: weil Erde, Sonne und Mond zu dem vorausgesagten Zeitpunkt gerade in einer solchen Position zueinander standen, dass der Kernschatten des Mondes das Gebiet verdunkelte, in dem die Sonnenfinsternis beobachtet wird?

Simon Blackburn (2005, S. 157 ff.) greift in seiner Kritik an Rorty das Kartenbeispiel Liptons (2005) auf, um die realistische Deutung wahrer Aussagen zu verteidigen. Nehmen wir einmal an, ein Pilger will eine Wallfahrtskapelle besuchen und nimmt eine Karte zur Hand, um die Kapelle zu finden. Wenn er dank der Karte sein Ziel erreicht, würden wir sagen, dass die Karte die Landschaft korrekt abbildet. Der Erfolg des Wanderers beruht nicht allein auf kartentechnischen Konventionen, z. B. durch welches Symbol die Kapelle repräsentiert wird oder auf sozialen Praktiken der Kartenmacher und Kartennutzer, sondern zumindest partiell auf der korrekten Darstellung der Wirklichkeit: „That is why, once a set of conventions has been put in place, a map can be correct or incorrect. In other words, it can represent the landscape as it is, or represent the landscape as it is not." (Blackburn 2005, S. 157) Der Wanderer mag an seinem Ziel angekommen, ein Gefühl der Befriedigung empfinden, er mag den Nutzen der Karte loben und andere Wanderer mögen die korrekte Darstellung verifizieren: all dies sind nicht Ursachen, sondern Wirkungen der korrekten Repräsentation. Was einen Satz wahr macht, sind nicht die sozialen Praktiken von Menschen, sondern ist allein die Realität.

3.4 Die deflationäre Wahrheitstheorie

Ein Argument gegen die Korrespondenztheorie der Wahrheit besagt, dass Tatsachen nicht anders als sprachlich beschrieben werden können, Wahrheit somit ein innersprachliches Phänomen sei. Rorty hält den Wahrheitsbegriff für überflüssig, metaphysisch überfrachtet und philosophisch überbewertet. Im Grunde genommen erfülle die Verwendung des Wortes „wahr" lediglich eine sprachpragmatische Funktion, um Aussagen zu bekräftigen. Damit stellt sich Rorty in die Tradition der deflationären Wahrheitstheorie, die im 20. Jahrhundert in verschiedenen Versionen von Ramsey, Ayer, Belnap und Horwich vertreten wurde und die das Ziel verfolgte, den Wahrheitsbegriff zu entmystifizieren und auf seine umgangssprachliche Verwendung zurückzuführen. Wahrheit ist demnach keine mysteriöse Eigenschaft, die Sätzen zukommt, sondern lediglich ein rhetorisches Mittel des Behauptens. Wenn man sagt, dass ein Satz p wahr ist, ist der Ausdruck „wahr" eigentlich überflüssig, weil die bloße Behauptung von p bereits seine Wahrheit impliziert. „Schnee ist weiß" ist genau dann wahr, wenn Schnee weiß ist. Die Bekräftigung „… ist wahr" fügt der Aussage keine neue Information hinzu und kann daher gestrichen werden. Der Wahrheitsbegriff ist dieser Auffassung zufolge redundant. Für Paul Horwich ist Wahrheit nicht weiter analysierbar: „truth is not susceptible to conceptual analysis and has no underlying nature" (Horwich 2004, S. 71). Allerdings sagt die deflationäre Wahrheitstheorie nichts darüber aus, wie man überprüfen kann, ob ein Satz wahr ist. Sie liefert keine Wahrheitskriterien.

Die deflationäre Wahrheitstheorie reduziert den Wahrheitsbegriff auf das simple Tarski-Schema (T):

„p" ist wahr genau dann, wenn p.

Die Elimination des Wahrheitsbegriffs geschieht durch Zitattilgung (disquotation), indem man die Anführungszeichen, in die der Satz „p" eingeklammert ist, weglässt. Die Tarski-Formel stellt eine logische Äquivalenz dar, die sowohl von links nach rechts als auch von rechts nach links gelesen werden kann. Sie eliminiert den Wahrheitsbegriff, indem sie auf den entsprechenden objektsprachlichen Ausdruck p verweist. Umgekehrt kann man zu jeder Aussage p auch die Bestätigung „p ist wahr" hinzufügen, ohne am Inhalt der Aussage etwas zu ändern. Wenn ich sage: „Es regnet", dann will ich damit zum Ausdruck bringen, dass ich den Satz für wahr halte und glaube, dass es tatsächlich regnet. Ich will, dass der Hörer mir glaubt und von der Wahrheit meiner Behauptung überzeugt ist. Wie Habermas feststellt, sind mit assertorischen Sprechakten automatisch Wahrheitsansprüche verbunden (Habermas 1995, S. 137 ff.).

Als Sprecher kann ich mit einer Aussage eine unterschiedliche Haltung gegenüber dem Gesagten zum Ausdruck bringen: Ich kann von der Wahrheit einer Behauptung überzeugt sein oder lediglich eine Vermutung äußern. Gottlob Frege, der als einer der Begründer der deflationären Wahrheitstheorie gilt, ist zwar von der Inhaltsgleichheit der Sätze „p" und „p ist wahr" überzeugt, gibt aber zu bedenken, dass Wahrheit mehr ausdrückt als eine bloße Vermutung:

> Beachtenswert ist es auch, daß der Satz „ich rieche Veilchenduft" doch wohl denselben Inhalt hat wie der Satz „es ist wahr, daß ich Veilchenduft rieche". So scheint denn dem Gedanken dadurch nichts hinzugefügt zu werden, daß ich ihm die Eigenschaft der Wahrheit beilege. Und doch! Ist es nicht ein großer Erfolg, wenn nach langem Schwanken und mühsamen Untersuchungen der Forscher schließlich sagen kann „was ich vermutet habe, ist wahr"? (Frege 1986, S. 34)

Zu einer Wahrheitsbehauptung gehört, dass man Gründe und Beweise für die Wahrheit eines Satzes angeben kann und nicht bloß eine Vermutung ausspricht. Sprechakte können auch in nicht-assertorischer Weise verwendet werden. Eine Aussage p kann als Übertreibung, als Kompliment, als Beleidigung oder ironisch gemeint sein. Es macht daher einen großen Unterschied, ob man lediglich glaubt, dass etwas wahr ist oder ob das Gesagte tatsächlich der Wirklichkeit entspricht. Dieser Unterschied kommt in der Tarski-Formel (T) nicht zum Ausdruck. Wenn ich sage: „Es regnet", dann will ich damit nicht nur intersubjektive Zustimmung erheischen oder zum Ausdruck bringen, dass es nützlich ist, daran zu glauben, sondern ich will damit etwas über die Welt aussagen.

Paul Horwich (2004, S. 32 ff.) bestreitet, dass es einen Zusammenhang zwischen Wahrheit und Realismus gibt. In der deflationären Wahrheitstheorie wird Wahrheit nicht in der Welt verankert. Die Sprache wird von der Welt isoliert und Wahrheit in das kontextuelle Netzwerk der Sprache eingeschlossen. Damit gibt es auch kein Kriterium mehr, um zwischen Wahrheit und Fake zu unterscheiden. Allein schon die Behauptung p macht aus ihr eine Wahrheit, da „p" und „p ist wahr" logisch äquivalent sind.

Willard v. O. Quine gilt als einer der Hauptvertreter einer deflationären Wahrheitstheorie. Für ihn ist Wahrheit stets relativ zu einer Sprache bzw. einer Theorie: „Truth, for me, is immanent. Factuality, or matterhood of fact, is likewise immanent." (Quine 1998, S. 367) Wahrheit besteht für ihn in Zitattilgung: „Truth is disquotation." (Quine 1987, S. 213) Dennoch scheint ihm diese Auffassung von Wahrheit nicht ganz geheuer zu sein.

3.4 Die deflationäre Wahrheitstheorie

Auf der einen Seite beteuert er zwar, dass Wahrheit sprachimmanent sei, auf der anderen Seite sagt er auch, dass nicht Sätze wahr seien, sondern erst die Realität sie wahr mache:

> Truth hinges on reality; but to object, on this score, to calling sentences true, is a confusion. Where the truth predicate has its utility is in just those places where, though still concerned with reality, we are impelled by certain technical complications to mention sentences. Here the truth predicate serves, as it were, to point through the sentence to the reality; it serves as a reminder that though sentences are mentioned, reality is still the whole point. (Quine 1986, S. 11)

Sprache ist ein Hilfsmittel, um die Welt zu beschreiben. Das Wahrheitsprädikat ist ein Vermittler zwischen Sprache und Welt: „What is true is the sentence, but its truth consists in the world's being as the sentence says." (Quine 1992, S. 81) In diesem Satz sympathisiert Quine mit einer Korrespondenztheorie der Wahrheit. Daher bezweifelt Davidson (2005a, S. 85), dass man Quine als Deflationisten bezeichnen kann.

Quine führt die Genese von Wahrheit auf Beobachtungssätze zurück. Beobachtungssätze sind solche Sätze, die in direktem Kontakt zur Erfahrung stehen, wie z. B. „Schnee ist weiß", „Es regnet" oder „Die Katze liegt auf der Matte". Ein Beobachtungssatz ist wahr, wenn ihm praktisch alle Mitglieder einer Sprachgemeinschaft zustimmen würden (Quine 1989, S. 64; Quine 2003, S. 62; Quine 1980, S. 88). Quine vermeidet es, von Korrespondenz zu sprechen. Stattdessen führt er die Wahrheit von Beobachtungssätzen auf intersubjektive Zustimmung zurück. Aber dieses Wahrheitskriterium löst das Problem nicht. Denn die Sprachgemeinschaft kann einem Beobachtungssatz auch zustimmen, wenn der Satz falsch ist, z. B. wenn sie einer kollektiven Täuschung zum Opfer fällt oder wenn sie einfach daran glauben will. Trump behauptete, dass bei seiner Vereidigung mehr Menschen anwesend gewesen seien als bei Obamas Inaugurationsfeier. Trumps Anhänger stimmten dieser Behauptung zu, obwohl es klare Beweise für ihre Falschheit gab. Eine bloße Behauptung oder die Zustimmung der Sprachgemeinschaft macht einen Satz nicht wahr.

Dennoch wäre es voreilig, Quine in diesem Punkt einen Vorwurf zu machen. Was er in seinem Buch „Wort und Gegenstand" (1980) beschreibt, ist eine Ontogenese des Spracherwerbs, die sehr stark von der behavioristischen Lerntheorie beeinflusst ist. Demnach verursachen sensorische Reize unmittelbare Reaktionen bei den Beobachtern, die dazu führen, dass sie bestimmte Beobachtungssätze äußern und diese für wahr halten. Jedoch gilt die Wahrheit von Beobachtungssätzen immer nur vorläufig, weil sie lediglich den Ausgangspunkt des Erkenntnisprozesses markieren, aber nicht dessen Ende. Beobachtungssätze bilden die Überprüfungsinstanz für Theorien, sind aber auch selbst theoriegeladen (Quine 1992, S. 7), revidierbar und fallibel. Beobachtungen können einer Täuschung zum Opfer fallen, der Beobachter kann voreingenommen urteilen, die Beobachtungs- und Messinstrumente können fehlerhaft sein oder eine gut bestätigte Theorie kann zeigen, dass ein systematischer Messfehler vorliegt. Quine vergleicht Beobachtung und Theorie mit zwei antagonistischen Kräften, bei denen manchmal die eine, ein anderes Mal die andere Seite die Oberhand gewinnt: „Normally, observation is the tug that tows the ship of theory; but in an extreme case the theory pulls so hard that observation yields." (Quine und Ullian 1978, S. 29)

In Quines holistischem Theoriemodell werden nicht einzelne Beobachtungssätze isoliert für sich mit der Erfahrung konfrontiert, sondern sie treten stets im Kollektiv mit anderen Sätzen „vor das Tribunal der sinnlichen Erfahrung" (Quine 1979, S. 45). Wenn sich Theorie und Erfahrung widersprechen, müssen entweder die Beobachtungssätze oder die Theorie revidiert werden. Entscheidend ist dabei, die Sätze untereinander in eine solche Beziehung zu bringen, dass die Theorie im Einklang zu den Beobachtungsdaten steht. Quine verweist in diesem Zusammenhang auf die Kohärenztheorie der Wahrheit, die bislang stets in Konkurrenz zur Korrespondenztheorie stand. Für Quine sind Kohärenz und Korrespondenz allerdings keine konkurrierenden Begriffe, sondern ergänzen sich gegenseitig:

> Coherence and correspondence, properly considered, are not rival theories of truth, but complementary aspects. The coherence aspect has to do with how to arrive at truth, by the best of our lights. The correspondence aspect has to do with the relation of truths to what they say about. (Quine 1987, S. 214)

Quine sieht einen engen Zusammenhang zwischen Wahrheit und der Annahme einer externen Realität (Quine 1995, S. 67). Kohärenz ist demnach eine notwendige Voraussetzung dafür, dass die ganze Theorie mit der Wirklichkeit übereinstimmt. Allerdings bleiben dabei zwei Fragen offen: Was ist Kohärenz und weshalb ist Kohärenz ein Wahrheitsindikator? Wir werden im nächsten Kapitel sehen, ob die Kohärenztheorie diese Fragen beantworten kann.

3.5 Die Kohärenztheorie der Wahrheit

Die Kohärenztheorie hat ihren Ursprung in der idealistischen Philosophie F.H. Bradleys, Harold Joachims und Brand Blanshards. Die englischen Idealisten betrachten die Wirklichkeit als ein einheitliches, zusammenhängendes Ganzes und Wahrheit ist Ausdruck dieser holistischen Einheit. So schreibt Bradley (1909, S. 492):

> Truth is an ideal expression of the Universe at once coherent and comprehensive. It must not conflict with itself and there must be no suggestion which fails to fall inside it. Perfect truth in short must realise the idea of a systematic whole.

Um die Wahrheit zu erfassen, müsste der Mensch ein vollständiges Wissen über die Welt erlangen. Dies ist nur näherungsweise möglich, weshalb Wahrheit graduierbar ist und Abstufungen zulässt. Je umfassender und vollständiger das System des Wissens ist, desto

3.5 Die Kohärenztheorie der Wahrheit

wahrer ist es. Daher kommt Wahrheit nicht einzelnen isolierten Sätzen zu. Nur ein vollständiges kohärentes System von Sätzen kann wahr sein. Joachim begründet dies mit der Kontextualität von Aussagen und erläutert dies am Beispiel des Satzes „Cäsar überschritt im Jahr 49 v. Chr. den Rubikon" (Joachim 1906, S. 104). Um den Satz verstehen zu können, muss man wissen, wer Cäsar war, was der Rubikon ist und warum Cäsar den Rubikon überschritten hat. Das singuläre Ereignis hängt mit einer ganzen Kette anderer historischer Ereignisse zusammen. Nur auf dem Hintergrund dieses historischen Wissens, im Zusammenhang mit Cäsars Biografie und seinen politischen Ambitionen, macht der Satz Sinn. Man muss die ganze Geschichte kennen, um den Satz zu verstehen. „Das Wahre ist das Ganze", wie Hegel (1986, S. 24) sagt. Wahrheit ist für Joachim „systematische Kohärenz".

Für Joachim ist Kohärenz mehr als logische Widerspruchsfreiheit (Joachim 1906, § 25). Blanshard charakterisiert ein kohärentes Wissenssystem durch einen hohen Grad inferentieller Vernetztheit. Alle Sätze stützen sich gegenseitig und widersprechen sich nicht: „Fully coherent knowledge would be knowledge in which every judgment entailed, and was entailed by, the rest of the system." (Blanshard 1964, S. 264) Da ein vollständiges Wissen, falls wir es je erlangen sollten, das ganze Universum widerspiegelt, kann es auch nur *eine* vollständige Wahrheit geben.

Die Kohärenztheorie wurde in den 1930er Jahren von Otto Neurath wieder aufgegriffen, der dem Idealismus kritisch, wenn nicht gar feindlich gegenüberstand. Ihm ging es vor allem darum, die Philosophie und Wissenschaft von jeglichen metaphysischen Annahmen zu befreien und nur empirisch sinnvolle Sätze zuzulassen. Neurath vertrat einen konsequenten Physikalismus: Eine wissenschaftliche Theorie sollte nur aus solchen Sätzen bestehen, die sich auf überprüfbare physikalische Sätze reduzieren lassen. Die Basis bilden *Protokollsätze*, die als Kontrollinstanzen für andere empirische Sätze dienen. Protokollsätze sind in der dritten Person Singular formuliert und enthalten Angaben über die Person, Zeit, Ort und Inhalt einer Beobachtung oder Messung. Zum Beispiel: „Otto sieht um 15.13 Uhr einen weißen Schwan auf dem See schwimmen". Durch die Beobachtung weißer Schwäne lässt sich die Hypothese „Alle Schwäne sind weiß" bestätigen. Die Beobachtung eines schwarzen Schwans würde die Hypothese dagegen widerlegen.

Allerdings gibt sich Neurath nicht der Illusion hin, dass die Protokollsätze stets evident und unwiderlegbar wahr sind. Ein Protokollsatz kann sich auch als falsch herausstellen, wenn er auf einem Irrtum oder einer Täuschung beruht. Daher ist es für Neurath auch nicht möglich, Allsätze durch Beobachtungen endgültig zu falsifizieren. Der Protokollsatz „Otto sieht einen schwarzen Schwan" steht zwar im Widerspruch zu der Hypothese „Alle Schwäne sind weiß". Aus der Unverträglichkeit beider Sätze folgt jedoch nicht zwingend die Falschheit des Allsatzes. Otto könnte sich getäuscht haben. Dies ist auch der Grund dafür, weshalb ein Satz nicht einfach mit der „Wirklichkeit" verglichen werden kann. Ein Protokollsatz kann nur mit anderen Aussagen verglichen werden. Wenn sich eine Aussage in ein System vorhandener Aussagen eingliedern lässt und mit ihm in Einklang gebracht werden kann, dann ist sie wahr. Falls eine widerspruchsfreie Eingliederung nicht möglich ist, muss entweder die Aussage als falsch abgelehnt werden oder aber das vorhandene

Aussagensystem muss so modifiziert werden, dass es mit der neuen Aussage koexistieren kann. Ziel der Forschung ist es, die Sätze der Naturwissenschaft mit möglichst vielen Protokollsätzen in Übereinstimmung zu bringen (Neurath 1981, Bd. 2, S. 619).

> Wenn eine Aussage gemacht wird, wird sie mit der Gesamtheit der vorhandenen Aussagen konfrontiert. Wenn sie mit ihnen übereinstimmt, wird sie ihnen angeschlossen, wenn sie nicht übereinstimmt, wird sie als ‚unwahr' bezeichnet und fallengelassen oder aber der bisherige Aussagenkomplex der Wissenschaft abgeändert, so daß die neue Aussage eingegliedert werden kann; zu letzterem entschließt man sich meist schwer. *Einen anderen Wahrheitsbegriff kann es für die Wissenschaft nicht geben.* (Neurath 1981, Bd. 1, S. 419)

Interessanterweise gebraucht Neurath den Begriff der Kohärenz nicht, vermutlich um sich von idealistischen Kohärenztheorien abzugrenzen. Im Grunde genommen bedeutet Kohärenz für Neurath, falls er den Begriff verwenden würde, nichts anderes als Widerspruchsfreiheit. Im Gegensatz zu den englischen Idealisten gibt Neurath (1981, Bd. 2, S. 616) die Vorstellung auf, dass es nur *ein* widerspruchsfreies Hypothesensystem geben kann. Welches der konkurrierenden Satzsysteme wir auswählen, ist für ihn eine Frage der Konvention. Damit nimmt Neurath die These der empirischen Unterbestimmtheit von Theorien vorweg, die durch Quine später Berühmtheit erlangte: Wissenschaftliche Theorien können nicht auf ein festes empirisches Fundament gebaut werden. Vielmehr sind Theorien freischwebende Gebilde, die lediglich mit der Erfahrung in Übereinstimmung gebracht werden müssen. Neurath vergleicht eine Theorie mit einem Schiff, das nie mit einem festen Grund in Berührung kommt und durch ständige Umbauten zusammengehalten werden muss: „Wie Schiffer sind wir, die ihr Schiff auf offener See umbauen müssen, ohne es jemals in einem Dock zerlegen und aus festen Bestandteilen neu errichten zu können." (Neurath 1981, Bd. 2, S. 579).

Ebenso wie Neurath vertritt auch Nicholas Rescher einen Kohärentismus, nach dem Wissen nicht auf einem festen Fundament ruht und sich nicht auf unbezweifelbare Basissätze zurückführen lässt. Den Unterschied zum Fundamentalismus erklärt Rescher (1973, S. 319) wie folgt:

> In a way, the coherentist approach is exactly the inverse of the foundationalist. The foundationalist begins his epistemological work with a very small initial collection of absolutely certain truths from which he proceeds to work *outwards* by suitably *additive* procedures to arrive at a wider domain of truth; by contrast, the coherentist begins with a very large initial collection of insecure pretenders to truth from which he proceeds to work *inwards* by suitably *eliminative* procedures to arrive at a narrower domain of truth.

Rescher vergleicht Forschung mit der Arbeit an einem Puzzle, bei dem man möglichst viele Teile zusammenfügen will und so Stück für Stück ein immer größeres und kohärenteres Bild der Welt erhält (Rescher 1973, S. 41). Ausgangspunkt des Erkenntnisprozesses sind für Rescher im Gegensatz zu Neurath keine Protokollsätze. Vielmehr gleicht das Wissenssystem einem zusammenhängenden Netzwerk, bei dem alle Knoten des Netzes gleichberechtigt sind und kein Satz epistemische Priorität vor anderen beanspruchen kann (Rescher 1974, S. 700). Man beginnt mit einzelnen Sätzen, von Rescher *Daten* genannt, die als wahr angenommen werden, deren Wahrheit aber nicht sicher ist. Daten können Beobachtungen, Berichte, Hypothesen oder Vermutungen sein. Das anfängliche System von Sätzen mag inkonsistent sein. Einzelne Elemente dieses Systems können sich widersprechen. Die Sätze werden nun dahingehend geprüft, ob sie zueinander passen. Ein Satz wird als (vorläufig) wahr akzeptiert, wenn er mit allen anderen Sätzen kohäriert. Falls nicht, können einzelne Sätze modifiziert oder aus dem Wissenskorpus wieder entfernt werden. Oder es können Hilfshypothesen eingeführt werden, um eine Theorie an die Erfahrungsdaten anzupassen. Rescher bringt neben der theoretischen Kohärenz das Kriterium pragmatischer Effektivität ins Spiel: Das System des Wissens muss nicht nur auf theoretischer Ebene kohärent sein, sondern auch auf praktischer Ebene erfolgreich sein (Rescher 1992, S. 175).

Der Begriff der Kohärenz bleibt bei Rescher jedoch vage und unspezifisch. Es ist nicht klar, was Kohärenz mehr sein soll als Widerspruchsfreiheit. Es ist daher dringend erforderlich, den Kohärenzbegriff zu präzisieren. Laurence Bonjour (1985, S. 95–99) nennt fünf Kohärenz-Kriterien, die ein Wissenssystem erfüllen muss:

1. A system of beliefs is coherent only if it is logically consistent.
2. A system of beliefs is coherent in proportion to its degree of probabilistic consistency.
3. The coherence of a system of beliefs is increased by the presence of inferential connections between its component beliefs and increased in proportion to the number and strength of such connections.
4. The coherence of a system of beliefs is diminished to the extent to which it is divided into subsystems of beliefs which are relatively unconnected to each other by inferential connections.
5. The coherence of a system of beliefs is decreased in proportion to the presence of unexplained anomalies in the believed content of the system.

Verschwörungstheorien sind nach diesen Kriterien hochgradig inkohärent: Sie sind probabilistisch inkonsistent, weil sie auf unwahrscheinlichen Annahmen beruhen. Sie bestehen aus einem Sammelsurium von ad-hoc-Hypothesen und Glaubenspostulaten, die wenig inferentielle Verknüpfungen aufweisen. Widersprechende Evidenzen werden einfach ignoriert oder durch die Annahme weiterer Verschwörungshypothesen neutralisiert. Zwar können Anomalien, wie Kuhn (1979) gezeigt hat, auch in den besten wissenschaftlichen Theorien vorkommen und eine Krise hervorrufen. Jedoch werden sie in der Wissenschaft ernst genommen und führen zu einem Umbau des Theoriensystems bis hin zu einer wissenschaftlichen Revolution. Solche Paradigmenwechsel sind bei Verschwörungstheorien ausgeschlossen, da sie bestrebt sind, unter allen Umständen an ihrem inkohärenten Weltbild festzuhalten und sich gegen jede Kritik zu immunisieren.

Gegen die Kohärenztheorie wurden hauptsächlich zwei Einwände erhoben: Erstens könnten auch falsche Theorien eine hohe systematische Kohärenz aufweisen und damit einen Wahrheitsanspruch erheben *(Märchen-Einwand)* und zweitens könnte es auch mehr als nur *eine* umfassende kohärente Theorie geben (*Unterbestimmtheits-Einwand*). Es sei daher keineswegs sicher, dass Kohärenz ein zuverlässiger Wahrheitsindikator ist. Der Märchen-Einwand wurde u. a. von Moritz Schlick erhoben.[3] Er schreibt:

> Wer es ernst meint mit der Kohärenz als alleinigem Kriterium der Wahrheit, muß beliebig erdichtete Märchen für ebenso wahr halten wie einen historischen Bericht oder Sätze in einem Lehrbuch der Chemie, wenn nur die Märchen so gut erfunden sind, daß nirgends ein Widerspruch auftritt. (Schlick 1934, S. 86)

Russell wendet gegen die Kohärenztheorie ein, dass es mehrere, gleichermaßen kohärente Glaubenssysteme geben könnte:

> Es könnte sein, daß ein phantasiebegabter Schriftsteller eine Vergangenheit der Welt erfindet, die mit allem, was wir wissen, vollkommen übereinstimmt und doch etwas ganz anderes als die wirkliche Vergangenheit ist. (Russell 1967, S. 108)

Die Kohärenztheorie, so der Einwand, könne nicht stichhaltig begründen, weshalb es nur *ein* kohärentes Gesamtsystem geben kann. Es könnte mehrere gleichermaßen kohärente Systeme geben. Die entscheidende Frage ist daher, ob zunehmende Kohärenz automatisch zur Wahrheit im Sinne von Korrespondenz führt und in welchem Verhältnis Kohärenz und Korrespondenz zueinander stehen.

Kohärenz ist eine interne Relation zwischen Sätzen eines Glaubenssystems. Wenn ein System aber immer nur *intern* auf Kohärenz geprüft wird und nie *extern* mit der Wirklichkeit konfrontiert wird, so wird behauptet, würde aus dem Kohärentismus ein wirklichkeitsfremder Idealismus und Anti-Realismus. Dies erweckt den Anschein, als ob unser kognitives System epistemisch geschlossen sei und es keinen Input gebe. Die Frage lautet also: Wie lässt sich der Kohärentismus mit einem Realismus vereinbaren?

Rescher gibt darauf die Antwort, dass das Ziel nicht interne Kohärenz sei, sondern „Kohärenz mit unserer Erfahrung" (Rescher 1992, S. 174). Darin unterscheidet sich Reschers und Neuraths Kohärentismus von idealistischen Kohärenztheorien. Rescher betrachtet die Annahme einer externen Wirklichkeit als Grundvoraussetzung für die Möglichkeit von Erkenntnis (Rescher 1992, S. 270). Wahrheit und Realismus hängen für ihn eng zusammen:

> We need the notion of reality to operate the conception of truth. A factual statement on the order of „There are pi-mesons" is true if and only if the world is such that pi-mesons exist within it. By virtue of their very nature as truths, true statements must state facts: they state what really is so, which is exactly what it is to characterize reality. (Rescher 1992, S. 260)

---

[3] Ähnlich wie Schlick geht auch C.I. Lewis davon aus, dass Lügengeschichten durchaus kohärent und widerspruchsfrei sein können: „A sufficiently magnificent liar, however, or one who was given time and patiently followed a few simple rules of logic, could eventually present us with any number of systems, as comprehensive as you please, and all of them including falsehoods." (Lewis 1946, S. 340)

3.5 Die Kohärenztheorie der Wahrheit

Rescher bekennt sich daher zu einer Korrespondenztheorie der Wahrheit. Der Kontakt zur Realität werde durch den praktischen Erfolg einer Theorie garantiert. Und auch Bonjour sieht keinen Widerspruch darin, eine Kohärenztheorie mit einer Korrespondenztheorie der Wahrheit zu verbinden (Bonjour 1985, S. 88). Es müsste gezeigt werden, dass eine zunehmende Kohärenz des Wissens zu einer zunehmenden Korrespondenz zwischen Theorie und Wirklichkeit führt. Zur Lösung dieses Problems konstruiert Bonjour eine „Metarechtfertigung der Kohärenztheorie", um eine Verbindung zwischen Kohärenz und Korrespondenz, Rechtfertigung und Wahrheit herzustellen. Es ist zu zeigen, dass Überzeugungen, die im Sinne der Kohärenztheorie gerechtfertigt sind, im Sinne der Korrespondenztheorie wahr sind oder zumindest dahin tendieren, wahr zu sein. Der Realist muss den Skeptiker davon überzeugen, „daß jemand, der über ein (mehr oder weniger) kohärentes Meinungssystem verfügt, Grund zu der Annahme hat, daß seine Meinungen im Großen und Ganzen nicht falsch sind", wie Davidson (1992, S. 280) es ausdrückt. Nach Bonjours Überzeugung streben kohärente Theorien gegen eine wahre Beschreibung der Welt (Bonjour 1985, S. 170). Aber weshalb sollten sich kohärente Meinungssysteme der Wahrheit annähern? Sie könnten auch von der Wahrheit wegführen oder die Entwicklung könnte sich im Kreis drehen (Christlieb 1986, S. 401).

Um diese Begründungslücke zu schließen, führt Bonjour das Prinzip *Metarechtfertigung* ein. Es besagt, dass ein Meinungssystem, das über einen längeren Zeitraum kohärent und stabil bleibt und das einen ständigen empirischen Input erhält, mit wachsender Wahrscheinlichkeit mit der Wirklichkeit übereinstimmt (Bonjour 1985, S. 171). Davidson argumentiert in die gleiche Richtung wie Bonjour. Ebenso wie Bonjour schließt auch Davidson von der Kohärenz auf die Wahrheit einer Theorie, weil ein hoher Grad an Kohärenz die Wahrscheinlichkeit erhöht, „daß viele unserer Meinungen wahr sind" (Davidson 1992, S. 271). Der Zusammenhang zwischen Kohärenz und Wahrheit ist ein probabilistischer: Wenn Meinungen kohärent sind, dann sind sie *wahrscheinlich* auch wahr:

> Die Wahrscheinlichkeit ist umso größer, je umfassender das Meinungssystem ist, mit dem eine Meinung kohärent zusammenhängt, und je mehr wesentliche Meinungen dieses System enthält. Und weil es keine isolierten Meinungen geben kann, gibt es auch keine Meinung, die nicht mit einer gewissen Wahrscheinlichkeit wahr wäre. (Davidson 1992, S. 288)

Bonjours Metaprinzip gibt uns keine *Gewissheit,* dass unsere besten kohärenten Theorien wahr oder wenigstens wahrheitsähnlich sind, sondern besagt nur, dass kohärente Theorien, wenn sie über einen längeren Zeitraum kohärent bleiben, *wahrscheinlich* wahr sind. Im Umkehrschluss folgt daraus, dass falsche Meinungssysteme inkohärent sind.

Das Prinzip der Metarechtfertigung ist auch von medienepistemologischer Relevanz. Kohärenz eignet sich nämlich als journalistisches Wahrheitskriterium, wenn Informationen nicht direkt überprüfbar sind, sondern lediglich auf Berichten beruhen. In diesem Fall gilt die Regel, dass eine Meldung umso wahrscheinlicher wahr ist, je mehr unabhängige Quellen übereinstimmend darüber berichten. Denn es wäre umgekehrt höchst unwahrscheinlich, wenn mehrere Quellen unabhängig voneinander zufällig exakt dieselbe Geschichte verbreiten. Auch bei Zeugenaussagen fallen Lügen und Unwahrheiten am ehesten durch Widersprüche und Unstimmigkeiten in der Darstellung auf. Es ist nämlich schwer, ein umfangreiches Lügengebäude konsistent zu halten. Lügner verwickeln sich irgendwann unweigerlich in Widersprüche und ihr Lügengebäude fällt in sich zusammen. Kohärenzprüfungen sind daher ein wichtiges Mittel beim Faktencheck, um Wahrheit von Fake zu unterscheiden. Fake-Nachrichten werden gerne ausgeschmückt oder übertrieben dargestellt und werden beim Weitererzählen häufig variiert und verändert. Seriöse Nachrichtenagenturen, die sich an journalistische Objektivitätskriterien halten, geben Nachrichten so wahrheitsgetreu wie möglich weiter.

Quine hat auf den Märchen-Einwand und den Unterbestimmtheits-Einwand eine überraschende Antwort parat: Beide Einwände sind berechtigt, wirken sich aber nicht negativ auf die Wissenschaft aus. Nach Quines Auffassung unterscheiden sich wissenschaftliche Theorien nur graduell von Märchen und Fiktionen; sie sind lediglich besser an die Erfahrung angepasst: „Epistemologisch sind sie Mythen auf derselben Ebene wie physikalische Objekte und Götter, weder besser noch schlechter, abgesehen von Unterschieden hinsichtlich des Grads in dem sie für unseren Umgang mit Sinneserfahrungen förderlich sind." (Quine 1979, S. 49) Und auch mit dem Argument der Unterbestimmtheit kohärenter Theorien rennt man bei Quine offene Türen ein. Denn Theorien sind nach Quine durch die Erfahrung unterbestimmt, weshalb es verschiedene Theorien geben kann, die mit der Erfahrung gleichermaßen gut übereinstimmen (Quine 1979, S. 47). Das heißt, wir haben aufgrund der Datenlage keinen Grund, eine der Theorien zu bevorzugen. Die Theorien können gleichermaßen gut die Phänomene erklären.

Die Unterbestimmtheitsthese ist eine Konsequenz von Quines holistischem Theoriemodell. Quine vergleicht das Wissenssystem mit einem „von Menschen geflochtenen Netz, das nur an seinen Rändern mit der Erfahrung in Berührung steht" (Quine 1979, S. 47). Innerhalb der Theorie gibt es Sätze, die näher an der Peripherie stehen, wie die Beobachtungssätze, und Sätze, die theoretischer Natur sind und von der Peripherie weiter entfernt sind. Das Theorienetz reagiert flexibel auf neue Daten. Neue Erfahrungen können assimiliert werden, wenn sie sich kohärent in das System integrieren lassen. Tritt dagegen eine Anomalie auf, d. h. ein Widerspruch zwischen Theorie und Empirie, kann die Theorie durch die Einführung von Hilfshypothesen vor Widersprüchen bewahrt werden. Erst wenn die Anomalien zahlreicher und gravierender werden, müssen grundlegende Modifikationen vorgenommen werden, die den Theoriekern betreffen. Durch solche Modifikationen können neue Theorien oder verschiedene Varianten einer Theorie hervorgehen, die gleichermaßen gut mit den empirischen Daten übereinstimmen. Das Kohärenzmodell kann auf diese Weise sowohl die Struktur als auch die Dynamik wissenschaftlicher Theorien gut erklären (vgl. Zoglauer 1993, Kap. 4).

Dennoch bleiben noch einige Fragen offen. Rescher und Bonjour definieren Wahrheit als Korrespondenz und betrachten Kohärenz lediglich als Wahrheitskriterium. Kohärenz stellt einen Test dar, „der es erlaubt zu beurteilen, ob objektive Wahrheitsbedingungen erfüllt sind" (Davidson 1992, S. 271). Aus der Kohärenz wird auf die Wahrheit geschlossen: „Denn da wir Grund haben zu glauben, daß viele unserer Meinungen in einem kohärenten Zusammenhang mit vielen anderen unserer Meinungen stehen, haben wir in diesem Fall auch Grund zu glauben, daß viele unserer Meinungen wahr sind." (Davidson 1992, ebd.) Ein Problem bleibt damit noch bestehen: Die Korrespondenztheorie beruht auf einem metaphysischen Begriff von Wirklichkeit, der begrifflich nicht explizierbar ist. Es ist daher zu klären, in welcher Beziehung Wahrheit und Wirklichkeit stehen.

3.6 Perspektivischer Realismus

Einer Beantwortung der Frage, was Wahrheit ist, sind wir bisher noch keinen Schritt näher gekommen. Aus dem bisher Gesagten dürfte jedoch ersichtlich geworden sein, dass der Wahrheitsbegriff eng mit dem Begriff der Wirklichkeit zusammenhängt. Eine rein diskursimmanente Definition von Wahrheit, bei der verschiedene Wahrheitsdiskurse gleichberechtigt nebeneinanderstehen, würde zu einem Postfaktualismus führen. Eine Sprachgemeinschaft kann Wahrheit nicht einfach per Konvention oder Konsens dekretieren, weil objektive Wahrheiten unabhängig vom Menschen gelten sollen. Im Gegensatz dazu setzen die Korrespondenztheorie und die Approximationstheorie einen metaphysischen Wahrheitsbegriff voraus, nämlich eine Wahrheit, die in der Welt und nicht in menschlichen Subjekten verankert ist. Demnach sind alle unsere Theorien streng genommen falsch, weil sie ständig verbessert werden und somit der Wahrheit näherkommen können. Wir stehen also vor dem Dilemma, Wahrheit entweder internalistisch, d. h. sprach- und theoriebezogen, oder externalistisch, d. h. wirklichkeitsbezogen, zu definieren.

Bevor wir die Wahrheitsfrage klären können, müssen wir daher zunächst verstehen, was wir mit „Wirklichkeit" meinen, da in philosophischen Diskursen unterschiedliche Wirklichkeitsbegriffe kursieren und häufig behauptet wird, die Wirklichkeit sei sozial konstruiert. Betrachten wir hierzu ein Beispiel. Arthur Stanley Eddington beschreibt in der Einleitung zu seinem Buch „The Nature of the Physical World" (1929), wie er auf einem Stuhl vor seinem Schreibtisch sitzt, Papier und eine Feder zur Hand nimmt, um die Einleitung zu seinem Buch zu schreiben. Er überrascht den Leser mit der Behauptung, dass es zu jedem Objekt ein Duplikat gibt. Es gibt zwei Tische, zwei Stühle und zwei Federn. Der Tisch, vor dem er sitzt, hat eine räumliche Ausdehnung, er hat eine Farbe, eine glatte Oberfläche und fühlt sich hart und undurchdringlich an. Als Physiker kann er den Tisch aber auch auf eine andere Weise beschreiben: Der zweite Tisch besteht aus Protonen, Neutronen und Elektronen und ansonsten aus leerem Raum. Die Dinghaftigkeit und Substanzialität des ersten Tisches verschwinden und erweisen sich als Illusion. Die Elektronen, die den Atomkern umkreisen, besitzen nicht die Eigenschaften, die wir von alltäglichen Körpern kennen: Sie sind farblos, ununterscheidbar und räumlich nicht genau lokalisierbar. Streng genommen handelt es sich um keine Teilchen, sondern um Quantenfelder. Man kann sich daher fragen: Welcher der beiden Tische ist wirklich? Sollen wir der Quantenmechanik mehr vertrauen als unserer Sinneswahrnehmung? Ist die Welt der Erscheinung nur eine Illusion? Oder liefern unsere Alltagserfahrung und die Physik zwei gleichberechtigte Beschreibungen der Wirklichkeit?

Offenbar ist für den Alltagsmenschen und für den Physiker Wirklichkeit etwas Verschiedenes. Wenn wir über die Alltagswelt reden, verwenden wir die Alltagssprache. Wissenschaftler verwenden dagegen je nach Disziplin eine eigene Fachsprache, in der neben Beobachtungstermen auch theoretische Terme vorkommen, deren Bedeutung anders erklärt wird als Beobachtungsbegriffe der Alltagssprache (vgl. Zoglauer 1993). In der Alltagssprache hat der Begriff der Wirklichkeit einen klar definierten Sinn: Etwas ist wirklich, wenn wir es irrtumsfrei wahrnehmen können. Alltagsgegenstände wie Tische, Stühle, Blumen oder Bäume sind wirklich, weil wir sie sehen, fühlen und berühren können. Jedoch kann man sich die Frage stellen: Existiert der Baum noch, wenn ich ihn nicht wahrnehme? Und was ist mit Objekten, die außerhalb meiner Wahrnehmungsreichweite liegen, also Dinge, die ich noch nie gesehen habe? Hier bedient sich unser Verstand einer kognitiven Konstruktion. Ich kann mich in der Regel auf das Zeugnis meiner Mitmenschen, mediale und wissenschaftliche Evidenzen verlassen, die mir versichern, dass ein bestimmtes Objekt existiert. Ich habe beispielsweise noch nie den Zuckerhut von Rio de Janeiro mit eigenen Augen gesehen, aber ich weiß, dass er existiert, da ich schon Bilder, Berichte und Filme von ihm gesehen habe. Ich weiß auch, dass der Mars zwei Monde, Deimos und Phobos, hat, weil ich das in Astronomiebüchern gelesen habe. Der Zuckerhut und die Marsmonde sind daher für mich wirklich, obwohl ich sie noch nie gesehen habe. Die Wirklichkeit ist das Resultat einer kognitiven Konstruktion aus dem Wissen, das ich habe.

Ein Physiker hat es dagegen mit Elektronen, Gravitationswellen und schwarzen Löchern zu tun, die sich nicht so einfach beobachten lassen, von denen er aber trotzdem annimmt, dass sie existieren. In der Physik verwendet man andere Kriterien als in der Alltagswelt, um zu entscheiden, ob etwas existiert. Ein Physiker kann Elektronen und andere Elementarteilchen nicht direkt beobachten, sondern nur indirekt mithilfe komplizierter Geräte und Messinstrumente. Er verwendet andere Begriffe und Kategorien, um die Wirklichkeit zu beschreiben. Für ihn ist ein Elektron sowohl ein Teilchen als auch eine Welle – Eddington (1929, S. 201) spricht von einem „wavicle", einer Mischung aus „wave" und „particle". In einer Elektronenwolke nimmt ein Elektron keinen genau bestimmten Ort ein, vielmehr lässt sich lediglich eine Aufenthaltswahrscheinlichkeit angeben. Die Wissenschaft konstruiert eine symbolische Welt, die Eddington als eine „Schattenwelt" bezeichnet. Die scheinbare Substanzialität von Dingen löst sich auf und wird durch abstrakte, schattenhafte Objekte wie Elektronenwolken ersetzt, die nur in der Sprache der Mathematik exakt beschrieben werden können. Wirklichkeit wird in der Physik theoretisch konstruiert, jedoch nicht willkürlich, sondern so, dass sie mit den empirischen Daten in Einklang gebracht werden kann.

Allerdings gibt es unter Physikern unterschiedliche Auffassungen darüber, was wirklich ist. Sind zum Beispiel elektrische Felder wirklich oder sind sie nur nützliche theoretische

Instrumente, um elektrische Phänomene zu beschreiben? Für Albert Einstein gibt es zu einer physikalischen Größe nur dann eine Entsprechung in der Wirklichkeit, wenn es möglich ist, ihren Wert mit Sicherheit vorhersagen zu können, ohne das System zu stören (Einstein et al. 1935). Niels Bohr (1929) wendet dagegen ein, dass mit jeder Messung das zu messende Objekt beeinflusst wird, weshalb eine deterministische Beschreibung des Objekts ausgeschlossen sei. Eine physikalische Größe ist demnach erst dann wirklich, wenn sie gemessen wurde. Werner Heisenberg (1986, S. 37) begründet dies damit, dass sich ein quantenmechanisches System lediglich im Modus der Möglichkeit befindet und erst nach einer Messung in den Zustand der Wirklichkeit übergeht. Andere Wissenschaftler glauben, ohne eine Bezugnahme auf reale Entitäten auskommen zu können. Der *Instrumentalismus* geht davon aus, dass unbeobachtbare Objekte wie Elektronen, Quarks oder Neutrinos lediglich nützliche Fiktionen seien, die postuliert werden, um die Welt besser verstehen und erklären zu können.

In der Alltagswelt gibt es Farben, für den Physiker dagegen sind es elektromagnetische Wellen mit unterschiedlichen Wellenlängen. Der Tisch scheint für uns kontinuierlich mit Materie ausgefüllt zu sein. Physikalisch betrachtet besteht er zu 99,99 % aus leerem Raum. Dennoch glauben wir, dass beide Beschreibungsweisen ihre Berechtigung haben und nur verschiedene Aspekte derselben Realität erfassen. Die beiden Welten sind nicht unabhängig voneinander, sie überlappen sich und es gibt Übergänge zwischen beiden Beschreibungsweisen. Die Alltagsperspektive und die physikalische Sichtweise sind folglich nicht inkommensurabel. Niels Bohr (1929) betrachtet die klassische und die quantenmechanische Zugangsweise als komplementär zueinander. Der quantenmechanische Formalismus beschreibt das Verhalten eines Systems ohne den Einfluss eines beobachtenden und messenden Subjekts. Erst bei einer Messung findet eine Wechselwirkung zwischen Subjekt und Objekt statt. Durch die Messung werden quantenmechanische Phänomene in die Welt der Beobachtung überführt und mit den Mitteln der klassischen Physik beschreibbar.

Das Beispiel von Eddington zeigt: Was Wirklichkeit ist, können wir immer nur innerhalb eines Begriffssystems beschreiben. Dennoch glauben wir, dass wir mit den unterschiedlichen sprachlichen und theoretischen Mitteln dieselbe Welt beschreiben, wir es also nicht mit *zwei* verschiedenen Tischen zu tun haben, sondern nur mit *einem* Tisch, der sich aus zwei unterschiedlichen epistemischen Perspektiven betrachten lässt. Die Perspektiven zeigen immer nur eine *scheinbare* Welt, hinter der eine bewusstseinsunabhängige Realität verborgen ist, die selbst unerkennbar bleibt. Jede Erscheinung ist Erscheinung von etwas und dieses Etwas nennt Kant das Ding an sich:

> In der Tat, wenn wir den Gegenständen der Sinne, wie billig, als bloße Erscheinungen ansehen, so gestehen wir hiedurch doch zugleich, daß ihnen ein Ding an sich selbst zum Grunde liege, ob wir dasselbe gleich nicht, wie es an sich beschaffen sei, sondern nur seine Erscheinung, d. i. die Art, wie unsre Sinnen von diesem unbekannten Etwas affiziert werden, kennen. (Kant 1983, Bd. 5, S. 183 = Prolegomena, A 104 f.)

Der Begriff der Wirklichkeit ist verwirrend und widersprüchlich. Wenn wir sagen „Dieser Baum ist wirklich", verwenden wir sprachliche Mittel, um einen Gegenstand unserer Sinneswahrnehmung zu bezeichnen. Dennoch referieren wir mit dem Begriff „Baum" auf etwas, das *außerhalb* der Sprache liegt. „Wirklichkeit" ist daher einerseits sprachabhängig, weil sie nur mit sprachlichen Mitteln beschreibbar ist, andererseits aber weist sie über die Sprache hinaus und transzendiert die Erscheinungswelt. Um solche Verwechslungen zu vermeiden, ist es sinnvoll, zwei verschiedene Begriffe zu verwenden und zwischen „Wirklichkeit" und „Realität" zu unterscheiden: Wirklichkeit existiert nur innerhalb eines Sprachsystems oder Begriffsschemas. Dagegen ist Realität, das Kant'sche Ding an sich, unabhängig von jeder Sprache und begrifflich nicht erfassbar. Realität ist somit etwas, das schlichtweg existiert und nicht sozial konstruiert ist. Gäbe es die Realität nicht, würden wir in einer Welt der Illusion und des Scheins leben und wären selbst nicht real.

Rudolf Carnap (1950) unterschied zwischen internen und externen Fragen. Ob es eine bewusstseinsunabhängige Realität gibt, ist für Carnap eine externe Frage, während die Naturwissenschaft nur interne Fragen nach der Existenz von konkreten Objekten beantworten kann. Wenn wir z. B. wissen wollen, ob schwarze Löcher existieren, so sprechen wir über Gegenstände der Physik und bedienen uns dabei einer wissenschaftlichen Sprache. Wir können schwarze Löcher im Rahmen der Allgemeinen Relativitätstheorie beschreiben. Die Frage nach der Existenz schwarzer Löcher lässt sich empirisch beantworten. Es gibt Verifikationskriterien, mit denen wir entscheiden, ob ein bestimmter Alltagsgegenstand, z. B. ein Baum, existiert. Die Dingwelt wird in einer Dingsprache beschrieben, ebenso wie die physikalische Welt in einer physikalischen Sprache beschrieben wird. Aber die Frage nach der Realität der Dingwelt ist keine interne Frage, sie kann nicht innerhalb der Dingsprache beantwortet werden, sondern ist eine externe Frage, weil sie über jeden Sprachrahmen hinausgeht und nicht mit empirischen Mitteln beantwortet werden kann. Externe Fragen sind metaphysische Fragen, wie z. B. „Existieren überabzählbare Mengen?" oder „Warum gibt es überhaupt etwas und nicht vielmehr nichts?". Um sie beantworten zu können, müsste man gleichsam einen Gottesstandpunkt einnehmen, was nicht möglich ist. Aussagen über die Realität der Außenwelt besitzen daher keine Wahrheitswerte, weil es für deren Wahrheit keine Verifikationskriterien gibt.

Carnap vertritt eine deflationäre Metaphysik, nach der metaphysische Probleme lediglich Scheinprobleme sind, die sich weder empirisch noch a priori entscheiden lassen.[4] Dennoch haben Ontologien eine Orientierungsfunktion und somit einen praktischen Nutzen. Welche Ontologie und welchen Begriffsrahmen wir bevorzugen, hängt von praktischen Überlegungen ab. Im lebensweltlichen Kontext erweist sich eine Alltags-Ontologie als zweckmäßig, in der es substanzielle Körper gibt, während man quantenmechanische Phänomene mit einer Feld-Ontologie besser erklären kann. Quine (1979, S. 25) plädiert daher für Toleranz und Offenheit bei der Wahl einer geeigneten Ontologie und ist

---

[4] Neben Rudolf Carnap können auch Hans Vaihinger, William James, W.v.O. Quine und Hilary Putnam als Vertreter einer deflationären Metaphysik genannt werden.

3.6 Perspektivischer Realismus

bereit, neben physikalischen Objekten auch abstrakte Gegenstände wie Klassen in seine Ontologie aufzunehmen.

Gelegentlich wird behauptet, dass eine denk- und bewusstseinsunabhängige Realität ein selbstwidersprüchlicher Begriff sei. Denn indem wir eine Realität denken, ist sie nicht mehr denkunabhängig. Allein schon die Behauptung, dass eine bewusstseinsunabhängige Realität existiert, macht von dem ontologischen Begriff der Existenz Gebrauch. Marcus Willaschek (2015, S. 14) weist auf die Schwierigkeit hin, „dem Begriff der denkunabhängigen Existenz noch irgendeinen nachvollziehbaren Inhalt zu geben". Die Frage ist nämlich: Wie können wir in der Sprache über etwas sprechen, das jenseits der Sprache liegt und sich begrifflich nicht fassen lässt? Wittgenstein sagt: „Die Grenzen meiner Sprache bedeuten die Grenzen meiner Welt." (Tractatus 5.6) Dennoch gibt es für Wittgenstein Dinge, über die wir nicht sprechen können, die über die Sprache hinausweisen, die sich lediglich „zeigen" (Tractatus 6.522).

In gewisser Weise handelt es sich um ein semantisches Problem. Wenn wir über die Alltagswelt reden, verwenden wir die Alltagssprache. Und wenn ein Physiker über Elektronen, Quarks und Quantenfelder redet, bewegt er sich innerhalb des theoretischen Rahmens der Quantentheorie oder Quantenfeldtheorie. Auch hier ist es sinnvoll zu sagen „Elektronen sind wirklich". Aber in der Physik hat „Wirklichkeit" eine andere Bedeutung als in der Alltagssprache. Wirklichkeit ist daher stets relativ zu einem Begriffssystem oder einer epistemischen Perspektive. Anders verhält es sich mit dem Begriff der *Realität*. Wir können die Realität nicht beschreiben, weil uns dafür ein geeigneter Begriffsrahmen und eine geeignete Sprache fehlen. Wir können die Realität auch nicht erkennen. Und selbst wenn wir sie erkennen könnten, wüssten wir dies nicht, weil wir unser Bild der Realität nicht mit der Realität selbst vergleichen und feststellen können, ob es der Realität entspricht oder nicht.

Dennoch denke ich, dass der Begriff der Realität philosophisch sinnvoll ist. Da die Semantik der Alltagssprache oder der Physik dafür nicht taugt, müssen wir eine andere Semantik einführen. Die Lösung des Problems könnte eine fiktionalistische Semantik liefern (Predelli 2020). In fiktionalen Diskursen reden wir über fiktive Dinge, die nicht existieren oder von denen wir nicht wissen, ob sie existieren. Wir tun so, *als ob* sie existierten. Hans Vaihinger (1922) betrachtet Kants Ding an sich als eine solche Fiktion. Er wirft Kant vor, die Kategorien von Ding, Eigenschaft und Kausalität unberechtigterweise auf das Ding an sich anzuwenden, um eine Verbindung zwischen der realen Außenwelt und unserer Vorstellungswelt herzustellen. Andererseits können wir gar nicht anders als etwas außer uns Existierendes mit einer Kategorie zu bezeichnen: „sonst ist es nicht bloss undenkbar, sondern auch gar nicht einmal ausdrückbar" (Vaihinger 1922, S. 113). Wir *müssen* daher eine extramentale Realität annehmen und so tun „als ob es Dinge an sich gebe, welche auf uns wirken, und dann die Vorstellung der Welt in uns hervorbringen" (Vaihinger, ebd.). Die Existenz einer bewusstseinsunabhängigen Realität ist zwar eine philosophische Fiktion, aber eine sinnvolle und unverzichtbare Fiktion, ohne die uns die Welt völlig unbegreiflich erschiene.

Wenn es jenseits unserer Erfahrungswelt nicht eine von unserer Wahrnehmung unabhängige Realität gäbe, bestünde die Wirklichkeit eines Baumes allein in seinem Wahrgenommenwerden und die Welt wäre eine Illusion. Und genauso in der Physik: Wenn es jenseits von Theorie und Messung nicht noch eine theorieunabhängige Realität gäbe, würde die Wirklichkeit eines Elektrons nur in der Messung seiner physikalischen Eigenschaften bestehen. Die beiden von Eddington beschriebenen Tische wären in der Tat verschieden, es würde sich um *zwei* Tische handeln, wenn unabhängig von diesen epistemischen Perspektiven nicht eine Realität existieren würde, sodass Alltagsverstand und Physik sich auf *dasselbe* Objekt beziehen und wir von *einem* Tisch sprechen können. Man kann daher sagen: Es gibt verschiedene Wirklichkeiten, aber nur *eine* Realität.

Ebenso wie es im Fall von Eddingtons zwei Tischen zwei Wirklichkeiten gibt, gibt es auch zwei Wahrheiten: eine alltagssprachliche Wahrheit und eine physikalische Wahrheit. Der Satz „Der Tisch hat eine braune Farbe" ist lebensweltlich wahr, weil die Wahrheit des Satzes durch die Wahrnehmung bestätigt werden kann. Physikalisch betrachtet sind die Atome und Moleküle des Tisches jedoch farblos, der Satz ist daher wissenschaftlich betrachtet falsch. Einen Tisch gibt es streng genommen nicht, nur eine tischartige Anordnung von Atomen. Wahrheit ist stets relativ zu einer epistemischen Perspektive bzw. einem Begriffsschema. Dieser Konflikt zwischen verschiedenen Wahrheiten wäre nur dann problematisch, wenn alle möglichen Perspektiven und damit auch die damit verbundenen Wahrheiten gleichberechtigt wären oder aber eine epistemische Inkommensurabilität vorliegen würde. Die Konsequenz eines solchen Wahrheitsrelativismus wäre ein Postfaktualismus. Aber wie wir bereits gesehen haben, können wir nicht alle Perspektiven als gleichwertig anerkennen. Neben der common-sense-Perspektive und der wissenschaftlichen Perspektive gibt es auch weniger glaubwürdige Weltansichten wie z. B. Pseudowissenschaften, Esoterik und Verschwörungstheorien. Wenn wir zwischen Pseudowissenschaften und wissenschaftlichen Theorien wählen müssten, würden wir sicherlich die Wissenschaft bevorzugen. Wir werden diejenige epistemische Perspektive wählen, die den größten explanatorischen Gehalt besitzt, die am besten mit den Erfahrungsdaten in Einklang steht, ein größeres Maß an Kohärenz aufweist und unser Wissen erweitert. Wenn wir den Dingen auf den Grund gehen wollen und z. B. wissen wollen, woraus dieser Tisch besteht, können wir nicht auf der Ebene der Sinneswahrnehmung und Alltagserfahrung stehen bleiben, sondern müssen den Tisch wissenschaftlich untersuchen.

Die hier vorgeschlagene Lösung ist ein Perspektivismus auf der Grundlage eines wissenschaftlichen Realismus. In der Philosophie spricht man von einem *perspektivischen Realismus*. Er wurde von Ronald Giere und Michela Massimi begründet. Ronald Giere (2006, S. 81) vertritt die Auffassung, dass Wahrheit immer relativ zu einer Perspektive ist. Michela Massimi (2018b, S. 347) bekräftigt den perspektivischen Charakter wissenschaftlichen Wissens: „Knowledge claims in science are dependent on a given historically and/or intellectually situated scientific perspective." Massimi (2018a, S. 170 f.) fasst die zentralen Thesen des perspektivischen Realismus (PR) wie folgt zusammen:

3.6 Perspektivischer Realismus

(1) PR endorses the realist *metaphysical* tenet about a mind-independent (and perspective-independent) world.
(2) PR endorses the realist *semantic* tenet about a literal construal of the language of science.
(3) Finally, PR endorses the realist *epistemic* tenet in thinking that acceptance of a theory implies the belief that the theory is true (and even shares the realist intuition that truth has to be cashed out in terms of correspondence rather than coherence, warranted assertibility and so forth).

Es ist nicht klar, wie diese Thesen miteinander verträglich sein sollen. Auf der einen Seite postuliert Massimi ähnlich wie Giere einen Perspektivenpluralismus und sagt, dass es keinen „God's eye view" gebe und Wissen stets historisch und kulturell relativ sei. Auf der anderen Seite vertritt sie eine Korrespondenztheorie der Wahrheit und behauptet, dass es perspektivenunabhängige Tatsachen und Wahrheiten gebe: „There are facts about water and its properties that are independent of scientific perspectives." (Massimi 2018a, S. 171) Massimi begründet dies wie folgt: Wahrheitsbehauptungen seien stets perspektivenabhängig, die Wahrheit selbst aber perspektivenunabhängig. Perspektiven lieferten lediglich kontextabhängige Wahrheitsbedingungen, für die es jedoch Transformationsregeln gebe, die es erlauben, sie von einer in eine andere Perspektive zu übersetzen. Aufgrund des wissenschaftlichen Fortschritts seien spätere Theorien besser in der Lage, Phänomene zu erklären und Hypothesen zu beurteilen. Massimi empfiehlt daher mehr epistemische Bescheidenheit: Unsere gegenwärtigen wissenschaftlichen Theorien seien zwar nicht wahr, aber aus unserer heutigen Sicht die besten, die es gebe (Massimi 2018a, S. 173). Massimi ist in diesem Punkt zuzustimmen: Wenn es überhaupt einen Zugang zur Wahrheit gibt, dann kann ihn nur die Wissenschaft liefern.

Jedoch hat Massimis perspektivischer Realismus mit denselben Problemen zu kämpfen wie die Korrespondenztheorie der Wahrheit. Denn was soll es heißen, dass es eine perspektivenunabhängige Wahrheit gibt? Womit sollen wahre Aussagen in der Wirklichkeit übereinstimmen? Was sind die Wahrmacher? Wenn es keinen „God's eye view" gibt und wenn die Wahrheitsbedingungen stets historisch kontingent sind und nur innerhalb einer Perspektive gelten, wie Massimi immer wieder betont, wie kann es dann überhaupt einen perspektivenübergreifenden Wahrheitsstandpunkt geben?

Der perspektivische Realismus steht daher vor dem Dilemma, sich für eine der folgenden Alternativen entscheiden zu müssen: Wahrheit ist entweder perspektivenabhängig oder perspektivenunabhängig. Eine Lösung könnte in einem Kompromiss zu finden sein: Wahrheit ist kontextabhängig und perspektivenimmanent, aber sie hat auch einen perspektivenunabhängigen Realitätsbezug. Durch wissenschaftliche Theorien werden verschiedene Wirklichkeiten konstruiert, die in einer theorieunabhängigen Realität fundiert sind. Ohne diesen Realitätsbezug würden unsere besten wissenschaftlichen Theorien gleichsam in der Luft hängen und wären bloße Hirngespinste. Ohne „die Welt da draußen" gäbe es keine irrtumskorrigierende Instanz, an der unsere Hypothesen und Theorien scheitern können.

Meine Version des perspektivischen Realismus unterscheidet sich von Massimis Version in folgendem Punkt: Ich lehne die Korrespondenztheorie und den damit verbundenen metaphysischen Wahrheitsbegriff ab. Ob eine Aussage wahr oder falsch ist, lässt sich nur innerhalb eines Begriffssystems bestimmen. Jede Wahrheit gilt nur vorläufig und ist provisorisch, da mit dem Erkenntnisfortschritt unser Theorien- und Begriffsnetzwerk an neue Erfahrungen angepasst wird und sich damit auch die Wahrheitswerte von Aussagen verändern. Durch neue Erkenntnisse gewinnen wir neue Wahrheiten und können alte Wahrheiten widerlegen.

Der hier vorgestellte perspektivische Realismus hat viele Gemeinsamkeiten mit Hilary Putnams *internem Realismus*. Wirklichkeit ist für Putnam immer nur eine Wirklichkeit innerhalb eines Begriffssystems. Verschiedenen Theorien liegen unterschiedliche Ontologien und unterschiedliche Wirklichkeitskriterien zugrunde, wobei jede Ontologie und Wirklichkeitsauffassung ihre Berechtigung hat. Objekte sind somit stets theorieabhängig: „In my picture, objects are theory-dependent in the sense that theories with incompatible ontologies can both be right." (Putnam 1992, S. 40) An anderer Stelle bezieht sich Putnam (2016) auf Eddingtons Beispiel der zwei Tische und sieht keinen Widerspruch zwischen dem Common-Sense-Realismus und dem wissenschaftlichen Realismus: beide Tische sind gleichermaßen real. Ein Tisch kann sowohl als hart, braun und undurchdringlich beschrieben werden als auch als quantenmechanisches Objekt, das aus Teilchen und Feldern besteht (vgl. auch Putnam 1983, S. 230).

Jedoch, und hierin unterscheidet sich meine Auffassung von Realismus von Putnams internem Realismus, bezieht sich Putnam auf den Wahrheitsbegriff von Peirce und definiert Wahrheit als ideale rationale Akzeptierbarkeit (Putnam 1990, S. 83). Eine Aussage ist für ihn wahr, wenn sie unter „erkenntnismäßig idealen Bedingungen" gerechtfertigt ist. Leider kann Putnam nicht erklären, was er unter idealen Bedingungen versteht: „Erkenntnismäßig ideale Bedingungen können wir nicht wirklich erreichen, noch können wir auch nur absolut gewiß sein, daß wir ihnen nahe genug gekommen sind." (Putnam 1990, S. 83) Peirce (1985, S. 75) definiert Wahrheit als „die Meinung, der es schicksalhaft bestimmt ist, zuletzt von allen Forschern bejaht zu werden". Ebenso wie Peirce glaubt auch Putnam (1987, S. 54), wenn Wissenschaftler nur lange genug nachdenken würden, sie irgendwann zu einer Auffassung gelangen würden, die jeder Kritik standhält und die dann als wahr akzeptiert werden müsste. Putnam erwähnt in diesem Zusammenhang Karl-Otto Apel und Jürgen Habermas, die sich ebenfalls auf Peirce berufen und zu derselben Wahrheitskonzeption gelangt sind. Apel (2002, S. 133) fasst Peirces Argument wie folgt zusammen:

> *Wahrheit* (hinsichtlich der *Realität* überhaupt) ist derjenige Konsens, der in einer unbegrenzten Forschergemeinschaft zuletzt erreicht *würde*, wenn der Forschungsprozeß unter idealen kommunikativen (auf die intersubjektive Verständigung bezogenen) und epistemischen (auf die jeweils gegebenen Wahrheitskriterien bezogenen) Bedingungen über jeden faktischen Konsens kritisch hinausgehend – also *potenziell unendlich* – fortgesetzt werden könnte.

3.6 Perspektivischer Realismus

Habermas (2004, S. 259) definiert Wahrheit wie folgt: „Eine Aussage ist wahr, wenn sie unter den anspruchsvollen Bedingungen eines rationalen Diskurses allen Entkräftungsversuchen standhält." Diese Wahrheitsdefinitionen setzen eine ganze Reihe idealisierender Bedingungen voraus: Bei der Diskursgemeinschaft handelt es sich um eine „community of inquirers of potentially infinite size" (Putnam 1987, S. 54), die über „hinlängliche Erfahrung" der Art verfügen muss, „wie sie für Wesen mit unserer Natur tatsächlich möglich ist" (Putnam 1990, S. 93), was so viel heißt, als dass sie über genügend Hintergrundwissen und Fachkenntnis verfügen muss. In den Worten von Apel (1988, S. 429) muss es sich um eine „ideale Kommunikationsgemeinschaft" handeln. Der Diskurs muss „herrschaftsfrei" und in einer „idealen Sprechsituation" stattfinden (Habermas 1971, S. 136 ff.) und den Teilnehmern muss unbegrenzt viel Zeit zur Verfügung stehen, sodass irgendwann ein Konsens zustande kommt. Es dürfte offensichtlich sein, dass sich diese idealen Bedingungen in der realen Welt nie erreichen lassen. Wahrheit bleibt somit ein unerreichbares Fernziel. Damit wird über die Hintertür doch wieder ein metaphysischer Wahrheitsbegriff eingeführt, weil er ein fiktives Ideal darstellt. Die so definierte Wahrheit wäre nicht falsifizierbar und gälte absolut.

Es gibt aber noch einen anderen Grund, weshalb wir uns mit dieser Methode nicht aus der Perspektivität unserer Begriffsschemata befreien können: Das menschliche Erkenntnisvermögen ist nämlich prinzipiell beschränkt. Putnam weist immer wieder auf die Abhängigkeit unseres Wissens von den zugrunde liegenden Begriffsschemata hin, die wir nicht ablegen können. Selbst wenn unsere Theorien gegen eine fiktive Wahrheit konvergieren, ist diese Wahrheit immer noch eine Wahrheit innerhalb eines Begriffsschemas. Allein die simple Frage „Wieviele Objekte existieren wirklich?" macht unabhängig von einem gegebenen Begriffsschema keinen Sinn (Putnam 1987, S. 20). Andere Begriffsschemata führen zu anderen Wahrheiten.

Im Unterschied zu Putnam halte ich an einem perspektivenabhängigen Wahrheitsbegriff fest: Es kann nur provisorische Wahrheiten geben, die jederzeit widerlegbar sind und durch bessere Wahrheiten ersetzt werden können, wobei „besser" im Sinne höherer empirischer Adäquatheit zu verstehen ist. Ebenso wie Putnam glaube ich an einen wissenschaftlichen Fortschritt. Aber daraus folgt nicht zwangsläufig eine Konvergenz gegen eine infallible absolut wahre Theorie. Es gibt gute Gründe anzunehmen, dass die Wissenschaft nie an ein Ende gelangen wird und es unüberwindbare Grenzen des Wissens gibt (Rescher 1985; Rescher 1992). Wissenschaft ist ein grundsätzlich unabgeschlossenes und unabschließbares Unterfangen. Zu jeder Frage, die wir beantworten können, ergeben sich mindestens zehn neue Fragen, die einer Beantwortung harren. Rescher unterscheidet zwischen „unserem Begriff der Realität und der Realität, wie sie wirklich ist" (Rescher 1985, S. 260). Ersteres nenne ich „Wirklichkeit", letzteres „Realität". Da die Wissenschaft stets fehlbar ist, kann sie die Realität nie vollständig oder auch nur partiell adäquat abbilden.[5] Sie kann lediglich eine modellhafte, theoretisch konstruierte Wirklichkeit beschreiben.

---

[5] Wenn die Realität erkennbar wäre, würde dies auf einen Idealismus hinauslaufen. Vittorio Hösle (2015, S. 40) erklärt den Grundgedanken des objektiven Idealismus wie folgt: „Das Sein muss

Rescher (1985, S. 265) drückt dies so aus: „Die Realität hat immer einen Vorsprung vor dem Zugriff unserer Erkenntnis; es ist mehr an der Welt, als – jetzt oder wann auch sonst – innerhalb unseres Blickfeldes liegt."

Der Begriffsrelativismus zeigt, dass Wahrheit immer relativ zu einer epistemischen Perspektive ist. Dennoch sind nicht alle Perspektiven gleichwertig. Der perspektivische Realismus räumt wissenschaftlichen Theorien eine Sonderstellung ein, weil wir der Wissenschaft am ehesten die Gewinnung objektiver Erkenntnis und Orientierungswissen zutrauen, um uns in der Wirklichkeit zurechtzufinden. Allerdings könnte ein Skeptiker die Bevorzugung wissenschaftlicher Theorien gegenüber alternativen epistemischen Perspektiven infrage stellen: Warum sollten nur wissenschaftliche Theorien einen Realitätsbezug aufweisen und nicht religiöse Glaubenssysteme, Mythen oder indigene Weltbilder? Läuft der perspektivische Realismus nicht auf einen *Szientismus* hinaus, d. h. den ausschließlichen Anspruch der Wissenschaft auf die Wahrheit? Der Begriff des Szientismus wird oft abwertend gebraucht, um damit ein verengtes Rationalitätsverständnis anzuprangern. Im Positivismusstreit haben gerade Vertreter der Frankfurter Schule immer wieder den Szientismusvorwurf gegen die empirisch-analytische Philosophie erhoben. Jürgen Habermas definiert den Szientismus als „Glauben der Wissenschaft an sich selbst, nämlich die Überzeugung, daß wir Wissenschaft nicht länger als eine Form möglicher Erkenntnis verstehen können, sondern Erkenntnis mit Wissenschaft identifizieren müssen" und wirft ihm vor, „hinter die durch Kant bezeichnete Stufe der Reflexion zurückgefallen" zu sein (Habermas 1979, S. 13). Und Adorno (1979, S. 30 f.) sekundiert: „Weil die szientistische Wahrheit die ganze sein will, ist sie nicht die ganze."

In jüngster Zeit ist der Szientismusstreit wieder voll entbrannt, wie diverse Publikationen belegen (Boudry und Pigliucci 2017; de Ridder et al. 2018; Peels 2017a). Van Woudenberg, Peels und de Ridder (2018, S. 2) verstehen unter Szientismus „the view that only science can provide us with knowledge or rational belief, that only science can tell us what exists, and that only science can effectively address our moral and existential questions". Und ähnlich Peels (2017b, S. 168): „Only natural science delivers knowledge." In diesen Definitionen wird ein Alleinvertretungsanspruch der Naturwissenschaften auf Wahrheit und Wissen erhoben. Gleichzeitig werden andere Formen des Wissens, wie z. B. Alltagswissen, diskreditiert und ihnen ein Wahrheitsanspruch abgesprochen. Nichtwissenschaftliche Wissensquellen werden als unzuverlässig betrachtet. Aber warum soll ein Satz wie z. B. „Dieser Tisch ist braun" falsch sein? Nur weil Farbe eine subjektive Qualität und keine physikalische Eigenschaft ist? Das Alltagswissen kann uns eine nützliche und manchmal sogar lebenswichtige Orientierung bieten. Auch religiöse Glaubenssätze wie z. B. „Gott existiert" können, obwohl wissenschaftlich nicht begründbar, vielen Menschen Halt und Trost in schwierigen Lebenssituationen geben und tragen zur Kontingenzbewältigung bei. Konflikte können sich jedoch ergeben, wenn „religiöse Wahrheiten", wie sie zum Beispiel von den „Young Earth Creationists" vertreten werden, im

---

wesentlich intelligibel gefasst werden." Wenn dem so wäre, gäbe es keine epistemische und ontologische Distanz mehr zwischen Geist und Welt, vielmehr wäre die Welt selbst geistiger Natur.

Widerspruch zu naturwissenschaftlichen Wahrheiten stehen.[6] Für Tatsachenfragen ist die Wissenschaft zuständig.

Eine Bevorzugung wissenschaftlicher Erkenntnisformen bedeutet nicht die Delegitimierung anderer epistemischer Perspektiven. Es kann allenfalls eine Priorisierung oder Abstufung unterschiedlicher Perspektiven geben, deren Wert nach der Fähigkeit beurteilt wird, Wissen zu generieren. Die evidenzbasierte wissenschaftliche Methode zeichnet sich durch ihre Fähigkeit zur Fehlerkorrektur und Offenheit für Kritik aus. Darin ist sie anderen epistemischen Perspektiven überlegen, wie der wissenschaftlich-technische Fortschritt zeigt. Der perspektivische Realismus ist keiner bestimmten Ontologie, wie z. B. einem Reduktionismus, Materialismus oder Physikalismus verpflichtet, zumal auch physikalische Theorien sich ganz unterschiedlicher Ontologien bedienen, man denke etwa an die Teilchen-Ontologie der Newton'schen Mechanik, die Feldontologie der Quantenfeldtheorie oder substantialistische und relativistische Raum-Zeit-Ontologien. Es gibt Naturwissenschaftler und Philosophen, für die mathematische Strukturen genauso real sind wie Steine, Sterne oder schwarze Löcher (Barrow 1999; Penrose 1989; Tegmark 2015). Rik Peels (2017b) argumentiert, dass die Naturwissenschaften auf nicht-wissenschaftliche Erkenntnisquellen wie Introspektion, Erinnerung, Intuition und metaphysische Prinzipien angewiesen seien, um Erkenntnisse zu gewinnen. Der perspektivische Realismus ist daher keinem Szientismus verpflichtet. Man kann einen Perspektivenpluralismus vertreten und dennoch der Wissenschaft einen privilegierten epistemischen Status zusprechen.

Unsere besten verfügbaren wissenschaftlichen Theorien bilden ein Referenzsystem, auf dessen Grundlage Wahrheitsansprüche entschieden werden können. Die Wissenschaft liefert ein, wenngleich unvollständiges, aber doch ein ständig sich erweiterndes und verbesserndes Bild vom Universum. Verschiedene Disziplinen wie Physik, Biologie, Chemie und Psychologie steuern verschiedene, gegenseitig sich ergänzende Aspekte zu dem Gesamtbild bei. Daraus entsteht ein Bild der Wirklichkeit, das zwar perspektivisch und historisch wandelbar ist, gleichwohl ein erfolgreicher und unverzichtbarer Orientierungsrahmen für unser Denken und Handeln bietet. Diese *Wirklichkeit* ist nicht die *Realität*, vielmehr ist sie eine theoretisch konstruierte Ersatz-Realität, die wir als real akzeptieren bzw. so tun, *als ob* sie real wäre. Erde, Mond und Sonne sind für uns real. Wenn die Astronomen uns versichern, dass sich die Erde um die Sonne dreht, dann ist dieser Satz für uns wahr. Wir stellen die Wahrheit dieses Satzes fest, indem wir ihn mit den Erfahrungsdaten vergleichen. Die empirischen Daten sind, um mit Quine zu sprechen, Bestandteil der Peripherie unseres Theoriennetzes, mit dem wir die Welt modellieren. Die Daten sind unabhängig von uns, weil wir sie nicht beeinflussen können. Aber sie werden in einem begrifflichen Rahmen konzeptualisiert, der von der Theorie, in diesem Fall einer astronomischen Theorie, vorgegeben wird. Ein Teil der Wirklichkeit, nämlich das, was wir passiv erfahren ohne darauf aktiv Einfluss nehmen zu können, existiert

---

[6] Young Earth Creationists nehmen die Bibel wörtlich und glauben, dass die Erde nicht älter als 10.000 Jahre ist und Menschen und Dinosaurier vor der Sintflut zusammengelebt haben.

somit unabhängig von uns, während der theoretische Rahmen das Resultat eines Konstruktionsprozesses darstellt. Aus den Axiomen der Newton'schen Mechanik und den Kepler'schen Gesetzen folgt, dass die Planeten sich auf elliptischen Bahnen um die Sonne bewegen: Dies ist für uns die Wahrheit. Wahrheiten können sich allerdings verändern. Im Aristotelisch-Ptolemäischen Weltbild stand die Erde unbeweglich im Mittelpunkt und die Sonne umkreiste auf einer perfekten Kreisbahn die Erde. Heute wissen wir, dass das falsch ist.

Wie bereits gesagt liefert die Wissenschaft nur ein unvollständiges Bild der Welt. Viele wissenschaftliche Fragen, wie z. B. ob es auf anderen Planeten Leben gibt oder ob das Universum endlich oder unendlich ist, können nach dem heutigen Stand der Forschung nicht beantwortet werden. Wir wissen nicht, ob der Satz „Es gibt außerirdisches Leben" wahr oder falsch ist. Wir können allenfalls behaupten, dass es nach allem, was wir wissen, sehr *wahrscheinlich* ist, dass es irgendwo im Universum außerirdisches Leben gibt. In unserem wissenschaftlichen Weltbild gibt es daher so etwas wie *„Wahrheitswertlücken"*: Sätze, deren Wahrheitswert (noch) nicht bestimmt werden kann. Auch wenn wir den Wahrheitswert solcher Sätze nicht kennen, kennen wir zumindest die Wahrheitskriterien. Wenn es um die Frage nach der Existenz außerirdischen Lebens geht, wissen wir, was Leben ist und wie wir das Vorhandensein von Leben feststellen können. Ob es außerhalb der Erde noch irgendwo Leben gibt, liegt unabhängig von uns fest. Es ist Teil der Realität. Im Rahmen unserer biologischen Theorie des Lebens besitzt der obige Satz daher einen definiten Wahrheitswert, den wir lediglich nicht kennen. Wahrheitswertlücken sind daher epistemischer, nicht ontologischer Natur.

Im Unterschied zu Wahrheitswertlücken kann es keine *„Wirklichkeitslücken"* geben. Das sichtbare Universum mag zwar begrenzt sein, aber wir nehmen an, dass es auch jenseits des Beobachtungshorizonts Galaxien, Sterne und Planeten gibt. Auch wenn die epistemisch zugängliche Wirklichkeit unvollständig sein mag, die Realität ist es jedenfalls nicht. Wirklichkeitslücken werden ontologisch aufgefüllt und die Wirklichkeit so komplettiert. Dadurch kann eine Wahrheitswertdefinitheit garantiert werden. Wahrheiten werden entdeckt, nicht erfunden. Was erfunden bzw. konstruiert wird, sind unsere Theorien und Begriffsschemata. Aber innerhalb dieses theoretischen Rahmens liegen Wahrheiten unabhängig von uns fest.

Michael Dummett vertritt eine *Verifikationstheorie der Wahrheit* bzw. eine „justificationist theory of meaning", wie er es nennt. Seiner Auffassung nach kann eine Aussage nur dann wahr genannt werden, wenn wir zeigen können, dass sie wahr ist, d. h. wenn die Behauptung verifiziert wurde. Und sie ist falsch, wenn sie falsifiziert wurde. Wenn wir aber nicht wissen, ob sie wahr oder falsch ist, dann hat sie keinen Wahrheitswert. Der Satz „Auf dem Mars gibt es Leben" ist nach Dummett daher weder wahr noch falsch, weil wir auf dem Mars noch kein Leben entdeckt haben, es aber auch nicht ausschließen können. Diese Wahrheitstheorie hat drastische Konsequenzen. Erstens wird damit der Satz des ausgeschlossenen Dritten verworfen: „A justificationist theory of meaning (…) cannot admit the principle of bivalence: for a statement we have no effective means of deciding,

3.6 Perspektivischer Realismus

we have no guarantee that we shall arrive at a justification either of it or of its negation." (Dummett 2010, S. 136) Und zweitens führt dies dazu, dass es Wirklichkeitslücken gibt: „The resulting metaphysics is one that allows the existence of gaps in reality." (Dummett 2010, ebd.) Die Grenzen unseres Wissens bedeuten nach Dummett die Grenzen unserer Welt: Die Welt hört dort buchstäblich auf. Die Welt des Antirealisten ist somit wesentlich kleiner als die Welt des Realisten. Daher ist es besser, am Realismus festzuhalten.

Dem sozialen Konstruktivismus ist insoweit recht zu geben: Unsere Theorien und Perspektiven sind sozial konstruiert. Unser Bild der Wirklichkeit ist das Resultat eines historischen, sozialen und kulturellen Konstruktionsprozesses. Aber daraus folgt nicht, dass alle diese Perspektiven gleichwertig und gleichberechtigt sind. Aus dem perspektivischen Realismus folgt kein Wahrheitsrelativismus. Denn unter den unzählig vielen verschiedenen Perspektiven gibt es bessere und schlechtere. Manche können die Welt besser erklären als andere. Unter allen Perspektiven haben sich wissenschaftliche Theorien als überlegen erwiesen. Der wissenschaftlich-technischen Revolution haben wir den Siegeszug der Wissenschaft zu verdanken, die Aufklärung gegen den Aberglauben durchsetzte. Rücken wir von dem wissenschaftlichen Weg zur Wahrheit ab oder glauben wir, dass es mehrere Wahrheiten gibt, von denen wir uns eine nach Belieben aussuchen können, vertrauen wir Demagogen und Scharlatanen mehr als Experten, dann begeben wir uns auf einen gefährlichen Weg, der in eine postfaktische Gesellschaft führt.

Information und Wissen 4

4.1 Informationsökologie

Kehren wir zu der Ausgangsfrage zurück, die ich am Anfang des 1. Kapitels gestellt habe: Wie können wir uns in einer Welt, in der wir ständig von Informationen aller Art umgeben sind, orientieren und wahre von falschen Informationen unterscheiden? Wir müssen Informationen selektieren und bewerten, Wichtiges von Unwichtigem, Wahrheit von Fake trennen. Wie können wir aus Informationen Wissen gewinnen?

Durch die Digitalisierung der Lebenswelt sind wir ständig einer Informationsflut ausgesetzt, die wir kanalisieren müssen. Der Information Overload kann zu einer Überforderung führen und die Entscheidungsfindung erschweren (Tessier 2020). Mehr Informationen bedeuten auch: mehr falsche, unzuverlässige und irreführende Informationen, Fake News und Bullshit. Da wir nicht immer die Zeit haben, Informationen auf ihren Wahrheitsgehalt und Informationsquellen auf ihre Seriosität hin zu überprüfen, kann es passieren, dass Falschinformationen unsere kognitive Firewall überwinden und sich in unserem Gedächtnis festsetzen.

Mit dem Begriff *Informationsökologie* will ich die Beziehung des Menschen zu seiner Informationsumwelt bezeichnen. Luciano Floridi (2013, S. 6) bezeichnet die Informationsumwelt des Menschen als „*Infosphäre*". In diesem Kapitel soll es darum gehen, verschiedene Informationsarten, die in der Infosphäre vorhanden sind, zu unterscheiden und auf ihren Informations- und Wahrheitswert hin zu befragen. Denn eine unkritische Rezeption von Informationen kann zu Fehlinformationen und einer verzerrten Wirklichkeitssicht mit gefährlichen sozialen und politischen Folgen führen. Floridi vergleicht die von der Infosphäre erschaffene Welt mit der „Matrix" aus dem gleichnamigen Hollywood-Film. Denn der Mensch konstruiert aus den Informationen, die ihn erreichen und die er verarbeitet, seine Wirklichkeit. Die informationelle Weltkonstruktion beginnt mit der Sinneswahrnehmung. In den Sinnesorganen werden physikalische Reize in Nervenimpulse umgewandelt und an das Gehirn weitergeleitet, das diese Signale interpretiert. Nach Heinz von Foerster (1987) und Gerhard Roth (1987) bedient sich unser Nervensystem dabei des „Prinzips der undifferenzierten Codierung": „Die Erregungszustände einer Nervenzelle codieren nur die Intensität, aber nicht die Natur der Erregungsursache. (Codiert wird nur: „So-und-so viel an dieser Stelle meines Körpers" aber nicht „was".)" (von Foerster 1987, S. 138).

Das heißt, „daß das Gehirn, anstatt weltoffen zu sein, ein kognitiv in sich abgeschlossenes System ist, das nach eigenentwickelten Kriterien neuronale Signale deutet und bewertet, von deren wahrer Herkunft und Bedeutung es nichts absolut Verläßliches weiß" (Roth 1987, S. 235). Gerhard Roth schließt daraus: „die von uns erlebte sinnliche Welt ist demnach nur ein Konstrukt des Gehirns" (ebd.). Der Radikale Konstruktivismus zieht daraus den Schluss, dass auf der Ebene der Sinnesreize „keinerlei Abbildung der Welt", sondern lediglich ein „Mosaik elementarer Erregungszustände" existiert (Roth 1992b, S. 290). Die eigentliche Information über die Art des Reizes könne erst auf einer höheren kognitiven Ebene, durch die Verrechnung und Verarbeitung *aller* neuronalen Signale, rekonstruiert werden, wobei man sich fragen muss, ob dabei eine bereits vorhandene Information *re*konstruiert wird oder ob dadurch die Information erst erzeugt wird. Nach Humberto Maturana und Francisco Varela (1990, S. 180) ist das kognitive System des Menschen operational und damit auch informationell geschlossen. Wie immer man zu dieser konstruktivistischen These stehen mag, so ist auf jeden Fall zuzugeben, dass die sensorische Information auf neuronaler Ebene nicht atomistisch verteilt ist, sondern eine holistische Qualität besitzt: Erst die Gesamtheit aller Nervenimpulse liefert uns Informationen über die Außenwelt. Das neuronale System kennt keine Semantik. Neuronen können nichts verstehen, sondern die Information wird erst durch unser Gehirn *erzeugt.*

Was auf neuronaler Ebene begonnen wurde, setzt sich auf der sozialen und kommunikativen Ebene fort. Zwischen uns und der Welt werden mehr und mehr digitale Medien dazwischengeschaltet, die uns einen Zugang zur Welt vermitteln, über die wir kommunizieren, Informationen erhalten und soziale Beziehungen pflegen. Dies stellt eine enorme Erweiterung unserer Weltwahrnehmung dar: Über das Internet sind wir jederzeit mit der Welt verbunden und können im Prinzip jede beliebige Information abrufen. Die ganze Welt wird digitalisiert und zu uns nach Hause geliefert.

Die Digitalisierung der Lebenswelt zeigt sich nicht nur in der Verwendung digitaler Informations- und Kommunikationsmedien, sondern auch in der Wandlung des Informationsbegriffs: *„informatio"* (lat.) meint ursprünglich eine Vorstellung bzw. die Bedeutung eines Wortes, aber auch die Unterweisung und Belehrung über seinen Inhalt. Diese umgangssprachliche Bedeutung wurde im 20. Jahrhundert durch den nachrichtentechnischen Informationsbegriff abgelöst. Information liegt heutzutage hauptsächlich in digitaler Form vor. Durch die Digitalisierung wird Information dekontextualisiert, in eine Folge von Nullen und Einsen übersetzt und vom Sender zum Empfänger transportiert. Erst beim Empfänger wird die Botschaft dekodiert. Digitalisierung geht daher mit einer *Bedeutungsvernichtung* einher. Warren Weaver, neben Claude Shannon einer der Pioniere der modernen Informationstheorie, bringt dies auf den Punkt: „In fact, two messages, one of which is heavily loaded with meaning and the other of which is pure nonsense, can be exactly equivalent, from the present viewpoint, as regards information." (Shannon und Weaver 1963, S. 8) Das heißt, einer digitalen Botschaft kann man nicht ansehen, ob es sich um eine wahre oder falsche Information oder um schlichten Unsinn handelt.

Information ist zu einer Ware und zu einem Machtfaktor geworden. Allerdings müssen diese Informationen erst gewonnen werden. Die Kunst besteht darin, aus der Flut von Daten gewünschte Informationen herauszufiltern. Beim *Data Mining* werden mithilfe spezieller Algorithmen und statistischer Methoden große Datenmengen analysiert und Informationen extrahiert. Gelegentlich wird gesagt, Daten seien das Öl des 21. Jahrhunderts, der Rohstoff, aus dem Wissen geschöpft wird. Robert Laughlin (2008, S. 9) vertritt die These, dass im Informationszeitalter „der Zugang zu Wissen in vielerlei Hinsicht wichtiger ist als der Zugang zu materiellen Ressourcen". Indem wir Daten interpretieren, gewinnen wir Informationen und aus wahren Informationen gewinnen wir Wissen. Wenn von Daten, Information und Wissen die Rede ist, werden diese Begriffe selten präzise definiert. Oftmals werden die Begriffe „Daten" und „Information" synonym verwendet. Die Verwirrung rührt daher, dass den Begriffen unterschiedliche Auffassungen zugrunde liegen. Daher ist es wichtig, diese Begriffe auseinander zu halten und voneinander abzugrenzen.

Daten sind Symbole, die für Dinge, Ereignisse, Personen oder deren Merkmale stehen. Sie sind so etwas wie kleinste Informationseinheiten, sozusagen die „Atome der Information" (Nerurkar und Gärtner 2020, S. 196). Das können Messwerte sein, Gesundheitsdaten oder Angaben über Alter, Geschlecht, Einkommen und die politische Einstellung von Bürgern. Die Daten an sich, die sogenannten „Rohdaten", sind nur Zahlen und Symbole – an und für sich bedeutungslos, es sei denn sie können Personen oder Dingen zugeordnet und dadurch interpretiert werden. Thomas Bächle (2016, S. 111) gibt zu bedenken, dass Daten nicht etwas Gegebenes, sondern etwas Gemachtes sind. Semiotisch betrachtet sind Daten Zeichen, die für etwas stehen und von jemandem für einen bestimmten Zweck erstellt wurden. Erst wenn man den Objektbezug der Daten kennt und wenn man weiß, in welchem Kontext sie stehen, erhalten sie eine Bedeutung und erst dadurch werden sie zur *Information*.

4.2 Semantische Information

Der Informationsbegriff ist allgegenwärtig und zu einem Grundbegriff des Computerzeitalters geworden. Dennoch bleibt der Begriff geheimnisvoll und von Legenden umwittert (Janich 2006). Selbst in der wissenschaftlichen Literatur gibt es keine einheitliche Definition und jeder versteht je nach disziplinärem Kontext unter Information etwas Verschiedenes: In der Informatik wird der nachrichtentechnische Informationsbegriff von Shannon und Weaver (1963) verwendet, während in der Biologie eher ein funktionaler

Informationsbegriff gebräuchlich ist (siehe Zoglauer 1996). Philosophen ziehen es vor, von „semantischer Information" zu sprechen, wobei diese Theorie von Rudolf Carnap und Yehoshua Bar-Hillel (1964) begründet und von Luciano Floridi (2011) weiterentwickelt wurde.

Nach einer weit verbreiteten Auffassung stellt Information eine subjektunabhängige Entität dar. So beschreibt der amerikanische Philosoph Fred Dretske (1981, S. vii) Information „as an objective commodity, something whose generation, transmission and reception do not require or in any way presuppose interpretative processes". Der englische Physiker Tom Stonier geht noch weiter und erhebt Information zu einer ontologischen Grundstruktur des Universums:

> Information existiert. Um zu existieren, muß sie nicht *wahrgenommen* werden und nicht *verstanden* werden. Sie bedarf keiner Intelligenz, die sie interpretieren kann. Sie braucht keine Bedeutung, um zu existieren. Sie existiert einfach. (Stonier 1991, S. 14)

Nach Stonier würde ein Buch auch dann noch Information enthalten, wenn kein Mensch es lesen würde, ja sogar, wenn alle Menschen ausgestorben wären, die das Buch verstehen könnten.[1] Selbst Carl Friedrich von Weizsäcker, der wie kaum ein anderer zur Klärung des Informationsbegriffs beigetragen hat, fällt gelegentlich in eine naturalistische Sprechweise zurück, wenn er im „Aufbau der Physik" (1985, S. 166 f.) schreibt: „Die Chips im Computer, die DNS im Chromosom enthalten ihre Information objektiv, einerlei, was ein Mensch gerade davon weiß." Der Physiker Anton Zeilinger (2005, S. 217) spricht von Information als einem „Urstoff des Universums" und setzt sie mit der Wirklichkeit gleich: „Wirklichkeit und Information sind dasselbe" (ebd., S. 229). Bei so viel Metaphorik ist es kein Wunder, wenn Janich (2006) der Informationstheorie Legendenbildung vorwirft und ihr bescheinigt, sich von unserem Alltagsverständnis weit entfernt zu haben. Denn der technische Informationsbegriff verfolgt ein anderes Erkenntnisinteresse als der informationssuchende Bürger, der sich nur „informieren" will.

Claude Shannon beschäftigte sich mit dem Problem der störungsfreien Nachrichtenübermittlung: Wie kann eine Nachricht entschlüsselt werden, wenn der Nachrichtenkanal gestört ist und das Signal aus einem Hintergrundrauschen herausgefiltert werden muss? Wie viel der gesendeten Information kommt bei einem gegebenen Rauschpegel beim Empfänger an? Um diese Fragen zu klären, musste Shannon zunächst den Informationsbegriff mathematisch präzise definieren. Für den Techniker ist es nicht wichtig, die *Bedeutung* einer Nachricht zu entschlüsseln, entscheidend ist für ihn, überhaupt ein Signal als solches zu erkennen und vom statistischen Rauschen zu unterscheiden. Semantik ist nachrichtentechnisch irrelevant: „Those semantic aspects of communication are irrelevant to the engineering problem." (Shannon, Weaver 1963, S. 31) Die entscheidende Frage

---

[1] In ähnlicher Weise äußert sich der Philosoph Fred Dretske (1985, S. 174). Für ihn existiert Information objektiv und unabhängig vom Menschen: „Information, as defined above, is an objective commodity, the sort of thing that can be delivered to, processed by, and transmitted from instruments, gauges, computer, and neurons. (…) It is something that was in this world before we got here."

4.2 Semantische Information

lautet also: Handelt es sich um ein Signal oder nicht? Je mehr Signale, d. h. Daten, übertragen werden und beim Empfänger ankommen, desto mehr Information enthält die Nachricht. Die elementare Informationseinheit, 1 bit, entspricht einer Ja-Nein-Antwort bzw. einer binären Alternative. Daher kommt es beim nachrichtentechnischen Informationsbegriff nicht darauf an, welche Bedeutung eine Nachricht hat, vielmehr geht es darum, ob ein Signal überhaupt eine Bedeutung tragen kann oder nicht. Eine Folge von Nullen und Einsen mag für uns keine Bedeutung haben, aber sie *kann* eine Bedeutung haben und z. B. als Maschinensprache ein Computerprogramm steuern. Hans Christian von Baeyer (2005, S. 43 f.) erklärt den Informationsbegriff von Shannon daher so: „Um den Informationsgehalt einer Nachricht zu finden, übersetze man diese Nachricht zunächst in den Binärcode des Computers und zähle die Anzahl der Zeichen in dieser Folge aus Nullen und Einsen."

Allerdings entspricht die Shannon'sche Definition nicht unserem Alltagsverständnis von Information. Für uns kann nur eine bedeutungsvolle Nachricht einen Informationswert haben. In dem Satz „heute regnet es" steckt Infomation, weil er einen Sachverhalt darstellt, während die Zeichenkette „tueeh ntegre se", die durch eine einfache Vertauschung der Buchstaben aus dem ersten Satz entstand, für uns keine Information enthält, weil sie bedeutungslos ist und keinen repräsentationalen Gehalt besitzt. Dennoch haben beide Sätze nach Shannon und Weaver denselben Informationswert.

Um die Defizite des Shannon'schen Informationsbegriffs zu beheben und unserem Alltagsverständnis von Information wieder mehr Geltung zu verschaffen, führten Carnap und Bar-Hillel (1964) den Begriff der *semantischen Information* ein (vgl. Zoglauer 1995, 1996). Vereinfacht gesagt versteht man unter ihr eine bedeutungsvolle Nachricht. Während Shannon und Weaver auch einzelnen Zeichen einen Informationswert zuschreiben, lassen Carnap und Bar-Hillel nur bedeutungsvolle Aussagen als Informationsträger zu. Je mehr ein Satz aussagt, desto mehr Information enthält er. Zum Beispiel enthält der Satz „Heute scheint die Sonne *und* es regnet" mehr Information als der Satz „Heute regnet es" und dieser enthält wiederum mehr Information als der Satz „Heute scheint die Sonne *oder* es regnet". Und der Satz „Alle Menschen sind sterblich" hat einen größeren Informationswert als der Satz „Herr Müller ist sterblich", weil aus dem ersten Satz der zweite folgt.

Die semantische Informationstheorie von Carnap und Bar-Hillel hat allerdings eine paradoxe Konsequenz: Tautologien wie der Satz vom ausgeschlossenen Widerspruch sagen nichts über die Wirklichkeit aus und enthalten somit keine Information. Und was vielleicht noch irritierender ist: Kontradiktionen, also Aussagen der Form „p und nicht-p", haben den höchsten Informationswert. Dies wird als *Bar-Hillel-Carnap-Paradoxie* bezeichnet. Um diese paradoxe Konsequenz auszuschließen, modifizierte Floridi (2011) den semantischen Informationsbegriff. Nach Floridi muss ein informationshaltiger Satz nicht nur bedeutungsvoll, sondern auch wahr sein. Diese Forderung wird „*Veridicality Thesis*" genannt. Falschinformationen wären nach Floridi daher keine semantischen Informationen. Für ihn gilt die Formel: Information = Daten + Bedeutung + Wahrheit.

Information ist das, was in einem Satz über die Welt ausgesagt wird. Floridi orientiert sich in seiner Theorie semantischer Information an Wittgensteins Bildtheorie der Sprache: Wahre Sätze sind Abbilder der Wirklichkeit (Tractatus 2.222, 2.223). Da aber nur solche Sätze eine Information enthalten, die etwas über die Wirklichkeit aussagen, können nur wahre Sätze informationshaltig sein. Falsche Sätze sagen nichts über die Wirklichkeit aus. Ähnlich sieht es auch Dretske (2008, S. 276): „Not only must information be about something, what it says about what it is about must be true for it to count as information. If it isn't true, it isn't information."

Diese Auffassung berücksichtigt jedoch nicht die pragmatische Dimension der Sprache. Information ist nämlich stets kontextabhängig und wird erst durch die Interpretation der Daten durch den Rezipienten konstituiert. Information ist somit kein Naturgegenstand, der vom Sender zum Empfänger transportiert werden kann. Informationen existieren nicht in der Welt, sie sind nicht naturalisierbar, sondern bedürfen eines Bewusstseins, um interpretiert zu werden (Zoglauer 1996). Ich möchte dies an einem Beispiel erläutern. Wenn die Mutter zu ihrem achtjährigen Sohn sagt: „Daniel, räum dein Zimmer auf!", dann werden mit diesem Satz eine ganze Reihe von Informationen mitgeteilt, nämlich dass das Zimmer unaufgeräumt ist, dass die Mutter will, dass ihr Sohn das Zimmer aufräumt, dass Daniel seine Pflichten vernachlässigt und dass seine Nachlässigkeit Konsequenzen haben wird. Daniel wird am Tonfall der Ermahnung seiner Mutter erkennen, dass sie sehr verärgert ist und wird daraus schließen, dass ihm Stubenarrest droht, falls er sein Zimmer nicht aufräumt. Selbst ein Schweigen kann informationshaltig sein, wie Romele (2020, S. 29) an einem Beispiel erläutert: Wenn ein Mann seiner Frau eine Frage stellt, die Frau daraufhin nicht antwortet, kann dies bedeuten, dass sie die Frage nicht gehört hat oder dass sie verärgert ist und nicht antworten will. All diese Informationen ergeben sich aus dem spezifischen Handlungskontext, in dem die Äußerung gemacht wird.

So wie in Texten eine versteckte Botschaft, ein *Subtext,* enthalten sein kann, kann auch eine Information eine *Subinformation* enthalten. Als Donald Trump am 6. Januar 2021 seine Anhänger aufforderte, zum Kapitol zu marschieren und ihren Unmut über die angeblich gefälschte Präsidentschaftswahl zum Ausdruck zu bringen, fassten sie dies im Kontext der aufgeheizten Stimmung als Ermutigung auf, das Kapitol zu stürmen und gewalttätig zu werden. Diese Beispiele zeigen, dass Fragen, Befehle und selbst ein Schweigen semantische Informationen enthalten können, obwohl sie keinen deskriptiven Inhalt haben. Der informative Gehalt kann je nach Situation und Artikulation des Sprechakts variieren. Die Art und Weise einer Äußerung kann, selbst wenn sie falsch ist, eine Information über den Sprecher liefern. So verraten z. B. Trumps zahlreiche Lügen sehr viel über seinen Geisteszustand. Lügen haben somit auch einen Informationswert. Floridis Veridikalitätsthese ist daher nicht haltbar.

Nehmen wir einmal an, ein Dieb bricht in ein Juweliergeschäft ein, wird vom Ladeninhaber ertappt und daraufhin erschießt der Einbrecher den Geschäftsführer. In der Hoffnung, mit einer milderen Strafe davonzukommen, gibt er vor Gericht den Einbruch zu, leugnet aber den Mord. Er sagt: „Ich bin in den Laden eingebrochen, aber ich habe

4.2 Semantische Information

den Ladeninhaber nicht erschossen." Korrespondenztheoretisch ist seine Aussage falsch, da er des Mordes bereits überführt wurde. Nach Floridis Theorie enthält der Satz daher keine Information. Dennoch liefert der Angeklagte eine wichtige Information: Er gibt nämlich zu, dass er den Einbruch begangen hat. Formal betrachtet stellt die Aussage eine Konjunktion aus einem wahren und einem falschen Satz dar. Wenn ein Konjunktionsglied falsch ist, wird der ganze Satz falsch. Daher kann man aus der Falschheit des Satzes nicht folgern, dass er nicht doch eine wahre Aussage und damit eine Information enthält.

Manche wahr geglaubten Sätze können sich später als falsch herausstellen. Früher glaubte man, die Erde sei eine Scheibe. Dies stellte für viele Menschen eine wichtige Information über die Gestalt der Erde dar. Heute wissen wir, dass der Satz falsch ist. Aber auch für uns heute lebenden Menschen enthält er eine Information über das Weltbild der Frühzeit. Lundgren (2019, S. 2893) führt die Newton'sche Mechanik als weiteres Beispiel an, das im Widerspruch zur Veridikalitätsthese steht:

> Proponents of the veridicality thesis would have to say that Einstein showed that Newton's mechanics is not semantic information. But it is much more reasonable to think that we can classify Newton's mechanics as semantic information *and* add that it is false.

Ein anderes Beispiel stellen Wettervorhersagen dar (Lundgren, ebd.). Wettervorhersagen haben probabilistischen Charakter. Zum Beispiel wird gesagt, dass die Regenwahrscheinlichkeit morgen 90 % betragen wird. Durch diese Information werden viele Menschen veranlasst, am nächsten Tag den Regenschirm mitzunehmen. Semantische Informationen rufen eine Wirkung im Rezipienten hervor: sei es eine Verhaltensänderung wie im Beispiel der Wettervorhersage oder einfach nur, dass der Hörer eine Überzeugung gewinnt oder etwas glaubt. Und selbst wenn es morgen nicht regnen sollte, wird die Information dadurch nicht vernichtet oder wertlos. Wahrscheinlichkeiten sagen etwas über Möglichkeiten oder Tendenzen, aber nichts über die Wirklichkeit aus. Nach Floridi dürften sie daher keine Information enthalten, was kontraintuitiv erscheint. Denn auch Aussagen über Möglichkeiten oder Tendenzen haben einen Informationswert.

Dretske (2008, S. 280) glaubt, dass Informationen wie ein Brief verschickt werden können: „Write down what you mean, put it (what you've written) in a stamped envelope, deposit it in the mailbox, and – bingo! – meaning gets from Chicago to Vienna in a few short days." Dretske spricht von einem „Informationsfluss", so der Titel seines Buches (1981), weil Information angeblich vom Sender zum Empfänger „fließen" könne. Die Bedeutung der Nachricht ist dieser Auffassung zufolge in ihrem materiellen Träger verankert: „meaning goes with the ink marks" (Dretske 2008, ebd.). Dabei wird nicht berücksichtigt, dass die Bedeutung nur dann existiert, wenn ein Interpret da ist, der die Botschaft lesen und verstehen kann. Ohne Interpreten ginge die Information verloren und der Brief enthielte nur Tintenkleckse ohne Bedeutung. Eine Informationsübertragung gelingt nur, wenn Sender und Empfänger die Daten auf dieselbe Weise interpretieren. Wie eine solche Übermittlung schief gehen kann, zeigt das folgende Beispiel: Nehmen wir einmal an, David erbt ein Schloss und stellt bei der ersten Besichtigung fest, dass die Immobilie ziemlich heruntergekommen ist und wieder instand gesetzt werden muss. Er ruft deswegen eine Baufirma an, die auf Gebäudesanierungen spezialisiert ist und sagt: „Das Schloss muss dringend repariert werden." Dummerweise wählt er die falsche Telefonnummer und landet bei einem Schlüsseldienst. Die Information wird korrekt übermittelt, leider wird sie vom Empfänger falsch verstanden. Es wird das falsche Schloss repariert.

Damit eine Information von A nach B „fließen" kann, muss die Informationsübertragung *transitiv* sein, d. h. sie muss beliebig kopierbar sein. Dretske (1985, S. 173) bezeichnet dies als Kopierprinzip *(„xerox principle"):* Wenn A die Information B enthält und B die Information C enthält, dann enthält A auch die Information C. Dretske erläutert dies an einem Beispiel:

> If the acoustic pattern reaching my ears carries the information that the doorbell is ringing, and the ringing of the bell carries the information that the doorbell button is being pressed, then the acoustic pattern also carries the information that the doorbell button is being pressed (xerox principle). (Dretske 1985, S. 175)

Die Transitivität der Informationsübertragung kann leicht durch ein Gegenbeispiel widerlegt werden. Nehmen wir an, jemand behauptet:

(1) Alles, was in diesem Buch steht, ist falsch.
   Der Satz (1) steht in diesem Buch. Daher ist er falsch.
(2) Der Satz (1) ist falsch.
   Wenn der Satz (1) falsch ist, dann folgt aus (2):
(3) Nicht alles, was in diesem Buch steht, ist falsch.

(1) und (3) widersprechen sich, weshalb der Satz (1) nicht die Information (3) enthalten kann. Daher ist das Kopierprinzip falsch.

Die Vorstellung einer Informationsübertragung vom Sender zum Empfänger ist, wie Jakob Krebs (2014) zeigt, irreführend. Information hat relationalen Charakter und ist keine Substanz, die von A nach B transportiert werden kann. Ändert sich der Kontext, ändert sich auch die Information.

4.3 Falschinformation und Desinformation

Von den Tausenden an Informationen, die uns täglich erreichen, erweist sich das meiste als unwichtig oder unnütz. Wir erhalten Spam-Mails, werden auf allen Kanälen mit Werbung bombardiert und hören und lesen allerhand Gerüchte, Klatsch und Tratsch. Das Internet lädt geradezu dazu ein, Falschinformationen zu verbreiten, um Menschen damit zu manipulieren. Man kann von einer regelrechten „Informationsverschmutzung" sprechen. Stanislaw Lem hält es daher für außerordentlich wichtig, den Informationswert eingehender Reize zu erkennen und zu bewerten: „Eine notwendige Voraussetzung, um in

4.3 Falschinformation und Desinformation

der anschwellenden Informationsflut nicht „zu ertrinken", besteht darin, die Qualität der Information zu erkennen, unwesentliche Information, Reklame, Nebensächliches, Unnützes erst gar nicht zur Kenntnis zu nehmen." (Lem 2002, S. 275 f.) Es kommt darauf an, wahre von falschen Nachrichten zu unterscheiden und die Zuverlässigkeit, Glaubwürdigkeit, Genauigkeit, Relevanz und Objektivität der Informationen richtig einzuschätzen. Die Informationsqualität hängt von der Vertrauenswürdigkeit der Quelle, der Art der Information, aber auch vom Informationskanal ab. Denn sie kann auf dem Weg vom Sender zum Empfänger durch inkorrekte Weiterleitung abnehmen. Man denke dabei etwa an das bei Kindern beliebte Spiel „Stille Post", bei dem eine Botschaft nach einer langen Übertragungskette verstümmelt, verfremdet und verfälscht beim Empfänger ankommt.

Wenn man wie Floridi und Dretske davon ausgeht, dass Informationen immer wahr sind, dürfte es eigentlich keine Falschinformationen oder Desinformationen geben (Floridi 2011, S. 93 ff.; Dretske 2008, S. 276 ff.). *Falschinformationen* sind Informationen, die falsch sind. Zwischen Wahrheit und Falschheit gibt es ein ganzes Kontinuum von Zwischenwerten, das es erschwert, wahre Informationen von Falschinformationen eindeutig abzugrenzen. Sind z. B. Übertreibungen, Schönfärbereien oder Komplimente Falschdarstellungen? Ist Bullshit oder eine ungenaue Darstellung eine Form von Falschinformation? Bullshit im Sinne von Geschwätz, Gelaber, Geschwafel (Dietz 2017, S. 51) muss nicht unbedingt falsch sein. Vielmehr handelt es sich um Informationen ohne Informationswert. Die Erwartung an die Genauigkeit einer Angabe hängt vom Kontext und Zweck der Information ab. Wenn die Physiklehrerin einen Schüler fragt, wie groß die Lichtgeschwindigkeit ist, wird sie sich mit der Antwort „300.000 km/s" zufriedengeben. Für astronomische Berechnungen wird aber eine präzisere Angabe benötigt: 299.792,45 km/s. Daher ist es wichtig, Informationen nicht nur hinsichtlich ihres Wahrheitsgehalts, sondern auch nach ihrer *Informationsqualität* zu unterscheiden.

Wenn Falschinformationen mit Täuschungsabsicht verbreitet werden, spricht man von *Desinformation*. Don Fallis (2014, S. 137; 2016, S. 333) definiert Desinformation als absichtlich irreführende Information. Fake News stellen daher eine spezielle Form der Desinformation dar, weil sie die Merkmale der Irreführung und Täuschungsabsicht haben. Dagegen sehen Zimmermann und Kohring (2020) die Täuschungsabsicht nicht als notwendiges Kriterium für Desinformation an. Sie begründen dies mit den Beispielen des Clickbaitings und in Wikipedia-Artikeln absichtlich eingebauten Falschinformationen, um zu testen, ob diese Fehler bemerkt und korrigiert werden. Beim Clickbaiting werden Internetartikel mit reißerischen Überschriften versehen, um Aufmerksamkeit und Neugier zu erwecken und so die Zugriffszahlen und Werbeeinnahmen in die Höhe zu treiben. Jedoch sind die von Zimmermann und Kohring erwähnten Beispiele nicht überzeugend, da die Clickbaits mit der Absicht gesetzt werden, beim Leser falsche Erwartungen zu wecken. Dabei ist es irrelevant, ob die Informationen von den Lesern geglaubt werden oder nicht. Allein mit der gewollten Irreführung liegt eine Täuschungsabsicht vor, weil die Leser nicht das bekommen, was sie erwarten. Ebenso ist es bei den absichtlich manipulierten Wikipedia-Artikeln unerheblich, ob die Falschinformation von den Wikipedianern geglaubt werden oder nicht. Sie täuschen etwas vor, das nicht wahr ist. Somit liegt eine Täuschungsabsicht vor.

Wie wir gesehen haben, sind Informationen an sich weder wahr noch falsch, sondern werden als wahr oder falsch *interpretiert*. Werden sie falsch interpretiert, liegt eine *Fehlinformation* vor. Gerade Verschwörungstheoretiker neigen dazu, Informationen falsch zu interpretieren. Ich möchte dies an einem Beispiel erläutern. Als Neil Armstrong am 21. Juli 1969 als erster Mensch den Mond betrat, konnte das Ereignis weltweit live auf dem Fernsehschirm verfolgt werden. Die unscharfen Schwarz-Weiß-Bilder hatten im Vergleich zu den heutigen hochauflösenden Fernsehbildern eine miserable Qualität. Nachrichtentechnisch betrachtet hatten die Bilder einen geringen Informationswert. Man konnte sehen wie Armstrong als schwarzer Schatten die kaum erkennbare Leiter der Mondlandefähre hinunterstieg und seinen Fuß auf eine helle Fläche setzte, die wohl das „Meer der Ruhe" sein musste. Durch den Kontext der Fernsehberichterstattung war eine Bildinterpretation vorgegeben: Neil Armstrong betritt die Mondoberfläche. Verschwörungstheoretiker interpretieren die Bilder aber anders: Ein Schauspieler steigt in einem Hollywood-Studio das Modell einer Mondlandefähre hinab und berührt mit seinem Fuß den mit Sand und Steinen bedeckten Boden des Studios. Der Informationsgehalt der Bilder lässt beide Interpretationen zu. Wie man die Fernsehbilder interpretiert – ob als Liveübertragung vom Mond oder als Hollywood-Inszenierung – hängt vom Framing ab. Ein Verschwörungstheoretiker glaubt, dass die USA schon immer in Komplotte und Verschwörungen verstrickt gewesen seien und traut der Regierung und den Medien zu, die Bürger auch im Falle der Mondlandung zu täuschen. Für ihn sind die Medienberichte ein Teil einer gigantischen Desinformationskampagne.

Man kann das Fernsehbild des ersten Schrittes eines Menschen auf dem Mond als Kippbild betrachten: Vertraut man den Medien, ist es ein Dokument der ersten Mondlandung. Geht man dagegen von einer Verschwörung aus, ist es ein Fake. Erst durch die Einordnung in das eigene Weltbild und in den Hintergrundkontext wird aus der Information eine Aussage, die wahr oder falsch sein kann. Wenn man sich nicht nur auf die schemenhaften Fernsehbilder beschränkt, sondern auch die Filme, Fotos und Steine berücksichtigt, die die Astronauten vom Mond zur Erde brachten, sowie die Zeugnisse der NASA-Ingenieure und der Wissenschaftler, die das Mondgestein untersuchten, muss man zu dem Schluss kommen, dass die Fernsehbilder authentisch waren und die Mondlandung tatsächlich stattfand. Aus der Information wird dann ein Wissen.

4.4 Wissen im Kontext

Der Unterschied zwischen wahren und falschen Informationen ist deshalb so wichtig, weil wir nur aus wahren Informationen *Wissen* gewinnen können. Keith Hossack (2007, S. 7; 2011, S. 71) definiert Wissen als eine Beziehung zwischen Geist und Welt: Ich weiß, dass p genau dann, wenn p eine Tatsache ist. Gemäß dieser Auffassung hat Wissen einen

4.4 Wissen im Kontext

repräsentationalen Charakter. Das Wissen bildet gleichsam die Welt bzw. einen Ausschnitt der Welt in meinem Geist ab. Ich stehe in einer epistemischen Beziehung zur Welt, wenn ich etwas weiß. Diese Auffassung von Wissen geht jedoch von einem naiven Realismus aus und setzt eine Korrespondenztheorie der Wahrheit voraus (siehe Abschn. 3.1). Wir wissen nicht, wie die Welt an sich beschaffen ist, sondern können nur ein Modell der Welt entwerfen und dieses zu einem kohärenten Wissenssystem ausbauen. Wittgenstein (1984, Bd. 8. S. 200) schreibt: „Unser Wissen bildet ein großes System. Und nur in diesem System hat das Einzelne den Wert, den wir ihm beilegen." Demnach kann eine Proposition p nur dann als Wissen gelten, wenn p ein Teil dieses umfassenden Überzeugungssystems ist. Wenn wir etwas wissen, dann setzen wir es mit anderem Wissen in Beziehung: „we are placing it in the logical space of reasons, of justifying and being able to justify what one says" (Sellars 1997, S. 76). Dieses Wissenssystem umfasst nicht nur empirisches, sondern auch logisches und mathematisches Wissen. Wissen hat stets die Form „S weiß, dass p", wobei S ein Subjekt und p der propositionale Gehalt des Wissens darstellt.[2]

Wissen hat stets eine subjektive und eine objektive Komponente. Die subjektive Komponente stellt die Einstellung des Subjekts zum propositionalen Objekt des Wissens dar: Ich kann *glauben,* dass p wahr ist, ich kann *überzeugt* sein, dass p wahr ist oder ich kann *sicher* sein, dass p wahr ist. Die objektive Komponente ist der Inhalt der Überzeugung, also die Proposition p selbst. Die Proposition kann wahr oder falsch sein. Ob sie wahr oder falsch ist, hängt nicht vom Subjekt ab, sondern liegt objektiv fest.

Um etwas zu wissen, muss ich *Gründe* für die Wahrheit der Proposition p angeben können. Ich muss p rechtfertigen können. Damit soll ein zufällig wahrer Glaube ausgeschlossen werden. Ich kann z. B. bei einem Würfelspiel raten, dass ich als nächstes eine Sechs würfeln werde. Zufällig erscheint tatsächlich eine Sechs. Aber ich kann nicht behaupten, dass ich es *wusste,* denn ich hatte keine Gründe für meine Vermutung. Betrachten wir einen anderen Fall: „Ich weiß, dass am 11. August 1999 in Deutschland eine totale Sonnenfinsternis stattfand." Dieses Wissen kann ich entweder durch meine Wahrnehmung begründen, denn ich war Augenzeuge dieses Ereignisses, oder ich kann das Eintreten der Erde in den Kernschatten des Mondes zu diesem Zeitpunkt aus den Gesetzen der Himmelsmechanik ableiten oder ich kann auf Augenzeugen- und Fernsehberichte und andere Medienberichte verweisen, die das Ereignis dokumentieren. Wenn ich zu der begründeten Überzeugung gelangt bin, dass die Proposition p wahr ist, kann ich sie meinem Wissenskorpus hinzufügen.

Zum Wissen gehören also drei Dinge: eine Überzeugung, eine Rechtfertigung und die Wahrheit der Proposition. Es sind diese drei Elemente, die die klassische Definition von Wissen ausmachen: Wissen ist eine wahre gerechtfertigte Meinung. S weiß, dass p genau dann, wenn i) p wahr ist, ii) S glaubt, dass p und iii) S gerechtfertigt ist zu glauben, dass p. Diese Definition enthält alle wichtigen Aspekte des Wissensbegriffs. Allerdings erhob

---

[2] Neben dem propositionalen „Wissen-dass" gibt es auch ein „Wissen-wie" (know how) oder implizites Wissen, das praktische Fähigkeiten beschreibt. Solche nicht-propositionalen Wissensformen sollen hier jedoch nicht untersucht werden.

Edmund Gettier (1963) Einwände gegen diese Definition, die zu einer langanhaltenden Kontroverse um die notwendigen und hinreichenden Bedingungen von Wissen führten. Seine Gegenbeispiele erfüllen alle drei Bedingungen für Wissen – Wahrheit, Überzeugung und Rechtfertigung – können jedoch nicht als Wissen bezeichnet werden. Die Beispiele sind so konstruiert, dass jemand eine wahre, gerechtfertigte Meinung besitzt, dass p gilt, p aber nur *zufällig* wahr ist. Ich möchte dies an einem Beispiel erläutern, das nicht von Gettier, sondern von Alvin Goldman (1976) stammt.

Henry fährt mit seinem Sohn aufs Land und beide kommen in eine Gegend, in der links und rechts an der Straße Scheunen zu sehen sind. Sein Sohn zeigt auf eine der Scheunen, die durch ihre leuchtend rote Farbe auffällt, und fragt: „Papa, was ist das?" Sein Vater antwortet: „Das ist eine Scheune." Nehmen wir einmal an, Henry hat recht. Weil das Objekt tatsächlich so aussieht wie eine Scheune, ist er in seiner Überzeugung gerechtfertigt. Was Henry und sein Sohn allerdings nicht wissen ist, dass sie gerade durch ein Potemkinsches Dorf fahren, in dem Kulissen für einen Film aufgebaut wurden. Alle Scheunen, bis auf eine, sind Attrappen. Zufällig zeigte sein Sohn auf die einzige echte Scheune. Henry hatte also eine wahre, gerechtfertigte Meinung. Dennoch würden wir hier nicht von Wissen sprechen. Henry hatte einfach nur Glück mit seiner Vermutung.

Der Trick solcher Gettier-typischen Beispiele besteht darin, dass zwei unterschiedliche Perspektiven auf einen Sachverhalt dargestellt werden: Henry weiß nicht, dass es sich bei den meisten Scheunen um Fakes handelt. In seiner Perspektive, die nur die täuschend echte Vorderseite der Attrappen zu Gesicht bekommt, ist er vollkommen gerechtfertigt, das von seinem Sohn gezeigte Objekt als Scheune zu identifizieren. Die Leser der Geschichte bekommen jedoch eine entscheidende Zusatzinformation, die Henry nicht hat: Wir wissen, dass es sich um Fake-Scheunen handelt und nur die rote Scheune echt ist. Diese Zusatzinformation entlarvt Henrys Wissen als Pseudowissen: Henry ist nach allem, was *wir* wissen, nicht gerechtfertigt, von einer Scheune zu sprechen. Das Scheunen-Beispiel widerlegt daher keineswegs das klassische Wissensmodell. Es zeigt lediglich, dass es vom jeweiligen Kontext und Hintergrundwissen abhängt, ob ein Wissen vorliegt.[3]

Alltagswissen und wissenschaftliches Wissen werden nach unterschiedlichen Standards beurteilt. Um Eddingtons Tisch-Beispiel zu verwenden: Ich weiß, dass der Tisch, vor dem ich sitze, braun ist, obwohl ich gleichzeitig weiß, dass die Atome, aus denen der Tisch besteht, keine Farbe haben. Die beiden Aussagen scheinen sich zu widersprechen: Entweder hat der Tisch eine Farbe oder er hat keine Farbe, aber es kann nicht beides der Fall sein. Der Widerspruch löst sich auf, wenn man bedenkt, dass hier in unterschiedlichen Kontexten vom Tisch gesprochen wird. Im ersten Fall betrachte ich den Tisch als Alltagsgegenstand und verwende die Alltagssprache, während ich im zweiten Fall vom Tisch als einem physikalischen Objekt in einem wissenschaftlichen Kontext spreche. Ein Laie und ein Experte können durchaus zu unterschiedlichen Beurteilungen kommen. Man kann nun entweder behaupten, dass es sich hier um zwei verschiedene Wissensbegriffe handelt oder aber dass es unterschiedliche Grade des Wissens gibt und das Expertenwissen

---

[3] Zum epistemischen Kontextualismus siehe: Baumann (2016), Ichikawa (2017).

eine Erweiterung des Alltagswissens darstellt. Das physikalische Wissen baut schließlich auf dem Alltagswissen auf und verfeinert es. Daher führt der epistemische *Kontextualismus* nicht zu einem Relativismus. Im Alltag und in der Wissenschaft werden lediglich unterschiedliche Maßstäbe oder Anforderungen an das Wissen angelegt. Peter Baumann (2015, S. 79) hält es für ganz natürlich, dass die Standards für Wissen in einem Kontext niedriger oder höher als in einem anderen Kontext sein können: „Man muss also den Kontext kennen, um beurteilen zu können, ob eine Person weiß, dass dies oder jenes der Fall ist, oder nicht. Wissen variiert mit und ist abhängig von dem Kontext." Michael Blome-Tillmann (2019, S. 177) drückt dies so aus: „Epistemic contextualism is, as a consequence, a linguistic or semantic view – namely, the view that the truth-values of ‚knowledge'-ascriptions – sentences of the form ‚x knows p' – may vary with the context of utterance."

4.5 Grade des Wissens

Fake News und Verschwörungstheorien werden als kategorial verschieden von wissenschaftlichem Wissen betrachtet. Es wird jedoch nicht beachtet, dass es verschiedene Grade des Wissens und fließende Übergänge von gesichertem Wissen über bloße Vermutungen bis zum Nichtwissen gibt. Für die Informationsrezeption ist es daher wichtig, verschiedene Informations- und Wissensqualitäten zu unterscheiden.

In der Erkenntnistheorie wird allgemein angenommen, dass Wissen keine Grade zulässt. Wir können zwar in einem höheren oder geringeren Maße von etwas *überzeugt* sein, aber wir würden normalerweise nicht behaupten, „dass jemand etwas in einem höheren (oder niedrigeren) Grade weiß als ein anderer", wie Elke Brendel (2013, S. 121) schreibt. Dagegen will ich im Gegensatz zu dieser orthodoxen Auffassung einen *Wissensgradualismus* vertreten, nach dem es Grade des Wissens gibt und es einen Unterschied macht, ob jemand etwas *sicher* weiß oder ob es sich bloß um eine gut begründete Vermutung handelt.

Die orthodoxe Auffassung ist auf den Satz vom ausgeschlossenen Dritten zurückzuführen, nach dem ein Satz entweder wahr oder falsch ist, aber es kein Drittes zwischen wahr und falsch gibt. Wenn man Wissen als „wahre gerechtfertigte Meinung" definiert, kann eine Meinung entweder wahr oder falsch sein, demnach kann es nur ein Wissen oder Nicht-Wissen geben, aber kein Dazwischen. Dabei wird nicht berücksichtigt, dass Begründungen durchaus Grade zulassen können: Eine Meinung kann gut oder weniger gut begründet, gut oder weniger gut empirisch bestätigt sein und daher kann man etwas auch mehr oder weniger wissen.

Norman Malcolm (1963) unterschied als einer der Ersten zwischen Wissen im starken Sinn und Wissen im schwachen Sinn. Ein Wissen im starken Sinn liegt vor, wenn ich *sicher* bin, dass ich etwas weiß. Wenn ich nicht sicher bin, wenn ich etwas also nur im schwachen Sinn weiß, dann lasse ich es auf eine Überprüfung ankommen und stelle weitere Untersuchungen an, um ganz sicher zu sein:

> When I use „know" in the weak sense I am prepared to let an investigation (demonstration, calculation) determine whether the something that I claim to know is true or false. When I use „know" in the strong sense I am not prepared to look upon anything as an *investigation*; I do not concede that anything whatsoever could prove me mistaken; I do not regard the matter as open to any *question*; I do not admit that my proposition could turn out to be false, that any future investigation *could* refute it or cast doubt on it. (Malcolm 1963, S. 64)

Malcolm erläutert dies an einem Beispiel (ebd., S. 62 ff.): Angenommen, ich soll 92 × 16 berechnen und komme zu dem Ergebnis 1472. Werde ich gefragt: „Bist du sicher?", dann antworte ich: „Ich bin mir ziemlich sicher. Aber da ich im Kopfrechnen nicht so gut bin, will ich noch einmal nachrechnen." Ich weiß es also nur im schwachen Sinne. Wenn ich dagegen gefragt werde: „Wieviel ist 2 + 2?", dann sage ich ohne zu zögern: „4" und kann mir das Nachrechnen ersparen. Denn ich bin mir absolut sicher, dass das Ergebnis stimmt. In diesem Fall weiß ich es im starken Sinn.

Nun könnte man gegen Malcolm einwenden, dass seine Unterscheidung und seine Beispiele lediglich den *Grad* einer Überzeugung, aber nicht den *Inhalt* einer Überzeugung betreffen. Gerhard Ernst (2010, S. 61 f.) unterscheidet zwei Dimensionen einer Überzeugung: ihre Stärke und ihren Inhalt. In Malcolms Beispiel ist die Proposition „92 × 16 = 1472" der Inhalt bzw. Gegenstand der Überzeugung. Die Überzeugung mag stark oder schwach, sicher oder unsicher sein, jedenfalls charakterisiert sie die subjektive Einstellung des Wissenden gegenüber der Proposition. Der Inhalt der Überzeugung lässt dagegen keine Grade zu. Denn für ihn gilt der Satz vom ausgeschlossenen Dritten: Entweder ist $92 \times 16 = 1472$ oder $92 \times 16 \neq 1472$. Wenn die Rechnung stimmt, dann ist das Ergebnis objektiv richtig, unabhängig ob man davon überzeugt ist oder nicht. Will man den Wissensgradualismus verteidigen, muss man daher zeigen, dass nicht nur die Stärke der Überzeugung, sondern auch ihr Inhalt quantitative Unterschiede zulässt. Man kann nämlich mehr oder weniger wissen, man kann über ein reichhaltiges Detailwissen verfügen oder nur ein oberflächliches Wissen besitzen.

Stephen Hetherington (2005, 2011) differenziert verschiedene Grade der Wissenstiefe und erläutert dies an einem Beispiel (Hetherington 2011, S. 170): Angenommen, ich sehe einen Vogel in meinem Garten sitzen und stelle fest, dass es ein Distelfink ist. Ich erkenne ihn an seinem schwarz-weiß-roten Kopf und seinem Ruf, der wie „didlit" klingt. Anhand dieser Merkmale kann ich ihn von anderen Vogelarten unterscheiden. Ich kann daher mit Überzeugung behaupten: „Ich weiß, dass dies ein Distelfink ist", obwohl ich kein Vogel-Experte bin. Ein Ornithologe kennt Vögel besser als ich und wird den Distelfink (carduelis carduelis), auch Stieglitz genannt, zusätzlich anhand seiner Flügel, seines Flug- und Brutverhaltens und seiner Ernährungsgewohnheiten identifizieren können und daher mit größerer Gewissheit behaupten können, dass es sich um einen Distelfink handelt. Ein Molekularbiologe kann zudem eine DNA-Analyse durchführen und erkennt daran den evolutionären Stammbaum dieser Art. Das heißt, je mehr Merkmale oder typische Aspekte eines Objekts ich kenne, desto mehr weiß ich über dieses Objekt. Es ist nicht nur die subjektive Überzeugung, sondern das größere Hintergrund- und Kontextwissen, das zu einer Vertiefung des Wissens führt. Ich kann mich als Laie täuschen und den Distelfinken irrtümlich mit einem Buchfinken verwechseln, aber ein Experte weiß mehr über Vögel als ich und kann treffsicherer urteilen.

Behauptungen können mehr oder weniger glaubwürdig, gut oder weniger gut bestätigt, hypothetisch oder spekulativ sein. Die Qualität des Wissens hängt u. a. vom *Bestätigungsgrad* ab. Je besser eine Hypothese empirisch bestätigt wurde, desto überzeugender ist sie. Betrachten wir hierzu den Satz „Alle Schwäne sind weiß". Je mehr weiße Schwäne ich beobachtet habe, desto besser ist die Hypothese bestätigt. Jedoch kann es auch passieren, dass ich einem schwarzen Schwan begegne und meine Hypothese dadurch falsifiziert wird. Mein Wissen über Schwäne stellt sich somit als falsch heraus. Man kann aber auch sagen: Mein Wissen über Schwäne wird erweitert. Ich lerne nämlich, dass es verschiedene Arten von Schwänen gibt, von denen Höckerschwäne (cygnus olor) weißes Gefieder haben, Trauerschwäne (cygnus atratus) dagegen schwarz sind. Ich modifiziere daher meine ursprüngliche Hypothese und weiß nun: „Alle Höckerschwäne sind weiß" und „Alle Trauerschwäne sind schwarz". Auf diese Weise wird mein Wissen verfeinert und vertieft.

Wir halten Wissen für absolut, weil wir glauben, dass ein wahrer Satz ein getreues Abbild der Wirklichkeit darstellt. Aber wie wir gesehen haben, stellt Wissen immer nur ein perspektivisches Modell der Welt dar und kann die Welt nie so wiedergeben wie sie an sich ist. Ein Modell kann mehr oder weniger adäquat sein, weshalb auch Wahrheit Abstufungen und Grade zulässt. Der Wahrheitsgrad ist ein innertheoretisches Qualitätskriterium, kann aber nicht angeben, wie „nah" das Modell an die Realität herankommt. Ebenso wie es ein Kontinuum zwischen Wahrheit und Falschheit gibt, gibt es auch Grade des Wissens und Nichtwissens, die von etablierten wissenschaftlichen Theorien bis zu Pseudowissenschaften und Verschwörungstheorien reichen.

4.6 Wissen aus zweiter Hand

Menschen, die an Fake News oder Verschwörungstheorien glauben oder anerkannte wissenschaftliche Theorien in Zweifel ziehen, beziehen ihr Wissen aus zweiter Hand, z. B. aus dubiosen Internetquellen. Sie nutzen soziale Medien und glauben Gerüchten oder vertrauen dem, was ihre Freunde und Gesinnungsgenossen sagen. Die Information p wird von einer Quelle A zu einem Empfänger B übertragen nach dem Prinzip: A glaubt, dass p, B vertraut A und glaubt daher auch, dass p. Es findet keine unabhängige Überprüfung der Wahrheit von p statt. Eine solche Informationsübertragung kann gut gehen, wenn p wahr ist, A gute Gründe für p hat und dadurch auch B ein Wissen von p erwirbt. Aber eine Wissensübertragung kann auch misslingen und B einem Irrglauben zum Opfer fallen. Im Folgenden soll untersucht werden, unter welchen Voraussetzungen eine Wissensübermittlung gelingen kann und der Empfänger B tatsächlich ein Wissen von p erlangt.

Wissen vom Hörensagen ist ein indirektes Wissen und ist daher irrtumsanfälliger als ein direktes Wissen. Ein direktes Wissen erwerben wir durch Wahrnehmung oder aber die Wahrheit einer Behauptung, z. B. eines mathematischen Satzes, ist unmittelbar einsichtig oder a priori beweisbar. Wahrnehmungswissen ist ein nicht-inferentielles Wissen, weil es unmittelbar gegeben ist und nicht aus anderem Wissen erschlossen werden muss. Schlüsse können deduktiv oder induktiv, d. h. informationserhaltend oder informationserweiternd, sein. Induktive Schlüsse sind irrtumsanfälliger als deduktive Schlüsse, weil sie auf Vermutungswissen beruhen. Sehen wir einmal von den apriorischen Wahrheiten der Logik und Mathematik ab, können wir ein direktes empirisches Wissen nur durch die Wahrnehmung unserer näheren Umgebung gewinnen und daraus Schlüsse ziehen. Alles andere lernen wir aus den Berichten anderer oder erschließen es induktiv. Kinder lernen von ihren Eltern oder erwerben ihr Wissen von Lehrern. Wir beziehen einen Großteil unseres Wissens aus Medien: Büchern, Zeitungen, Radio, Fernsehen und Internet. All dieses Wissen ist ein Wissen aus zweiter Hand.

David Hume betrachtet ein solches indirektes Wissen mit Misstrauen und sagt den Menschen eine gewisse Leichtgläubigkeit gegenüber Berichten anderer nach. So stellt er „eine auffallende Neigung" fest, „alles zu glauben, was erzählt wird, selbst wenn es sich um Gespenster, Zaubereien und Ungeheuer handelt, und mag das Erzählte noch so sehr mit der täglichen Erfahrung und Beobachtung im Widerspruch stehen" (Hume 1989a, S. 154). Damit spricht er ein Phänomen an, das heute als „Fake News" bekannt ist und damals im 18. Jahrhundert in Form des Aberglaubens und Wunderglaubens die Runde machte. Die Frage lautet daher: Wie vertrauenswürdig und zuverlässig ist ein Wissen aus zweiter Hand?

Die Optimisten unter den Erkenntnistheoretikern neigen dazu, den Berichten Anderer einen hohen Vertrauensvorschuss zu schenken. Thomas Reid (1818, S. 353 f.) beruft sich auf Gott und glaubt, dass er die Menschen mit Wahrheitsliebe und dem Vertrauen auf das Zeugnis anderer ausgestattet habe, sodass wir ihren Berichten glauben dürfen. Tyler Burge geht ähnlich wie Reid davon aus, dass wir die Berichte anderer Menschen als wahr akzeptieren dürfen, sofern keine stärkeren Gründe dagegensprechen. Burge (2013, S. 237, 265) nennt dies das *Akzeptanzprinzip*: „A person is entitled to accept as true something that is presented as true and that is intelligible to him, unless there are stronger reasons not to do so." Burge begründet dies damit, dass wir im sozialen Umgang mit anderen Menschen diese als rationale Wesen betrachten müssten, weil nur so Kommunikation funktionieren könne. Und Rationalität bedeute auch Wahrhaftigkeit. Daher könnten wir anderen Menschen vertrauen.

Ich halte diese Auffassung für naiv. Das heißt nämlich nichts anderes, als dass wir Fake News und Verschwörungstheorien als wahr akzeptieren müssen, solange keine gegenteiligen Gründe vorliegen. Fake News verbreiten sich gerade deshalb so schnell und unaufhaltsam, weil viele Menschen sich an das Akzeptanzprinzip halten und den Berichten Anderer unhinterfragt vertrauen. Im Weltbild der Trump-Anhänger gibt es keinen Grund, seinen Tweets zu misstrauen, weil sie ja alle wahr *scheinen*. Wer glaubt, dass die Ergebnisse der Präsidentschaftswahl 2020 gefälscht waren, sieht sich nicht in der Beweispflicht. Vielmehr hätten die Biden-Anhänger den Beweis zu erbringen, dass alles mit rechten Dingen zugegangen sei. Das Akzeptanzprinzip fordert im Grunde genommen eine Umkehr der Beweislast: Nicht die Verschwörungstheoretiker müssten ihre Behauptungen rechtfertigen, vielmehr dürfe man daran glauben, solange keine Gründe *gegen* die Existenz einer Verschwörung vorliegen. Aber Verschwörungen lassen sich leider nicht falsifizieren.

Damit die Empfänger einer Nachricht etwas wissen können, müssen offenbar stärkere Kriterien erfüllt sein als Burges Akzeptanz-Bedingung. Eine naheliegende Vermutung wäre das folgende *Transmissionsprinzip*:

(A) Wenn A weiß, dass p und A teilt B p mit, dann weiß auch B, dass p.

Betrachten wir einmal das folgende Beispiel: Albert weiß, dass Christina in New York ist. Christina hat ihm Selfies geschickt, auf denen im Hintergrund die Freiheitsstatue zu sehen ist. Albert hat daher einen guten Grund zu glauben, dass Christina in New York ist. Albert erzählt Bennie, dass Christina in New York ist, und Bennie wird ihm glauben. Albert und Bennie sind gute Freunde. Albert hat Bennie noch nie belogen. Daher vertraut Bennie seinem Freund. Vertrauen ist offenbar eine wichtige Voraussetzung für eine gelungene Wissensübertragung. John Hardwig (1991) hält Vertrauen sogar für eine fundamentalere Wissensquelle als empirische Daten oder logische Argumente. Daher können wir das Transmissionsprinzip (A) wie folgt modifizieren:

(B) Wenn A weiß, dass p und A teilt B p mit und B vertraut A, dann weiß B, dass p.

Auf welcher Grundlage beruht Bennies Vertrauen, dass Albert die Wahrheit sagt? Albert hat Bennie die Fotos von Christina nicht gezeigt. Das Vertrauen beruht einzig und allein auf Alberts Aussage und seinem Verhalten in der Vergangenheit: Bisher hat Albert immer die Wahrheit gesagt. Daraus schließt Bennie, dass Albert einen vertrauenswürdigen Charakter hat. Vertrauen wird somit zur Charakterfrage. Hardwig (1991, S. 702) hält dies für die Grundlage unseres Wissens, das wir von anderen Personen erhalten: „I have claimed that trust in the testimony of others is necessary to ground much of our knowledge, and that this trust involves trust in the character of the testifier." Jedoch verwechselt Hardwig hier Vertrauen mit Begründung: Um ein Wissen zu erlangen, muss ein Glaube *gerechtfertigt* sein. Für eine Rechtfertigung braucht man gute Gründe. Vertrauen in den Charakter anderer Personen reicht dafür nicht aus. Vertrauen ist eine subjektive psychologische Einstellung, Gründe haben dagegen die Form objektiver rationaler Argumente.

Bennies Vertrauen darauf, dass Albert die Wahrheit sagt, beruht auf seinem Wissen über Alberts Charakter und seinem Verhalten in der Vergangenheit. Vertrauen setzt somit ein Wissen voraus, nämlich ein *Meta-Wissen* über das Wissen einer anderen Person. Betrachten wir ein anderes Beispiel: Barbara interessiert sich sehr für Mathematik. Obwohl sie nie Mathematik studiert hat, löst sie gerne mathematische Rätsel und liest populärwissenschaftliche Bücher über mathematische Themen. Ihr Freund Andrew ist ein berühmter Mathematiker und erzählt ihr, dass er gerade die Fermat'sche Vermutung bewiesen habe, die besagt, dass die Gleichung $x^n + y^n = z^n$ keine positiven ganzzahligen Lösungen besitzt, wenn n eine natürliche Zahl größer als 2 ist.[4] Andrew sagt ihr, er sei sicher, dass die Fermat'sche Vermutung wahr ist. Sei p die Fermat'sche Vermutung. Andrew weiß, dass p wahr ist, denn er kennt den Beweis. Andrew erzählt Barbara, wie er den Beweis gefunden hat. Leider hat sie nicht genügend Fachkenntnisse, um Andrews Beweis zu verstehen. Aber Barbara vertraut Andrew. Die Voraussetzungen für die Anwendung des Transmissionsprinzips (B) sind somit erfüllt. Weiß Barbara, dass p wahr ist? Reichen die Gründe, die Barbara für die Wahrheit von p hat, aus, um von einem Wissen sprechen zu können?

Wie wir bereits gesehen haben, gibt es verschiedene Grade des Wissens. Wenn Barbara im Internet über das Fermat'sche Theorem gelesen hat, ist dies eine Form von Wissen. Aber Barbara ist keine Expertin auf dem Gebiet der Zahlentheorie. Mathematiker wissen mehr. Nicht jeder Mathematiker ist in der Lage, den komplizierten Beweis für p in allen Details nachzuvollziehen. Nur wenige Experten haben einen vollständigen Überblick über alle Beweisschritte. Andrew besitzt zweifellos ein vollständiges Wissen über p. Barbaras Wissen ist eingeschränkt. Sie kennt nicht alle Gründe, die Andrew für p hat. Aber sie besitzt ein *Meta-Wissen* über Andrew: Sie weiß, dass Andrew ein anerkannter Experte auf dem Gebiet der Mathematik ist, dass sein Beweis von anderen Experten in einem Peer-Review-Verfahren gründlich geprüft wurde, in einer renommierten Fachzeitschrift erschienen ist und inzwischen allgemein anerkannt wurde. Aufgrund dieses Meta-Wissens kann sie Andrew vertrauen. Wir können das Transmissionsprinzip daher wie folgt modifizieren:

(C) Wenn A weiß, dass p und A teilt B p mit und B besitzt ein Meta-Wissen über A, das B's Vertrauen in A rechtfertigt, dann weiß auch B, dass p.

Das Beispiel von Andrew und Barbara zeigt, wie Wissen auf dem Weg der Übertragung von A nach B abgeschwächt wird. Die Abschwächung kann folgende Gründe haben: B besitzt kein vollständiges Hintergrundwissen von A; B kennt nicht alle Gründe, weshalb A von p überzeugt ist; B fehlt das notwendige Verständnis für p; oder B vertraut A nicht bzw. B besitzt kein vollständiges Meta-Wissen über A. Der Wissensverlust macht sich besonders dann bemerkbar, wenn das Wissen über eine lange Kette von mehreren

---

[4] Die Fermat'sche Vermutung wurde 1994 von Andrew Wiles in Zusammenarbeit mit Richard Taylor bewiesen. Der Beweis ist 98 Seiten lang.

Personen übertragen wird. Denn hier muss nicht nur das Wissen über p, sondern auch das Meta-Wissen über die jeweiligen Überbringer der Botschaft auf die nachfolgenden Empfänger übertragen werden. Fehlt dieses Meta-Wissen, ist die Wissensquelle nicht vertrauenswürdig.

Wir haben festgestellt, dass sich die Qualität des Wissens durch Übertragung verschlechtert. Ich möchte dies das *Prinzip des abnehmenden Wissens* nennen: Wenn auf dem Übertragungsweg keine neuen Informationen oder neue Gründe und Evidenzen hinzukommen, dann verschlechtert sich die Wissensqualität. Aber kann durch Übertragung auch neues Wissen *generiert* werden? Jennifer Lackey (1999, S. 473) behauptet, dass der Empfänger B selbst dann ein Wissen von p gewinnen könne, wenn der Sender über kein Wissen über p verfügt: „I shall claim that there are some plausible ways in which a hearer can acquire knowledge that p via a speaker's testimony that p despite the fact that even the first speaker in the chain in question fails to know that p." Lackey begründet ihre These mit dem folgenden Beispiel (Lackey 1999, S. 477): Mrs. Smith ist eine Biologielehrerin, die an einer katholischen Schule unterrichtet. Auf dem Lehrplan steht die Evolutionstheorie von Darwin. Jedoch ist Mrs. Smith eine überzeugte Kreationistin und glaubt nicht an die Evolutionstheorie. Dennoch muss sie ihren Schülern das laut Lehrplan vorgeschriebene Wissen vermitteln. Deshalb geht sie in die Bibliothek, liest Bücher über die Evolutionstheorie und bringt ihren Schülern das notwendige Wissen bei. Sie lässt sich dabei nicht anmerken, dass sie die Darwin'sche Lehre für gotteslästerlichen Unsinn hält, sondern folgt gewissenhaft den Lehrbüchern, die sie gelesen hat. Die Schüler wissen nun alles über die Evolutionstheorie. Aber Mrs. Smith besitzt kein Wissen über die Evolutionstheorie, weil sie nicht daran glaubt und Glaube ist nun mal eine notwendige Voraussetzung für Wissen. Wie kann ein Wissen übertragen werden, wenn der Sender (Mrs. Smith) das Wissen nicht besitzt? Widerspricht dies nicht dem Prinzip abnehmenden Wissens?

Überlegen wir uns, woher das Wissen der Schüler stammt. Mrs. Smith scheidet als Wissensquelle aus. Betrachten wir den Fall einmal aus dem Blickwinkel der Informationsübertragung. Die Schüler erhalten von Mrs. Smith Informationen über die Evolutionstheorie. Mrs. Smith bezog die Informationen aus Lehrbüchern und gab sie unverfälscht an ihre Schüler weiter. Die Informationen aus den Lehrbüchern gehen wiederum auf andere wissenschaftliche Quellen zurück und stammen letztlich von Charles Darwin, dem Begründer der Evolutionstheorie. Von Darwin können wir mit Fug und Recht behaupten: Er besaß ein fundiertes Wissen über die Evolutionstheorie, er war von ihr überzeugt und hatte gute Gründe und empirische Evidenzen für ihre Richtigkeit. Darwin ist somit die eigentliche Quelle des Wissens der Schüler, sozusagen der „first speaker" in der Übertragungskette. Mrs. Smith fungiert lediglich als Informationsüberträgerin. Sie hätte den Lehrstoff auch einfach nur aus einem Buch vorlesen können. Man könnte Mrs. Smith durch einen Roboter ersetzen, der genauso wie sie den Stoff vorträgt. Oder die Schüler hätten ihr Wissen aus dem Internet beziehen können. Mrs. Smith gibt lediglich Informationen weiter – wie eine Briefträgerin oder wie eine Telefonleitung. Gehen wir einmal davon aus, dass die Unterrichtseinheit lediglich ein wissenschaftshistorisches Wissen vermitteln soll und die Schüler wissen sollen, was Darwin in seinem Buch „On the Origin of Species" geschrieben hat, dann wird dieses Wissen von Darwin über viele Zwischenschritte, zu denen auch Mrs. Smith gehört, bis zu den Schülern übertragen. Auf diesem Weg kommt kein neues Wissen hinzu. Im Gegenteil: Die Schüler können nicht alles wissen, was Darwin wusste. Daher gilt auch hier das Prinzip abnehmenden Wissens.

Man kann bezweifeln, dass die Schüler wirklich ein Wissen von ihrer Lehrerin erwerben. Denn die Schüler besitzen kein vollständiges Meta-Wissen über ihre Lehrerin. Wenn die Schüler nämlich wüssten, dass sie eine überzeugte Kreationistin ist, würden sie ihr nicht vertrauen. Die Voraussetzungen für das Transmissionsprinzip (C) sind folglich nicht erfüllt und die Schüler verfügen über kein sicheres Wissen über die Evolutionstheorie. Diese Überlegung zeigt, wie wichtig das Hintergrundwissen und der Wissenskontext für die Beurteilung der Wissensqualität sind. Die Schüler glauben, ein solides Wissen über die Evolutionstheorie zu besitzen. Die Geschichte von Lackey liefert allerdings eine andere Sicht auf die Dinge: Mrs. Smith ist nämlich keine verlässliche und unvoreingenommene Wissensvermittlerin. Wenn sie außerhalb des Unterrichts die Evolutionslehre ablehnt, kann sie im Unterricht ihren Glauben nicht einfach ablegen und als überzeugte Darwinistin auftreten. Das Wissen der Schüler wird dadurch kompromittiert und beeinträchtigt. Das Problem hat auch eine politische Dimension: Sollen überzeugte Kreationisten in Schulen Biologie unterrichten dürfen? Oder können wir Ärzten vertrauen, die als Impfgegner in Erscheinung getreten sind oder in der Querdenker-Bewegung aktiv sind?

Edward Craig (1993) ergänzt die klassische Definition von Wissen als wahre gerechtfertigte Meinung um den Begriff des „guten Informanten": Das Wissen muss von einer zuverlässigen Auskunftsquelle stammen, von der wir wissen oder zumindest mit hoher Wahrscheinlichkeit davon ausgehen können, dass sie uns nicht belügt. Craig verschärft seine Forderung durch die zusätzliche Bedingung, dass der gute Informant nicht nur faktisch die Wahrheit sagt, sondern auch in anderen möglichen Welten, die unserer Welt und der faktischen Situation ähnlich sind, die Wahrheit sagt (Craig 1993, S. 69). Betrachten wir noch einmal das Beispiel von Mrs. Smith und ihren Schülern. Mrs. Smith sagt ihren Schülern die Wahrheit über die Evolutionstheorie. Sie scheint eine gute Informantin zu sein. Aber nun verändern wir die Ausgangssituation ein wenig und nehmen an, Mrs. Smith ärgert sich über den Schuldirektor, der sie für eine unzuverlässige Lehrerin hält, da sie in Blogs und sozialen Netzwerken gegen die Evolutionstheorie polemisiert und den Kreationismus verteidigt. In ihrem Ärger lässt sie ihre Zurückhaltung fallen und sagt ihren Schülern offen heraus, dass sie die Evolutionstheorie für falsch halte, weil sie der Schöpfungsgeschichte widerspreche. In diesem Fall ist sie keine gute Informantin. Da aber dieser hypothetische Fall der von Lackey geschilderten Situation ähnlich ist und jederzeit eintreten könnte, kann Mrs. Smith selbst dann nicht als vertrauenswürdig gelten, wenn sie sich streng an den Lehrplan hält. Um es mit anderen Worten auszudrücken: Mrs. Smith ist ein schwaches Glied in der Kette der Wissensübertragung. Die Biologiebücher

4.6 Wissen aus zweiter Hand

der Schüler sind gute Informanten, ebenso die Lehrbücher, die Mrs. Smith zur Vorbereitung ihres Unterrichts gelesen hat. Aber sie selbst bleibt in ihrem religiösen Weltbild gefangen und bietet keine Gewähr, den Lehrstoff zuverlässig und unvoreingenommen an ihre Schüler zu vermitteln. Mrs. Smith ist daher nicht vertrauenswürdig.

Peter Graham (2006) greift das Beispiel von Lackey auf und modifiziert es ein wenig. Diesmal heißt der Lehrer Mr. Jones, der seinen Schülern die Evolutionstheorie beibringen soll. Ebenso wie Mrs. Smith ist auch er ein überzeugter Kreationist und glaubt nicht an die Evolutionstheorie. Er „akzeptiert" die Theorie lediglich zum Schein, um seine Pflichten als Lehrer zu erfüllen. Er bezieht seine Informationen aus Lehrbüchern und gibt sie an seine Schüler weiter. Insofern ist die gleiche Ausgangssituation wie im Fall von Mrs. Smith gegeben. Bei Graham nimmt die Geschichte allerdings eine unerwartete Wendung. Jones macht eines Tages eine Entdeckung: Er findet das Fossil eines ausgestorbenen Tieres, das es seiner Auffassung nach eigentlich gar nicht geben dürfte. Denn es ist mindestens eine Million Jahre alt und damit wesentlich älter als die Welt nach der Schöpfungsgeschichte. Aber Jones lässt sich sein Erstaunen und seine Zweifel nicht anmerken und schlüpft wieder in die Rolle des überzeugten Evolutionstheoretikers. Er zeigt das Fossil seinen Schülern, behält seine Meinung für sich und erklärt das Fossil so wie es auch Darwin erklären würde. Die Schüler wissen nun, dass das Fossil älter als eine Million Jahre ist. Jones glaubt dies nicht. Graham argumentiert, dass die Schüler dadurch ein *neues* Wissen erlangen. Denn kein Mensch kannte das Fossil bevor es Jones entdeckte. Daher konnte vorher auch kein Mensch wissen, dass es älter als eine Million Jahre ist. Graham (2006, S. 113) schließt daraus: „Testimony sometimes *generates* knowledge."

Woher stammt dieses Wissen? Von Jones stammt es offenbar nicht, da er selbst nicht daran glaubt, was er seinen Schülern erzählt. Darwin wusste auch nicht, wie alt das Fossil ist, da er das Fossil noch gar nicht kannte. Jones bedient sich lediglich eines Schlusses: Wenn die Evolutionstheorie wahr ist, dann ist das Fossil mindestens eine Million Jahre alt. Um diesen Schluss zu vollziehen, muss er nicht an die Evolutionstheorie glauben, da der Vordersatz der Implikation nur hypothetisch angenommen wird. Formal hat der Schluss die Form: Wenn p, dann q. p bezeichnet die Evolutionstheorie, q die Altersangabe des Fossils. Der Satz q stellt daher eigentlich kein neues Wissen dar, sondern ist eine logische Konsequenz der Evolutionstheorie. Die Übertragungskette sieht so aus: Darwin wusste, dass die Evolutionstheorie wahr ist (= p). Und Darwin wusste auch: Falls einmal das Fossil eines ausgestorbenen Tieres gefunden werden sollte, müsste es älter als eine Million Jahre sein. Die Schüler wissen alles Notwendige über die Evolutionstheorie und können daraus das Wissen über das Alter des Fossils erschließen.[5] Das Wissen über die Prämissen geht auf Darwin zurück. Mit der Entdeckung des Fossils kommt zwar eine neue Information hinzu, aber es entsteht kein neues Wissen. Das vermeintlich neue

---

[5] Der Schluss macht von dem *Geschlossenheitsprinzip* (closure principle) Gebrauch, das besagt: „Wenn eine Person S weiß, dass p, und wenn S auch weiß, dass q aus p folgt, dann weiß S auch, dass q." (Ernst 2010, S. 117) Das Geschlossenheitsprinzip ist ein Theorem der epistemischen Logik (Ditmarsch et al. 2008, S. 27).

Wissen über dessen Alter ergibt sich als Schlussfolgerung aus der Evolutionstheorie und dem Fossilienfund. Grahams Schlussfolgerung ist daher nicht gerechtfertigt, das Prinzip abnehmenden Wissens nicht widerlegt.

Peter Baumann verteidigt die Auffassung, dass Wissen sozialer Natur ist und dass ein Wissen vom Hörensagen nicht auf andere Wissensformen zurückführbar ist. Dieser Auffassung zufolge könnte der Empfänger dem Sender vertrauen und müsste nicht selbst den Wahrheitsgehalt der Mitteilung überprüfen. Baumann (2015, S. 279 ff.) begründet seine These mit einem Beispiel: Maria geht spazieren, ist dabei länger unterwegs als geplant und will nun auf die Uhr schauen. Jetzt erst bemerkt sie, dass sie ihre Uhr vergessen hat und auch ihr Smartphone nicht dabei hat. Daher fragt sie einen Passanten nach der Uhrzeit. Der Passant schaut auf seine Uhr und gibt die gewünschte Auskunft: „Es ist jetzt Viertel nach 3." Erwirbt Maria dadurch ein Wissen? Weiß sie jetzt, wieviel Uhr es ist? Maria kennt den Passanten nicht, besitzt also kein Meta-Wissen über ihn und kann nicht einschätzen, ob er die Wahrheit sagt oder ob er sie nur in die Irre führen will. Auf welcher Grundlage kann sie ihm vertrauen? Sie könnte auf ihre Erfahrung zurückgreifen: In der Vergangenheit hat sie, wenn sie von anderen Personen etwas wissen wollte, immer die richtige Antwort erhalten. Maria könnte daraus induktiv schließen, dass auch diese Person die Wahrheit sagt. Baumann hält dieses Vorgehen jedoch für unrealistisch und wirklichkeitsfremd. Denn in der Regel führt niemand Buch darüber, wie oft andere Menschen die Wahrheit sagen und zum anderen müsste man auch den Wahrheitsgehalt ihrer Aussagen wieder überprüfen und dazu andere Wissensquellen heranziehen. Wenn dieses Wissen wieder nur aus zweiter Hand stammt, ergibt sich ein infiniter Regress. Baumann zieht daraus den Schluss: Man muss sich auf die Auskunft anderer Personen verlassen. „Hörensagen kann nicht auf andere, nicht-soziale Quellen des Wissens – wie Wahrnehmung und Schlussfolgerung – reduziert werden, sondern stellt eine Wissensquelle für sich wie alle anderen dar." (Baumann 2015, S. 281) Baumann begründet dies mit der sozialen Natur des Spracherwerbs: Auch Kinder müssten sich darauf verlassen, dass das, was ihnen ihre Eltern beibringen, wahr ist.

Damit sind wir wieder bei der Vertrauensfrage angelangt: Können wir anderen Menschen vertrauen? Müssen wir ihnen vielleicht sogar vertrauen, weil wir sonst, außer dem Wissen, das wir aus erster Hand besitzen, kein neues Wissen erlangen könnten? Dies wäre riskant. Wenn wir uns auf das Prinzip Vertrauensvorschuss verlassen müssten, wären auch die Trump-Anhänger gerechtfertigt, den Twitter-Botschaften ihres Idols zu glauben. Wir müssen uns daher reiflich überlegen, *wem* wir vertrauen wollen. Dass Kinder ihren Eltern vertrauen können, dürfte unstrittig sein. Ob zufällig ausgewählte Passanten die Wahrheit sagen, wenn man sie etwas fragt, hängt unter anderem davon ab, was man von ihnen wissen will. Wenn man sie nur nach der Uhrzeit fragt, haben sie normalerweise keinen Grund zu lügen. Fragt man dagegen einen Trump-Anhänger, wer bei der Präsidentschaftswahl 2020 die meisten Stimmen erhalten hat, muss man sich auf eine falsche Auskunft gefasst machen. Virologen und Querdenker werden unterschiedliche Aussagen über die Gefährlichkeit des Corona-Virus machen. Wissenschaftler urteilen nach dem aktuellen Stand der

Forschung. Ein Querdenker kümmert sich dagegen nicht um Tatsachen, sondern vertraut seinem Bauchgefühl: Wenn er glaubt, dass das Corona-Virus ungefährlich ist, dann ist dies für ihn die Wahrheit. Der Unterschied liegt darin, wie Experten und Laien zu ihren Erkenntnissen gelangen. Wir sollten daher nicht Personen vertrauen, sondern nur solchen Erkenntnismethoden unser Vertrauen schenken, die zuverlässig und wissenschaftlich fundiert sind. Wenn ein Passant die Uhrzeit nach einer zuverlässigen Methode ermittelt und seine Erkenntnis mitteilt, so können wir uns darauf verlassen.

Diese Überlegungen zeigen, dass Wissen aus zweiter Hand grundsätzlich mit Vorsicht zu genießen ist. Wir machen es uns zu einfach, wenn wir etwas ungeprüft als wahr anerkennen, nur weil es andere Menschen behaupten. Wir können nur solchen Wissensquellen vertrauen, die wir gut kennen, die sich zuverlässiger Erkenntnismethoden bedienen und über die wir ein Meta-Wissen verfügen, um sie als gute Informanten einschätzen zu können. Dies gilt insbesondere für Internetquellen, wie ich am Beispiel von Google und Wikipedia erläutern werde.

4.7　Wissen aus dem Internet: Ist Google ein guter Informant?

Wenn wir etwas wissen wollen, fragen wir Google oder schlagen bei Wikipedia nach. Es wird der Anschein erweckt, als könne man Wissen einfach aus dem Internet herunterladen. Jedoch müssen wir uns fragen: Liefern Wikipedia und Google wirklich Wissen? Zwar zeigen Untersuchungen, dass Wikipedia-Artikel in der Regel genauso zuverlässig sind wie Encyclopdia-Britannica-Artikel (Fallis 2011; Frost-Arnold 2019). Aber aufgrund der Anonymität der Autoren wissen wir nicht, ob die Artikel von Experten oder Laien verfasst wurden, welche wissenschaftliche Qualifikation und Kompetenz die Autoren besitzen oder ob es sich bei dem Autor um einen Troll handelt, der absichtlich Falschinformationen streut oder schlichtweg Unsinn schreibt. Wie sollen wir einer Quelle vertrauen, über die wir nichts wissen? Wir besitzen kein Meta-Wissen über die Autoren. Zudem ist Wikipedia anfällig für epistemischen Vandalismus, der unter dem Schutz der Anonymität verübt wird: „Wikipedia maintains an openness that makes it vulnerable to those with harmful motives" (Frost-Arnold 2019, S. 33).[6]

Ähnlich verhält es sich mit Google. Google liefert eine Unmenge an Informationen. Ob es sich dabei um Wissen handelt, dem wir vertrauen können, hängt von den Quellen ab. Eine Suchmaschine liefert lediglich Links, die auf andere Webseiten verweisen. Somit ist Google eigentlich nur ein Informationsüberträger, jedoch ist er nicht unvoreingenommen und neutral. Vielmehr werden durch Googles PageRank-Algorithmus Informationen selektiert und priorisiert. Nicht alle Google-Links verweisen auf seriöse Quellen. Man hat daher keine Garantie, nur wahre Informationen zu erhalten. Insofern ist Google kein guter Informant. In gewisser Weise verhält es sich mit Google wie mit Mrs. Smith: Selbst

---

[6] Wikipedianer verweisen darauf, dass sich Autoren ihr Vertrauen durch ihre Beiträge und aktive Mitwirkung in der Wiki-Community erst verdienen müssen (Jemielniak 2014, S. 118).

dann, wenn eine Google-Quelle die Wahrheit sagt, kann die Information biased sein und ein ideologisch verzerrtes Bild der Wirklichkeit liefern.

Es liegt nicht nur am Sender, sondern auch am Empfänger, ob er aus den von Google gelieferten Informationen ein Wissen gewinnt. Viele Google-Nutzer konsumieren die dargebotenen Informationen unreflektiert und vertrauen der Quelle blind. Um ein Wissen zu gewinnen, muss man die gefundenen Informationen verstehen und in einen Kontext einordnen können. Es genügt nicht, nur Fakten zu sammeln. Man muss auch wissen, wie diese Fakten zusammenhängen. Man muss sie *interpretieren* können (vgl. Lynch 2017, S. 164 ff.; Zoglauer 2020, S. 80 f.). Ich will dies an einem Beispiel erläutern.[7]

John ist Gast auf einer Dinner-Party, wo er sich sehr angeregt mit den anderen Teilnehmern unterhält. Das Gespräch dreht sich um Religion. Ein Gast meint, Karl Marx habe gesagt: „Gott ist tot". Eine Dame wendet ein, das Zitat sei nicht von Marx, sondern von Dostojewski. Neben ihr steht ein älterer Herr, der anderer Meinung ist: „Nein, ich bin mir ganz sicher, es bei Heidegger gelesen zu haben." John hat weder die Werke von Marx, Dostojewski oder Heidegger gelesen und fürchtet, zu dem intellektuellen Diskurs nichts beitragen zu können. Zu gerne würde er auch etwas sagen. In einem unbeobachteten Moment greift er zu seinem Smartphone, gibt bei Google „Gott ist tot" ein und landet schließlich auf einer Wikipedia-Seite über Friedrich Nietzsche, wo er die erhoffte Auskunft erhält. Was er dort liest, ist ihm neu. Von Nietzsche wusste er bisher nur, dass er ein Buch mit dem Titel „Also sprach Zarathustra" geschrieben hat. Nun kann er endlich seine Gesprächspartner beeindrucken, indem er den großen Nietzsche-Experten spielt und sagt: „Das Zitat stammt von Friedrich Nietzsche aus dem Aphorismus 125 der „Fröhlichen Wissenschaft", wo es um den „tollen Menschen" geht." Die anderen Gäste sind sprachlos. Inständig hofft John, dass sie nicht mehr über Nietzsche wissen wollen und rasch das Thema wechseln.

Im Grunde genommen hat John nur ein Informationshäppchen, ein Körnchen Wissen aufgeschnappt, mit dem er nichts anfangen kann. Er kann weder zur Philosophie Nietzsches etwas sagen, noch weiß er, wer der „tolle Mensch" ist oder was mit „Gott ist tot" gemeint ist. Was er bei Wikipedia gefunden hat, ist ein Puzzleteil, das er nicht zu einem vollständigen Bild zusammensetzen kann. Er besitzt ein totes Wissen, das er nicht zum Leben erwecken kann. Aber so wie John geht es vielen Internet-Nutzern. Man schlägt schnell etwas nach, holt sich die Informationen aus dem Netz, kümmert sich nicht darum, ob die Quelle vertrauenswürdig und zuverlässig ist und glaubt damit etwas zu wissen. Es ist bestenfalls ein bruchstückhaftes „Google-Wissen", dem ein tieferes Verständnis fehlt. Wissen setzt eine aktive und kritische Auseinandersetzung mit den Inhalten voraus. Zudem unterscheidet Google nicht zwischen wahren und falschen Informationen. Sekundärwissen kann ein Primärwissen nicht ersetzen. Google ist eine gute Informationsquelle. Aber nur ein aufgeklärter Nutzer kann daraus ein Wissen gewinnen.

Der englische Schriftsteller E.M. Forster schrieb 1909 eine Science-Fiction-Kurzgeschichte mit dem Titel „The Machine Stops" (2009), die sich wie eine Parabel

---

[7] Meine Geschichte ist eine abgewandelte Version eines Beispiels von Carter und Gordon (2017).

4.7 Wissen aus dem Internet: Ist Google ein guter Informant?

auf die heutige Internet-Gesellschaft liest. Die Menschen leben in unterirdischen Zellen, wo ihnen jeglicher Kontakt zur Außenwelt fehlt und in denen sie von einer Maschine versorgt werden. In ihrem Smart Home können sie durch Videokommunikation mit anderen Menschen in Kontakt treten, die ebenfalls in ihren Waben unter der Erde leben. Das in der Geschichte beschriebene Kommunikationsnetzwerk kommt unserem heutigen Internet sehr nahe. Bücher gibt es keine mehr, alle Informationen erhalten die Menschen von der „Maschine". Da die Bewohner die Erdoberfläche nicht betreten können, wissen sie nicht, wie es dort aussieht. Die Maschine sagt ihnen, dass die Welt dort unbewohnbar sei. Aber sie können das, was ihnen die Maschine sagt, nicht überprüfen. Ihr gesamtes Wissen stammt aus zweiter Hand. Wissen aus erster Hand gibt es nicht und wird als inauthentisch verachtet. Die Informationen, die ihnen die Maschine über die Vergangenheit liefert, verweisen auf andere Quellen, in denen Texte andere Texte interpretieren und in der die Außenwelt nur noch als Scheinwelt existiert (siehe Zoglauer 2018, S. 38 ff.). Die Texte und Nachrichten, die die Maschine produziert, referieren nicht auf Tatsachen, sondern auf andere Texte und Zeichen innerhalb der Infosphäre der Maschine:

> First-hand ideas do not really exist. They are but the physical impressions produced by live and fear, and on this gross foundation who could erect a philosophy? Let our ideas be second-hand, and if possible tenth-hand, for then they will be far removed from that disturbing element – direct observation. Do not learn anything about this subject of mine – the French Revolution. Learn instead what I think that Enicharmon thought Urizen thought Gutch thought Ho-Young thought Chi-Bo-Sing thought Lafcadio Hearn thought Carlyle thought Mirabeau said about the French Revolution. (Forster 2009, S. 29)

Was Forster hier beschreibt, ist die Dystopie einer postfaktischen Gesellschaft. Die Tatsachen sind längst verblasst und verschwunden oder nicht zugänglich. Es spielt keine Rolle mehr, ob die Informationen, die ihnen die Maschine liefert, wahr oder falsch sind. Die Welt wird den Menschen durch die Maschine „ins Haus geliefert" und ist mangels Realitätskontakt zu „Phantom und Matrize" geworden (Anders 1994, S. 97 ff.). Die Maschine ist kein guter Informant. Die Menschen wissen nicht, wer die Maschine programmiert hat und ob sie die Wahrheit über die Welt an der Erdoberfläche sagt. Aber die Maschine ist die einzige Informationsquelle, die sie haben. Die einzige Möglichkeit, ein Wissen aus erster Hand zu gewinnen, besteht darin, aus der Höhle zu fliehen und an die Erdoberfläche zu steigen, um mit eigenen Augen zu überprüfen, wie die Welt dort oben aussieht. Kuno, einer der Bewohner der unterirdischen Stadt, findet einen Weg an die Oberfläche. Er erkennt, dass die Welt an der Oberfläche ganz anders ist als sie von der Maschine beschrieben wird: Es ist eine Welt, in der die Sonne scheint und nachts die Sterne funkeln und die Luft nicht so stickig ist wie die künstliche Luft, die von der Maschine produziert wird. Doch die Maschine ist stärker als Kuno. Ihre Tentakel ergreifen den Flüchtling und zerren ihn wieder zurück in die Höhlenwelt.

Die Geschichte von Forster zeigt uns, dass ein Wissen aus zweiter Hand ein authentisches Wissen aus erster Hand nicht ersetzen kann. Behauptungen müssen an der

Wirklichkeit überprüft werden. Dazu muss man aus der Echokammer ausbrechen. Wenn wir echtes Wissen haben wollen, können wir uns nicht auf das Internet verlassen. Daher gibt uns Michael Lynch (2017, S. 19) den Rat: „real knowledge – knowledge of what is the case as opposed to what we just happen to think is the case – is possible only by escaping the machine and getting to the world ‚outside'".

4.8 Das Ende der Aufklärung?

David Hume liefert mit seiner Kritik des Wunderglaubens eine Erklärung dafür, weshalb so viele Menschen einem Irrglauben aufsitzen und falschen Autoritäten vertrauen. Erzählungen über Gespenster, Engel, Dämonen, Hexerei, Zauberei und Hellseherei waren zu Humes Lebzeiten weit verbreitet und sozusagen die Fake News der damaligen Zeit. Jeder hatte von solchen wundersamen Begebenheiten schon gehört, aber nur wenige waren angeblich selbst Zeugen der Ereignisse. Das Wissen beruhte ausschließlich auf Hörensagen. Hume beobachtete zu seiner Überraschung, dass Wunder-Erzählungen umso bereitwilliger aufgenommen wurden, je abenteuerlicher sie waren. Die Geschichten wurden fantasievoll ausgeschmückt, rhetorisch gekonnt präsentiert und von einem leichtgläubigen Publikum begierig aufgesogen: „Beredsamkeit in ihrer höchsten Form läßt für Vernunft und Überlegung wenig Platz, sondern nimmt, indem sie sich ausschließlich an Phantasie oder Neigungen wendet, die bereitwilligen Hörer gefangen und unterdrückt ihren Verstand." (Hume 1982, S. 152) Die Hörer sind ergriffen, fühlen sich auserwählt, an diesem Wissen teilhaben zu dürfen und als Kundschafter und Boten die Sensation anderen mitteilen zu können: „Das Vergnügen, eine so interessante Neuigkeit zu erzählen, sie weiterzuerzählen und der erste zu sein, der sie berichtet, verbreitet die Kunde." (ebd.)

Hume will mit dieser Diskursanalyse der Wunderkommunikation zeigen, wie gefährlich es ist, sich allein auf Berichte aus zweiter Hand zu verlassen ohne sie kritisch zu prüfen oder nach Evidenzen zu fragen. Die psychologischen Mechanismen zur Verbreitung von Fake News sind heute die gleichen wie früher. Nur die Narrative und die technischen Möglichkeiten zu ihrer Verbreitung haben sich geändert. Samuel Fleischacker (2013, S. 180 f.) beklagt eine in den USA weit verbreitete Wissenschaftsfeindlichkeit sowie die Leugnung empirischer Fakten und schließt daraus, dass die Menschen nicht gewillt seien, sich ihres eigenen Verstandes zu bedienen. Lee McIntyre (2015) spricht von selbst verschuldeter Unwissenheit („willful ignorance"), wenn jemand einem falschen Glauben anhängt, sich gegen jede Kritik abschottet und Tatsachen ignoriert. Eine solche dogmatische Haltung ist nicht nur irrational, sie widerspricht der Methode der kritischen Prüfung, die nach Hans Albert (1991, S. 42 ff.) ein Grundprinzip der Wahrheitssuche darstellt. Hume empfiehlt, sich an Tatsachen und Evidenzen zu halten. Er lässt keinen Zweifel daran, dass für ihn die Wissenschaft und die empirische Methode die einzigen Autoritäten sind, denen die Menschen vertrauen können: „Einzig die Erfahrung gibt menschlichem

4.8 Das Ende der Aufklärung?

Zeugnis Autorität." (Hume 1982, S. 162) Die beste Methode zur Erkenntnisgewinnung ist für McIntyre (2015, S. 120) die wissenschaftliche Methode, weil sie ihre eigenen Erkenntnisse kritisch hinterfragt und in der Lage ist, Irrtümer zu korrigieren. Fleischacker (2013, S. 181) schlägt vor, das kritische Denken und die empirisch-wissenschaftliche Methode stärker in den Lehrplänen der Schulen zu berücksichtigen.

Was wir brauchen ist eine neue Aufklärung. Die Aufklärung ist ein kritisches Projekt. Sie will Gewissheiten kritisch hinterfragen und wie Kant in seiner „Kritik der reinen Vernunft" ausführt, muss sich auch die Vernunft permanent ihrer eigenen Grundlagen vergewissern. Leider ist die Aufklärung, für die Hume und Kant exemplarisch stehen, in jüngster Zeit in Verruf geraten. Postmoderne Denker sehen in der Aufklärung „hegemoniale Formen eines moralischen und politischen Universalismus, einen blinden Glauben an abstrakte Vernunft und eine reduktive und isolierende Fokussierung auf das Individuum" (Rasmussen D 2014, S. 1). Die Philosophie der Aufklärung wird für Kolonialismus, Rassismus, Imperialismus, überhebliche eurozentrische Denkweisen und die Unterdrückung von Frauen verantwortlich gemacht (Allen 2016, S. 16; Rasmussen 2018, S. 44): „Enlightenment ideals are entangled with relations of colonial domination and epistemic violence." (Allen 2016, S. 204) Zweifellos besteht ein zeitlicher Zusammenhang zwischen der Aufklärung und hegemonialer Politik. Aber daraus einen kausalen Zusammenhang herzustellen und der Philosophie die Schuld für alle Übel der damaligen Zeit zu geben, wäre ein Kurzschluss. Wenn man schon die genealogischen Wurzeln hegemonialen Denkens aufdecken will, muss man tiefer graben. Denn Kolonialismus, Rassismus, Imperialismus und die Diskriminierung von Frauen gab es bereits in der Antike. Wie Dennis Rasmussen (2014) zeigt, liegen dem „enlightenment bashing" ein Zerrbild der Aufklärung und eine Fehlinterpretation ihrer Ideale zugrunde.

Der Postfaktualismus ist eine Form von Gegenaufklärung. Die Aufklärer sahen die Wahrheit als Widersacher der Macht und wollten mit ihrer Philosophie den kirchlichen Alleinvertretungsanspruch auf Wahrheit angreifen. Der Postfaktualismus stellt dagegen die einst getrennte Verbindung zwischen Wahrheit und Macht wieder her. Die postmoderne Lehre besagt, dass Wahrheit durch Macht produziert wird: „the constructivist idea is that the power relations that generate and define discourses produce truths." (Prado 2006, S. 84) Daher gibt es nach dieser Theorie keine Wahrheit und keine Tatsachen unabhängig von diskursiven Praktiken (Prado 2006, S. 126). Wenn Wahrheit diskursrelativ ist, dann kann man solche postfaktischen Diskurse auch nicht mehr kritisieren, da jeder Diskurs seine eigenen Wahrheiten generiert. Da gibt es die Wahrheit der Querdenker, die Wahrheit der Verschwörungstheoretiker und die Wahrheit der Trump-Anhänger. Wollte man solche Diskurse kritisieren, müsste man die Form der Machtausübung kritisieren, auf der die diskursive Wahrheitsproduktion beruht. Man müsste legitime und illegitime Formen der Machtausübung unterscheiden und einen moralischen Standpunkt in dieser Auseinandersetzung beziehen. Damit wird erstens ein Primat der Ethik vor der Wahrheit postuliert und zweitens erzeugt auch dieser moralische Diskurs selbst wiederum seine eigenen Wahrheitskriterien und beruht auf Machtverhältnissen. Wer sich moralisch auf der richtigen Seite sieht und Wahrheit der Moral unterordnet, braucht sich um Tatsachen nicht mehr zu kümmern und kann sie getrost ignorieren. Eine solche Gleichgültigkeit gegenüber der Wahrheit ist gefährlich und wirft uns hinter die Aufklärung zurück.

Stanley Fish (2016) weist den Vorwurf empört zurück, die postmoderne Philosophie sei für die postfaktische Politik Donald Trumps verantwortlich. Dieser Vorwurf ist in der Tat falsch. Gleichwohl behauptet Fish, dass es keinen unabhängigen Maßstab gebe, nach dem man Wahrheit und Falschheit unterscheiden könne: „there is no impartial benchmark that can independently sort out the true facts from what is mere opinion or error". Auch in diesem Punkt hat Fish nicht ganz unrecht. Denn Tatsachen sind stets von einer epistemischen Perspektive abhängig und andere Perspektiven können zu anderen Wahrheiten führen. Jedoch beharrt Fish darauf, dass Tatsachen diskursrelativ seien:

> there are no facts that stand to the side of argument and can settle arguments; there are only facts that emerge in the course of argument, facts to which at least some people have been persuaded, although given what persuasion is, its effects are unlikely to last; persuasion can't be done once and for all. (Fish 2016)

Tatsachen stehen nach dieser Auffassung zufolge nicht unverrückbar fest, sondern sind diskursiv verhandelbar. Aber wie werden Tatsachen verhandelt? Indem man auf Tatsachen verweist, die nach dem aktuellen Stand der Wissenschaft feststehen, oder indem man etwas so lange behauptet, bis es der Hörer glaubt? Da es nach Fish keinen diskursunabhängigen Maßstab für Wahrheit gibt, ist für ihn eher letzteres der Fall: Tatsachenbehauptungen sind rhetorische Instrumente, derer man sich bedienen kann, um eine bestimmte Meinung durchzusetzen. Eine Meinung ist wahr, wenn man damit durchkommt. Es ist genau diese Auffassung von Wahrheit, die Donald Trump zur Leitlinie seiner postfaktischen Politik gemacht hat und die ihm schließlich zum Sieg verhalf: Man muss etwas nur so lange als Wahrheit verkaufen, bis es akzeptiert wird, dann ist es wahr. Damit schlägt Fishs Strategie fehl, sich vom Postfaktualismus zu distanzieren. Ohne es zu wollen, legitimiert er Trumps Wahrheitsanspruch.

Leben wir in einem postfaktischen Zeitalter? Immanuel Kant beantwortete die Frage, ob er in einem aufgeklärten Zeitalter lebe, mit nein. Er betrachtete die Aufklärung als einen Prozess, der zu seinen Lebzeiten gerade erst begonnen habe und noch nicht beendet sei. Deshalb konnte er sagen, dass er in einem „Zeitalter der Aufklärung" lebte. Ebenso wie zu Kants Zeiten kann man auch heute bezweifeln, dass die Menschen aufgeklärt sind und sich „ihres eigenen Verstandes ohne Leitung eines andern" bedienen (Kant 1983, Bd. 9, S. 59). Insofern leben wir in einem Zeitalter, das noch nicht postfaktisch ist, sehr wohl aber postfaktisch zu werden droht.

Fake News und die Folgen 5

In diesem Kapitel werden die psychologischen Mechanismen erläutert, die dazu führen, dass so viele Menschen an Fake News glauben. Die Möglichkeiten und Grenzen von Faktenchecks werden diskutiert und es wird gezeigt, wie kritisches Denken die Widerstandskraft gegen Desinformation stärken kann. Die Maßnahmen zur Bekämpfung von Fake News sind nicht unumstritten. Gegen das Fact-checking wird häufig eingewendet, dass es keine objektiven Tatsachen gebe und Tatsachen interpretationsbedürftig seien. Zudem könnten Faktenchecker voreingenommen sein oder einer kognitiven Verzerrung unterliegen. Die kritische Diskursanalyse stellt Tatsachenbehauptungen generell unter Ideologieverdacht und betont den engen Zusammenhang von Wahrheit und Macht. Diese Kritik an der Methode der Tatsachenüberprüfung wird zurückgewiesen und als Spielart des Postfaktualismus entlarvt.

5.1 Die mediale Konstruktion von Wirklichkeit

Um Fake News und ihre Wirkungsweise besser verstehen zu können, ist es hilfreich, sie unter einem medienepistemologischen Blickwinkel zu analysieren. Die Medienwissenschaften sind gegenwärtig sehr stark vom Konstruktivismus beeinflusst, dessen zentrale These besagt, dass die Wirklichkeit das Produkt einer medialen Konstruktion ist. Was heißt das?

„Medium" heißt seinem ursprünglichen Wortsinne nach Mitte, Mittel, Mittelglied, Mittler. Erkenntnistheoretisch bezeichnet es das Mittelglied zwischen Subjekt und Objekt. Medium ist alles, was zwischen Geist und Welt steht und durch das wir die Welt wahrnehmen. Durch Medien werden Informationen übertragen. Medien sind somit Boten und

Übermittler einer Nachricht. Licht- und Schallwellen sind Medien. Unser Auge ist ein Medium. Die Nervenbahnen, ja sogar unser Gehirn können als ein Erkenntnismedium betrachtet werden, da sie letztlich nur materielle Mittel sind, durch die wir überhaupt etwas wahrnehmen können. Diese natürlichen Medien werden durch technische Mittel ergänzt, die unser Erfahrungsspektrum und die Reichweite unserer Wahrnehmung erweitern. Solche technischen Medien können sein: Brille, Fernglas, Teleskop, Mikroskop und andere technische Instrumente. Unter Medien im eigentlichen Sinne verstehen wir Zeitungen, Bücher, Telefon, Radio und Fernsehen. Neuerdings gewinnen die digitalen Medien als Informationsquellen mehr und mehr an Bedeutung. Auch Menschen können zu Medien werden, wenn sie anderen etwas mitteilen und so zu Nachrichtenträgern werden.

Durch Medien erfahren wir, was in der Welt geschieht. Die Medien sind unser Fenster zur Welt. Wir machen uns ein Bild von der Welt, wir lernen und erlangen dadurch ein Wissen. Ohne Medien wären wir von der Welt abgeschnitten. Wir könnten nichts sehen, nichts hören und nichts erfahren. Das bedeutet auch, dass wir nichts direkt, unvermittelt und unmittelbar wahrnehmen können. Medien strukturieren, selektieren und verfälschen mitunter das, was wir wahrnehmen. Medien verarbeiten Informationen. Sie operieren als Gatekeeper, weil sie nur bestimmte Informationen durchlassen. Unsere Augen können beispielsweise nicht die gesamte Breite des elektromagnetischen Spektrums wahrnehmen, sondern nur den Wellenlängenbereich des sichtbaren Lichts. Jeder Informationskanal ist Störeinflüssen ausgesetzt, was zu Informationsverlusten, aber auch zu Verzerrungen und Fehlern bei der Informationsübertragung führen kann. Man kann daher sagen: Die Wirklichkeit, die wir durch die Medien wahrnehmen, ist nicht die Realität. Medien konstruieren eine eigene Wirklichkeit.

Die Rede vom „Konstruieren" einer Wirklichkeit ist allerdings mit einem begrifflichen Problem konfrontiert. Denn wenn man etwas konstruiert, ist das, was konstruiert wird, vor dem Konstruktionsprozess noch nicht vorhanden, es wird durch die Konstruktion erst erzeugt (Ros 1994, S. 181). Wenn ein Ingenieur ein Gerät konstruiert, wird etwas Neues geschaffen und zur Existenz gebracht, das vorher noch nicht da war. „Wirklichkeit konstruieren" bedeutet demnach: Wirklichkeit erschaffen und ex nihilo erzeugen. Für den Medienkonstruktivismus hieße dies allerdings, dass es vorher noch keine Wirklichkeit gab und das Universum vor dem Menschen noch nicht existierte.

Wenn jede Anschauung, jeder Gegenstand der Erfahrung, die ganze Welt vom Subjekt konstruiert wird, dann erhebt sich die Frage, welchen Sinn der Ausdruck „Konstruktion" noch haben soll, wenn das so Konstruierte nicht mit einem unkonstruierten Etwas verglichen werden kann. Um einen Gegenstand als Konstruktion zu erkennen, muss man ihn von anderen Dingen, nämlich den realen, nicht-konstruierten Gegenständen, unterscheiden können. Es fehlt ein differenzierendes Moment, welches das Konstrukt von seiner Negation abhebt. Um dies an einem Beispiel zu erläutern: Gäbe es nur falsche Münzen und keine einzige echte Münze, so würde der Begriff „Fälschung" seinen Sinn verlieren.[1] Jeder Begriff benötigt einen Gegenbegriff, gegen den er sich abgrenzen kann.

Um dieses Missverständnis zu vermeiden, ist es wichtig, zwischen Realität und Wirklichkeit zu unterscheiden (Roth 1992b, S. 321; Ros 1994, S. 181). „Wirklichkeit" bezeichnet die Welt, die wir wahrnehmen und begrifflich erfassen können. Sie enthält Bäume, Steine und Sterne. Wir stellen Hypothesen und Theorien über diese Welt auf, um sie besser verstehen zu können. Dabei vermehren wir unser Wissen, wir entdecken Neues und erweitern so die Wirklichkeit. Diese Wirklichkeit wird von allen Menschen geteilt, weil wir in derselben Welt leben. Realität ist im Unterschied zur Wirklichkeit kein Konstrukt. Wäre sie ein Konstrukt, dann wäre sie ein Erzeugnis des Menschen und würde durch ihn geschaffen werden. Realität ist dagegen immer schon da. Sie existierte bereits lange vor den Menschen, als diese begannen, eine Wirklichkeit zu konstruieren. Wirklichkeit ist somit die Realität wie wir sie durch ein Medium wahrnehmen. Da wir die Welt nicht ohne Medien wahrnehmen können, können wir auch nicht sagen, wie sie ohne diese Medien aussehen würde. Die Realität ist daher prinzipiell unerkennbar.

Damit wird besser verständlich, was „Konstruieren" heißt. Konstruieren ist ein kognitiver Prozess. Dabei gibt es einen wesentlichen Unterschied zwischen kognitiven und technischen Konstruktionen: Wenn ein Haus oder eine Brücke konstruiert wird, entwirft man vorher einen Plan und setzt dann diesen Plan in die Praxis um. Bei kognitiven Konstruktionen gibt es keine Pläne oder Absichten. Wir haben auch keinen Einfluss auf den Konstruktionsprozess, weil er unbewusst im Verborgenen abläuft. Wir sehen lediglich das Ergebnis. Bei Wahrnehmungen ist unser Gehirn oder unser Geist der unsichtbare Konstrukteur. Das Gehirn setzt aus dem verwirrenden Durcheinander der Nervenimpulse ein Bild der Außenwelt zusammen. Bei sprachlichen und theoretischen Konstruktionen ist das Subjekt aktiv beteiligt. Hier ist der Konstruktionsprozess ein bewusster zielgerichteter Vorgang.

Im Grunde genommen ist das Konstruktionsnarrativ lediglich eine Metapher. Man postuliert einen Akteur – das Gehirn oder den Geist –, der konstruierend tätig ist. Der Geist bedient sich eines Begriffsschemas, um Ordnung in die chaotische Mannigfaltigkeit der Sinnesdaten zu bringen. Begriffe werden konstruiert. Sie sind nicht in der Wahrnehmung gegeben, sondern sind Abstraktionen, die aus der Wahrnehmung gewonnen werden (Kant 1983, Bd. 5, S. 525, Logik, A 146). Begriffe fungieren als Handlungsschemata, mit deren Hilfe wir Gegenstände und ihre Eigenschaften identifizieren und reidentifizieren können. Daher kann man sagen: Die Wirklichkeit ist begrifflich strukturiert, während wir das von der Realität nicht behaupten können, da Begriffe selbst ein kognitives Konstrukt sind.

Sehr viel treffender kann der Konstruktionsbegriff auf Medienproduktionen angewendet werden. Hier werden mit den Medieninhalten auch Bedeutungen mitkonstruiert, die eine bestimmte Sicht auf die Wirklichkeit prägen. Worüber berichtet wird, mit welcher Aufmachung, welchen Bildern, welchem Framing und welcher emotionalen Färbung

---

[1] Das Münzenbeispiel stammt von Gilbert Ryle (1966, S. 94 f.) und wurde von Alfred Jules Ayer (1979, S. 37) übernommen.

berichtet wird: all das hat einen Einfluss darauf, wie wir die Welt wahrnehmen und Ereignisse bewerten. Medien erzeugen so eine subjektive Wirklichkeit. Die Medienberichterstattung beeinflusst unser Handeln, z. B. welche Produkte wir kaufen, wie wir unsere Freizeit gestalten oder welche Partei wir wählen. Durch Interaktion mit anderen Menschen, durch gemeinsame Überzeugungen und geteilte Werte entsteht aus einer subjektiven eine intersubjektive Wirklichkeit.

Wir erstellen ein mentales Wirklichkeitsmodell und können so eine Behauptung mit unserem Modell vergleichen. Allerdings kann das, was wir subjektiv für die Wirklichkeit halten, auch falsch sein. Die meisten Verschwörungstheorien liefern ein falsches Bild der Wirklichkeit. Aber auch die kollektive Überzeugung einer Gruppe von Menschen ist irrtumsanfällig. Ein verbindlicher Maßstab kann daher weder die subjektive noch die intersubjektive Wirklichkeit sein, sondern allein die wissenschaftlich konstruierte *objektive* Wirklichkeit. Freilich können sich auch Wissenschaftler irren. Wissenschaftliche Hypothesen stellen daher keine absoluten und unfehlbaren Wahrheiten dar, sondern gelten nur temporär und können jederzeit revidiert werden.

Wir können nicht von einer wahrgenommenen oder postulierten Wirklichkeit auf die Realität schließen. Denn jede Wahrnehmung und jede Mutmaßung über das Sosein der Welt schließt die Möglichkeit einer Täuschung ein. Wir wissen nicht, ob die besten verfügbaren Theorien im korespondenztheoretischen Sinn wahr sind, da wir die Realität nicht erkennen können. Aber wir müssen die Existenz einer Realität voraussetzen, da wir sonst in einer Welt des Scheins und der Täuschung leben würden.

Siegfried J. Schmidt (1999, S. 124) lehnt die Unterscheidung von Realität und Wirklichkeit ab und hält die Vorstellung einer extramentalen Realität für verzichtbar und plädiert stattdessen dafür, diesen Begriff lediglich auf den Bereich der Beschreibungen anzuwenden (Schmidt 1987, S. 30):

> Mitglieder eines sozialen Systems handeln und kommunizieren auf der Basis sozial erzeugter Wirklichkeitsmodelle und verändern solche Modelle durch soziales Handeln. Sozial konstruierte Wirklichkeiten – und nicht die Realität – bilden daher den Referenzbereich von Kommunikationen. (Schmidt 1992, S. 431).

An anderer Stelle schreibt Schmidt: „Wer nach ‚der Realität' fragt bzw. ihre Existenz behauptet oder negiert, operiert mit einem sprachlichen Ausdruck, für den es keinen Referenten gibt." (Schmidt 1998, S. 11) Mediale Wirklichkeiten werden demnach *intersubjektiv* durch kommunikatives Handeln konstruiert. Die Beschränkung auf eine intersubjektive Wirklichkeit ohne Berücksichtigung unseres Wissens über die objektive Wirklichkeit hat Konsequenzen: Damit wird zwar ein subjektiver Solipsismus vermieden, aber die Wirklichkeit bleibt damit gleichwohl kulturabhängig und gruppenspezifisch. Folglich lebt jede Kommunikationsgemeinschaft in ihrer eigenen Wirklichkeit. Diese De-Ontologisierung der Realität hat eine Zersplitterung der Wirklichkeit zur Folge. Es gibt nicht die *eine* objektive Wirklichkeit, sondern zahllose intersubjektive Wirklichkeiten. Es gibt keine Möglichkeit mehr, Fake News zu erkennen oder Klimawandelleugner mit objektiven Fakten zu konfrontieren. Denn diese Fakten sind nach Schmidt selbst wiederum das Ergebnis einer sozialen Konstruktion. Wenn Schmidt Recht hätte und Medien eine sozial konstruierte Wirklichkeit präsentierten, dann wären die dargestellten Sachverhalte automatisch wirklich und Fake News folglich wahr. Der Medienkonstruktivismus bleibt somit in einer Welt intersubjektiver Konstruktionen gefangen. Die Forderung nach Objektivität in der Berichterstattung läuft ins Leere, wenn es keinen objektiven Maßstab gibt, mit dem der Wahrheitsgehalt einer Behauptung überprüft werden kann.

Um aus diesem Dilemma herauszukommen, muss man eine *objektive* Wirklichkeit anerkennen, die das Ergebnis wissenschaftlicher Erkenntnisse ist und nicht gruppenspezifisch ist und damit auch kulturinvariant gilt. Der soziale Konstruktivismus kann zwar die Genese wissenschaftlicher Weltbilder gut erklären, aber nicht deren Geltung begründen. Denn Begründung geschieht nicht durch wissenschaftlichen Konsens, sondern durch gute Argumente und empirische Belege.

Ein weiteres Problem des Medienkonstruktivismus ist sein Verzicht auf einen journalistischen Wahrheits- und Objektivitätsanspruch. Siegfried Weischenberg und Armin Scholl (1995, S. 220) erklären diese Entobjektivierung wie folgt:

> Absolute Maßstäbe wie Wahrheit, Objektivität und der Anspruch, mit den Mitteln des Journalismus Wirklichkeit abzubilden, sind nicht zu vereinbaren mit den empirisch gewonnenen Erkenntnissen zur menschlichen Wahrnehmung und Kommunikation, die Biologen, Psychologen und Kybernetiker anbieten.

Dies begründen die Autoren damit, dass Medien keine Fotoapparate seien und Journalisten die Welt nicht abbildeten, sondern dass sie Weltbilder konstruieren. Es stimmt zwar, dass die Realität nicht journalistisch darstellbar ist und man sich auf eine medial vermittelte Wirklichkeit beschränken muss. Aber der Verzicht auf Wahrheitsansprüche erzeugt bei den Lesern und Zuschauern einen erheblichen Vertrauensverlust gegenüber den Medien, wenn Konstruktivisten behaupten, dass es keine objektive Berichterstattung gibt. Ich möchte dies am Beispiel des Schweizer Journalisten Tom Kummer erläutern, der in den 1990er Jahren zahlreiche frei erfundene Interviews mit Prominenten und Hollywood-Stars an Zeitschriften wie das SZ-Magazin, Amica, Zeit-Magazin und das Magazin des Schweizer Tages-Anzeigers verkaufte. Im Mai 2000 erschien im Spiegel ein Interview mit Kummer, in dem er sein Vorgehen als „Werk der Montage" und des „Borderline-Journalismus" eloquent verteidigt. Auf die Frage des Spiegels, was er darunter verstehe, antwortet er:

> Mir ging es immer darum, die Definition, was Realität ist und was Fiktion, infrage zu stellen. Wenn ich schreibe, beginnt eine Implosion des Realen. Das ‚SZ-Magazin' hat mir die Möglichkeit gegeben, diesen Borderline-Journalismus zu betreiben. Ich wollte die Medientheorie erweitern und dem Magazin Schillerndes abliefern. (Wellershoff 2000, S. 110).

Vergleicht man diese Äußerung Kummers mit dem obigen Zitat von Weischenberg und Scholl, so kann man viele Gemeinsamkeiten feststellen: Journalistische Tugenden wie Wahrheit und Objektivität werden von allen drei Autoren abgelehnt. Kummer beruft sich auf den Medienkonstruktivismus und glaubt damit seine Arbeit rechtfertigen zu können. In Anspielung an Baudrillard spricht er von einer „Implosion des Realen", wobei er bewusst die Grenzen zwischen Wahrheit und Falschheit, Fakt und Fiktion verwischt, aber darin nichts Verwerfliches sieht. Im Gegenteil: Er hält das Festhalten an journalistischen Idealen wie Wahrheit und Objektivität für überholt: „Objektivität ist genauso wie Wahrheit und Wirklichkeit in den Medien ein reiner Mythos", wie er in einem späteren Aufsatz (Kummer 2012) beteuert. Kummer kehrt die Werte geradezu um, wenn er behauptet, dass er mit seinen erfundenen Reportagen und Interviews einer „tieferen Wahrheit" näher komme „als jemand, der aufwändig vor Ort recherchiert hat". Da es in der Postmoderne keine Wahrheiten gibt, könne man sich Halbwahrheiten – Kummer nennt sie „tiefere Wahrheiten" – beliebig zurechtkonstruieren. Diese Auffassung von künstlerischer Freiheit erinnert an Pippi Langstrumpf, die sagt: „Ich mache mir die Welt, wie sie mir gefällt." Wenn ein Journalist Fälschungen mit argloser Unschuldsmiene unter Berufung auf postmoderne Medientheorien verteidigt, so als ob nach dem Ende der Wahrheit alles erlaubt sei, dann wirft dies ein entlarvendes Licht auf diese Theorien. Auf die Frage des Spiegels, ob er seine Leser über die Echtheit seiner Interviews getäuscht habe, antwortet Kummer lapidar: „Leser meiner Generation wollen unterhalten werden: Entertain me." (Wellershoff 2000) An die Stelle von objektiver Berichterstattung tritt Unterhaltung und Show.

Aus der Sicht des Medienkonstruktivismus betrachtet mögen Kummers Interviews zwar ein Schwindel sein und journalistische Sorgfaltspflichten verletzen, gleichwohl sind sie kein Verrat an der Wirklichkeit, weil diese Wirklichkeit von Kummer selbst konstruiert wurde. Und sie stellen auch keinen Betrug der Leser dar, weil der Autor ihnen nur das gegeben hat, was sie angeblich wollen, nämlich Unterhaltung.

Medienkonstruktivisten verteidigen ihre Position damit, dass sie keineswegs einer postmodernen Beliebigkeit den Weg bereiten wollen und betonen die Einhaltung ethischer Standards und Regeln. Damit ist gemeint, die Quellen kritisch zu prüfen, Berichte und Kommentare sorgfältig zu trennen, sowie Transparenz sicherzustellen, d. h. bei einer unsicheren Quellenlage soll explizit darauf hingewiesen werden, dass die Nachricht nicht verifiziert werden konnte. Dieser abgeschwächte Objektivitätsbegriff ändert an der journalistischen Praxis zwar wenig. Aber es führt zu einem Realitätsverlust, wenn Journalisten nicht mehr den Anspruch erheben, objektiv und wahr zu berichten. Ethische Standards können Wahrheitsansprüche nicht ersetzen. Leser wollen informiert werden, sie wollen Fakten, keine Fiktionen. Zwar ist eine absolute Wahrheit im Sinne einer Korrespondenz von Aussage und Realität nicht erreichbar, aber wenigstens sollte eine bescheidenere Art von Wahrheit angestrebt werden: eine Wahrheit als Übereinstimmung von Aussage und objektiver Wirklichkeit.

Wie können Fake News im Rahmen des Medienkonstruktivismus beschrieben werden? Wenn es keine Wahrheit und keine Falschheit gibt, dann können Fake News nicht falsch genannt werden. Sie stellen allenfalls Anomalien dar, d. h. Widersprüche zwischen verschiedenen Wirklichkeitskonstruktionen, wobei nicht klar ist, welche der konkurrierenden Wirklichkeiten Vorrang hat: die in journalistischen Texten dargestellte Wirklichkeit oder das was von den Lesern für die Wirklichkeit gehalten wird? Ein Faktencheck kann hier nicht weiterhelfen, da auch die sogenannten „Fakten" das Produkt einer sozialen Konstruktion sind. Hier zeigt sich, welche Folgen eine Aufgabe des Objektivitätsideals hat: Es gibt dann keine Möglichkeit mehr, Behauptungen objektiv zu prüfen. Aus dem Labyrinth sozialer Konstruktionen gibt es kein Entkommen.

In den Medienwissenschaften gab es in den 1990er Jahren eine Debatte darüber, ob ein exzessiver Medienkonsum von Jugendlichen, insbesondere bei der Nutzung digitaler Medien wie z. B. Videospielen, zu einer Entfremdung von der Wirklichkeit führt und die Betroffenen dann nicht mehr zwischen Wahrheit und Fiktion unterscheiden können (Schmidt 1994, S. 267). Allerdings stellt sich aus konstruktivistischer Sicht die Frage, wie wir überhaupt zwischen Wirklichkeit und Medienwelt unterscheiden können, wenn die Wirklichkeit durch eben diese Medien konstruiert wird. Gibt es diesen Unterschied nicht, dann kann es auch keinen Wirklichkeitsverlust geben. Einige Medienwissenschaftler kommen daher zu dem erstaunlichen Schluss, dass Medien sogar zu einem Wirklichkeitsgewinn führen können (Schmidt 1994, S. 268). Im Kontext der Fake-News-Debatte hat diese These jedoch gefährliche Konsequenzen, wenn man glaubt, dass Fake News eine Bereicherung für die Medienwelt darstellen und zu mehr Informationsvielfalt führen. Für ein einzelnes Individuum mag eine exzessive Mediennutzung tatsächlich zu einer Erweiterung seiner subjektiven Wirklichkeit führen. Aber diese subjektive Erfahrung muss nicht mit der objektiven Wirklichkeit übereinstimmen. Eine Verschwörung mag für konspirativ denkende Menschen real erscheinen, aber sie ist in den meisten Fällen nur ein Produkt der Einbildung.

Wir können uns aus dieser medialen Scheinwelt nur befreien, wenn wir eine objektive Wirklichkeit anerkennen – eine Wirklichkeit, so wie sie sich nach dem besten verfügbaren Wissen darstellt. Damit ist nicht die Wirklichkeitsvorstellung einer sozialen Gruppe oder einer Kommunikationsgemeinschaft gemeint, denn Objektivität ist keine menschliche Tugend, sondern ein Qualitätsmerkmal kritischer Methoden der Prüfung. Mit diesen Methoden kann man sehr wohl zwischen wahren und falschen Behauptungen unterscheiden. Eine Behauptung ist genau dann wahr, wenn sie mit der objektiven Wirklichkeit übereinstimmt. „Objektiv" steht hier im Gegensatz zu „subjektiv" und „intersubjektiv". Die objektive Wirklichkeit ist die Welt so wie sie von der Wissenschaft beschrieben wird.

Ich möchte dies am Beispiel der Klimawandelleugnung erläutern. Viele Menschen glauben, dass es keinen menschengemachten Klimawandel gibt. Dies ist die Welt wie sie sich in ihrer subjektiven Wirklichkeit darstellt. Bestärken sich die Klimawandelleugner gegenseitig in ihrem Glauben, so erzeugen sie eine intersubjektive Wirklichkeit. Gleichwohl steht ihr Glaube im Widerspruch zu den Erkenntnissen der Klimaforschung und somit zur objektiven Wirklichkeit.

5.2 Kognitive Verzerrungen

Will man verstehen, warum so viele Menschen den Klimawandel leugnen oder an Fake News glauben, muss man die psychologischen Mechanismen der Wirklichkeitskonstruktion kennen. Häufig ist das menschliche Urteil nämlich voreingenommen und wird durch einen kognitiven Bias getrübt. Soprano et al. (2024) zählen 221 Arten kognitiver Verzerrungen auf, von denen ich hier nur die wichtigsten Typen nennen will:

Bestätigungsirrtum (confirmation bias): Man übernimmt nur solche Informationen, die den eigenen Glauben oder die eigenen Überzeugungen bestätigen. Informationen, die dem eigenen Weltbild widersprechen, werden ignoriert.
Framing-Effekt: Positive und negative Formulierungen ein und derselben Nachricht werden unterschiedlich beurteilt bzw. lösen unterschiedliche Reaktionen aus.
Bumerang-Effekt (backfire effect): Neue Informationen, die dem eigenen Weltbild widersprechen, führen nicht dazu, die eigenen Überzeugungen kritisch zu hinterfragen, vielmehr wird der eigene Glaube dadurch eher gefestigt.
Ingroup Bias: Man glaubt den Mitgliedern der eigenen Gruppe oder Glaubensgemeinschaft mehr als Mitgliedern anderer Gruppen.
Vogel-Strauß-Effekt (ostrich effect): Informationen, die unangenehme Konsequenzen haben, werden verdrängt oder ignoriert, selbst dann wenn sie äußerst wichtig und folgenreich sind. Dies erklärt, warum so viele Menschen den Klimawandel bezweifeln.
Verfügbarkeitsheuristik (availability heuristics): Ereignisse, an die man sich leichter erinnern kann, werden als wichtiger eingeschätzt als solche, die im Bewusstsein weniger präsent sind. Die Wahrscheinlichkeit solcher präsenten Ereignisse wird häufig systematisch überschätzt.
Dunning-Kruger-Effekt: Überschätzung der eigenen Kompetenz und Fähigkeiten. Menschen halten sich für Experten, obwohl sie keine sind.

All diese psychologischen Effekte können dazu führen, dass Fake News geglaubt wird. Kognitive Korrekturmechanismen wie die kritische Prüfung von Informationen werden umgangen oder ausgeschaltet. Wenn wir uns all diese Gefahren vor Augen halten, so müssen wir uns fragen, was wir gegen die Verbreitung von Fake News tun können und wie wir verhindern können, dass ihnen leichtfertig Glauben geschenkt wird.

Der Psychologe und Kommunikationswissenschaftler Paul Watzlawick (1984) beschreibt in seinem Buch „Wie wirklich ist die Wirklichkeit?", wie wir in einer Welt des Zufalls und der Regellosigkeit geradezu zwanghaft glauben, eine Ordnung zu erkennen, indem wir etwas anscheinend Sinnlosem einen Sinn verleihen. Eine solche sinnstiftende Ordnung kann eine Religion, Ideologie oder Verschwörungstheorie sein. Watzlawick verweist auf psychologische Experimente, die zeigen, wie ein Gruppenzwang dazu führen kann, dass Menschen Wahrnehmungen falsch interpretieren. Er sieht den Grund für diese Fehlwahrnehmungen in einem „tiefsitzenden Bedürfnis, in Harmonie zur Gruppe zu stehen" (Watzlawick 1984, S. 95). Diese Übernahme von Überzeugungen folgt dem Prinzip „Wenn alle meine Freunde davon überzeugt sind, dann muss etwas daran sein". Dies mag der Grund dafür sein, dass so viele Menschen an Verschwörungen glauben. Verschwörungstheorien schaffen Ordnung und stiften Sinn in einer komplexen, sinnlos erscheinenden Welt. Sie liefern einfache Erklärungen für Ereignisse, die man sich ansonsten nicht erklären kann.

Wenn sich einzelne Gruppenmitglieder jeweils auf die anderen verlassen, kann es zu einem Bestätigungszirkel kommen, wobei sich die Einzelnen in ihrem Glauben gegenseitig bestärken. Auf diese Weise entstehen Echokammern, bei denen keine Kritik mehr von außen durchdringt und sich die Gruppe kognitiv abkapselt. Innerhalb einer Echokammer gibt es eine gemeinschaftliche Wahrnehmung und Interpretation der Wirklichkeit, die alternative Fakten hervorbringt.

Geteilte Überzeugungen können identitätsstiftend wirken. Die Gruppe definiert sich über ihren gemeinsamen Glauben, wie dies bei religiösen Sekten der Fall ist. Andersdenkende werden als Verräter, Ketzer oder Dissidenten gebrandmarkt, bestraft oder aus der Gruppe ausgeschlossen. Unter dem Einfluss der Gruppe können sich kognitive Verzerrungen verstärken und auf andere Gruppenmitglieder übertragen. Cass Sunstein (2011, S. 323 f.) erläutert dies am Beispiel von Informationskaskaden. Viele Menschen verlassen sich auf das Urteil ihrer Mitmenschen, selbst wenn sie anderer Meinung sind. Dieser Effekt tritt auf, wenn Redner um ihre Meinung gefragt werden und sie nacheinander ihre Positionen vortragen. Angenommen, die ersten drei Redner vertreten die gleiche Meinung A. Selbst wenn der vierte Redner überzeugt ist, dass A falsch ist, wird er von dem Votum der drei Vorredner eingeschüchtert sein, besonders dann, wenn sie eine höhere soziale Position haben oder Autoritäten auf ihrem Gebiet sind. Ein falsches Denken scheint ansteckend zu wirken.

Alvin Goldman (2002, S. 172 f.) erklärt die Übertragung von Überzeugungen mit dem Modell emotionaler Ansteckung: Genauso wie ansteckende Krankheiten von einer Person auf eine andere Person überspringen können, können Überzeugungen zwischen Menschen übertragen werden.[2] Tatsächlich verbreiten sich Fake News in den sozialen Medien wie eine Epidemie. Allerdings darf man die epidemiologische Analogie nicht zu weit treiben. Goldman hat in einem Punkt recht: Emotionen können ansteckend wirken. Das muss aber nicht für epistemische Überzeugungen gelten. Zwar mag dies für leichtgläubige Menschen zutreffen. Sie haben eine geringe Widerstandskraft gegen falsche Überzeugungen. Aber Fake News sind wir nicht machtlos ausgeliefert. Wir können Informationen auf ihren Wahrheitsgehalt überprüfen und wir können sie ablehnen, wenn sie den Tatsachen widersprechen. Goldman vergleicht widersprechende Evidenzen mit Antikörpern, die uns vor

---

[2] Das Modell emotionaler Ansteckung geht auf David Hume zurück. In den Treatise schreibt er: „Die Affekte sind so ansteckend, dass sie mit der größten Leichtigkeit von einer Person auf die andere übergehen, und entsprechende innere Erregungen in jeder Menschenbrust hervorbringen." (Hume 1989b, S. 359) Rico Vitz (2014) zeigt, dass Hume dieses Modell auf Meinungen und Glaubenszustände überträgt.

einer Ansteckung schützen. In diesem Bild entfalten Fake News eine ähnliche Wirkung wie Viren, die wie ein böser Geist über uns kommen und die von uns Besitz ergreifen. Manche Menschen sind dagegen immun, andere nicht. Hier werden die Grenzen des epidemiologischen Modells deutlich: Die Übernahme von Überzeugungen ist kein Naturvorgang, auf den wir keinen Einfluss haben. Wir haben es selbst in der Hand, ob wir einer Nachricht Glauben schenken oder nicht. Goldman (2002, S. 171 f.) ist anderer Meinung: „Belief isn't a matter of deliberate choice." Dabei übersieht er, dass wir uns selbst schützen können. Um dies im Ansteckungsmodell zu erläutern: Wir können uns dazu entschließen, gegen eine ansteckende Krankheit impfen zu lassen. Dies geschieht bei Fake News durch eine kritische Prüfung und durch kritisches Denken. Damit bauen wir einen Schutzschirm gegen Desinformationen auf. Dieser Schutzschirm wirkt wie ein Filter, der nur solche Informationen durchlässt, von deren Wahrheit oder wahrscheinlicher Wahrheit wir überzeugt sind.

Die Frage, ob wir einen willentlichen Einfluss auf unsere Überzeugungen und Glaubenszustände haben, ist in der Philosophie umstritten. Es haben sich zwei konträre Positionen dazu herausgebildet: der Glaubensvoluntarismus und der Involuntarismus. Der Involuntarismus geht auf David Hume (1989a) zurück.[3] Demnach ist alles, was wir glauben, eine direkte Folge unserer Wahrnehmungen, unserer Erinnerungen und unseres Denkens. Wir sind nicht frei darin, etwas zu glauben, vielmehr bilden sich unsere Überzeugungen ohne unser Zutun. Dagegen besagt der Voluntarismus, dass die meisten unserer Überzeugungen unserer Kontrolle unterliegen. Denn wir können eine Überzeugung annehmen oder ablehnen. Wir können von einer Meinung überzeugt sein oder sie für falsch halten.

Betrachten wir zunächst die Argumente der Involuntaristen etwas näher. Sie verweisen auf Wahrnehmungen, die zu Überzeugungen führen, die sich als unmittelbare kausale Folge aus der Beobachtung eines Sachverhalts ergeben. Nehmen wir an, ich sehe ein Distelfink auf einem Baum in meinem Garten sitzen. Sofort habe ich die feste Überzeugung, dass dort ein Distelfink sitzt. Ich wähle nicht zwischen dem Satz „Dort sitzt ein Distelfink" und „Dort sitzt kein Distelfink". Die Überzeugung ist da, weil ich es sehe. Ich kann sie nicht von mir weisen. Dies klingt plausibel. Dabei wird allerdings übersehen, dass es zwischen der Wahrnehmung und der Überzeugung noch einen Zwischenschritt gibt. Es kann sich nämlich ein Zweifel einschleichen, ob dieser Vogel im Garten tatsächlich ein Distelfink ist. Dem Aussehen nach könnte es sich auch um einen Buchfinken handeln. Erst wenn ich diesen Zweifel ausräumen kann und wenn ich wirklich überzeugt bin, dass es ein Distelfink ist, akzeptiere ich den Beobachtungssatz. Es mag einen kurzen Moment der Überlegung und der Abwägung geben, dann erst entscheide ich mich für eine Interpretation des Wahrgenommenen.

---

[3] David Hume schreibt: „[Es] ergibt sich der Schluss, dass der Glaube lediglich in einem Gefühl oder einer bestimmten Art, wie wir uns von Vorstellungen angemutet wissen, besteht; er muss nach dem Gesagten jedenfalls in etwas bestehen, das nicht vom Willen abhängt, sondern durch solche Ursachen oder Faktoren bedingt ist, über die wir nicht Herr sind." (Hume 1989a, S. 354).

5.2 Kognitive Verzerrungen

Ein anderes Argument für den Involuntarismus besagt: Wenn ich einmal von etwas überzeugt bin, kann ich nicht mehr aufhören, daran zu glauben. Dies scheint der Annahme zu widersprechen, dass wir frei sind, an etwas zu glauben oder nicht zu glauben. Jonathan Adler (2002, S. 58) bringt das folgende Beispiel: Wir wissen alle, dass der Eiffelturm in Paris steht. Daher können wir nicht willentlich daran glauben, dass der Eiffelturm in New York steht, weil wir wissen, dass dies falsch ist. Wir können unsere Überzeugungen nicht ändern. Aber auch das ist nur auf den ersten Blick richtig. Wenn dies so wäre, könnten wir unsere Meinungen nie ändern. Aber manchmal stellen wir unsere Überzeugungen infrage. Wenn sich Zweifel ergeben, überlegen wir neu. Und es kann sich herausstellen, dass wir uns geirrt haben. In dem Moment der Abwägung entscheiden wir uns für diejenige Meinung, die uns wahr erscheint oder die wir für wahrscheinlicher halten. Woran wir glauben wird uns nicht aufgezwungen. Die innere Überzeugung kommt nicht über uns wie ein Naturereignis.

Der römische Philosoph Marc Aurel vergleicht in seinen „Selbstbetrachtungen" (1995, S. 105) den menschlichen Geist mit einer inneren Burg. Der Geist kann selbst entscheiden, welchen Informationen er Eintritt gewährt und welche er abweist. Die Burg ist eine Festung, die sich gegen Desinformation schützt. Der Torwächter ist frei, das Tor zu öffnen oder zu schließen. Manche Wächter sind jedoch unachtsam und lassen Betrüger eintreten. Dies ist der Fall, wenn die Falschheit von Fake News nicht erkannt wird. Wichtig ist daher, die Abwehrkräfte zu stärken und sorgfältig zu überlegen, ob eine Vermutung wahr ist, bevor sie zu einer Überzeugung wird.

Wenn der Involuntarismus recht hätte und wir keine Macht über unsere Überzeugungen hätten, könnten wir Menschen auch nicht dafür verantwortlich machen, dass sie an Fake News glauben. Dann wäre die Verbreitung von Fake News nicht tadelnswert. Wir haben jedoch eine Verantwortung dafür, woran wir glauben und wie wir auf der Grundlage dieses Glaubens handeln. Viele US-Bürger glauben an Trumps Märchen von der gestohlenen Wahl. Gerichte konnten keine Unregelmäßigkeiten bei der Präsidentschaftswahl von 2020 feststellen. Beweise für Wahlfälschungen konnten nicht erbracht werden. Dennoch sind viele Trump-Anhänger davon überzeugt, dass ihr Idol die Wahl gewonnen habe. Sind sie einfach nur dumm oder ist es nicht vielmehr ein Fall von selbstverschuldeter Unmündigkeit, weil sie sich weigern, ihren Glauben kritisch zu hinterfragen? Dieser Fall zeigt, dass wir für unsere Überzeugungen verantwortlich sind, besonders dann, wenn sie weiterverbreitet werden, das Handeln anderer Menschen beeinflussen und politische Folgen haben.

Wir sollten die Macht der Vernunft nicht unterschätzen. Der Mensch ist kein irrationales Wesen, das ständig Fehlschlüssen und Vorurteilen zum Opfer fällt. Allein die Tatsache, dass wir durch logisches Denken Fehlschlüsse und Irrtümer aufdecken können, ist ein Beweis für unsere rationalen Fähigkeiten. Ohne sie wären wir in der Wissenschaft nicht so weit gekommen. Irren ist menschlich. Aber jede Entdeckung eines Irrtums stellt einen wichtigen Erkenntnisfortschritt dar.

5.3 Wie man Fake News bekämpfen kann

Der Kampf gegen Fake News beginnt bei uns selbst, indem wir wachsam sind und Informationen kritisch auf ihren Wahrheitsgehalt hin überprüfen. Wir können nie sicher sein, dass das, was wir in den Medien sehen, lesen oder hören, wahr ist. Es gibt allerdings ein paar einfache Regeln wie wir erkennen können, ob es sich um eine seriöse Berichterstattung oder möglicherweise um ein Fake handelt. Schwarz und Jalbert (2021, S. 74) nennen fünf Kriterien zur Bewertung des Wahrheitsgehalts einer Behauptung:

- Ist die Behauptung mit unserem vorhandenen Wissen verträglich?
- Fügt sich die Behauptung nahtlos in den vorhandenen Wissenskorpus ein, sodass das Gesamtsystem kohärent ist?
- Stammt die Behauptung aus einer vertrauenswürdigen Quelle?
- Glauben andere Menschen daran?
- Gibt es empirische Belege für die Behauptung?

Wendet man diese fünf Kriterien auf den Glauben der Klimawandelleugner an, so zeigt sich:

- Die Behauptung, dass es keinen Klimawandel gibt, widerspricht wissenschaftlichen Erkenntnissen.
- Das Weltbild der Klimawandelleugner ist nicht kohärent.
- Die Behauptungen, die im Internet oder den sozialen Medien von Klimawandelleugnern verbreitet werden, stammen nicht aus vertrauenswürdigen Quellen.
- Die meisten Menschen glauben an einen anthropogenen Klimawandel.
- Und es gibt jede Menge empirischer Belege für den Klimawandel.

Zur Einschätzung der Vertrauenswürdigkeit einer Nachricht können weitere Kriterien herangezogen werden (Götz-Votteler und Hespers 2019, S. 174 f.; Jaster und Lanius 2021, S. 96 f.). Man sollte beim Lesen einer Nachricht stets eine kritische Distanz bewahren und sich selbst fragen:

- Handelt es sich um ein vertrauenswürdiges Nachrichtenmedium, zum Beispiel eine angesehene Tageszeitung? Bei Internetquellen und sozialen Medien sollte man generell misstrauisch sein. Handelt es sich um die Webseite einer Privatperson oder einer anerkannten Institution wie z. B. einer Universität oder akademischen Forschungseinrichtung?
- Von wem stammt die Nachricht? Wer sind die Autoren? Haben sie eine akademische Ausbildung? Verfolgen sie mit der Nachricht ein bestimmtes Interesse? Oder wollen die Autoren anonym bleiben?

- Wie plausibel ist die Nachricht? Werden für die darin enthaltenen Behauptungen Quellen oder Belege angegeben? Wird die Nachricht von anderen Quellen bestätigt?
- Neben diesen formalen Kriterien können auch der Inhalt und der sprachliche Stil der Nachricht einen wichtigen Hinweis auf ihre Glaubwürdigkeit geben: Wird emotional oder sachlich-neutral berichtet? Geht dem Text eine sensationsheischende Überschrift oder Schlagzeile voraus? Handelt es sich um eine bloße Meinung oder um eine überprüfbare Tatsache? Liegt möglicherweise ein Fall von Hate Speech vor? Enthält der Text besonders viele Rechtschreibfehler, die darauf hindeuten, dass die Person, die die Nachricht verfasst hat, kein(e) Muttersprachler(in) ist? Oder kommen in Tweets viele Ausrufezeichen oder Emoticons vor, die Aufmerksamkeit erheischen und den emotionalen Gehalt der Botschaft unterstreichen?

Diese Kriterien geben keine Sicherheit über den Wahrheitsgehalt einer Nachricht, aber sie mahnen zur Wachsamkeit. Inzwischen gibt es eine Reihe KI-gestützter Tools und Apps, mit denen man digitale Inhalte auf ihre Vertrauenswürdigkeit überprüfen kann (Shu et al. 2017; Pritzkau und Schade 2021). Sie arbeiten mit Methoden des Machine Learnings, Data Minings, Natural Language Processings und fungieren als eine Art Wachhunde, die Alarm schlagen, wenn das Programm einen Fälschungsverdacht anzeigt. Einige dieser Tools sind auf die linguistische Analyse von Inhalten anhand sprachlicher Merkmale wie Wortwahl und Emotionalität der verwendeten Begriffe spezialisiert. So kann beispielsweise eine Statistik über die Häufigkeit von Wörtern und damit eine Art „Fingerabdruck" des Textes erstellt werden. Dem automatischen Faktencheck liegt die Annahme zugrunde, dass sich Fake News stilistisch von Tatsachenberichten unterscheiden und die Absicht einer Täuschung Spuren in der Struktur des Textes hinterlässt. In der Regel haben Fake-News-Botschaften einen stärkeren emotionalen Gehalt als sachliche Nachrichten, der sich in der Wortwahl, Syntax und Semantik bemerkbar macht.

Andere Tools erstellen Netzwerkanalysen von Posts in den sozialen Medien, um so ihre Verbreitungsmuster zu rekonstruieren, zum Beispiel an wen eine Nachricht gesendet wird, welche Follower sie hat, welche Webseiten verlinkt sind und wie häufig ein Post kommentiert oder geteilt wird. Andere Tools analysieren die User-Profile und können auf diese Weise Fake-Autorschaften entlarven, z. B. wenn eine Nachricht von einem Algorithmus generiert wurde. Es gibt auch Tools zur Erkennung von Deepfakes. Sie analysieren Bilder, Videos und Sprachnachrichten und sind in der Lage, manipulierte oder computergenerierte Inhalte zu erkennen.

Die datenforensische Spurensuche ist jedoch irrtumsanfällig. Statistiken liefern allenfalls Anhaltspunkte und Verdachtsmomente, aber sie geben keine Gewissheit. Wenn man es darauf anlegt, jemanden mit einer gefälschten Nachricht zu täuschen, wird man auf solche stilistischen Feinheiten achten. Axel Gelfert (2018, S. 108) erinnert daran, dass Fake News durch ihr Design täuschen, indem sie den Anschein von Wahrheit und Authentizität erwecken. Tools und Apps zur Erkennung von Fake News können daher lediglich ein Hilfsmittel sein und können einen professionellen Faktencheck nicht ersetzen.

Große Medienanstalten beschäftigen professionelle Faktenchecker, deren Aufgabe darin besteht, den Wahrheitsgehalt strittiger Behauptungen zu überprüfen. Dabei werden zuverlässige Quellen, Dokumente und Statistiken herangezogen oder sachkundige Personen befragt, um festzustellen, ob eine Behauptung der Wahrheit entspricht. Man versucht auf diese Weise, Wissen aus erster Hand zu erlangen bzw. die Kette der Nachrichtenübermittlung so weit wie möglich bis an die Quelle zurückzuverfolgen, um die Aussage mit der Wirklichkeit zu vergleichen.

Die Überprüfung von Behauptungen, die von Politikern in manipulativer Absicht verbreitet werden, war schon immer eine Aufgabe journalistischer Recherche. Mit der epidemischen Verbreitung von Fake News über das Internet und die sozialen Medien hat der Faktencheck eine neue Bedeutung gewonnen und ist heute wichtiger denn je. Die Ergebnisse der Überprüfung werden öffentlich gemacht und bieten Orientierung in einer postfaktischen Welt, in der das Vertrauen in die Medien schwindet. Faktenchecker verstehen sich als Verteidiger der Wahrheit und wollen Desinformation bekämpfen.

In den meisten Fällen können auf diese Weise Lügen und Fake News entlarvt werden. Aber manchmal stoßen auch Faktenchecker an ihre Grenzen, wenn ein Wissen aus erster Hand nicht verfügbar ist oder die Quellen selbst zweifelhafter Natur sind oder sich gegenseitig widersprechen. Die Methode des Faktenchecks ist daher in die Kritik geraten und wird kontrovers diskutiert. Ein Vorwurf lautet, dass dem Faktencheck ein naiver Empirismus und ein falsches Objektivitätsideal zugrunde liege, nämlich die Annahme, man könne Behauptungen auf einfache Weise mit den Tatsachen vergleichen und so ihren Wahrheitswert feststellen. Uscinski und Butler (2013, S. 172) bezweifeln, dass es in der Politik harte Fakten gibt: „all the facts discussed in politics are ambiguous enough to make for legitimate doubt". Sie weisen auf die Interpretationsbedürftigkeit von Tatsachen hin, wenn sie sagen: „interpretation is in the eye of the beholder" (Uscinski und Butler 2013, S. 175). Myriam d'Allones (2019, S. 71) erklärt dies so: „Reine Fakten gibt es nicht, sie können, historisch betrachtet nur in interpretierter Form existieren, herauspräpariert aus einem Chaos ungeordneten Geschehens, um zu einer Erzählung, einer ‚Geschichte' angeordnet zu werden, die ihnen Sinn und Form verleiht."

Besonders umstritten sind Kausalerklärungen im sozialen Kontext. Zum Beispiel wird häufig die Frage gestellt, was die Ursache für den Anstieg der Kriminalität ist oder wer schuld an der schlechten wirtschaftlichen Situation ist. Dabei wird häufig so getan, als ob es immer eine eindeutige Ursache für solche komplexen Phänomene gebe und es wird verkannt, dass Kausalitäten in sozialen und ökonomischen Systemen ein komplexes Netzwerk bilden, sodass es durchaus mehrere Ursachen geben kann.

Ferner wird der Wahrheitsbegriff, den wir im Alltag verwenden, kritisch hinterfragt. Ein binärer Wahrheitsbegriff, der nur die Wahrheitswerte wahr und falsch kennt, wird als grob vereinfachend kritisiert, der einer komplexen Wirklichkeit nicht gerecht werde (Harcourt 2021, S. 155). Nicola Gess (2022, S. 30) meint, dass es neben Wahrheiten und Falschheiten auch „Halbwahrheiten" gebe: „Denn Halbwahrheiten operieren nicht nach dem binären Schema *wahr/falsch,* sondern nach Schemata wie *glaubwürdig/*

5.3 Wie man Fake News bekämpfen kann

unglaubwürdig, affektiv/nüchtern, konnektiv/geschlossen und in einem narrativen Rahmen, für den die innere Kohärenz und nicht die Korrespondenz mit externen Sachverhalten entscheidend ist." Bernard Harcourt (2021, S. 58) schlägt eine andere Wahrheitsdefinition vor: „What we believe is just the best interpretations we have for now, those that have not been falsified yet." Diese Definition berücksichtigt sowohl die Interpretationsabhängigkeit von Aussagen als auch den temporären Charakter von Wahrheiten, die sich schnell ändern können. Ich habe bereits in Abschn. 3.1 auf die Defizite einer Korrespondenztheorie der Wahrheit hingewiesen und betont, dass die Perspektivität unserer Wirklichkeitswahrnehmung berücksichtigt werden muss. Daher halte ich Harcourts Definition von Wahrheit durchaus für sinnvoll. Sie deckt sich weitgehend mit meiner Auffassung von Wahrheit, die ich in Abschn. 3.6 erläutert habe. Jedoch würde ich noch einen wichtigen Punkt hinzufügen: Tatsachen sind nicht beliebig interpretierbar und nicht alle Interpretationen sind gleichwertig. Unsere Interpretationen sollten stets empirisch überprüfbar sein. Denn nur solche Interpretationen können wahr sein, die mit der Erfahrung übereinstimmen.

Ein weiteres Problem stellt die Wertgeladenheit von Tatsachen dar. Edward Schiappa (2019, S. 83) weist darauf hin, dass Journalisten sich nicht nur auf Tatsachenaussagen beschränken können, sondern diese Tatsachen auch bewerten müssen und Tatsachen und Werte daher nicht strikt getrennt werden können. Aber selbst wenn man von einer Wertgeladenheit von Tatsachen ausgeht, sollte es die Aufgabe von Journalisten sein, möglichst neutral zu berichten, sich auf Tatsachen zu beschränken und sich Bewertungen zu enthalten. Es ist nicht ihre Aufgabe, zwischen Meinungverschiedenheiten oder unterschiedlichen Interpretationen zu entscheiden. Ein Faktenchecker soll nicht selbst Wertungen vornehmen.

Karin Knorr-Cetina (1981, S. 3) erinnert daran, dass das Wort „Fakt" vom lateinischen Verb „facere" abgeleitet ist, das so viel wie „machen, tun, schaffen" bedeutet. Fakten werden geschaffen, sie sind das Ergebnis eines kognitiven Konstruktionsprozesses. Daher ist der Tatsachenbegriff in der Wissenschaftstheorie umstritten. Viele Missverständnisse gehen auf die semantische Mehrdeutigkeit des Begriffs zurück. Manchmal bezeichnet man mit „Tatsache" eine wahre Aussage, andererseits ist in der Philosophie damit der Sachverhalt gemeint, der diese Aussage wahr macht. Zum Beispiel ist es eine Tatsache, dass sich die Erde um die Sonne dreht. Eine Tatsache ist daher kein sprachliches Gebilde, sondern ein Teil der Welt. In diesem Sinne versteht Ludwig Wittgenstein (1984) den Ausdruck „Tatsache", wenn er schreibt: „Die Welt ist die Gesamtheit der Tatsachen, nicht der Dinge." (Tractatus 1.1) Gleichwohl besteht eine enge Beziehung zwischen Aussagen und Tatsachen in der Welt: Beide haben eine propositionale Struktur. Und es sind Aussagen, durch die wir Sachverhalte benennen, indem wir einen Aspekt der Wirklichkeit herausgreifen, der das Sosein der Welt beschreibt, und ihn zu einer Tatsache machen. Tatsachen werden wahrgenommen, sprachlich als Aussagen formuliert und durch einen intentionalen Akt „geschaffen", obwohl das, was durch die Aussage bezeichnet wird, unabhängig vom Menschen existiert.

Die oben geäußerte Kritik an Faktenchecks läuft auf einen simplen Fehlschluss hinaus. Das Argument lautet nämlich wie folgt: Wir können die Realität nicht erkennen, daher gibt es keine Tatsachen (Cloud 2018, S. 2). Der Fehler dieses Arguments beruht auf der Ambivalenz des Begriffs „Realität". Es stimmt zwar, dass wir die Welt, so wie sie unabhängig von unserer Wahrnehmung und unserem Denken existiert, nicht erkennen können. Aber Tatsachen wie z. B. „Die Erde dreht sich um die Sonne" beziehen sich nicht auf die ontologische Realität, sondern auf die epistemische Wirklichkeit, die wir wahrnehmen können und die begrifflich strukturiert ist. Über solche objektiven Tatsachen können wir sinnvoll sprechen.

John Searle unterscheidet zwischen natürlichen Tatsachen – Searle spricht von „rohen Tatsachen" – und institutionellen Tatsachen. Natürliche Tatsachen, wie z. B. dass die Sonne 150 Mio. km von der Erde entfernt ist, existieren unabhängig von der Sprache und menschlichen Institutionen (Searle 1997, S. 37). Institutionelle Tatsachen sind dagegen konventioneller Natur. Sie beruhen auf menschlicher Übereinkunft und setzen Institutionen voraus, die ihnen Bedeutung verleihen. Searle (1997, S. 11) nennt als Beispiele Aussagen über Geld, Eigentum, Regierungen und Ehen. „Paris ist die Hauptstadt von Frankreich" ist eine institutionelle Tatsache, weil sie durch einen Beschluss der Regierung zu einer Tatsache gemacht wurde. Ebenso ist die Tatsache, dass ein Zehn-Euro-Schein mehr wert ist als ein Fünf-Euro-Schein eine institutionelle Tatsache, weil sie nicht von Natur aus, sondern kraft Konvention gilt und Teil einer sozialen Praxis ist. Denn ein Geldschein erlangt erst durch die Möglichkeit, etwas dafür kaufen zu können, einen Wert. Und dieser Kaufwert kann sich durch Inflation ändern. Der Wert des Geldes ist somit sozial konstruiert.

Manchmal wird behauptet, dass auch natürliche Tatsachen soziale Konstruktionen seien und somit einen konventionellen Charakter hätten. Die Erde ist z. B. nur deshalb 150 Mio. km von der Sonne entfernt, weil wir das Längenmaß Meter auf eine bestimmte Weise definiert und festgelegt haben. Eine solche Festlegung ist willkürlich, weil man auch eine andere Maßeinheit hätte wählen können. Die Festlegung von Maßeinheiten setzt wiederum eine Institution voraus, die berechtigt ist, eine solche Festlegung zu treffen. Man könnte sogar noch weiter gehen und behaupten, dass auch die Bedeutungen der Worte „Erde" und „Sonne" auf sprachlichen Konventionen beruhen. In diesem Sinne gäbe es keine natürlichen Tatsachen, sondern nur sozial konstruierte Tatsachen.

Eine solche Überlegung schießt jedoch über das Ziel hinaus. Zwar enthält jede Tatsache konventionelle Elemente. Aber umgekehrt liegt auch jeder institutionellen Tatsache eine natürliche Tatsache zugrunde. Denn ein Geldschein besitzt nur dann einen Wert, wenn er in materieller Form vorliegt und bestimmte Merkmale aufweist, die ihm einen Wert verleihen. Wenn es keine Geldscheine gäbe, würde die Aussage, dass ein Zehn-Euro-Schein mehr wert ist als ein Fünf-Euro-Schein, ihren Sinn verlieren. Und ebenso liegt die Entfernung der Erde von der Sonne unveränderlich fest, unabhängig davon wie man Entfernungen misst. Denn schließlich können wir durch soziale Konventionen diese Entfernung nicht verändern.

Zwar ist es richtig, dass viele politische Aussagen interpretationsbedürftig und daher umstritten sind. Hier können auch Faktenchecks keine Eindeutigkeit herstellen. Daher beschränken sie sich auf Aussagen, die empirisch überprüfbar und damit entscheidbar sind. Ein klassisches Beispiel ist die Behauptung von Donald Trump, dass bei seiner Inaugurationsfeier mehr Zuschauer anwesend gewesen seien als bei der Vereidigung Barack Obamas. Diese Aussage ist nachweislich falsch. Ihre Falschheit ist auch nicht interpretationsabhängig oder sozial konstruiert. Die Art und Weise, wie wir zählen, mag kulturell bedingt sein und auf sozialen Konventionen beruhen. Aber Donald Trumps Wunschträume können aus „wenig" nicht „mehr" machen. Eine natürliche Tatsache kann man nicht einfach wegdenken. Harte Tatschen sind solche, für die es gute empirische Belege gibt.

Die Kritik am Tatsachenbegriff stellt die Arbeit von Faktencheckern infrage und spielt somit indirekt Donald Trump in die Hände. Wenn Uscinski und Butler (2013, S. 175) behaupten, „Interpretationen liegen im Auge des Betrachters", könnte Donald Trump für sich den Schluss ziehen: „Nach meiner Interpretation waren bei meiner Inaugurationsfeier mehr Menschen anwesend als bei Barack Obama". Man müsste folglich alle Tatsachenaussagen unter Interpretationsvorbehalt stellen. Wenn man glaubt, dass Fakten beliebig interpretierbar sind, dann wird damit der Begriff „alternative Fakten", der zur Rechtfertigung von Trumps Lügen eingeführt wurde und in Deutschland zum Unwort des Jahres 2016 gewählt wurde, erkenntnistheoretisch legitimiert. Auch die Tatsache, dass sich die Erde um die Sonne dreht, wäre dann auslegungsbedürftig. Eine Kritik am Tatsachenbegriff ist somit geeignet, Zweifel an der Methode der Tatsachenüberprüfung zu säen und nützt nur denen, die Falschmeldungen verbreiten.

Ein weiterer häufig geäußerter Kritikpunkt betrifft den Umgang mit umstrittenen Begriffen (Schiappa 2019, S. 82). Politische Begriffe sind häufig affektgeladen und mit Wertungen verbunden, weil sie emotionale Reaktionen auslösen (Jarman 2016, S. 118). Manchmal gibt es auch einen Streit darüber, wie man eine bestimmte Sache bezeichnen soll. Wenn zum Beispiel über eine Demonstration berichtet wird, wird sie von einem Medium als friedlich beschrieben, ein anderes Medium bezeichnet sie dagegen als gewalttätige Ausschreitung. Besonders umstritten sind die Begriffe Terrorismus, Rassismus und Antisemitismus. Wie man eine Sache oder ein Geschehen beschreibt, mit einem Begriff bezeichnet und welche Bedeutung man damit verbindet, hängt oftmals davon ab, welche Definition man zugrunde legt. Was für den einen ein Terrorist ist, ist für den anderen ein Freiheitskämpfer. „Definitionen sind keine Tatsachen", schreiben Uscinski und Butler (2013, S. 174), denn Definitionen beruhen auf Konventionen. Es gibt keine richtigen oder falschen Definitionen. Definitionsfragen sind Machtfragen. Allerdings gibt es eine gewachsene Sprachpraxis. Die Verwendung solcher werthaltigen Begriffe wie Terrorismus, Rassismus und Antisemitismus geht auf historische Erfahrungen zurück, aus denen sich eine Kernbedeutung herauskristallisiert. So lassen sich für jeden dieser Begriffe paradigmatische Beispiele nennen, an denen sich ihre Bedeutung festmachen lässt. Auf diese Weise hat sich eine allgemein akzeptierte Definition durchgesetzt, die in Wörterbüchern oder Lexika zu finden ist. Wird zum Beispiel über den Einmarsch russischer Truppen in die Ukraine im Februar 2022 berichtet, so handelt es sich dabei eindeutig um einen Angriffskrieg und nicht um einen Befreiungskrieg oder eine humanitäre Intervention, wie russische Medien uns glauben machen wollen. Faktenchecker sollten solche Wahrheiten benennen und sich nicht aus falsch verstandener Neutralität eines Urteils enthalten.

Wie wir gesehen haben können wir bei der Rezeption von Nachrichten einer kognitiven Verzerrung unterliegen und eine Information falsch interpretieren. Auch Faktenchecker können sich dieser Gefahr nicht entziehen. Sie können voreingenommen sein oder parteiisch urteilen. Jeder von uns hat eine politische Meinung, viele Bürger gehören einer Partei oder einem politischen Lager an und beurteilen politische Ereignisse unter diesem Blickwinkel. Soprano et al. (2024) zählen 39 Arten kognitiver Verzerrungen auf, die einen Faktencheck beeinflussen können. Uscinski (2015, S. 247) macht einen ideologischen Bias für die selektive Wahrnehmung und Interpretation von Informationen verantwortlich: „No matter how professional people try to be, it is virtually impossible for them to escape the ideological lenses they unwittingly bring to their work."

Diese Kritik ist durchaus berechtigt. Aber Faktenchecker sind nicht naiv. Sie sind sich dieser Probleme sehr wohl bewusst und sind in der Lage, zwischen Tatsachenbehauptungen und Meinungen zu unterscheiden. Sie wissen, dass auch Experten voreingenommen sein können. Martin Baron (2023) fordert daher von Faktencheckern eine kognitive Aufgeschlossenheit. Um der Gefahr einer einseitigen Darstellung von Sachverhalten entgegenzuwirken, bedient man sich im Journalismus häufig der Methode der Triangulation (Amazeen 2015, S. 8 f.; Graves 2016, S. 126 ff.; Graves 2017, S. 527): Man verlässt sich nicht auf eine einzige Quelle, sondern befragt mehrere Experten, die unterschiedlichen politischen Strömungen angehören. Wenn sie in einem Punkt übereinstimmen, kann man mit hoher Wahrscheinlichkeit davon ausgehen, dass dies der Wahrheit entspricht. Die Methode des „adversial fact-checkings" lässt sich auch auf den Faktencheck selbst anwenden: Die Überprüfung umstrittener Behauptung sollte möglichst von mehreren Personen durchgeführt werden, am besten von einem ganzen Team von Journalisten, weil sich auf diese Weise unterschiedliche politische Sichtweisen ausgleichen lassen. Ceci und Williams (2023) schlagen vor, divergierende Meinungen stehen zu lassen, damit sich die Leserinnen oder die Leser selbst ein Urteil bilden können. Allerdings würde dies das Fact-checking überflüssig machen. Denn es ist ja gerade als Korrektiv zu dem subjektiven Urteil des Bürgers gedacht. Eine ausgewogene Darstellung im Sinne eines „he-said-she-said"-Journalismus führt keineswegs zu mehr Objektivität. Denn damit würden konträre Einschätzungen und alternative Fakten bestehen bleiben.

Aus der Tatsache, dass zwei oder mehrere Faktenchecker in ihren Urteilen übereinstimmen, folgt nicht zwangsläufig, dass sie recht haben (Uscinski 2015, S. 246). Konsens garantiert keine Objektivität. Für den Wahrheitsgehalt einer Behauptung zählt nicht, wie viele Menschen von etwas überzeugt sind, sondern einzig und allein, welche Evidenzen und Beweise für sie sprechen. Journalistische Objektivität besteht in der Methoden-Objektivität: „the method is objective, not the journalist" (Baron 2023). Lucas Graves

(2017) vergleicht die Methode des Faktenchecks mit der wissenschaftlichen Methode der Wahrheitssuche. Allerdings geht man im Journalismus nicht von einer Korrespondenztheorie der Wahrheit aus, sondern von einer Kohärenztheorie (Graves 2017, S. 532). Triangulation bedeutet demnach die Suche nach Übereinstimmung und Kohärenz.

Baron (2023), Graves (2017) und Mindich (1998) empfehlen Journalisten daher, am Objektivitätsideal festzuhalten:

> Although many journalists reject the idea of pure ‚objectivity,' they still strive for it, define themselves by it, and practice what one media critic has called the ‚ritual of objectivity,' a series of professional routines designed to shield journalists from blame and legal action. In other words, ‚objectivity' is, for many journalists, a goal. (Mindich 1998, S. 10).

Die Aufdeckung der Wahrheit kann nur dann erfolgreich sein, wenn die Menschen diese Wahrheit akzeptieren und nicht länger an Fake News und Verschwörungserzählungen glauben. Doch leider kann ein Faktencheck mitunter den gegenteiligen Effekt bewirken und Menschen darin bestärken, an einem falschen Glauben festzuhalten. In der Psychologie ist dieses Phänomen als „backfire effect" bekannt (Vinhas und Bastos 2022; Soprano et al. 2024; Jarman 2016, S. 119). Manche Menschen sind so sehr in ihrem Irrglauben und ihrer Echokammer gefangen, dass sie jedes Argument und jeden Beleg, der ihrem festgefügten Weltbild widerspricht, als Angriff auf ihre Person verstehen und als Reaktion darauf umso stärker an ihrer Meinung festhalten. Die aufklärerische Wirkung von Faktenchecks ist daher begrenzt. Allerdings geht die Kritik an der journalistischen Wahrheitssuche manchmal zu weit. Wer Faktenchecks allein aus dem Grund kritisiert, weil sie arbeitsintensiv und zeitaufwendig sind (Vinhas und Bastos 2022, S. 452), stellt zu hohe Ansprüche an die journalistische Recherche. Sicherlich kann aus der geäußerten Kritik nicht der Schluss gezogen werden, dass die kritische Überprüfung von Behauptungen auf ihren Wahrheitsgehalt sinnlos ist und wir den Kampf gegen Fake News aufgeben sollten.

5.4 Kritisches Denken und kritische Theorie

Eine andere Methode, Bürger gegen die Wirkung von Fake News zu immunisieren, besteht in der Schulung zum kritischen Denken und zur Medienkompetenz. Um nicht zum Opfer von Desinformation zu werden, muss man nach Gründen und Belegen für Behauptungen suchen, man muss Tatsachen von Meinungen, gute von schlechten Argumenten und Wissenschaft von Pseudowissenschaft unterscheiden können. Das kritische Denken fördert das logische Denkvermögen, die Unvoreingenommenheit im Urteilen und stärkt die Argumentationskompetenz. In den Vereinigten Staaten werden an Colleges und Universitäten Kurse im „critical thinking" angeboten. Die Lehrbücher kritischen Denkens geben eine Einführung in die Logik und Wissenschaftstheorie. Sie zeigen, wie man Fehlschlüsse erkennen kann und wie man Hypothesen überprüfen kann. Einige dieser Lehrbücher gehen speziell auf das Problem von Fake News ein. In neueren Auflagen finden sich Kapitel zum kritischen Umgang mit Medien. Hier werden Anleitungen gegeben, wie man die Seriosität von Informationsquellen überprüfen kann.

In dem Lehrbuch von Theodore Schick und Lewis Vaughn „How to think about weird things. Critical thinking for a new age", das 2024 in 9. Auflage erschienen ist, werden die Prinzipien der Logik und des kritischen Denkens auf Pseudowissenschaften angewendet. Beispielsweise werden Aussagen über außersinnliche Wahrnehmung, Kreationismus, Astrologie, Ufologie und die Leugnung des Klimawandels auf ihre Wissenschaftlichkeit hin untersucht und es wird überprüft, wie gut solche Behauptungen begründet sind. Dabei geht es auch um grundsätzliche erkenntnistheoretische Fragen z. B. was Wissen ist oder wie wir feststellen können, ob etwas wahr ist und wie wir die Wahrscheinlichkeit von Hypothesen abschätzen können.

Wie wichtig die Stärkung der Medienkompetenz und Quellenkritik im Umgang mit Fake News ist, zeigt das Buch „Becoming a Critical Thinker" von Sandra Egege (2021). Darin werden Themen wie die Einschätzung der Zuverlässigkeit von Informationsquellen, die Verifikation von Behauptungen sowie die kritische Rezeption von Texten behandelt. Und in dem Buch von Sherry Diestler (2020) werden in einem Kapitel Techniken der Beeinflussung und Manipulation in den Medien analysiert. Die Leser sollen lernen, wie Medien unsere Überzeugungen formen und beeinflussen. Dabei geht es um Methoden des Framings und Storytellings sowie die Gestaltung von Bildern und Werbebotschaften. All dies kann helfen, die Widerstandskraft gegen Falschinformationen und Propaganda zu stärken.

In vielen Ländern, auch in Deutschland, wird bereits an Schulen der kritische Umgang mit Medien gefördert. Allerdings könnte mehr getan werden. Verpflichtende Kurse zum kritischen Denken gibt es in Deutschland nicht. Logik und Wissenschaftstheorie wird an deutschen Universitäten lediglich im Philosophiestudium und in fachübergreifenden Kursen gelehrt. Besonders in den Sozialwissenschaften hat sich in den letzten Jahren ein postmodernes Denken breit gemacht, in dem Werte wie Wahrheit und Objektivität oder die Existenz von Tatsachen infrage gestellt werden und Expertentum grundsätzlich kritisch gesehen wird. Es ist daher kein Wunder, dass sich in akademischen Krisen ein Wahrheitsrelativismus und Postfaktualismus breit gemacht hat und der Nutzen des kritischen Denkens in Zweifel gezogen wird.

Im Folgenden will ich einige Beispiele postfaktischer Kritik am Fact-checking und kritischen Denken vorstellen. All diesen Argumenten liegt eine Philosophie zugrunde, die einen engen Zusammenhang zwischen Wahrheitsdiskursen, Ideologie und Machtstrukturen postuliert. Es wird daher hilfreich sein, diese Argumentationsstrukturen und ihre impliziten Annahmen freizulegen und selbst einer Ideologiekritik zu unterziehen. Es ist eine Ideologie, die sich den Kampf um soziale Gerechtigkeit auf ihre Fahnen geschrieben hat. Sie wird von Pluckrose und Lindsay (2022) als „zynische Theorie" bezeichnet und gemeinhin – ob zu Recht oder zu Unrecht – mit der Postmoderne in Verbindung gebracht. Es wird sich zeigen, dass sich hinter der Wahrheits- und Faktenkritik ein Postfaktualismus verbirgt.

5.4 Kritisches Denken und kritische Theorie

Uscinski (2015, S. 243) wirft Faktencheckern vor, dass sie sich als Richter über die Wahrheit aufspielten. Fact-checking wird als eine Form der ideologischen Kontrolle verdammt (Cloud 2018, S. 74). Bradford Vivian (2018, S. 433) versteigt sich sogar zu der Behauptung, dass Faktenchecks selbst biased seien, eine einseitige Sicht auf die Wirklichkeit verbreiteten und somit indirekt einem Populismus und Autoritarismus Vorschub leisteten. Er schreibt: „But cycles of habitual journalistic fact-checking may unwittingly provide a medium for popularizing versions of truth consistent with authoritarian worldviews." (Vivian 2018, S. 431) Hinter diesem Zitat verbirgt sich eine politische Ideologie, die Wahrheit mit Autoritarismus und Postfaktualismus mit demokratischem Pluralismus gleichsetzt. Vivian vergisst dabei, dass in autokratischen Staaten kein Fact-checking betrieben wird – im Gegenteil: dort werden die Bürger regelmäßig indoktriniert und desinformiert und es wird keine pluralistische Meinungsvielfalt geduldet, sondern lediglich eine „offizielle" Sicht der Wirklichkeit verbreitet, die nicht immer der Wahrheit entspricht.

Häufig wird das folgende Argument vorgebracht: Da es keine objektiven Tatsachen und Wahrheiten gebe, sollte sich das kritische Denken nicht auf Wahrheiten berufen. Denn die Wahrheit könne die Welt nicht verändern (Cloud 2018, S. 1). Die Kritik an Fake News sollte sich stattdessen auf die Machtstrukturen richten, die ein falsches Denken hervorbringen. Anstatt Fakten zu überprüfen oder logisches Denken zu lehren, wird zum Widerstand gegen die herrschenden Verhältnisse aufgerufen (Albrecht 2023, S. 184; Cloud 2018, S. xii). Asa Wikforss (2019, S. 286) gibt dagegen zu bedenken, dass sich auch Sozialkritik auf Tatsachen beziehen muss, die außer Zweifel stehen: Tatsachen des Rassismus, der Diskriminierung und Unterdrückung etc. Denn wie will man beispielsweise Trumps Lügen entlarven, wenn man ihn nicht mit objektiven Tatsachen konfrontieren kann? Wären diese „Tatsachen" selbst sozial konstruiert, wären sie kontingent und hingen von einer partikulären Erkenntnisperspektive und Machtkonstellation ab. Aber wer würde einer Person glauben, die gleichzeitig zugibt, dass ihre Behauptungen nicht objektiv wahr sind?

Noortje Marres (2018) sieht in der Unterscheidung von wahren und falschen Aussagen, legitimen und illegitimen Wissensansprüchen, eine autoritäre „Politik der Abgrenzung" am Werk, die zu sozialer Spaltung und Polarisierung führt: „Fact-checking tools and services divide public information into a legitimate and an illegitimate corpus of claims, and, in so doing, they are all too likely to consolidate or even amplify public divisions between virtuous knowledge and sinful non-knowledge." (Marres 2018, S. 428) Ihrer Meinung nach basiert Wissen auf der Autorität von Experten, wodurch andere Menschen als mögliche Wissensproduzenten von vornherein ausgeschlossen seien, was zutiefst undemokratisch sei. Sie verweist darauf, dass der Tatsachenbegriff einem historischen und gesellschaftlichen Wandel unterliege. Diesem Tatsachenbegriff, der empiristisch geprägt sei und auf einer Korrespondenztheorie der Wahrheit beruhe, stellt sie einen anderen Tatsachenbegriff entgegen, den sie „experimentelle Tatsachen" nennt. Experimentelle Tatsachen würden anders als traditionelle Tatsachen in einem öffentlichen Diskurs bestimmt.

In einer Wissensdemokratie könne somit jeder Wissensansprüche anmelden. Eine Spaltung der Gesellschaft in wissende und nicht-wissende Subjekte werde dadurch vermieden, was zu mehr epistemischer Gerechtigkeit führe.

Diese egalitäre Utopie einer Gemeinschaft der Wissenden klingt zu schön um realistisch zu sein. Denn damit ist noch nicht geklärt, wie Wahrheitsansprüche künftig begründet werden sollen. Kann jede Meinung als „experimentelle Tatsache" betrachtet werden, nur weil sie in einem öffentlichen Diskurs geäußert wird? Normalerweise müssen empirische Behauptungen begründet werden, indem man Gründe, Argumente und Belege für die Behauptung anführt. Marres (2018, S. 424) will sich aber vom Ideal evidenzbasierten Wissens verabschieden: „the ideal of evidence-based debate itself was considered problematic insofar as it puts public life at risk of overreliance on the authority of experts". Wie experimentelle Tatsachen validiert werden, bleibt somit unklar: Werden sie etwa durch einen demokratischen Mehrheitsentscheid anerkannt? Und wenn Expertenmeinungen künftig nicht mehr gefragt sind: Wird der Wissenschaft die Zuständigkeit für die Tatsachenermittlung entzogen? Angenommen, eine Mehrheit der Bürger glaubt, dass es keinen menschengemachten Klimawandel gibt: Gilt dies dann als experimentelle Tatsache? Wenn es keinen Unterschied zwischen wissenschaftlich validierten Aussagen und bloßen Meinungen gibt, dann gibt es auch keinen Unterschied mehr zwischen Fake News und Tatsachen. Dann können Fake News, sofern sie nur in einem öffentlichen Diskurs akzeptiert werden, als legitimes Wissen anerkannt werden.

Kuo und Marwick (2021) argumentieren ähnlich wie Marres und machen Machtstrukturen für die Verbreitung von Fake News verantwortlich: „Rather than focusing on individual actions around information literacy and consumption, it may be more productive to examine the power structures that facilitate disinformation's spread, such as large technology companies, state actors, and media information systems." Die Botschaft, die von dieser Aussage ausgeht, ist klar: Faktenchecks, kritisches Denken und technische Methoden zur Identifizierung von Fake News können das Problem nicht lösen. Nur gesellschaftliche Veränderungen könnten Abhilfe schaffen. Die Schlussfolgerung, die daraus gezogen wird, wird nicht offen ausgesprochen, aber sie lässt sich erahnen: Die großen Tech-Konzerne müssen zerschlagen werden.

Ähnlich wie Kuo und Marwick geben auch andere Autorinnen und Autoren dem Kapitalismus und Neoliberalismus die Schuld für das Aufkommen des Postfaktualismus (Das 2023, S. 214; Farkas und Schou 2024, S. 139 ff.; Warf 2023, S. 7 f.). Barney Warf (2023, S. 7, 10) sieht im Postfaktualismus ein Instrument des Klassenkampfs in den Diensten der Öl- und Gasindustrie. Gleichzeitig betont er, dass Wahrheiten und Tatsachen soziale Konstruktionen seien (Warf 2023, S. 53 f.). Es scheint so, als ob der Neoliberalismus für alle Übel dieser Welt verantwortlich sei. Damit wird ein explanatorischer Reduktionismus betrieben, der komplexe Wirkungszusammenhänge ausblendet und für alles eine einfache Erklärung parat hat. Individuen werden von jeder Schuld und Verantwortung freigesprochen, weil sie selbst nur Marionetten eines weltumspannenden Machtsystems seien.

Psychologische Erklärungsansätze für die Akzeptanz von Fake News werden zurückgewiesen. Es sei nicht die Leichtgläubigkeit der Menschen, die dazu führt, dass sie aufgrund kognitiver Fehlwahrnehmungen jeden Unsinn glauben, der im Internet verbreitet wird. Vielmehr seien es die hegemonialen Machtstrukturen, die zu einem Zerfall der Wahrheit führen.

Farkas und Schou (2024, S. 182 ff.) haben vier einfache Rezepte zur Lösung der Probleme:

1. Anstatt Fake News zu bekämpfen, sollte man den Reichtum begrenzen.
2. Anstatt die Meinungsvielfalt einzuschränken, sollte man die Macht der großen Konzerne beschneiden.
3. Anstatt die Medienkompetenz zu fördern, sollte man die Medien demokratisieren.
4. Anstatt für die Wahrheit einzutreten, sollte man für mehr demokratische Partizipation sorgen.

Es ist unwahrscheinlich, dass Desinformationen aufhören werden, wenn das neoliberale Wirtschaftssystem abgeschafft würde. Es ist auch nicht klar, welches System dann an seine Stelle treten würde. Die Machtverhältnisse würden sich ändern, aber sie würden nicht verschwinden. Die Medien „demokratisieren" bedeutet nichts anderes als jede Meinung, egal ob sie wahr oder falsch ist, zuzulassen. Farkas und Schou (2024, S. 158 ff.) bezeichnen gesetzliche Vorgaben zur Verhinderung einer unkontrollierten Verbreitung von Fake News als Einschränkung der Meinungsfreiheit.

Die Autoren lehnen universelle Wahrheiten ab. Welche Wahrheitstheorie sie stattdessen vertreten, erklären sie nicht. Ihren Ausführungen nach zu urteilen läuft dies wie bei Marres auf eine Demokratisierung der Wahrheit hinaus: Niemand soll anderen seine Auffassung von Wahrheit aufzwingen dürfen. Jeder soll seine eigene Meinung vertreten dürfen. Diejenige Auffassung, die sich im freien Austausch der Ideen schließlich durchsetzt, gilt als wahr. Letztlich ist es dann doch die Macht der Gruppe, die darüber entscheidet, was wahr und was falsch ist.

Farkas und Schou (2024, S. 79) bezweifeln, dass ein Ende der Wahrheit ein Ende der Demokratie bedeutet: „post-truth worlds tend to strongly equate democracy with truth-telling, reason, and rationality". Sie fordern eine neue Form von Demokratie, die nicht auf Wahrheit und Rationalität beruht (Farkas und Schou 2024, S. 179). Aber wie soll diese politische Alternative aussehen? Eine Demokratie ohne Wahrheit bedeutet auch: eine Welt, in der es mehr Fake News gibt. Wenn in einer Debatte nicht das bessere Argument oder empirische Evidenzen den Ausschlag geben, dann entscheiden letztlich die Machtverhältnisse. Die demokratische Gemeinschaft würde in einen Hobbes'schen Naturzustand zurückfallen, in dem jeder gegen jeden kämpft. Aber auch Farkas und Schou (2024, S. 139, 182) kommen nicht ohne Wahrheiten aus, die sie für selbstverständlich halten: Sie sprechen von „wachsenden ökonomischen Instabilitäten" und einem „politischen Einfluss der Öl- und Gasindustrie". Dies zeigt, dass eine Verständigung nur möglich ist, wenn die Diskursteilnehmer gewisse Wahrheiten akzeptieren. Wenn Farkas und Schou dennoch glauben, dass eine Demokratie ohne Wahrheit auskommen könne, dann propagieren sie damit einen Postfaktualismus.

Die Ausführungen von Marres (2018), Farkas und Schou (2024) sind typisch für eine ganze Reihe von Autoren und Autorinnen, die dem Faktencheck kritisch gegenüberstehen und Fake News als Symptom eines neoliberalen Wirtschaftssystems betrachten. Farkas und Schou betonen in der Einleitung zu ihrem Buch, dass es ihnen nicht darum gehe, zu entscheiden, ob das Post-Truth-„Narrativ" wahr oder falsch sei. Vielmehr wollen sie das Phänomen Postfaktualismus mit den Mitteln der kritischen Diskursanalyse beschreiben. Die kritische Diskursanalyse ist eine sehr einflussreiche Theorie. Es lohnt sich daher, ihre Auffassung von Wahrheit und ihre Beziehung zum Postfaktualismus näher zu untersuchen.

5.5 Wahrheit und Macht

Die kritische Diskursanalyse (CDA) ist eine linguistische Methode zur Interpretation von Texten, sprachlichen Äußerungen und Medienproduktionen. In Texten drückt sich eine bestimmte Sicht auf die Wirklichkeit bzw. eine Ideologie aus. Der Begriff der Ideologie, der für die CDA von zentraler Bedeutung ist, wird wie folgt erklärt:

> An *ideology* is a specific set of beliefs and assumptions people have about things such as what is good and bad, what is right and wrong, and what is normal and abnormal. Ideologies provide us with models of how the world is ‚supposed to be'. In some respects, ideologies help to create a shared worldview and sense of purpose among people in a particular group. Ideologies also limit the way we look at reality and tend to marginalize or exclude altogether people, things, and ideas that do not fit into these models. (Jones 2024, S. 12).

Diskursive Praktiken strukturieren und prägen unsere Wahrnehmung der Wirklichkeit und bestimmen letztlich, was wahr und was falsch ist. Wenn es nämlich außerhalb des Diskurses nichts gibt, wie Barbara Applebaum (2019, S. 417) behauptet, dann gibt es keine diskursunabhängige Möglichkeit festzustellen, ob eine Behauptung wahr oder falsch ist.

Im Zentrum der CDA steht die These, dass Diskurse durch Ideologien und Machtstrukturen geprägt sind. Macht wird dabei zum grundlegenden Begriff der kritischen Diskursanalyse. Dunn und Neumann (2016, S. 54) definieren den Begriff folgendermaßen: „Power is the *practice* of knowledge as a socially constructed system, within which various actors articulate and circulate their representations of ‚truth'." Macht ist allumfassend und omnipräsent. Es gibt nichts, das außerhalb von Machtbeziehungen steht: „Thus, everything – every decision, representation, relationship, indeed every aspect of the social world – is a product of power relations and, thus, has a political aspect." (Dunn und Neumann 2016, S. 55) In dieser Ontologie sind Machtverhältnisse fundamental. Alles andere – Kultur und Weltbilder, auch die Unterscheidung von wahr und falsch – ist nur ein Epiphänomen der Macht und beruht auf dem agonalen Wechselspiel sozialer

5.5 Wahrheit und Macht

Kräfte. Medienproduzenten üben Macht über die Rezipienten aus: Sie entscheiden, worüber berichtet wird, wie etwas dargestellt und gewertet wird. Macht wird nicht nur von Menschen ausgeübt, vielmehr entfalten die Diskurse selbst eine regulierende strukturelle Macht. Machtverhältnisse bestimmen, wem Gehör geschenkt wird, wer zum Diskurs zugelassen wird und wer ausgeschlossen wird (Applebaum 2019, S. 412). Es geht auch darum, wer als Autorität auf einem bestimmten Gebiet anerkannt ist und wem geglaubt wird.

Wenn aber alles Macht ist oder von ihr beeinflusst wird, dann wird Macht zu einem metaphysischen, differenzlosen Begriff, der sich jeder empirischen Überprüfung entzieht. Da Macht überall wirkt und es außerhalb von Diskursen nichts gibt, entsteht eine große Erzählung, die den Anspruch erhebt, universell gültig zu sein und alle sozialen Prozesse erklären zu können. Besonders problematisch ist die postulierte enge Verflechtung von Wahrheit und Macht, nach der Wahrheit durch Macht bestimmt wird. Nach dieser Theorie gibt es keinen Unterschied zwischen Begründungs- und Entdeckungszusammenhang. Nicht nur die historische Genese von Wissen wird von Macht bestimmt, sondern auch seine Begründung. Das hat paradoxe Konsequenzen: Denn es entscheiden nicht mehr gute Gründe oder empirische Evidenzen darüber, ob eine Behauptung wahr ist, sondern allein die Machtverhältnisse. Dies führt zu einem Wahrheitsrelativismus. Denn eine Aussage kann in einem sozialen Kontext wahr sein, unter anderen Machtverhältnissen dagegen falsch sein. Wer so denkt und von seiner eigenen Meinung überzeugt ist, darf sich nicht darüber beklagen, wenn diejenigen, die die Macht haben, eine andere Meinung vertreten. Eigentlich ist es umgekehrt: Man ist davon überzeugt, dass die bestehenden Machtverhältnisse ungerecht sind und hält dies für eine unbezweifelbare Wahrheit und will deshalb die Gesellschaft verändern. Man begreift die Wahrheit als einen Gegenspieler der Macht, weil man nur so politische Lügen entlarven kann und Postfaktualisten wie Donald Trump in ihre Schranken verweisen kann.

Die CDA geht über eine rein deskriptive Textanalyse hinaus. Sie erhebt auch einen normativen Anspruch. Dieses normative Element wird von Norman Fairclough (2013, S. 7) wie folgt beschrieben: „It focuses on what is wrong with a society (an institution, an organisation etc.), and how ‚wrongs' might be ‚righted' or mitigated, from a particular normative standpoint. Critique is grounded in values, in particular views of the ‚good society' and of human well-being and flourishing, on the basis of which it evaluates existing societies and possible ways of changing them." Die Theorie ist somit nicht wertneutral. Sie geht von Werten wie sozialer Gerechtigkeit, Freiheit, Gleichheit und Solidarität aus. Diskriminierung, Rassismus, Sexismus und andere Ungerechtigkeiten werden angeprangert und ihre Beseitigung gefordert. Politischer Aktivismus tritt an die Stelle unbefangener Wahrheitssuche. Es wird nicht mehr die argumentative Auseinandersetzung gesucht. Stattdessen wird alles darangesetzt, das Machtspiel für sich zu entscheiden, um politische Forderungen durchzusetzen.

Dieser wertende Standpunkt wird für die Diskursanalyse jedoch zum Problem. Denn die kritische Textinterpretation ist nicht unvoreingenommen. Nietzsche erinnert daran, dass jede Interpretation perspektivisch ist und von stillschweigenden Voraussetzungen ausgeht. Betrachten wir hierzu den Text einer Autorin oder eines Autors A. Die kritische Diskursanalyse will die ideologische Perspektive von A offenlegen, analysieren und kritisieren. Was dabei aber nicht berücksichtigt wird, ist, dass auch die Interpretin oder der Interpret B, der die Analyse durchführt, ebenfalls eine perspektivische Weltsicht hat, die in die Interpretation eingeht. Es geht somit um Geltungs- und Wahrheitsansprüchen von Interpretationen. Es stellt sich nun die Frage: Muss nicht auch die Interpretation wiederum einer Diskursanalyse unterzogen werden, da nur so die Perspektive von B kritisch geprüft werden kann? Denn auch B kann einer kognitiven Verzerrung unterliegen und ideologisch urteilen. Die Werte, die A und B vertreten, müssen nicht identisch sein und können infrage gestellt werden. Dies läuft auf die Frage hinaus: Wer hat recht? Welche Perspektive hat Vorrang? Ist die Kritik an A legitim?

Fairclough (2013, S. 8) ist sich dieses Problems bewusst: „But the critical analyst, in producing different interpretations and explanations of that area of social life, is also producing discourse. On what grounds can we say that this critical discourse is superior to the discourse which its critique is partly a critique of?" Fairclough gibt darauf die folgende Antwort: „The only basis for claiming superiority is providing explanations which have greater explanatory power." (ebd.) Doch was ist mit „explanatorischer Kraft" gemeint? Fairclough nennt zwei Kriterien zur Beurteilung des Werts von Interpretationen und Erklärungen. Zum einen sind solche Erklärungen besser als andere, die mit den verfügbaren Evidenzen übereinstimmen. Man könnte auch sagen: Eine Erklärung sollte *wahr* sein. Fairclough spricht aber nicht von Wahrheit und sagt auch nicht, was als Evidenz zugelassen ist: Sind damit empirische Tatsachen gemeint oder können auch subjektive Urteile und Gefühle als Evidenzen akzeptiert werden? Der Wahrheitsbegriff ist in der kritischen Diskursanalyse umstritten. Denn das selbstgesteckte Ziel der CDA besteht darin, Wahrheiten kritisch zu hinterfragen und nicht selbst universelle Wahrheiten aufzustellen. Nach Teun van Dijk (2014, S. 32), einem weiteren wichtigen Repräsentanten der CDA, stehen bei der kritischen Diskursanalyse keine Wahrheitsfragen im Vordergrund: „discourse studies have paid much less attention to the notion of truth". Die CDA geht vielmehr von einer deflationären oder minimalistischen Auffassung von Wahrheit aus: „the ‚true' knowledge as recognized and accepted by a community should be defined as socially shared belief" (van Dijk 2014, S. 33) Wahrheit als sozial geteilter Glaube: Damit wird Wahrheit als sozialer Konsens definiert. Eine solche Definition kann Falschheit nicht delegitimieren. Denn es müssten nur genügend viele Menschen an etwas glauben und schon werden Fake News wahr.

Das zweite Kriterium für eine gute Interpretation ist für Fairclough (2013, S. 9), dass sie die soziale Situation der Menschen verbessern soll. Man könnte mit Marx sagen: Die kritische Diskursanalyse soll die Welt nicht nur interpretieren, sondern sie auch verändern. Damit kommt ein aktivistisches Element in die Diskursanalyse hinein. CDA ist in diesem Sinne Sozialkritik. Jedoch ist zweifelhaft, ob die CDA, die im Wesentlichen nur in akademischen Journalen und Büchern betrieben wird, überhaupt eine politische Wirkung entfalten kann. Falls sie die soziale Situation nicht verbessern kann, so wäre sie nach Fairclough keine gute Theorie.

Neben dem Machtbegriff gewinnt auch der Begriff der Gerechtigkeit an Bedeutung. Robert Gressis (2020, S. 142 f.) zeigt, wie dieser Gerechtigkeitsdiskurs funktioniert: Grundlegend ist dabei die Unterscheidung von dominanten und marginalen sozialen Gruppen. Ziel des Gerechtigkeitsaktivismus ist es, für die marginalen Gruppen einzutreten und Ungleichheiten zu bekämpfen. Man bekennt sich zu einem sozialen und politischen Standpunkt, ohne diesen Standpunkt kritisch zu hinterfragen. Häufig wird auch die Auffassung vertreten, dass die Mitglieder benachteiligter Gruppen kognitiv privilegiert seien (Gressis 2020, S. 159). In diesem Diskurs werden bestimmte Tatsachen, z. B. die Unterdrückung marginaler Gruppen, angenommen, zu Wahrheiten erklärt und von jedem Zweifel ausgenommen: „certain claims (e.g., the harmfulness of racism and the existence of patriarchy) are either so obviously true or so important that they should be presupposed" (Gressis 2020, S. 143). Barbara Applebaum (2019, S. 411) spricht von der „Wahrheit marginalisierter Erfahrung", so als ob die Äußerungen von Angehörigen einer diskriminierten Minderheit sakrosankt seien und nicht in Zweifel gezogen werden dürften. Jeder Zweifel daran oder die Infragestellung dieser Wahrheiten würde selbst eine Form der Unterdrückung darstellen und gilt daher als ein Akt epistemischer Gewalt. Auf diese Weise immunisiert sich die Theorie gegen Kritik von außen. Pluckrose und Lindsay (2022, S. 212) werfen der Theorie vor, universell gültige Wahrheiten aufzustellen, obwohl sie doch eigentlich die Existenz solcher Wahrheiten bestreitet.

Es kann keinen Zweifel daran geben, dass es in unserer Gesellschaft viele Arten der Ungerechtigkeit gibt und dass Rassismus und Sexismus Übel sind, die beseitigt werden müssen. Um dies klarzustellen: Die Kritik an der kritischen Diskurstheorie richtet sich nicht gegen diese evidenten Wahrheiten. Das Grundproblem der Theorie ist vielmehr, dass sie einerseits objektive Tatsachen und Wahrheiten leugnet, sie aber andererseits selbst wieder durch die Hintertür einführt. Gleichzeitig vertritt sie einen sozialontologischen Reduktionismus, in dem alles auf Machtverhältnisse zurückgeführt wird. Ändern sich die Machtverhältnisse, ändern sich folglich auch die Wahrheiten.

Es gibt in jeder Gesellschaft Menschen, die privilegiert sind und solche, die benachteiligt sind. Und es ist durchaus legitim, diese Ungerechtigkeiten anzuprangern und für mehr Gerechtigkeit einzutreten. Problematisch ist es allerdings, Gruppenrechten Vorrang vor individuellen Rechten einzuräumen. Denn auch in einer benachteiligten Gruppe gibt es Individuen, die Vorteile genießen und gegenüber anderen Bürgern privilegiert sind. Und umgekehrt können auch Mitglieder privilegierter Gruppen Diskriminierungserfahrungen haben und unter Benachteiligungen leiden. Robert Gressis (2020, S. 150) bringt dies auf den Punkt: „individual differences often overwhelm group differences". Auch wenn Mitglieder benachteiligter Gruppen *statistisch gesehen* stärker unter Benachteiligung leiden als Mitglieder privilegierter Gruppen, folgt daraus nicht, dass dies auch für jedes einzelne Individuum gilt. Es genügt daher nicht, Gerechtigkeit lediglich für Gruppen einzufordern ohne individuelle Ungerechtigkeiten zu berücksichtigen. Denn ob etwas gerecht oder ungerecht ist, hängt immer vom Einzelfall ab.

Die Idee der Gerechtigkeit lässt sich nicht ohne eine Konzeption von Wahrheit denken. Denn verantwortliches Handeln setzt ein Wissen voraus: ein Wissen über die Welt, über andere Personen, über soziale und politische Verhältnisse und über Ursache-Wirkungs-Zusammenhänge. Ich muss wissen, welche Folgen mein Handeln für andere Menschen und für die Umwelt hat. Irrtümer und Fehlurteile können fatale Folgen haben. Natürlich kann man nicht alles wissen. Aber jeder von uns hat die Pflicht, sich so gut wie möglich zu informieren und nach bestem Wissen zu handeln. Man sollte aufgeschlossen sein, andere Meinungen hören und die eigene Meinung kritisch prüfen. Nur auf diese Weise kann man der Wahrheit näherkommen. Dennoch gibt es Menschen, die an ihrer eigenen Meinung festhalten, sich nicht belehren lassen und glauben, immer recht zu haben. Ignoranz, Verbohrtheit, Uneinsichtigkeit und Dogmatismus sind epistemische Laster und können das moralische Urteil trüben. Wer für die Gerechtigkeit kämpfen will, muss daher auch für die Wahrheit eintreten.

In der kritischen Diskursanalyse werden Wahrheit und Wissen unter Ideologieverdacht gestellt und als Produkt von Machtverhältnissen betrachtet. Welche verstörenden Konsequenzen die enge Verschränkung von Wahrheit und Macht hat, will ich am Beispiel der „aktivistischen Sprachtheorie" von David Backer (2016) zeigen. Ihr zufolge sind diejenigen Aussagen wahr, die eine Ideologie erfolgreich stützen (Backer 2016, S. 4). Diese Auffassung von Wahrheit steht im Einklang mit der Machttheorie der kritischen Diskursanalyse. Denn Wahrheit ist demnach das Ergebnis eines Machtspiels. Was wahr ist, wird durch die Diskursregeln der jeweils dominanten sozialen Gruppe bestimmt. Backer erläutert dies am Beispiel Donald Trumps: Zweifellos übt Donald Trump einen enormen Einfluss auf den politischen Diskurs in den Vereinigten Staaten und insbesondere innerhalb der republikanischen Partei aus. In gewisser Weise diktiert er die Diskursregeln. Er vertritt eine populistische Ideologie und alles, was er sagt, stützt diese Ideologie. Nach Backers Definition von Wahrheit ist daher alles, was Donald Trump sagt, wahr:

> While it may be disturbing, what frontrunner Donald Trump has said and continues to say in this campaign cycle, for example, has certainly been effective in vindicating his political position. According to the activist paradigm, he has spoken correctly and therefore truly; whether the public sphere (or the president) likes it or not. (Backer 2016, S. 4).

Michael Albrecht (2023, S. 186) schließt sich diesem Urteil an und hält Trump zugute, dass seine Wahrheiten die Erwartungen seiner Wähler erfüllen, weil sie sich nicht mit der empirischen Wirklichkeit messen lassen müssen. Er empfiehlt den Gegnern Trumps daher, bessere Narrative als die Populisten zu konstruieren und die Macht für sich arbeiten zu lassen, um damit Wahlen zu gewinnen: „the Left still relies too often on complicated truths rather than simple, dramatic stories" (Albrecht 2023, S. 187). Die Tatsachen sind der Verfolgung politischer Ziele nur hinderlich. Also ignoriert man sie einfach. Albrecht propagiert eine postfaktische Politik und glaubt damit, Trump übertrumpfen zu können:

> The goal of the Left should be to take advantage of the blurring of facts and fantasy in the way that Trump does – to use the ability to ‚construct and narrativize social reality' in ways that tell compelling stories that appeal to broad swaths of the population. (Albrecht 2023, S. 188).

Auf diesem Hintergrund wird die tolerante Haltung der kritischen Diskursanalyse zum Postfaktualismus verständlich. Es geht ihr nicht darum, den Wahrheitsgehalt von Diskursen zu überprüfen. Selbst Donald Trump wird zugestanden, dass er die Wahrheit sagt. Im Grunde genommen soll die Wahrheit der Macht untergeordnet werden: Wer Wahlen gewinnen will, muss sich von der Wahrheit verabschieden. Eine solche Philosophie kann den Lügen Donald Trumps nichts entgegensetzen, vielmehr übernimmt sie seine politische Strategie und seinen Wahrheitszynismus.

5.6 Epistemische Demokratie

Bradford Vivian (2018, S. 418) sieht im Postfaktualismus keine Gefahr für die Demokratie. Im Gegenteil: Die Meinungsfreiheit gebe allen Bürgern das Recht zu sagen und zu glauben was sie wollen, selbst wenn dieser Glaube irrational ist. Demokratie sei durch einen Meinungspluralismus, durch Streit und „multiple Wahrheiten" (Vivian 2018, S. 418) gekennzeichnet. Michael Hannon (2023, S. 54 f.) wirft Kritikern des Postfaktualismus vor, Menschen, die vom Konsens abweichende Meinungen vertreten, ausgrenzen zu wollen: „One danger of post-truth rhetoric is the discrediting of fellow citizens. To say others are ‚post-truth' is to delegitimize their perspectives and thereby fail to respect them on equal terms."

Vivian und Hannon verkennen dabei das eigentliche Problem. Das Problem besteht nicht darin, dass einige Menschen falsche Meinungen vertreten oder an Verschwörungen glauben. Die eigentliche Gefahr für die Demokratie geht von der diskursiven Metaebene aus. Postfaktualismus bedeutet nicht das Gegenteil von Wahrheit. Es bedeutet das Ende der Wahrheit. Denn in einer postfaktischen Gesellschaft spielen Tatsachen und empirische Evidenzen keine Rolle mehr. Daraus entsteht eine Vertrauenskrise. Merten Reglitz (2022, S. 168) bezeichnet epistemisches Vertrauen als eine Grundvoraussetzung für eine funktionierende Demokratie. Fake News zerstören dieses Vertrauen. Mit epistemischem Vertrauen ist gemeint, dass wir Informationsquellen vertrauen können, dass wir uns auf die Aussagen unserer Politiker verlassen können und nicht belogen werden. Die Legitimität politischer Entscheidungen beruht darauf, dass sie wohlüberlegt und auf der Basis empirischer Evidenzen getroffen werden. Reglitz (2022, S. 174 f.) nennt vier Gründe für den politischen Vertrauensverlust durch Fake News:

1. Wenn Bürger glauben, dass politische Entscheidungen auf der Basis falscher Informationen getroffen werden, können sie diese ablehnen.
2. Fake News können die politische Polarisierung und das Misstrauen in demokratische Institutionen vertiefen.
3. Fake News können Zweifel nähren, dass die Demokratie die beste Regierungsform ist.
4. Fake News können bei Bürgern eine „epistemische Verunsicherung" hervorrufen und eine Furcht vor Manipulation bewirken, was im schlimmsten Fall das Ende der Demokratie bedeuten kann.

Eine funktionierende Demokratie setzt wohlinformierte Bürger, einen freien Zugang zu Informationen und ein Vertrauen in Politiker und die Medien voraus. Die Bürger dürfen nicht systematisch belogen oder irregeführt werden. Nur auf der Grundlage wahrer Informationen können politische Fehlentscheidungen erkannt und ein Politikwechsel eingeleitet werden. Demokratische Wahlen ermöglichen solche Korrekturen. Es muss möglich sein, unfähige Politiker abzuwählen und Autokraten zu stürzen. Dies setzt nicht die Existenz und Erkenntnis einer universellen Wahrheit voraus. Es genügt schon, wenn man in der Lage ist, zwischen Meinung und Tatsache, zwischen Propaganda und Wirklichkeit zu unterscheiden. Eine massenhafte Verbreitung von Fake News macht es schwieriger, diesen Unterschied zu erkennen: Man sieht dann die Wahrheit vor lauter Fake News nicht mehr. Ein Meinungspluralismus befördert diesen Erkenntnisprozess. Wenn ein Großteil der Bürger einem Irrtum zum Opfer fällt oder falsche Überzeugungen hat, kann es für die Demokratie gefährlich werden. Dann greifen die Korrekturmechanismen nicht mehr und das System wird instabil.

Michael Hannon (2022) wendet dagegen ein, dass Bürger häufig einer kognitiven Fehlwahrnehmung unterliegen, was zu Fehleinschätzungen, Parteilichkeit und Voreingenommenheit führen kann. Das Ideal eines rational urteilenden Bürgers sei daher eine Illusion. Die meisten Bürger urteilten emotional und vertrauten lieber ihrem Bauchgefühl als ihrem Verstand. Dieser Einwand muss ernst genommen werden. Jedoch lassen sich solche psychologischen Erkenntnisse nicht verallgemeinern. Aus der Tatsache, dass einige Menschen manchmal unter bestimmten Umständen falsch urteilen, folgt nicht, dass alle Menschen immer einem Irrtum unterliegen. Erst wenn der Bias zu einem Massenphänomen wird und eine kritische Masse überschritten wird, ist die Demokratie gefährdet.

Ein anderes Argument, das häufig gegen das Modell der epistemischen Demokratie vorgebracht wird, besagt, dass wir Opfer einer systemischen Fehlwahrnehmung sind, oder anders ausgedrückt, dass wir „epistemisch korrupt" sind. Michael Lynch (2023, S. 242) bezeichnet ein kognitives System als epistemisch korrupt, wenn ihm ein Begriffssystem zugrunde liegt, das stets ungerechtfertigte und falsche Urteile hervorbringt, die die Bevorzugung einer Gruppe von Menschen gegenüber einer anderen Gruppe zur Folge haben: „A conceptual system is epistemically corrupt when its concepts are consistently used to

5.6 Epistemische Demokratie

produce unjustified and false judgments on some range of subjects that favor one group of people over another." Wenn dies der Fall ist, dann ist der kognitive Bias so tief in unserer Gesellschaft und Kultur verankert, dass man sich ihm nicht entziehen kann. Als Beispiel epistemischer Korruption wird häufig der systemische Rassismus genannt, demzufolge in unserer Gesellschaft generell Menschen weißer Hautfarbe gegenüber Menschen schwarzer Hautfarbe bevorzugt werden, woraus eine soziale Privilegierung weißer Menschen resultiert.

Zweifellos ist dies ein ernstzunehmender Einwand, zumal unser Begriffssystem von kulturellen und sozialen Einflüssen geprägt ist. Allerdings gibt Michael Lynch zu bedenken, dass auch hier die Gefahr eines generalisierenden Fehlschlusses besteht. Denn nicht alle Menschen sind gleichermaßen und in gleichem Umfang von solchen kognitiven Verzerrungen betroffen: „epistemic corruption comes in degrees" (Lynch 2023, S. 244). Diese Art von Bias ist meistens auf bestimmte Themenfelder (Rassismus, Sexismus, Eurozentrismus etc.) beschränkt, woraus nicht gefolgert werden kann, dass alle politischen Urteile generell falsch oder ungerechtfertigt sind. Zudem sind solche Fehlwahrnehmungen korrigierbar. Es ist daher wichtig, das Bewusstsein für die Gefahr solcher Fehleinschätzungen zu schärfen, um dem Bias entgegenzuwirken und ihn zu neutralisieren. Allein die Tatsache, dass solche Vorurteile offen benannt und angeprangert werden, zeigt doch, dass man solche Fehlurteile überwinden kann und wie wichtig die Schulung kritischen Denkens für die Bckämpfung von Fake News ist.

Karl Popper (1977, S. 170) hält es für das oberste Ziel der Politik, Institutionen so zu gestalten, „dass es schlechten oder inkompetenten Herrschern unmöglich ist, allzugroßen Schaden anzurichten". Eine Demokratie ist für ihn eine Regierungsform, die es den Bürgern erlaubt, Regierungen abzusetzen. Es muss Mechanismen der institutionellen Kontrolle geben, um Fehlentwicklungen zu verhindern. Der demokratische Kontrollmechanismus funktioniert nach der Methode von Versuch und Irrtum. Popper wendet damit das Falsifikationsprinzip auf demokratische Wahlen an: Genauso wie wissenschaftliche Hypothesen und Theorien falsifizierbar sein sollen, muss es möglich sein, Regierungen abzuwählen, wenn sie versagen.

Aus dem Popper'schen Modell einer epistemischen Demokratie folgt nicht, dass der Staat von Experten regiert werden sollte oder dass Bürger, die zu Irrtümern und Fehlschlüssen neigen, von Wahlen ausgeschlossen werden sollten. Denn auch Experten können sich irren. Popper geht davon aus, dass es keine vorurteilsfreie Erfahrung gibt. Alles Wissen ist vorläufig. Wir sind nicht im Besitz einer absoluten Wahrheit, aber wir können falsche Hypothesen eliminieren und aus Fehlern lernen.

Wendet man das Prinzip der epistemischen Kontrolle auf das Problem der Fake News an, so wird ersichtlich, dass sie nicht das eigentliche Problem sind. Fake News gab es schon immer und sie lassen sich auch nicht eliminieren. Jeder Mensch fällt Irrtümern oder einem falschen Glauben zum Opfer. Entscheidend ist, Fake News zu identifizieren und ihre Falschheit zu erkennen. Dies setzt voraus, dass man Wahrheit von Falschheit unterscheiden kann. Medien müssen in der Lage sein, politische Lügen zu entlarven. Bürger müssen durch kritisches Denken gegen Fake News immunisiert werden. Und vor allen Dingen: Politiker, die permanent Fake News verbreiten, sollten nicht (wieder)gewählt werden. Ist dies nicht der Fall, versagt der demokratische Kontrollmechanismus und aus einer epistemischen Krise wird eine politische Krise.

Literatur

Adler J (2002) Belief's own ethics. MIT-Press, Cambridge
Adorno ThW (1979) Einleitung. In: Adorno ThW et al (Hrsg) Der Positivismusstreit in der deutschen Soziologie, 9. Aufl. Luchterhand, Darmstadt, S 7–79
Albert H (1991) Traktat über kritische Vernunft. Mohr, Tübingen
Albrecht MM (2023) Trumping the media. Politics and democracy in the post-truth era. Bloomsbury, New York
Alcoff LM (2005) Reclaiming truth. In: Medina J, Wood D (Hrsg) Truth. Blackwell, Malden, S 336–349
Allan S (1995) News, truth and postmodernity: unravelling the will to facticity. In: Adam B, Allan S (Hrsg) Theorizing culture. UCL Press, London, S 129–144
Allan S (2010) News culture, 3. Aufl. Open University Press, Maidenhead
Allen A (2016) The end of progress. Columbia University Press, New York
Almeder R (1989) Scientific realism and explanation. Am Philos Quart 26:173–185
Amazeen M (2015) Revisiting the epistemology of fact-checking. Crit Rev 27:1–22
American Anthropological Association (1947) Statement on human rights. Am Anthropol 49:539–543
Anders G (1994) Die Antiquiertheit des Menschen, Bd 1, 7. Aufl. Beck, München
Apel K-O (1988) Transformation der Philosophie, Bd 2, 4. Aufl. Suhrkamp, Frankfurt a. M.
Apel K-O (2002) Pragmatismus als sinnkritischer Realismus auf der Basis regulativer Ideen. In: Raters M-L, Willaschek M (Hrsg) Hilary Putnam und die Tradition des Pragmatismus. Suhrkamp, Frankfurt a. M., S 117–147
Applebaum B (2019) Truth. In: Ford D (Hrsg) Keywords in radical philosophy and education. Brill, Leiden, S 408–425
Arendt H (2019) Wahrheit und Lüge in der Politik, 5. Aufl. Piper, München
Armstrong DM (2004) Truth and truthmakers. Cambridge University Press, Cambridge
Armstrong DM (2007) Truthmakers for negative truths, and for truths of mere possibility. In: Monnoyer J-M (Hrsg) Metaphysics and truthmakers. Ontos, Heusenstamm, S 99–104
Aronson J (1989) Testing for convergent realism. Brit J Philos Sci 40:255–259
Ashton N (2019) Rethinking epistemic relativism. Metaphilosophy 50:587–607
Ashton N (2020a) Scientific perspectives, feminist standpoints, and non-silly relativism. In: Cretu A, Massimi M (Hrsg) Knowledge from a human point of view. Springer, Cham, S 71–85
Ashton N (2020b) Relativising epistemic advantage. In: Kusch M (Hrsg) The Routledge handbook of philosophy of relativism. Routledge, London, S 329–338
Ashton N, McKenna R (2020) Situating feminist epistemology. Episteme 17:28–47

Atton C (2010) Alternative journalism: ideology and practice. In: Allan S (Hrsg) The Routledge companion to news and journalism. Routledge, London, S 169–178
Aurel M (1995) Selbstbetrachtungen. Insel Verlag, Frankfurt a. M.
Ayer AJ (1979) The problem of knowledge. Penguin, Harmondsworth
Bächle TCh (2016) Digitales Wissen, Daten und Überwachung zur Einführung. Junius, Hamburg
Backer D (2016) Toward an activist theory of language. In: Hannan J (Hrsg) Truth in the public sphere. Lexington Books, London, S 3–22
Bacon F (1870) Neues Organon. Heimann, Berlin
Baghramian M, Coliva A (2020) Relativism. Routledge, London
Barbrook R, Cameron A (2001) Californian ideology. In: Ludlow P (Hrsg) Crypto anarchy, cyberstates, and pirate utopias. MIT-Press, Cambridge, S 363–387
Barlow JP (2017) Unabhängigkeitserklärung des Cyberspace. In: Baumgärtel T (Hrsg) Texte zur Theorie des Internets. Reclam, Stuttgart, S 67–70
Barnes B (1974) Scientific knowledge and sociological theory. Routledge, London
Barnes B, Bloor D, Henry J (1996) Scientific knowledge. Athlone Press, London
Barnes E (2017) Realism and social structure. Philos Stud 174:2417–2433
Baron M (2023) We want objective judges and doctors. Why not journalists, too? Washington Post 26. März, S A24
Barrow J (1999) Ein Himmel voller Zahlen. Rowohlt Taschenbuch, Reinbek
Baumann P (2015) Erkenntnistheorie, 3. Aufl. Metzler, Stuttgart
Baumann P (2016) Epistemic contextualism. A defense. Oxford University Press, Oxford
Baym G (2010) Real news/fake news: beyond the news/entertainment divide. In: Allan A (Hrsg) The Routledge companion to news and journalism. Routledge, London, S 374–383
Berger P, Luckmann T (1980) Die gesellschaftliche Konstruktion der Wirklichkeit. Fischer Taschenbuch, Frankfurt a. M.
Bernal P (2018) The internet, warts and all. Cambridge University Press, Cambridge
Blackburn S (2005) Truth. A guide for the perplexed. Allen Lane, London
Blanshard B (1964) The nature of truth, Bd 2. Allen & Unwin, London
Blome-Tillmann M (2019) Knowledge as contextual. In: Hetherington S, Valaris M (Hrsg) Knowledge in contemporary philosophy. Bloomsbury, London, S 175–193
Bloor D (1991) Knowledge and social imagery, 2. Aufl. University of Chicago Press, Chicago
Bloor D (1997) Wittgenstein, rules and institutions. Routledge, London
Boghossian P (2015) Angst vor der Wahrheit, 3. Aufl. Suhrkamp, Frankfurt a. M.
Bohr N (1929) Wirkungsquantum und Naturbeschreibung. Naturwissenschaften 17:483–486
Bonjour L (1985) The structure of empirical knowledge. Harvard University Press, Cambridge
Boudry M, Pigliucci M (Hrsg) (2017) Science unlimited? University of Chicago Press, Chicago
Boyd R (1983) On the current status of the issue of scientific realism. Erkenntnis 19:45–90
Bradley FH (1909) Coherence and contradiction. Mind 18:489–508
Brandom R (1994) Making it explicit. Harvard University Press, Cambridge
Brendel E (2013) Wissen. de Gruyter, Berlin
Brin D (2001) Getting our priorities straight. In: Ludlow P (Hrsg) Crypto anarchy, cyberstates, and pirate utopias. MIT-Press, Cambridge, S 31–38
Bronner G (2016) Belief and misbelief asymmetry on the internet. ISTE, London
Brown JR (2001) Who rules in science? Harvard University Press, Cambridge
Bufacchi V (2021) Truth, lies and tweets: a consensus theory of post-truth. Philos Social Crit 47:347–361
Burge T (2013) Cognition through understanding. Oxford University Press, Oxford
Burr V (2015) Social constructionism, 3. Aufl. Routledge, London
Calcutt A, Hammond P (2011) Journalism studies. Routledge, London

Carnap R (1950) Empiricism, semantics, and ontology. Rev Int Philos 4(11):20–40
Carnap R, Bar-Hillel Y (1964) On the outline of a theory of information. In: Bar-Hillel Y (Hrsg) Language and information. Addison-Wesley, Reading, S 221–274
Carter JA, Gordon E (2017) Googled assertion. Philos Psychol 30:490–501
Cartwright N (1983) How the laws of physics lie. Clarendon, Oxford
Cassam Q (2016) Vice epistemology. Monist 99:159–180
Ceci S, Williams W (2023) The psychology of fact-checking. https://www.scientificamerican.com/article/the-psychology-of-fact-checking1/. Zugegriffen: 15. Juli 2024
Chambers C (2017) Ideology and normativity. Aristotelian Soc Suppl 91:175–195
Chaos Computer Club (2017) Hackerethik. In: Baumgärtel T (Hrsg) Texte zur Theorie des Internets. Reclam, Stuttgart, S 60–61
Child W (2011) Wittgenstein. Routledge, London
Christlieb T (1986) Coherence and truth: Bonjour's Metajustification. Southern J Philos 24:397–413
Clark M (1990) Nietzsche on truth and philosophy. Cambridge University Press, Cambridge
Cloud D (2018) Reality bites. The Ohio State University Press, Columbus
Coady D (2011) An epistemic defence of the blogosphere. J Appl Philos 28:277–294
Coady D (2012) What to believe now. Wiley, Malden
Coady D (2019) The trouble with ‚fake news'. Soc Epistemol Rev Reply Collective 8(10):40–52
Coddington M (2019) Aggregating the news. Columbia University Press, New York
Code L (2008) Taking subjectivity into account. In: Bailey A, Cuomo C (Hrsg) The feminist philosophy reader. McGraw-Hill, New York, S 718–741
Collin F (2008) Konstruktivismus für Einsteiger. Fink, München
Conway K (2020) The art of communication in a polarized world. AU Press, Edmonton
Cook J (2017) Understanding and countering climate science denial. J Proc R Soc New South Wales 150(2):207–219
Cosentino G (2020) Social media and the post-truth world order. Palgrave Macmillan, Cham
Craig E (1993) Was wir wissen können. Suhrkamp, Frankfurt a. M.
Crasnow S (2014) Feminist standpoint theory. In: Cartwright N, Montuschi E (Hrsg) Philosophy of social science. Oxford University Press, Oxford, S 145–161
Curran J (2012) Reinterpreting the internet. In: Curran J, Fenton N, Freedman D (Hrsg) Misunderstanding the internet. Routledge, London, S 3–33
D'Allones MR (2019) Brüchige Wahrheit. Verlag des Hamburger Instituts für Sozialforschung, Hamburg
D'Ancona M (2017) Post truth. Ebury, London
Das R (2023) The post-truth condition in capitalist society: a critical enquiry. Int Crit Thought 13:205–226
Daston L, Galison P (2007) Objektivität. Suhrkamp, Frankfurt a. M.
Davidson D (1984) Inquiries into truth and interpretation. Clarendon, Oxford
Davidson D (1992) Eine Kohärenztheorie der Wahrheit und der Erkenntnis. In: Bieri P (Hrsg) Analytische Philosophie der Erkenntnis, 2. Aufl. Hain, Frankfurt a. M., S 271–290
Davidson D (2005a) Truth, language, and history. Clarendon, Oxford
Davidson D (2005b) Struktur und Gehalt des Wahrheitsbegriffs. In: Davidson D, Rorty R (Hrsg) Was ist Wahrheit? Suhrkamp, Frankfurt a. M., S 140–209
deJong-Lambert W (2012) The cold war politics of genetic research. Springer, Dordrecht
Del Real J (2021) Battles over truth itself will outlast Trump, scholars say. Washington Post 19. Januar, S A6
Dentith MRX (2017) The problem of fake news. Pub Reason 8:65–79
Dentith MRX (2019) Conspiracy theories on the basis of the evidence. Synthese 196:2243–2261
de Ridder J, Peels R, Woudenberg R (Hrsg) (2018) Scientism. Oxford University Press, New York

Diestler S (2020) Becoming a critical thinker. A user-friendly manual. 7. Aufl. Pearson, Hoboken
Dietz S (2017) Die Kunst des Lügens. Reclam, Stuttgart
Ditmarsch H, van der Hoek W, Kooi B (2008) Dynamic epistemic logic. Springer, Dordrecht
Douglas H (2004) The irreducible complexity of objectivity. Synthese 138:453–473
Dretske F (1981) Knowledge and the flow of information. MIT-Press, Cambridge
Dretske F (1985) Précis of knowledge and the flow of information. In: Kornblith H (Hrsg) Naturalizing epistemology. MIT-Press, Cambridge, S 169–187
Dretske F (2008) The metaphysics of information. In: Pichler A, Hrachovec H (Hrsg) Wittgenstein and the philosophy of information. Ontos, Heusenstamm, S 273–283
Dummett M (2010) The nature and future of philosophy. Columbia University Press, New York
Dunn K, Neumann I (2016) Undertaking discourse analysis for social research. University of Michigan Press, Ann Arbor
Durham MG (1998) On the relevance of standpoint epistemology to the praxis of journalism: the case for „strong objectivity". Commun Theory 8:117–140
Eddington AS (1929) The nature of the physical world. Cambridge University Press, Cambridge
Egege S (2021) Becoming a critical thinker. Macmillan, London
Einstein A (1905) Zur Elektrodynamik bewegter Körper. Ann Phys 17:891–921
Einstein A, Podolsky B, Rosen N (1935) Can quantum-mechanical description of physical reality be considered complete? Phys Rev 47:777–780
Entman R (1993) Framing: toward clarification of a fractured paradigm. J Commun 43:51–58
Epstein R, Robertson R (2015) The search engine manipulation effect (SEME) and its possible impact on the outcome of elections. PNAS 112:E4512–E4521
Ernst G (2010) Einführung in die Erkenntnistheorie, 2. Aufl. Wissenschaftliche Buchgesellschaft, Darmstadt
Eversberg T (2013) Hollywood im Weltall. Springer Spektrum, Heidelberg
Faber K-G (1975) Objektivität in der Geschichtswissenschaft. In: Rüsen J (Hrsg) Historische Objektivität. Vandenhoeck & Ruprecht, Göttingen, S 9–32
Fairclough N (2013) Critical discourse analysis. The critical study of language. 2. Aufl. Routledge, London
Fallis D (2011) Wikipistemology. In: Goldman A, Whitcomb D (Eds) Social epistemology. Essential readings. Oxford University Press, Oxford, S 297–313
Fallis D (2014) The varieties of disinformation. In: Floridi L, Illari P (Hrsg) The philosophy of information quality. Springer, Cham, S 135–161
Fallis D (2016) Mis- and disinformation. In: Floridi L (Hrsg) The Routledge handbook of philosophy of information. Routledge, London, S 332–346
Fallon K (2019) Where truth lies. University of California Press, Oakland
Farkas J, Schou J (2020) Post-truth, fake news and democracy, 1. Aufl. Routledge, New York
Farkas J, Schou J (2024) Post-truth, fake news and democracy, 2. Aufl. Routledge, New York
Farmer GT, Cook J (2013) Climate change science: A modern synthesis, Bd 1. Springer, Dordrecht
Feyerabend P (1976) Wider den Methodenzwang. Suhrkamp, Frankfurt a. M.
Feyerabend P (1980) Erkenntnis für freie Menschen. Suhrkamp, Frankfurt a. M.
Fish S (2016) Don't blame Nietzsche for Donald Trump. https://foreignpolicy.com/2016/08/09/dont-blame-nietzsche-for-donald-trump/ Zugegriffen: 12. Aug. 2020
Flaxman S, Goel S, Rao J (2016) Filter bubbles, echo chambers, and online news consumption. Public Opin Q 80:298–320
Fleck L (1980) Entstehung und Entwicklung einer wissenschaftlichen Tatsache. Suhrkamp, Frankfurt a. M.
Fleischacker S (2013) What is enlightenment? Routledge, London
Floridi L (2011) The philosophy of information. Oxford University Press, Oxford

Floridi L (2013) The ethics of information. Oxford University Press, Oxford
Fogelin R (2003) Walking the tightrope of reason. Oxford University Press, Oxford
Forster EM (2009) The machine stops. In: Johnson D, Whetmore J (Hrsg) Technology and society. MIT-Press, Cambridge S, S 13–36
Foucault M (1980) Power/Knowledge. Pantheon Books, New York
Frank J (2018a) Trump on the coach. Avery, New York
Frank R (2018b) Fake news vs. „foke" news. A brief, personal, recent history. J Am Folk 131:379–387
Frankfurt H (2005) On bullshit. Princeton University Press, Princeton
Frege G (1986) Logische Untersuchungen, 3. Aufl. Vandenhoeck & Ruprecht, Göttingen
Frost Ch (2011) Journalism ethics and regulation, 3. Aufl. Pearson, Harlow
Frost-Arnold K (2019) Wikipedia. In: Coady D, Chase J (Hrsg) The Routledge handbook of applied epistemology. Routledge, London, S 28–40
Fukuyama F (2018) Against identity politics. Foreign Aff 97(5):90–114
Fuller S (2018) Post-Truth. Knowledge as a power game. Anthem Press, London
Funtowicz S, Ravetz J (1993) The emergence of post-normal science. In: Schomberg R (Hrsg) Science, politics and morality. Kluwer, Dordrecht, S 85–123
Gadenne V (2015) Wahrheit oder Problemlösung? Welchen Stellenwert hat Wahrheit in der Wissenschaft? In: Kautek W, Neck R, Schmidinger H (Hrsg) Wahrheit in den Wissenschaften. Böhlau, Wien, S 11–29
Galison P (2003) Einsteins Uhren, Poincarés Karten. Fischer, Frankfurt a. M.
Gelfert A (2018) Fake news: a definition. Informal Logic 38:84–117
Gergen K (2015) An invitation to social construction, 3. Aufl. Sage, London
Gess N (2022) Halbwahrheiten. Matthes & Seitz, Berlin
Gettier E (1963) Is justified true belief knowledge? Analysis 23:121–123
Giere R (2006) Scientific perspectivism. University of Chicago Press, Chicago
Glock H-J (2010) Wittgenstein-Lexikon, 2. Aufl. Wissenschaftliche Buchgesellschaft, Darmstadt
Goldman A (1976) Discrimination and perceptual knowledge. J Philos 73:771–791
Goldman A (2002) Pathways to knowledge. Oxford University Press, Oxford
Goldman A (2008) The social epistemology of blogging. In: van den Hoven J, Weckert J (Hrsg) Information technology and moral philosophy. Cambridge University Press, Cambridge, S 111–122
Goodin R, Spiekermann K (2018) An epistemic theory of democracy. Oxford University Press, Oxford
Google (2020) Faktenchecks in den Suchergebnissen. https://support.google.com/websearch/answer/7315336 Zugegriffen: 3. Juni 2020
Gorbach J (2018) Not your grandpa's hoax: a comparative history of fake news. Am Journalism 35:236–249
Götz-Votteler K, Hespers S (2019) Alternative Wirklichkeiten? Transcript, Bielefeld
Graham P (2006) Can testimony generate knowledge? Philosophica 78:105–127
Graves L (2016) Deciding what's true. Columbia University Press, New York
Graves L (2017) Anatomy of a fact check: objective practice and the contested epistemology of fact checking. Communication, Culture and Critique 10:518–537
Gressis R (2020) The social justice discourse ethic. In: Simmons J (Hrsg) The twenty-first century and its discontents. Lexington Books, Lanham, S 135–165
Haack S (2019) Post „post-truth": Are we there yet? Theoria 85:258–275
Habermas J (1965) Erkenntnis und Interesse. Merkur 19:1139–1153

Habermas J (1971) Vorbereitende Bemerkungen zu einer Theorie der kommunikativen Kompetenz. In: Habermas J, Luhmann N (Hrsg) Theorie der Gesellschaft oder Sozialtechnologie – Was leistet die Systemforschung? Suhrkamp, Frankfurt a. M., S 101–141
Habermas J (1979) Erkenntnis und Interesse. Suhrkamp, Frankfurt a. M.
Habermas J (1983) Moralbewußtsein und kommunikatives Handeln. Suhrkamp, Frankfurt a. M.
Habermas J (1988) Theorie des kommunikativen Handelns, Bd 1. Suhrkamp, Frankfurt a. M.
Habermas J (1995) Vorstudien und Ergänzungen zur Theorie des kommunikativen Handelns. Suhrkamp, Frankfurt a. M.
Habermas J (1999) Die Einbeziehung des Anderen. Suhrkamp, Frankfurt a. M.
Habermas J (2004) Wahrheit und Rechtfertigung. Suhrkamp, Frankfurt a. M.
Habermas J (2006) Religion in the public sphere. Eur J Philos 14:1–25
Habgood-Coote J (2019) Stop talking about fake news! Inquiry 62:1033–1065
Hacking I (1999) Was heißt ‚soziale Konstruktion'? Fischer Taschenbuch, Frankfurt a. M.
Hagen K (2020) Should academics debunk conspiracy theories? Soc Epistemol 34:423–439
Hales S (2006) Relativism and the foundations of philosophy. MIT-Press, Cambridge
Hales S, Welshon R (2000) Nietzsche's perspectivism. University of Illinois Press, Urbana
Halpin H, Clark A, Wheeler M (2014) Philosophy of the web: Representation, enaction, collective intelligence. In: Halpin H, Monnin A (Hrsg) Philosophical engineering. Toward a philosophy of the web. Blackwell, Malden, S 21–30
Hammersley M (2011) Methodology: Who needs it? Sage, London
Hampton K (2018) Social media or social inequality: Trump's „unexpected" election. In: Boczkowski P, Papacharissi Z (Hrsg) Trump and the media. MIT-Press, Cambridge, S 159–166
Hanna J (2004) The scope and limits of scientific objectivity. Philos Sci 71:339–361
Hannon M (2022) Are knowledgeable voters better voters? Pol Philos Econ 21:29–54
Hannon M (2023) The politics of post-truth. Crit Rev 35:40–62
Hansson SO (2017) Science denial as a form of pseudoscience. Stud Hist Philos Sci 63:39–47
Harcourt B (2021) Post-truth. In: Schwartzberg M, Kitcher P (Hrsg) Truth and evidence. New York University Press, New York, S 147–175
Harding S (1995) „Strong objectivity": a response to the new objectivity question. Synthese 104:331–349
Harding S (2003) How standpoint methodology informs philosophy of social science. In: Turner S, Roth P (Hrsg) The Blackwell guide to the philosophy of the social science. Blackwell, Malden, S 291–310
Harding S (2015) Objectivity and diversity. University of Chicago Press, Chicago
Hardwig J (1991) The role of trust in knowledge. J Philos 88:693–708
Harman G (1965) The inference to the best explanation. Philos Rev 74:88–95
Hartmann C (2020) Gefangen in der Filterblase? In: Klimczak P, Petersen C, Schilling S (Hrsg) Maschinen der Kommunikation. Springer Vieweg, Wiesbaden S 45–62
Haslanger S (1995) Ontology and social construction. Philos Top 23:95–125
Haslanger S (2000) Gender and race: (What) are they? (What) do we want them to be? Nous 34:31–55
Hautamäki A (2020) Viewpoint relativism. Springer, Cham
Hecht D (2018) Pseudoscience and the pursuit of truth. In: Kaufman A, Kaufman J (Hrsg) Pseudoscience: the conspiracy against science. MIT-Press, Cambridge, S 3–20
Hegel GWF (1986) Phänomenologie des Geistes. Suhrkamp, Frankfurt a. M.
Heidegger M (1976) Wegmarken. Klostermann, Frankfurt a. M.
Heisenberg W (1986) Physik und Philosophie. Ullstein, Frankfurt a. M.
Hekman S (1997) Truth and method: feminist standpoint theory revisited. Signs 22:341–365
Hendricks V, Vestergaard M (2018) Postfaktisch. Blessing, München

Hessen B (1974) Die sozialen und ökonomischen Wurzeln von Newtons ‚Principia'. In: Weingart P (Hrsg) Wissenschaftssoziologie II. Athenäum, Frankfurt a. M., S 262–325
Hetherington S (2005) Knowing (how it is) that p: degrees and qualities of knowledge. Veritas 50(4):129–152
Hetherington S (2011) How to know. Wiley-Blackwell, Malden
Hickethier K (2008) Die Wahrheit der Fiktion. In: Pörksen B, Loosen W, Scholl A (Hrsg) Paradoxien des Journalismus. VS, Wiesbaden, S 361–374
Hingst K-M (1998) Perspektivismus und Pragmatismus. Königshausen & Neumann, Würzburg
Hintikka M, Hintikka J (1996) Untersuchungen zu Wittgenstein. Suhrkamp, Frankfurt a. M.
Horwich P (2004) From a deflationary point of view. Clarendon, Oxford
Hösle V (2015) Einstieg in den objektiven Idealismus. In: Hösle V, Müller FS (Hrsg) Idealismus heute. Wissenschaftliche Buchgesellschaft, Darmstadt, S 30–49
Hossack K (2007) The metaphysics of knowledge. Oxford University Press, Oxford
Hossack K (2011) Précis of the metaphysics of knowledge. Dialectica 65:71–73
Hughes E (2001) A cyberpunk's manifesto. In: Ludlow P (Hrsg) Crypto anarchy, cyberstates, and pirate utopias. MIT-Press, Cambridge, S 81–83
Hume D (1982) Eine Untersuchung über den menschlichen Verstand. Reclam, Stuttgart
Hume D (1989a) Ein Traktat über die menschliche Natur, Bd 1, 2. Aufl. Meiner, Hamburg
Hume D (1989b) Ein Traktat über die menschliche Natur, Bd 2, 2. Aufl. Meiner, Hamburg
Ichikawa JJ (Hrsg) (2017) The Routledge handbook of epistemic contextualism. Routledge, London
Ignatieff M (2002) Die Politik der Menschenrechte. Europäische Verlagsanstalt, Hamburg
James W (1907) Pragmatism. Longmans, Green and Co., New York
James W (1909) The meaning of truth. Longmans, Green and Co., New York
James W (1994) Was ist Pragmatismus? Beltz, Weinheim
Jane E, Fleming C (2014) Modern conspiracy. Bloomsbury, New York
Janich P (2006) Was ist Information? Suhrkamp, Frankfurt a. M.
Jarman J (2016) Motivated to ignore the facts. In: Hannan J (Hrsg) Truth in the public sphere. Lexington Books, Lanham, S 115–134
Jaster R, Lanius D (2021) Die Wahrheit schafft sich ab. Reclam, Stuttgart
Jemielniak D (2014) Common knowledge? An ethnography of Wikipedia. Stanford University Press, Stanford
Jerusalem W (1982) Die soziologische Bedingtheit des Denkens und der Denkformen. In: Meja V, Stehr N (Hrsg) Der Streit um die Wissenssoziologie, Bd 1. Suhrkamp, Frankfurt a. M., S 27–56
Joachim H (1906) The nature of truth. Clarendon, Oxford
Jones R (2024) Discourse analysis. A resource book for students. 3. Aufl. Routledge, London
Kahneman D (2011) Thinking, fast and slow. Penguin, London
Kant I (1983) Werke in zehn Bänden. Wissenschaftliche Buchgesellschaft, Darmstadt
Kavanagh J, Rich M (2018) Truth decay. RAND Corporation, Santa Monica
Kelsen H (2018) Vom Wesen und Wert der Demokratie. Reclam, Stuttgart
Kessler G, Rizzo S, Kelly M (2020) Donald Trump and his assault on truth. Scribner, New York
Kessler G (2021) As president, Trump made 30,573 false claims. Washington Post 24. Januar, S A1, A4
Klaus E (2008) Abschied von der Dichotomie. In: Pörksen B, Loosen W, Scholl A (Hrsg) Paradoxien des Journalismus. VS, Wiesbaden, S 343–360
Klimczak P (2021) Fiction, Fake and Fact. In: Klimczak P, Zoglauer T (Hrsg) Wahrheit und Fake im postfaktisch-digitalen Zeitalter. Springer Vieweg, Wiesbaden, S 45–71
Klimczak P, Zoglauer T (Hrsg) (2021) Wahrheit und Fake im postfaktisch-digitalen Zeitalter. Springer Vieweg, Wiesbaden
Knorr-Cetina K (1981) The manufacture of knowledge. Pergamon, Oxford

Koertge N (2013) Wissenschaft, Werte und die Werte der Wissenschaft. In: Schurz G, Carrier M (Hrsg) Werte in den Wissenschaften. Suhrkamp, Berlin, S 233–251

Koro-Ljunberg M, Carlson DL, Montana A (2019) Productive forces of post-truth(s)? Qual Inquiry 25:583–590

Krausz M, Meiland J (1982) Relativism. Cognitive and moral. University of Notre Dame Press, Notre Dame

Krebs J (2014) Information transfer as a metaphor. In: Hagengruber R, Riss U (Hrsg) Philosophy, computing and information science. Pickering & Chatto, London, S 29–40

Kristiansen L, Kaussler B (2018) The bullshit doctrine: Fabrications, lies, and nonsense in the age of Trump. Informal Logic 38:13–52

Kuhn T (1976) Theory-change as structure-change: Comments on the Sneed formalism. Erkenntnis 10:179–199

Kuhn T (1979) Die Struktur wissenschaftlicher Revolutionen, 4. Aufl. Suhrkamp, Frankfurt a. M.

Kuhn T (1982) Commensurability, comparability, communicability. Proc Biennial Meeting Philos Sci Assoc 2:669–688

Kuhn T (1988) Die Entstehung des Neuen. Suhrkamp, Frankfurt a. M.

Kummer T (2012) Vom Mythos des Realen. https://www.vocer.org/vom-mythos-des-realen/ Zugegriffen: 15. Juli 2024

Küng H (1992) Projekt Weltethos, 4. Aufl. Piper, München

Kuo R, Marwick A (2021) Critical disinformation studies: history, power, and politics. Harvard Kennedy School Misinform Rev 2(4). https://doi.org/10.37016/mr-2020-76

Kusch M (2002) Knowledge by agreement. Clarendon, Oxford

Lack C, Rousseau J (2016) Critical thinking, science, and pseudoscience. Springer, New York

Lackey J (1999) Testimonial knowledge and transmission. Philos Quarterly 49:471–490

LaFrance A (2020) Nothing can stop what is coming. The Atlantic, Juni, S 26–38

Lakatos I (1970) Falsification and the methodology of scientific research programmes. In: Lakatos I, Musgrave A (Hrsg) Criticism and the growth of knowledge. Cambridge University Press, Cambridge, S 91–196

Lakatos I (1978) Die Geschichte der Wissenschaft und ihre rationale Rekonstruktion. In: Diederich W (Hrsg) Theorien der Wissenschaftsgeschichte. Suhrkamp, Frankfurt a. M., S 55–119

Laudan L (1981) A confutation of convergent realism. Philos Sci 48:19–49

Laughlin R (2008) Das Verbrechen der Vernunft. Suhrkamp, Frankfurt a. M.

Lee P (2015) Truth wars. Palgrave Macmillan, New York

Lem S (2002) Die Technologiefalle. Suhrkamp, Frankfurt a. M.

Leplin J (1981) Truth and scientific progress. Stud Hist Philos Sci 12:269–291

Lévy P (2017) Was ist kollektive Intelligenz? In: Baumgärtel T (Hrsg) Texte zur Theorie des Internets. Reclam, Stuttgart, S 99–103

Lewandowsky S, Ecker U, Cook J (2017) Beyond misinformation: Understanding and coping with the „post-truth" era. J Appl Res Mem Cogn 6:353–369

Lewis CI (1946) An analysis of knowledge and valuation. Open Court, LaSalle

Lewis CI (1956) Mind and the world order. Dover, New York

Lincoln Y, Guba E (2013) The constructivist credo. Left Coast Press, Walnut Creek

Lipton P (2005) The truth about science. Philos Trans R Soc B 360:1259–1269

List Ch, Goodin R (2001) Epistemic democracy: generating the Condorcet Jury Theorem. J Polit Philos 9:277–306

Lloyd E (1995) Objectivity and the double standard for feminist epistemologies. Synthese 104:351–381

Lockie S (2017) Post-truth politics and the social sciences. Environ Sociol 3:1–5

Longino H (1990) Science as social knowledge. Princeton University Press, Princeton

Loxton D (2019) Understanding flat earthers. Skeptic Mag 24(4):10–23
Lundgren B (2019) Does semantic information need to be truthful? Synthese 196:2885–2906
Lynch M (2017) The internet of us. Liveright, New York
Lynch M (2023) Political skepticism, bias, and epistemic colonization. In: Samarzija H, Cassam Q (Hrsg) The epistemology of democracy. Routledge, New York, S 233–249
Maasen S (1999) Wissenssoziologie. Transcript, Bielefeld
MacFarlane J (2010) Making sense of relative truth. In: Krausz M (Hrsg) Relativism. A contemporary introduction. Columbia University Press, New York, S 124–139
MacFarlane J (2014) Assessment sensitivity. Oxford University Press, Oxford
MacMullen I (2020) What is „post-factual" politics? J Polit Philos 28:97–116
Maddalena G, Gili G (2020) The history and theory of post-truth communication. Palgrave Macmillan, Cham
Mahner M (2007) Demarcating science from non-science. In: Kuipers T (Hrsg) General philosophy of science – focal issues. Elsevier, Amsterdam, S 515–575
Malcolm N (1963) Knowledge and certainty. Prentice-Hall, Englewood Cliffs
Maras S (2013) Objectivity in journalism. Polity, Cambridge
Marcuse H (1979) Der eindimensionale Mensch, 12. Aufl. Luchterhand, Darmstadt
Marino P (2006) What should a correspondence theory be and do? Philos Stud 127:415–457
Marres N (2018) Why we can't have our facts back. Engag Sci Technol Soc 4:423–443
Massimi M (2018a) Perspectivism. In: Saatsi J (Hrsg) The Routledge handbook of scientific realism. Routledge, London, S 164–175
Massimi M (2018b) Four kinds of perspectival truth. Philos Phenom Res 96:342–359
Mathiesen K (2019) Fake news and the limits of free speech. In: Fox C, Saunders J (Hrsg) Media ethics, free speech, and the requirements of democracy. Routledge, New York, S 161–179
Maturana H, Varela F (1990) Der Baum der Erkenntnis. Goldmann, München
May T (2001) The crypto anarchist manifesto. In: Ludlow P (Hrsg) Crypto anarchy, cyberstates, and pirate utopias. MIT-Press, Cambridge, S 61–63
McCarthy ED (1996) Knowledge as culture. The new sociology of knowledge. Routledge, London
McIntyre L (2015) Respecting truth. Routledge, New York
McIntyre L (2018) Post-Truth. MIT-Press, Cambridge
Meiland J (1980) On the paradox of cognitive relativism. Metaphilosophy 11:115–126
Mejia R, Beckermann K, Sullivan C (2018) White lies: a racial history of the (post)truth. Communication and Critical/Cultural Studies 15:109–126
Messingschlager T, Holtz P (2020) Filter bubbles and echo chambers. In: Appel M (Hrsg) Die Psychologie des Postfaktischen: Über Fake News, „Lügenpresse", Clickbait und Co., Springer, Berlin, S 91–102
Meyer K (2018) Das konspirologische Denken. Velbrück Wissenschaft, Weilerswist
Meyers Ch (2019) Partisan news, the myth of objectivity, and the standards of responsible journalism. In: Fox C, Saunders J (Hrsg) Media ethics, free speech, and the requirements of democracy. Routledge, New York, S 219–239
Mindich D (1998) Just the facts. New York University Press, New York
Mößner N, Kitcher P (2017) Knowledge, democracy, and the internet. Minerva 55:1–24
Mouffe Ch (2000) The democratic paradox. Verso, London
Munn NJ (2012) The new political blogosphere. Soc Epistemol 26:55–70
Munoz-Torres JR (2012) Truth and objectivity in journalism. Journalism Stud 13:566–582
Myres JD (2018) Post-truth as symptom: The emergence of a masculine hysteria. Philos Rhetor 51:392–415
Nagel T (1986) The view from nowhere. Oxford University Press, New York
Nagel T (1991) Die Grenzen der Objektivität. Reclam, Stuttgart

Nehamas, A (2012) Nietzsche. Leben als Literatur. Steidl, Göttingen
Nerurkar M, Gärtner T (2020) Datenhermeneutik: Überlegungen zur Interpretierbarkeit von Daten. In: Wiegerling K, Nerurkar M, Wadephul C (Hrsg) Datafizierung und Big Data. Springer VS, Wiesbaden, S 195–209
Neurath O (1981) Gesammelte philosophische und methodologische Schriften, Bd 2. Hölder-Pichler-Tempsky, Wien
Newton-Smith W (1983) Trans-theoretical truth without transcendental truth? In: Henrich D (Hrsg) Kant oder Hegel? Stuttgarter Hegel-Kongress 1981. Klett-Cotta, Stuttgart, S 466–478
Nguyen CT (2020) Echo chambers and epistemic bubbles. Episteme 17:141–161
Nietzsche F (1999) Kritische Studienausgabe in 15 Bänden (KSA). dtv, München
Nozick R (2001) Invariances. The structure of the objective world. Harvard University Press, Cambridge
Oreskes N, Conway E (2010) Merchants of doubt. Bloomsbury, New York
Orwell G (1976) 1984. Ullstein, Frankfurt a. M.
Oswald M (2019) Strategisches Framing. Springer VS, Wiesbaden
Ottmann H (2008) Geschichte des politischen Denkens, Bd 3/2. Metzler, Stuttgart
Pariser E (2011) The filter bubble. Penguin, London
Peels R (2017a) Ten reasons to embrace scientism. Stud Hist Philos Sci 63:11–21
Peels R (2017b) The fundamental argument against scientism. In: Boudry M, Pigliucci M (Hrsg) Science unlimited? University of Chicago Press, Chicago, S 165–194
Peirce ChS (1985) Die Festigung der Überzeugung. Ullstein, Frankfurt a. M.
Penrose R (1989) The emperor's new mind. Oxford University Press, New York
Pettenger M (Hrsg) (2007) The social construction of climate change. Ashgate, Aldershot
Pluckrose H, Lindsay J (2022) Zynische Theorien. Beck, München
Popper K (1962) Conjectures and refutations. Basic Books, New York
Popper K (1976) Logik der Forschung, 6. Aufl. Mohr, Tübingen
Popper K (1977) Die offene Gesellschaft und ihre Feinde, Bd. 1: Der Zauber Platons. Francke Verlag, München
Popper K (1979a) The growth of scientific knowledge. Klostermann, Frankfurt a. M.
Popper K (1979b) Die Logik der Sozialwissenschaften. In: Adorno T et al (Hrsg) Der Positivismusstreit in der deutschen Soziologie, 9. Aufl. Luchterhand, Darmstadt, S 103–123
Popper K (2005) Alle Menschen sind Philosophen, 3. Aufl. Piper, München
Poskett J (2019) Materials of the mind. University of Chicago Press, Chicago
Prado CG (2006) Searle and Foucault on truth. Cambridge University Press, Cambridge
Prado CG (2018) The new subjectivism. In: Prado CG (Hrsg) America's post-truth phenomenon. Praeger, Santa Barbara, S 1–14
Predelli S (2020) Fictional discourse. Oxford University Press, Oxford
Pritzkau A, Schade U (2021) Vorsicht: mögliche „Fake News" – ein technischer Ansatz zur frühen Erkennung. In: Klimczak P, Zoglauer T (Hrsg) Wahrheit und Fake im postfaktisch-digitalen Zeitalter. Springer Vieweg, Wiesbaden, S 115–131
Psillos S (1999) Scientific realism. Routledge, London
Putnam H (1975) Mathematics, matter and method. Cambridge University Press, Cambridge
Putnam H (1983) Realism and reason. Cambridge University Press, Cambridge
Putnam H (1987) The many faces of realism. Open Court, LaSalle
Putnam H (1990) Vernunft, Wahrheit und Geschichte. Suhrkamp, Frankfurt a. M.
Putnam H (1992) Realism with a human face. Harvard University Press, Cambridge
Putnam H (2016) Realism. Philos Soc Crit 42:117–131
Quine WV (1979) Von einem logischen Standpunkt. Ullstein, Frankfurt a. M.
Quine WV (1980) Wort und Gegenstand. Reclam, Stuttgart

Quine WV (1986) Philosophy of logic, 2. Aufl. Harvard University Press, Cambridge
Quine WV (1987) Quiddities. Harvard University Press, Cambridge
Quine WV (1989) Die Wurzeln der Referenz. Suhrkamp, Frankfurt a. M.
Quine WV (1992) Pursuit of truth. Harvard University Press, Cambridge
Quine WV (1995) From stimulus to science. Harvard University Press, Cambridge
Quine WV (1998) Reply to Robert Nozick. In: Hahn LE, Schilpp PA (Hrsg) The philosophy of W.V. Quine, 2. Aufl. Open Court, Chicago, S 364–367
Quine WV (2003) Wissenschaft und Empfindung. Frommann-Holzboog, Stuttgart
Quine WV, Ullian JS (1978) The web of belief, 2. Aufl. McGraw-Hill, New York
Raeijmaekers D, Maeseele P (2017) In objectivity we trust? Pluralism, consensus, and ideology in journalism studies. Journalism 18:647–663
Rasmussen D (2014a) The pragmatic enlightenment. Cambridge University Press, Cambridge
Rasmussen D (2018) Contemporary political theory as an anti-enlightenment project. In: Boucher G, Lloyd HM (Hrsg) Rethinking the enlightenment. Lexington Books, Lanham, S 39–59
Rasmussen J (2014b) Defending the correspondence theory of truth. Cambridge University Press, Cambridge
Rawls J (2006) Gerechtigkeit als Fairneß. Ein Neuentwurf. Suhrkamp, Frankfurt a. M.
Reglitz M (2022) Fake news and democracy. J Ethics Soc Philos 22:162–187
Reichenbach H (1983) Erfahrung und Prognose. Vieweg, Braunschweig
Reid T (1818) An inquiry into the human mind on the principles of common sense. Anderson, Edinburgh
Rescher N (1973) The coherence theory of truth. Oxford University Press, Oxford
Rescher N (1974) Foundationalism, coherentism, and the idea of cognitive systematization. J Philos 71:695–708
Rescher N (1985) Die Grenzen der Wissenschaft. Reclam, Stuttgart
Rescher N (1992) A system of pragmatic idealism, Bd 1. Princeton University Press, Princeton
Rescher N (2006) Studies in epistemology. Ontos, Heusenstamm
Riegraf B (2010) Konstruktion von Geschlecht. In: Aulenbacher B, Meuser M, Riegraf B (Hrsg) Soziologische Geschlechterforschung. VS, Wiesbaden, S 59–77
Rini R (2017) Fake news and partisan epistemology. Kennedy Inst Ethics J 27:E43–E64
Rippe KP (1993) Ethischer Relativismus. Schöningh, Paderborn
Risjord M (2014) Philosophy of social science. Routledge, New York
Romele A (2020) Digital hermeneutics. Routledge, New York
Rorty R (1982) Consequences of pragmatism. University of Minnesota Press, Minneapolis
Rorty R (1984) Der Spiegel der Natur, 2. Aufl. Suhrkamp, Frankfurt a. M.
Rorty R (1989) Contingency, irony, and solidarity. Cambridge University Press, Cambridge
Rorty R (1999) Philosophy and social hope. Penguin, London
Rorty R (2005a) Solidarität oder Objektivität? Reclam, Stuttgart
Rorty R (2005b) Ist Wahrheit ein Ziel der Forschung? In: Davidson D, Rorty R (Hrsg) Wozu Wahrheit? Suhrkamp, Frankfurt a. M., S 210–245
Ros A (1994) „Konstruktion" und „Wirklichkeit". In: Rusch G, Schmidt SJ (Hrsg) Piaget und der Radikale Konstruktivismus. Suhrkamp, Frankfurt a. M., S 176–213
Rosenberg J (1988) Comparing the incommensurable: Another look at convergent realism. Philos Stud 54:163–193
Roth G (1987) Erkenntnis und Realität: Das reale Gehirn und seine Wirklichkeit. In: Schmidt SJ (Hrsg) Der Diskurs des Radikalen Konstruktivismus. Suhrkamp, Frankfurt a. M., S 229–255
Roth G (1992a) Kognition: Die Entstehung von Bedeutung im Gehirn. In: Krohn W, Küppers G (Hrsg) Emergenz: Die Entstehung von Ordnung, Organisation und Bedeutung. Suhrkamp, Frankfurt a. M., S 104–133

Roth G (1992b) Das konstruktive Gehirn: Neurobiologische Grundlagen von Wahrnehmung und Erkenntnis. In: Schmidt SJ (Hrsg) Kognition und Gesellschaft. Suhrkamp, Frankfurt a. M., S 277–336

Roth G (1997) Das Gehirn und seine Wirklichkeit. Suhrkamp, Frankfurt a. M.

Rovane C (2013) The metaphysics and ethics of relativism. Harvard University Press, Cambridge

Rovane C (2016) Relativism and recognition. In: Bell J, Cutrofello A, Livingston P (Hrsg) Beyond the analytic-continental divide. Routledge, New York, S 261–286

Russell B (1967) Probleme der Philosophie. Suhrkamp, Frankfurt a. M.

Russell B (1988) Philosophie. Die Entwicklung meines Denkens. Fischer Taschenbuch, Frankfurt a. M.

Ryan M (2001) Journalistic ethics, objectivity, existential journalism, standpoint epistemology, and public journalism. J Mass Media Ethics 16:3–22

Ryle G (1966) Dilemmas. Cambridge University Press, Cambridge

Salgado S (2018) Online media impact on politics. Views on post-truth politics and post-postmodernism. Int J Media and Cult Pol 24:317–331

Scheler M (1982) Wissenschaft und soziale Struktur. In: Meja V, Stehr N (Hrsg) Der Streit um die Wissenssoziologie, Bd. 1. Suhrkamp, Frankfurt a. M., S 68–127

Schiappa E (2019) Spotlight. Sophisticated modernism and truth. In: Katz J, Mays K (Hrsg) Journalism and truth in an age of social media. Oxford University Press, New York, S 81–84

Schick T, Vaughn L (2024) How to think about weird things, 9. Aufl. McGraw-Hill, New York

Schlick M (1934) Über das Fundament der Erkenntnis. Erkenntnis 4:79–99

Schmid CE, Stock L, Walter S (2018) Der strategische Einsatz von Fake News zur Propaganda im Wahlkampf. In: Sachs-Hombach K, Zywietz B (Hrsg) Fake News, Hashtags & Social Bots. Springer VS, Wiesbaden, S 69–95

Schmidt SJ (1987) Der Radikale Konstruktivismus. In: Schmidt SJ (Hrsg) Der Diskurs des Radikalen Konstruktivismus. Suhrkamp, Frankfurt a. M., S 11–88

Schmidt SJ (1992) Medien, Kultur, Medienkultur. In: Schmidt SJ (Hrsg) Kognition und Gesellschaft. Suhrkamp, Frankfurt a. M., S 425–450

Schmidt SJ (1994) Kognitive Autonomie und soziale Orientierung. Suhrkamp, Frankfurt a. M.

Schmidt SJ (1998) Die Zähmung des Blicks. Suhrkamp, Frankfurt a. M.

Schmidt SJ (1999) Blickwechsel. Umrisse einer Medienepistemologie. In: Rusch G, Schmidt SJ (Hrsg) Konstruktivismus in der Medien- und Kommunikationswissenschaft. Suhrkamp, Frankfurt a. M., S 119–145

Schopenhauer A (1986) Die Welt als Wille und Vorstellung, Bd. 1. Suhrkamp, Frankfurt a. M.

Schubert Ch (2020) Donald Trump's „fake news" agenda. In: Schneider U, Eitelmann M (Hrsg) Linguistic inquiries into Donald Trump's language. Bloomsbury, London, S 196–214

Schurz G (2013) Wertneutralität und hypothetische Werturteile in den Wissenschaften. In: Schurz G, Carrier M (Hrsg) Werte in den Wissenschaften. Suhrkamp, Berlin, S 305–334

Schwarz N, Jalbert M (2021) When (fake) news feels true. In: Greifeneder R et al (Hrsg) The psychology of fake news. Routledge, London, S 73–89

Schweiger W (2017) Der (des)informierte Bürger im Netz. Springer, Wiesbaden

Searle JR (1997) Die Konstruktion der gesellschaftlichen Wirklichkeit. Rowohlt Taschenbuch, Reinbek

Sellars W (1997) Empiricism and the philosophy of mind. Harvard University Press, Cambridge

Sextus Empiricus (1993) Grundriß der pyrrhonischen Skepsis, 2. Aufl. Suhrkamp, Frankfurt a. M.

Shannon C, Weaver W (1963) The mathematical theory of communication. University of Illinois Press, Urbana

Shu K, Sliva A et al (2017) Fake news detection on social media: a data mining perspective. SIGKDD Explorations 19:22–36. https://doi.acm.org/https://doi.org/10.1145/3137597.3137600 Zugegriffen: 15. Juli 2024

Simmel G (1895) Ueber eine Beziehung der Selectionslehre zur Erkenntnistheorie. Archiv Syst Philos 1:34–45

Smart JJC (1963) Philosophy and scientific realism. Routledge & Kegan Paul, London

Soprano M et al (2024) Cognitive biases in fact-checking and their countermeasures: a review. Inf Process Manage 61:103672

Spohr D (2017) Fake news and ideological polarization: Filter bubbles and selective exposure on social media. Business Inf Rev 34:150–160

Stagl J (1992) Eine Widerlegung des Kulturellen Relativismus. In: Matthes J (Hrsg) Zwischen den Kulturen? Schwartz, Göttingen, S 145–166

Stokke A (2019) Lying, sincerity, and quality. In: Meibauer J (Hrsg) The Oxford handbook of lying, Oxford University Press, Oxford, S 134–148

Stonier T (1991) Information and the internal structure of the universe. Springer, London

Sunstein C (2008) Democracy and the internet. In: van den Hoven J, Weckert J (Hrsg) Information technology and moral responsibility. Cambridge University Press, Cambridge, S 93–110

Sunstein C (2009) Going to extremes. Oxford University Press, Oxford

Sunstein C (2010) Believing false rumors. In: Levmore S, Nussbaum M (Hrsg) The offensive internet. Harvard University Press, Cambridge, S 91–106

Sunstein, C (2011) Deliberating groups versus prediction markets (or Hayek's challenge to Habermas). In: Goldman A, Whitcomb D (Hrsg) Social epistemology. Oxford University Press, New York, S 314–337

Sunstein C (2017) #republic. Princeton University Press, Princeton

Surowiecki J (2007) Die Weisheit der Vielen. Goldmann, München

Susen S (2015) The ‚postmodern turn' in the social sciences. Palgrave Macmillan, New York

Sussman RW (2014) The myth of race. Harvard University Press, Cambridge

Tegmark M (2015) Our mathematical universe. Penguin, London

Tessier D (2020) The needle in the haystack: How information overload is impacting society and our search for truth. In: Dalkir K, Katz R (Hrsg) Navigating fake news, alternative facts, and misinformation in a post-truth world. IGI Global, Hershey, S 18–35

Tewksbury D, Rittenberg J (2012) News on the internet. Oxford University Press, Oxford

Thalmann K (2019) The stigmatization of conspiracy theory since the 1950s. Routledge, London

Turner S (2014) The politics of expertise. Routledge, New York

Uscinski J, Butler R (2013) The epistemology of fact checking. Crit Rev 25:162–180

Uscinski J (2015) The epistemology of fact checking (is still naive): rejoinder to Amazeen. Crit Rev 27:243–252

Vaas R (2020) Weisen der Wahrheit. Universitas 75(8):39–63

Vaihinger H (1922) Die Philosophie des Als Ob, 7. Aufl. Meiner, Leipzig

van Dijk T (2014) Discourse and knowledge. Cambridge University Press, Cambridge

van Fraassen B (1989) Laws and symmetry. Clarendon, Oxford

Vinhas O, Bastos M (2022) Fact-checking misinformation. Eight notes on concensus reality. Journalism Stud 23:448–468

Vitz, R (2014) Contagion, community, and virtue in Hume's epistemology. In: Matheson J, Vitz R (Hrsg) The ethics of belief. Oxford University Press, New York, S 198–215

Vivian B (2018) On the erosion of democracy by truth. Philos Rhetoric 51:416–440

Vollmer G (1993) Wissenschaftstheorie im Einsatz. Hirzel, Stuttgart

von Baeyer HCh (2005) Das informative Universum. Beck, München

von Foerster H (1987) Erkenntnistheorien und Selbstorganisation. In: Schmidt SJ (Hrsg) Der Diskurs des Radikalen Konstruktivismus. Suhrkamp, Frankfurt a. M., S 133–158
von Glasersfeld E (1985) Einführung in den radikalen Konstruktivismus. In: Watzlawick P (Hrsg) Die erfundene Wirklichkeit. Piper, München, S 16–38
von Glasersfeld E (1987) Wissen, Sprache und Wirklichkeit. Vieweg, Braunschweig
von Weizsäcker CF (1985) Aufbau der Physik. Hanser, München
von Wright GH (1990) Wittgenstein. Suhrkamp, Frankfurt a. M.
Walsh A (2013) Science wars. Transaction, New Brunswick
Walter M (2014) Der Kampf um die Wirklichkeit. Mediale Legitimationsstrategien gegenüber Verschwörungstheorien zum 11. September. In: Anton A, Schetsche M, Walter M (Hrsg) Konspiration. Soziologie des Verschwörungsdenkens. Springer VS, Wiesbaden, S 181–202
Walzer M (1996) Lokale Kritik – globale Standards. Rotbuch, Hamburg
Ward S (2011a) Ethics and the media. Cambridge University Press, Cambridge
Ward S (2011b) Multidimensional objectivity for global journalism. In: Fortner R, Fackler M (Hrsg) The handbook of global communication and media ethics, Bd. 1. Blackwell, Malden, S 215–233
Warf B (2023) Post-truth geographies. de Gruyter, Berlin
Washington H, Cook J (2011) Climate change denial. Earthscan, London
Watzlawick P (1984) Wir wirklich ist die Wirklichkeit?, 12. Aufl. Piper, München
Weiner G (2017) Trump and truth. Nat Affairs, Spring, S 79–91
Weischenberg S, Scholl A (1995) Konstruktivismus und Ethik im Journalismus. In: Rusch G, Schmidt SJ (Hrsg) Konstruktivismus und Ethik. Suhrkamp, Frankfurt a. M., S 214–240
Wellershoff M (2000) „Implosion des Realen". Interview mit Tom Kummer. Spiegel 21/2000, S 110
Whorf BL (1963) Sprache, Denken, Wirklichkeit. Rowohlt Taschenbuch, Reinbek
Wight C (2018) Post-truth, postmodernism and alternative facts. New Persp 26:17–29
Wikforss A (2019) Critical thinking in the post-truth era. In: Kendeou P et al (Hrsg) Misinformation and fake news in education. Information Age Publishing, Charlotte, S 279–304
Willaschek M (2015) Der mentale Zugang zur Welt, 2. Aufl. Klostermann, Frankfurt a. M.
Williams M (2001) Problems of knowledge. Oxford University Press, Oxford
Winch P (1964) Understanding a primitive society. Am Philos Q 1:307–324
Winston B, Winston M (2021) The roots of fake news. Routledge, London
Wisnewski G (2005) Lügen im Weltraum. Knaur, München
Wittgenstein L (1984) Werkausgabe in 8 Bänden. Suhrkamp, Frankfurt a. M.
Woudenberg R van, Peels R, de Ridder J (2018) Introduction. Putting scientism on the philosophical agenda. In: de Ridder J, Peels R, Woudenberg R van (Hrsg) Scientism. Oxford University Press, New York, S 1–27
Yearley S (2005) Making sense of science. Sage, London
Zeilinger A (2005) Einsteins Schleier. Goldmann, München
Zimmermann F, Kohring M (2018) „Fake News" als aktuelle Desinformation. Medien und Kommunikationswissenschaft 66:526–541
Zimmermann F, Kohring M (2020) Aktuelle Desinformation – Definition und Einordnung einer gesellschaftlichen Herausforderung. In: Hohlfeld R et al (Hrsg) Fake News und Desinformation. Nomos, Baden-Baden, S 23–41
Zoglauer T (1993) Das Problem der theoretischen Terme. Vieweg, Braunschweig
Zoglauer T (1995) Der Informationsgehalt empirischer Modelle – Zur Logik des semantischen Informationsbegriffs. In: Max I, Stelzner W (Hrsg) Logik und Mathematik. de Gruyter, Berlin, S 484–495
Zoglauer T (1996) Can information be naturalized? In: Kornwachs K, Jacoby K (Hrsg) Information. New questions to a multidisciplinary concept. Akademie, Berlin, S 187–207

Zoglauer T (2016) Verständigungsprobleme mit Außerirdischen. In: Weber K, Friesen H, Zoglauer T (Hrsg) Philosophie und Phantastik. Mentis, Münster, S 141–166

Zoglauer T (2018) Technikkritik als Kritik an der Moderne. In: Zoglauer T, Weber K, Friesen H (Hrsg) Technik als Motor der Modernisierung. Alber, Freiburg, S 26–56

Zoglauer T (2020) Wissen im Zeitalter von Google, Fake News und alternativen Fakten. In: Klimczak P, Petersen P, Schilling S (Hrsg) Maschinen der Kommunikation. Springer Vieweg, Wiesbaden, S 63–83

Zoglauer T (2021) Wahrheitsrelativismus, Wissenschaftsskeptizismus und die politischen Folgen. In: Klimczak P, Zoglauer T (Hrsg) Wahrheit und Fake im postfaktisch-digitalen Zeitalter. Springer Vieweg, Wiesbaden, S 1–26

Stichwortverzeichnis

Symbols
9/11, 13, 14

A
Ad-hoc-Hypothese, 17, 18, 113
Akzeptanzprinzip, 146, 147
Anomalie, 18, 22, 165
Anti-Realismus, 36, 65, 106, 114
Aufklärung, XVI, 157, 158
Azande, 57–59

B
backfire effect, 177
Bar-Hillel-Carnap-Paradoxie, 135
Begriffsrelativismus, 48–51, 126
Begriffsschema, 49, 50, 52–54, 59, 98, 122, 125, 161
Begriffssystem, 50, 51, 53, 54, 56, 104, 119, 121, 124, 188, 189
Begründungsrelativismus, 68
Begründungszusammenhang, 70, 83
Bestätigungsgrad, 145
Blog, 2, 4, 7, 8
Bullshit, XII, 31, 33, 131

C
Condorcet-Jury-Theorem, 26
Confirmation bias, XIII
confirmation bias, 166
Corona, V, XI, XIV, XVI, 14, 20, 23, 28, 33, 38, 81, 83, 152

critical thinking, 177

D
Demokratie, XII, XIII, XVII, 2, 25–30, 181, 182, 187–189
  epistemische, 188, 189
Demokratietheorie
  agonistische, 29
  deliberative, 28
Denkkollektiv, 62, 82
Desinformation, VII, 23, 24, 139, 159, 168, 169, 172, 177, 181
Desinformationskampagne, XI, 1, 27, 33, 140
Determinismus, sozialer, 70, 89
Digitalisierung, XIII, 131, 132
Ding an sich, 119–121
Diskursanalyse, 159, 182–184, 186, 187
Diskurstheorie, 185
Dunning-Kruger-Effekt, 166

E
Echokammer, XIII, 12–15, 25–28, 32, 34, 35, 37, 79, 167, 177
Elementarsatz, 95
Entdeckungszusammenhang, 70, 71, 83, 183
Erkenntnistheorie, soziale, XV, XVI
Eurozentrismus, 23, 60, 82, 189

F
Fake News, V, VII, XI, XII, XVI, XVII, 1–3, 10, 13, 23–26, 28, 29, 35, 88, 89,

131, 143, 145, 146, 156, 159, 162, 164–172, 177–182, 187–190
Faktencheck, XI, XVII, 6, 116, 159, 165, 171, 172, 174–177, 179, 182
Faktualismus, 31, 32
Falschinformation, 138, 139, 153, 178
Falsifizierbarkeit, 21, 22
Fiktion, 11, 104, 119, 121, 164, 165
Filterblase, XIII, 12, 13
Fragmentierung, 3
Framing, 9–11, 161, 166, 178

G
Gatekeeper, XII, 1–4, 7, 9, 26, 87
Google, XII, 5, 6, 153, 154
Gottesstandpunkt, 42, 48, 76, 120

H
Hilfshypothese, 18, 113, 116

I
Identitätspolitik, 34, 35, 90
Ideologiekritik, 89, 90, 178
Immunisierungsstrategie, 16–18
Information, XII, XV, XVI, 1, 3, 5, 9, 12, 25, 87, 107, 131–134, 136–138, 140, 145, 149, 151, 154, 155, 160, 166, 167, 169, 176, 188
  semantische, 134–137
Informationskaskade, 9, 167
Informationsökologie, 131
Informationsqualität, 139
Informationsübertragung, 137, 138, 145, 149, 160
Infosphäre, 131
Inkommensurabilität, 52–54, 122
Inkommensurabilitätsthese, 50, 52–55, 57
Instrumentalismus, 119
Internet, XII, 1–3, 7, 24, 132, 138, 146, 148, 155, 156, 172
Intersubjektivität, 78, 80, 81, 85
Involuntarismus, 168, 169

K
Kartengleichnis, 102

Kausalitätsthese, 69, 72
Klimawandel, XI, XIV, 8, 15, 20, 21, 33, 38, 69, 99, 165, 166, 170, 178, 180
Kohärenz, 10, 21, 87, 110–116, 122, 173, 177
Kohärenztheorie, XIV, 91, 110, 111, 113–115, 177
Konsens, 3, 29, 30, 73–75, 81, 89, 117, 176, 187
Konsensustheorie, 66
Konstruktivismus
  radikaler, 61, 132
  sozialer, XIII, 36, 61–64, 69, 71, 75, 129, 163
Kontextualismus, XV, 143
Kontingenz, 63
Konvention, 63, 66, 71, 72, 75, 94, 106, 112, 117, 174
Konvergenzthese, 100, 101
Kopierprinzip, 138
Korrespondenztheorie, XIV, 75, 87, 94, 96, 98, 99, 103, 104, 106, 107, 110, 115, 117, 123, 124, 141, 173, 177, 179
Kosmopolitismus, 60
Kulturrelativismus, 49, 51, 57–61

L
Lüge, V, XI, XII, 1, 13, 30, 46, 47, 116, 172, 175, 179, 190

M
Machiavellismus, 47
Machtverhältnis, 19, 67, 82, 86, 90, 157, 181–183, 185, 186
Medienkonstruktivismus, XVI, 61, 65, 87, 88, 160, 163, 164
Medium, 159, 161, 175
Metarechtfertigung, 115
Meta-Wissen, 148–150, 152, 153
Methoden-Objektivität, 79, 176
Minimalmoral, 61
Multimundialismus, 55

N
Narrative, XI, 9–11, 13, 24, 25, 28, 156, 186
Nützlichkeit, 43–46

O

Objektivität, 7, 21, 43, 76–78, 80, 81, 84–86, 88–90, 139, 163–165, 176, 178
   ontologische, 77, 78
   starke, 85

P

PageRank-Algorithmus, 5, 7, 153
Paradigma, 50–52
Paradigmenwechsel, 18, 50, 113
Personalisierung, XIII, 4, 5
Perspektive, XIV, 1, 41–44, 46, 48, 51, 52, 55–58, 65–67, 69, 81, 86, 89, 90, 93, 103, 119, 121, 122, 126, 127, 129
Perspektivismus, 43, 44, 47, 51, 63, 93, 122
   schwacher, 43
   starker, 43, 44
Polarisierung, XI, XVII, 8, 9, 27, 30
Postfaktualismus, V, VII, XI–XIII, XVII, 23, 31–33, 35–38, 41, 47, 65, 66, 75, 81, 86, 90, 91, 93, 117, 122, 157–159, 178–180, 182, 187
   deskriptiver, 35, 37
   epistemischer, 32
   normativer, 35, 37
Postmoderne, 36, 37, 157, 164, 178
Post-truth, V, XI
post-truth, 14, 30, 31, 34, 37, 38
Pragmatismus, 104–106
Prinzip des abnehmenden Wissens, 149, 150, 152
Protokollsatz, 111, 112
Pseudowissenschaft, 20–22, 122, 145, 177, 178

Q

QAnon, 15, 16, 37

R

Rationalität, 29, 58, 59, 76, 146, 181
Realismus
   interner, 124
   konvergenter, 100
   perspektivischer, XIV, 93, 122–124, 126, 127, 129
   wissenschaftlicher, 101, 103, 122, 124
Regelfolge, 72–74

Relativismus, XIII, XV, XVI, 19, 27–29, 44, 46–48, 54–57, 60, 68, 75, 81, 86, 88, 143
   demokratischer, 54
   ethischer, 49
   globaler, 52
   lokaler, 43, 52
   schwacher, 51
   sozialer, 56
   starker, 55
Relativitätstheorie, 50, 82, 83, 100, 120

S

Sapir-Whorf-Hypothese, 48, 50, 53
Schluss auf die beste Erklärung, 102
selective exposure, 4
Skeptizismus, 58
Sprachspiel, 74
Standpunkttheorie, 35, 67, 85
Strukturisomorphie, 97, 98
Subjektivität, 67, 78, 85, 87
Symmetriethese, 70, 72
Szientismus, 126, 127

T

Tarski-Schema, 107
Tatsache
   experimentelle, 179, 180
   institutionelle, 174
   natürliche, 174, 175
Tatsachenontologie, 95
testimony, 24, 151
Transmissionsprinzip, 147, 148, 150
Triangulation, 176, 177

U

Unterbestimmtheitsthese, 83, 116
Unübersetzbarkeitsthese, 48
Urteilsenthaltung, 58

V

Veridicality Thesis, 135
Verifizierbarkeit, 104, 105

Verschwörungstheorie, V, XVI, 1, 3, 13, 15–19, 21, 28, 32, 35, 113, 122, 140, 143, 145, 146, 162, 166, 167
Verzerrung, kognitive, XVI, 166, 167, 189
Verzerrungsthese, 89
Viabilität, 45
Voluntarismus, 168

W
Wahrheitsähnlichkeit, 100, 101
Wahrheitsignoranz, 32, 38
Wahrheitsrelativismus, XIII, 28, 32, 36, 38, 39, 41, 88, 122, 129, 178, 183
Wahrheitsskeptizismus, 32, 38, 91
Wahrheitstheorie
    deflationäre, XIV, 107, 108
    pragmatische, XIV, 103
Wahrheitswertlücke, 128
Wahrheitszynismus, 32, 34, 38, 187
Wahrmacher, 82, 95, 96, 98
Weltethos, 60
Wertfreiheit, 82, 84, 85
Wikipedia, 139, 153, 154
Wirklichkeitslücke, 128, 129
Wissen, XII, XV–XVII, 2, 7, 26, 28, 75, 110, 113, 115, 122, 125, 133, 140–156, 160, 170, 179, 186, 189
    aus zweiter Hand, XV, 4, 24, 145, 153, 155
Wissenschaftskonstruktivismus, XIII, 61, 62, 80
Wissenschaftsleugnung, 20, 35
Wissenschaftsskeptizismus, 20, 28, 33, 35
Wissensgradualismus, 143, 144
Wunderargument, 101, 102

Z
Zitattilgung, 107, 108

MIX
Papier aus verantwortungsvollen Quellen
Paper from responsible sources
FSC® C105338

If you have any concerns about our products,
you can contact us on
ProductSafety@springernature.com

In case Publisher is established outside the EU,
the EU authorized representative is:
**Springer Nature Customer Service Center GmbH
Europaplatz 3, 69115 Heidelberg, Germany**

Printed by Libri Plureos GmbH
in Hamburg, Germany